현대 세속화 이론

데이비드 마틴 지음
김승호·박승길·박해남·송재룡·이원규·장형철·정태식 옮김

On Secularization: Toward a Revised General Theory

한울
아카데미

이 도서의 국립중앙도서관 출판시도서목록(CIP)은 e-CIP홈페이지(http://www.nl.go.kr/ecip)에서 이용하실 수 있습니다. (CIP제어번호 : CIP2008002804)

On Secularization

Towards a Revised General Theory

DAVID MARTIN
London School of Economics, UK

ASHGATE

On Secularization
Towards a Revised General Theory
by David Martin

© Ashgate Publishing Limited 2005
This translation of On Secularization is published by arrangement
with Ashgate Publishing Limited

이 책의 한국어판 저작권은 Ashgate와의 독점계약으로
도서출판 한울에 있습니다. 저작권법에 의해 한국 내에서 보호를 받는 저작물이므로
무단전재와 무단복제를 금합니다.

"30여 년에 걸쳐 전문 지식을 통해 메시지의 매체를 제공한

이본 브라운(Yvonne Brown)을 위해

사랑하는 마음과 함께,

그리고 조나단과 에마를 위해"

차례

출전 _ 8
머리말: 찰스 테일러 _ 9
서론 _ 13

제1부 오리엔테이션
　제1장 사회학, 종교, 세속화 _ 41
　제2장 지구촌 사회와 복음주의 팽창 _ 59

제2부 유럽
　제3장 '개선로'에 반영된 세속화의 경쟁 양상 _ 97
　제4장 세속화론 비교: 남과 북 _ 119
　제5장 종교, 세속성, 세속주의, 유럽 통합 _ 150
　제6장 비교학적 관점에서 본 캐나다 _ 180
　제7장 중부 유럽의 관점에서 본 미국 _ 196
　제8장 중부 유럽: 독점의 완화, 종교적 연대 _ 219

제3부 서사와 거대서사
　제9장 세속화 : 지배서사 혹은 몇 가지 이야기? _ 235
　제10장 성령강림운동 : 모더니티의 주요 서사 _ 266

제4부 논평
　제11장 신앙의 다원성과 선교 _ 295
　제12장 기독교 언어란? _ 322
　제13장 기독교, 정치, 학문 _ 350

역자 후기 _ 380
찾아보기 _ 384

출전

제1장: 1994년 루마니아 티미쇼아라대학 마그나 아우라(Magna Aula)에서의 강연. *Religion*, Vol. 15(1995), pp. 295~303에 게재.

제2장: 1999년 옥스퍼드 컨퍼런스(St Catherine's College)에서의 강연. Donald M. Lewis, *Christianity Reborn: The Globla Expansion of Evangelicalism in the Twentieth Century*(Cambridge, UK and Grad Rapids, MI: Eerdmans, 2004)에 수록.

제3장: 2004년 5월 1~2일 파리 템플턴 재단(Templeton Foundation)이 주관한 컨퍼런스에서의 강연.

제4장: 2003년 3월 프랑크푸르트 괴테대학 컨퍼런스에서의 강연. Nicola Köck가 편집한 컨퍼런스 책자에 수록.

제5장: 2003년 5월 브뤼셀에서 Romano Prodi가 의장으로 있는 성찰그룹(Reflection Group)에서의 강연. *Transit 26*(2003-4 겨울), pp. 120~144에 게재.

제6장: David Lyon과 Marguerite Van Die가 편집한 *Rethinking Church, State and Modernity, Canada between Europe and America*(University of Toronto Press, 2000), pp. 23~33 제1장에 수록.

제7장: 2004년 6월 뮌헨 미국바바리언학회(Bavarian American Academy)에서의 기조연설.

제8장: 2004년 9월 헝가리 부다페스트에 있는 국회의사당에서 열린 "유럽에서의 교회와 국가" 라는 주제의 컨퍼런스 기조연설.

제9장: 2002년 12월 뉴질랜드 오타고대학(University of Otago)에서의 기조연설.

제10장: 2002년 2월 암스테르담의 "지배서사"라는 주제의 컨퍼런스에서 강연.

제11장: 2001년 말 케임브리지대학의 케임브리지 신학 연합(Cambridge Theological Federation)에서의 연속 강연 중 한 편.

제12장: 2003년 7월 드레스덴기술대학(Dresden Theological University)에서의 컨퍼런스 강연.

제13장: 2003년 8월 애틀랜타의 퍼페이 강연(Furfey Lecture). *Sociology of Religion*, 65:4, pp. 341~356에 게재.

머리말

이 머리말을 쓴다는 것이 좀 염치없는 짓이 아닌가 염려된다. 데이비드 마틴은 저명한 사회학자이자 신학에도 조예가 깊은 사람이지만, 나는 그 두 분야에 대해 관심이 있는 아마추어에 지나지 않는다. 하지만 내가 이 두 분야에 대한 텍스트를 생산하기보다 소비하는 사람의 입장이기에, 모더니티, 세속화 및 기독교 신앙에 관한 내 고찰에 데이비드 마틴의 저작이 왜 유용하고 명료한 논점을 제공한다고 보는지에 대해서 몇 가지 이유를 말할 수 있겠다.

마틴은 세속화 논의를 아주 중요한 두 가지 방식으로 전환시켰다. 첫 번째는 내가 '해석학적(hermeneutic)' 전환이라고 부르는 영역으로 세속화 논쟁을 끌어들인 것이다. 즉, 마틴은 모더니티가 어떻게 단일하게 세속화(합리화, 사사화, 분화 등)라는 보편적 변화를 발생시켰는지 또는 발생시키고 있는지를 규정하려 시도하지 않고 우리 모두를 다른 길로 인도했다(돌이켜보건대 분명하게도). 그는 국가별 및 지역별 발전경로의 다원성을 중요하게 다룸으로써, 소위 말하는 세속화의 총체적 역동성이 유기적이고 획일적인 가톨릭 사회에 비해 영국계 개신교 문화에서 얼마나 다양하게 나타나는지를 보여주었다. 이 초기의 차이는 계속 정교하게 발전되고 보완되어, 이제는 서구뿐 아니라 전 세계 수준에서의 특정 상황에 대한 풍부한 이해로 발전하고 있다. 달리 말해 마틴은 역사, 문화, 다양한 신학 및 교회의 구조를 또 다시 주제화해서 이 주제를 주류 사회학이 쉽게 무시해버렸던 몇 가지 다루기 곤란한 현실과 대면하도록 했다. 이 고찰을 통해 획득한 최근의 결실이 바로 이 저서, 특히 제2부와 제3부에 담겨 있다.

두 번째 큰 변화는 첫 번째와 연관된다. 나는 줄곧 마틴이 우리가 세속화의 또 다른 역동성 ― 정통 세속화론은 단일하다고 가정했지만 ― 을 인식할 수 있도록 해주었다고 언급해왔다. 통상 세속적인 것의 발흥뿐 아니라 모더니티 그 자체에도 적용되었던 단일성의 가정 ― 다른 말로 이는 하나의 단일한 과정이 역사를 관통해 전개되어 나갈 것이고, 모든 문화가 하나씩 차례대로 최종의 단일 모델로 수렴될 것이라는 관념 ― 은 일단의 '지배서사(master narratives)'에 의해 자양분을 공급받았다. 이 서사는 몇 가지 이유에서 종교를 인간 발전 과정의 전근대적 단계에 속하는 것으로 격을 낮추어, 종국에는 기껏해야 미래 사회의 주변부로 밀려나게 될 것이라고 생각했다. 왜 이것이 필연적이라고 생각되었는지에 대해서는 다양한 이유가 있었다. 과학의 승리, 기술의 진보 또는 모던하고 개인주의적인 소비사회의 발전이 그것이다. 하지만 그 방향만큼은 고정된 것으로 여겨졌다.

이런 생각은 '세속-자유주의적 승리주의(secular-liberal triumphalism)'라고 할 수 있는 것이 뒷받침해주는데, 이는 19세기 후반과 20세기 초반 당시 일부 기독교 선교회의 승리주의와 아주 유사하다. 이러한 두 가지 단선적 낙관주의 양식이 서로 호각을 다투게 되는 것은 자명하기 때문에, 각각은 서로에 대한 부정적인 소식을 실어 나르는 일을 기꺼이 수행한다. 한쪽에서는 유럽의 텅 빈 교회에 대한 소식이 있다면, 다른 한쪽에서는 제3세계에서 종교가 부흥하고 있다는 소식이 있다.

이 승리주의는 기독교 신앙의 졸렬한 모조품이지만(세속 인본주의의 최상의 형태 또한 마찬가지일 것이다), 기독교 입장에서 볼 때 우리에게 요구되는 것은 기독교 역사의 다른 본보기들에 대한 탐구이다. 나는 마틴이 바로 이 부분에 대한 연구를 진전시킴으로써 그의 연구 중에서 가장 가치 있고 관심을 불러일으킬 만한 부분이 되었다고 생각한다.

이 책의 서론에서 마틴이 발전시키고 있는 변증법적 관점은 엄청난 함의를 담고 있다고 본다. 기독교의 '유입(incursions)', 곧 세상을 복음에 맞추어 개조하려는 시도는 복음을 세상에 맞추어 개조하려는 영구적 위험의 상태에 기독교 스스로가 참가하는 것이다. 어느 측면도 단순하게 명확한 성취로 평가되기는 어렵지만, 반대로 그 어느 부분도 단순히 맹목적 이반(離叛)으로 거부되어서도 안 된다. 두 측면은 양자의 몇몇 요소, 아마 좀 더 나은 요소를 포함하면서 서로의 경계를 넘나든다.

나는 세속화된 근대 서구사회를 그러한 광범위한 '유입', 곧 라틴기독교계의 유입으로 인해 발생한 산물로 보아야 한다고 생각한다. 이 유입은 결국 우리가 살고 있는 바와 같이 훈육되고, 생산적이며, 평화롭고, 권리확증적(rights-affirming)인 세상을 창출한 중세 후반의 길게 이어진 연속적 개혁(종교개혁을 포함하지만 그것에 제한되지 않는)과 관계가 있다. 이것은 지금까지의 인간 역사에서 자연적·초자연적으로 유일무이한 특성을 갖는 지적 틀 안에서 이뤄진 것이었다. 우리 문명 안의 많은 이들에게 세속화는 기독교 신앙의 중요한 성취가 되었지만 다른 이들에게는 (합리적이고 일관적인) 세속적 변이에 의해 대체되었던 세속화 초기의 한 형태에 지나지 않는다(물론 부분적으로 역사적 기억상실증을 겪고 있는 또 다른 이들에게 세속화는 종교의 타도를 통해 달성되었다).

동일화는 일종의 모조품이다(그리고 종교를 대체하거나 제거하는 사람들 또한 자기 나름의 방식으로 신앙을 모방한다). 그렇다고 해서 모든 발전을 유감으로 여긴다는 것은 아니다. 우리는 교황 피오 9세[Pius IX(1846~1878), 옮긴이]의 교서 요목을 깎아내리려는 마음도 없다. 세상에서 일어난 그런 변화들은 바로 그 기독교 신앙의 본질 안에서 일어난다. 그리고 그러한 세속적 표현 안에서 기독교 언어의 회복이 일어나는데, 우리는 온화하지만 비판적인 비동일성(benign-but-critical non-identity)의 자세로 그 언어 안에서 살며 그 언어와 이야기한다. 이 점에서 이 책의 마지막 두 장에 담긴 기독교 언어에 대한 마틴의 성찰은 당대에 가장 적절한 것이라고 본다.

찰스 테일러(Charles Taylor)

서론

이 책은 2002~2004년까지 약 2년 넘게 이뤄져온 기독교와 세속화라는 주제에 관한 나의 지적 여정을 대략적으로 담은 것이다. 이 지적 여정은 40여 년 전에 세속화 개념에 대한 비판과 더불어 시작되었는데, 그 초기 작업은 1969년 12월 ≪유럽사회학회지(The European Journal of Sociology)≫에 실린 나의 논문「세속화 일반론에 대한 노트(Notes Towards a General Theory of Secularization)」에서 절반 정도 이뤄졌다. 이 논문은 1978년 블랙웰(Blackwell)사를 통해 출판된『세속화 일반이론(A General Theory of Secularization)』의 첫째 장(章)에 포함되었다. 이 책을 구성하고 있는 장은 수정된 '일반이론'에 관한 단상이다. 이는 지난 40여 년 동안의 연구를 개괄한 것으로 ≪현대종교학회지(The Journal of Contemporary Religion)≫(vol. 20 no. 2) 2005년 5월호에 실린「세속화와 기독교의 미래(Secularization and the Future of Christianity)」라는 논문에서 다뤘던 것이다.

라틴아메리카 국가와 아프리카 국가 및 전 세계의 개발도상국가에서 기독교, 특히 복음주의 기독교를 목도하기 시작했을 무렵인 1986년에 나의 지적 여정은 일대 전환을 하게 되었다. 제1부 '오리엔테이션'이라는 제하의 두 장은 두 가지 기초 단계에 각각 초점을 맞추었는데, 하나는 주로 유럽과 북아메리카에 관한 것이며 다른 하나는 라틴아메리카와 아프리카 및 아시아에 관한 것이다. 블랙웰에서 출판된 두 책 『불의 방언(Tongues of Fire)』(1990)과 『성령강림운동 — 세계는 그들의 교구(Pentecostalism – The World Their Parish)』(2002)에서는 예상했던 이례적인 변화가 어떻게 초기 일반이론에 들어맞는지를 보여주려고 했는데, 이 책의 두 번째 부분에서는 특별히 유럽의 현황에 대한 확대 연구를 포함했다. 이 연구는 내가 어떻게 수정된 일반이론을 통해 유럽 현상을 다루고 있는지를 보여준다. 유럽과 라틴아메리카 두 지역은 나의 또 다른 책인 『금지된 혁명(Forbidden Revolution)』(SPCK, 1996)에서 다뤄졌는데, 그 책에서는 1989~1990년의 라틴아메리카와 동유럽에서의 성령강림주의 혁명(Pentecostal Revolution)을 비교했다. 여기서의 요점은 서구 인텔리겐치아의 지배적 거대서사가 이들 두 가지 발전을 부인했는데 그 이유를 설명하는 것이 중요하다. 이 점과 관련해 성령강림운동(Pentacostalism)은 아직 지평 위로 모습을 드러내지 않고 있는데, 이것은 성령강림운동이 정치적이지 않기 때문이다.

이 책의 13개 장 중 10개의 장에 반영된 2002~2004년의 연구는 데이비드 포드(David Ford)와 대니얼 하디(Daniel Hardie)의 초청을 받아 2001년 후반에 케임브리지 신학 연합(Cambridge Theological Federation)에서 행한 다원주의에 관한 연속 강의에서 시작되었다. 이 연구는 2003년 8월 조지아 주 애틀랜타에서 그레이스 데이비(Grace Davie)가 의장직을 맡았던 퍼페이 강의(Furfey Lecture)와 2004년 5월 파리에서 행한 템플턴 재단 강의에서 다뤘던 내용, 그리고 미국바바리언학회(Bavarian American Academy)에서의 연설과 6월과 9월에 헝가리 국회에서 있었던 학술대회에서 다룬 내용으로 끝을 맺고 있다. 그 사이에 두 번의 의미심장한 만남이 있었는데, 하나는 암스테르담에서였고 다른 하나는 브뤼셀에서였다.

첫 번째 만남인 암스테르담 학술대회의 주제는 세속화에 대한 대안적 지배서사에 관한 것으로, 나는 그 대회를 통해 지배서사에 관한 쟁점에 주목하게 되었다. 특히 거기서 찰스 테일러와 그의 저작들과 만나는 특권을 누리게 되었다. 벌써 깨달아야 했던 것이지만, 나는 그때서야 세속화에 대한 철학적 설명과 정통 사회학적 설명 간의 간극에 대한 나의 계속된 관심이 그 어느 때보다 더욱더 적합성이 결여된 관심이라는 것을 알게 되었다. 테일러가 그 양자 간의 간극을 이어줌으로써, 말하자면 가교가 놓였다. 때로는 끝없는 재탐방이 행해지는 것처럼 보였던 영역에서 실제적 진전이 이뤄지고 있었던 것이다[근대 영국사에서 그러한 가교 잇기를 해온 또 다른 학자로 사이먼 그린(Simon Green)이 있다].

또 다른 만남은 유럽 헌법 초안이 나오기 전에 유럽연합(EU)의 의장인 로마노 프로디(Romano Prodi)가 의장으로 있는 브뤼셀의 성찰그룹(Reflection Group)에 한 논문을 제출하는 과정에서 이뤄졌다. 바로 얼마 전에 있었던 프랑크푸르트 괴테대학 우베르만(Übermann) 교수의 초청과 마찬가지로, 이번 일을 통해서도 나는 새로운 시각에서 유럽의 자료를 재검토할 수 있었다.

이 책의 3장과 7장(각각 파리와 뮌헨에서 발표되었음)이 함께 쓰였다는 것을 부연해야 할 것이다. 특히 7장은 신화와 신학 및 사회학을 자유롭게 다뤘다는 점에서 위험하긴 하지만 새로운 영역으로 한 걸음 나아간 것이다. 이라크전쟁이라는 정황 속에서 독일과 미국의 긴장 관계의 배경이 쉽게 이해될 것이기에, 이 장에서는 테일러의 머리말에서 제기된 승리주의라는 주제를 채택했다.

물론 여러 초청 강의는 나에게 여러 가지 특별한 접근 방법을 취할 것을 요구한다. 나의 이전 연구들, 예컨대 세속화에 대한 1960년대의 비판이나 1970년대의 일반이론에 대해서 재고해 달라고 요청하는 경우도 있을 수 있다. 그 중에는 반복과 예시를 재사용하는 것도 불가피할 때가 있다. 그 누구도, 겸허하게든 오만하게든 이렇게 되풀이해서 진술하는 것을 피할 수 없다.

전체 13개 장 가운데 3개의 장은 2002~2004년 이전에 쓴 것이다. 이미 언급했듯이, 첫 번째 장은 오리엔테이션에 관한 것으로 티미쇼아라(Timişoara; 루마니아 티미슈 주의 주도, 옮긴이)의 일반 대중에게 행한 강연이었다. 두 번째 장 또한 오리엔테이션에 관한 것으로 복음주의의 특정 맥락에서 전 지구적 상황을 다룬 것이며, 2002년에 나온 『성령강림운동 — 세계는 그들의 교구』를 미리 선보인 것이다. 여기서 2005년 1월 20일 텍사스 주 댈러스에서 있었던 가톨릭 운동인 '신복음화(New Evangelization)' 운동에 의해 조직된 한 학술대회에서 행한 개막 연설에 대해 부연해야 할 것 같다. 이 연설에서 나는 수정된 일반이론이 어떤 것인지를 간결하게 언급했다. 이 내용은 2005년 ≪현대종교학회지≫(vol. 20, no. 2)에 「세속화와 기독교의 미래(Secularization and the Future of Christianity)」라는 제목으로 발표되었다. 그 글은 지배서사를 다루고 있는데, 특히 앵글로색슨계 미국과 가톨릭 궤적 사이의 대비와 현대 개인주의, 그리고 1789~1989년에 걸친 2세기 간의 논쟁을 다루고 있다. 캐나다에 관한 6장은 1990년대 후반 온타리오의 킹스턴에서 있었던 한 학술대회에서 발표한 것이다. 여기서 '유럽과 미국 사이에 끼어 있는' 캐나다의 세속화에서 보이는 혼성적(hybrid) 경향을 검토할 수 있었다. 분명히 혼성은 특정한 이론적 관심의 대상이다.

마지막 3개의 장은 '논평(Commentary)'을 담고 있는데, 나에게만큼은 아주 중요하다. 이 해설은 세속화의 맥락과 관련한 개인적이고 지적인 관심에 대한 주제를 지속적으로 환기하고 있기 때문이다. 그 주제란 바로 기독교 언어와 그 언어의 본질, 기독교와 정치학, 전쟁과 평화 등을 말한다. 나는 특별히 할레비텐베르크(Halle-Wittenberg)에 있는 마르틴루터대학(Martin Luther University)의 클라우스 태너(Klaus Tanner)에게 감사를 표한다. 그는 당시 드레스덴(Dresden)에서 개최된 자신의 세미나에서 나에게 이 마지막 3개 장 가운데 두 번째 장을 발표할 수 있도록 해주었다. 마지막 장은 내가 30년 전에 레잉(R. D. Laing)에 대한 한 논문에서 1960년대에 부각되었던 실존적 영웅주의와 대비하는 방식으로 도덕적 영웅으로서의 정치가에 대해 기술했던 묘사뿐 아니라 나의 책 『기독교, 전쟁의 원인?(Does Christianity Cause War?)』(1997)을 되돌아보고 있다.[1] 마지막 장은 그 배경에 이라크전쟁을 담았기 때문에 그 영역은 그보다 훨씬 더 일반적이지만 그 안에서 '영국 수상, 영국국교회 대주교와 존 험프리(MR. John Humphrys; 영국 BBC 방송의 유명 토론 프로그램의 진행자, 옮긴이)' 등을 비판할 수 있었다. 이 장들은 2003년 11월 더럼대학(Durham University) 세미나에서 발표되었다.

한 가지 점에서 다른 두 개의 장을 추가로 포함시키고자 했다. 그중 하나는 헨리 메요 하팅(Henry Mayr-Harting) 교수의 초청으로 옥스퍼드대학교 크라이스트처치대학에서 성직자를 대상으로 영국의 세속화에 관한 주제로 한 강의에 기초한 것이며, 다른 하나는 뉴질랜드 신학자 로이드 기어링(Lloyd Geering)에 대한 심포지엄을 위해 준비한 논문으로 '세속 신학자들'이 다뤘던 세속화를 다룬 것이다. 이 강연과 논문은 모두 신중한 고찰을 통해 세속화에 대한 논쟁을 더욱 멀리 밀고 나갔으며, 옥스퍼드 크라이스트처치 대학 강연과 마찬가지로 이를 기독교 변증법 개념으로 시작되는 이 서론 나머지 부분의 토대로 삼았다. 따라서 서양적 기독교에 대한 논쟁 구조를 살리기 위해 영국적 정황은 대부분 제거했다.

신앙과 자연의 변증법?

동양보다는 서양의 사회적·역사적 동기에서 나타난 기독교 변증법은 '세상'과 '왕국' 사이의 대비와 기독교 왕국의 표시로 세상 널리 뿌려진 기독교 씨앗이 영속적으로 세속화되는 것에 의존하고 있다. 결국 기독교 문명 내부에서는 간헐적으로 소동이 일어나는데, 그 이유는 신과 카이사르, 교회와 국가가 다르기 때문이며, 정신의 내적 왕국이 제도와 법의 자구에 묶인 속박을 끊어버리기 때문이다. 그렇게 해서 문명 전체는 위험에 빠지게 된다. 복음서 스스로 세속화의 문화적 경사판(slipway)을 세우고 있기 때문에 제도 교회는 그 자체가 안고 있는 관성(momentum)에 저항하기가 쉽지 않다. 하지만 내가 주장하려는 바와 같이 여기에는 뿌리 깊은 한계가 있다.

나는 세속화를 단 한 번만 일어나는 일방적 과정으로 보기보다는 반동(recoils)에 의해 연속적으로 일어나는 기독교화(Christianization)의 관점에서 보는 편이 옳다고 생각한다. 모든 기독교화는 세속적인 것을 향해 다양한 각도로 추동되는 일종의 신앙의 돌출부다. 모든 기독교화는 그 반동의 성격에 영향을 미치는 나름대로의 비용을 지불하며, 따라서 부분적으로 와해되어 '자연(nature)'의 어떤 형태로 변형된다.

나는 아래에서 네 종류의 기독교화 관점에 대해 고찰하고자 한다. 이 네 가지는 서로 중첩되어 있으며, 각각 가깝든 멀든 아직도 우리와 함께하면서 커다란 각성을 일으킨다. 그 첫 번째는 가톨릭적 기독교화(Catholic Christianization)인데, 여기에는 두 가지 유형이 있다. 하나는 군주(와 신하들)의 개종이며 다른 하나는 수도회 수사(friars)에 의한 도시 민중의 개종이다. 두 번째는 개신교적 기독교화(Protestant Christianization)인데, 여기에도 두 가지 유형이 있다. 하나는 수도원 제도를 모든 기독교인에게 확대하려 했지만 실제로는 국가 안에 갇혀버리게 된 유형이며, 다른 하나는 복음주의적이고 경건파적(Pietist)인 하부 문화를 창출하려 한 유형이다. 이 유형은 최근에 와해되었기 때문에 우리는 그 와해의 궤적 안에 존재하고 있다. 만일 우리가 아직도 다양하게 이어지고 있는 기독교화와 자연으로의 퇴락에 어떻게 영향받는지를 예증하려고 한다면 세례(baptism)에 대한 입장을 선택해야 할 것이다. 따라서 세례는 기독교국 사람들에게만 올바로 속하는 것이거나 국가의 시민에게 속하는 것이거나 어떤 종파적 하위문화에 속하기 위한 통과 의례로 보일 수도 있다. 자연으로의 퇴락의 관점에서 보면, 세례는 마술적인 것으로 이해되거나 불필요한 것으로 거부될 수도 있다. 그 출생 자체가 진정한 성례의 한 가지로 간주되기 때문이다.[2]

논쟁의 핵심으로 돌아가자. 자연으로의 다양한 퇴락뿐 아니라 모든 기독교화에 딸려 있는 특수 비용을 지적하지 않을 수 없다. 먼저 가톨릭적 기독교화의 두 가지 유형부터 다뤄보자.

기독교는 자발적으로 발생한 하위문화로 시작되었다. 하지만 그 최초의 대중적 개종은 주로 왕과 여왕의 개종 — 여기엔 콘스탄티누스 황제뿐 아니라, 오스왈드(Oswald), 올라프(Olaf), 블라디미르(Vladimir), 그 외에도 많은 이들이 포함된다 —

을 (종종 그 순서로) 통해 일어났다. 이를 통해 교회와 국가 간의 긴장뿐 아니라 신앙이 권력, 위계, 전쟁, 강요 및 폭력 등에 동화되는 비용을 치러야 했다. 두 번째 대중적 개종은 중세 유럽의 도시 민중 가운데 수도승들에 의해 이뤄졌다. 여기에 치러진 비용은 신의 경건자들(athletes of God)과 비경건자들(also-rans)로의 분화 또는 독신주의적인 것(the celibate)과 영적인 것(the spiritual)으로의 분화였으며, 이는 가족적인 것이나 재생산적인 것과는 대조적이었다. 이러한 분화를 분쇄하여 '은총(grace)에 따라' 모든 사람을 공평하게 포함시키려는 개신교의 시도를 통해 가톨릭 체제는 종교개혁이라는 위기에 맞닥뜨리게 되었다. 자연으로의 전환(reversion)은 가톨릭 내에서도 몇 가지 방법으로 명백하게 표명되었는데, 예를 들면 성 프란체스코와 성 페트라리타와 같이 자연세계를 새롭게 인식하거나, 합리성·원생과학(protoscience) 및 연금술의 불안정한 혼합을 통하거나, 마키아벨리식 정치적 본질을 있는 그대로 인정하는 방법 등이었다.

  수도원적 이상을 보편화하려는 개신교의 시도는 은총과 자연이라는 이율배반을 초래했다. 이 경우에 비용은 '신정(神定, election)'의 측면에서, 그리고(또는) 모든 사람 위에 놓인 완전주의자적(perfectionist) 분투의 측면에서 치러졌는데, 이 과정에서 이율배반적인 도덕적 혼란이 간헐적으로 돌발했다. 복음을 보편화하려는 시도에도 여러 가지 선택이 열려 있었다. 그 하나는 신의 예정의지에 따라 선택이 이뤄진다고 보는 것으로, 이에 따라 칼뱅주의 도시 제네바와 매사추세츠처럼 사회 전체에 신의 정부를 강요하는 선민이 나타났다. 또 다른 하나는 완전함(perfection)을 추구하는 재세례파의 경우인데, 이는 자기선정(self-selected) 집단이나 영토적으로 분리된 공동체가 군거하는 경우에 드러날 수 있다. 이들 두 가지 선택 모두, 특히 양자가 상호 작용하는 상태에 있을 때, 사회의 도덕 구조는 위기에 빠지게 되어 영국이나 뮌스터의 내전 시에 일어났던 것과 같은 도덕적 혼돈 상태에 빠질 정도의 팽팽한 긴장을 낳을 수 있다. 칼뱅주의적 신정에 대한 지성적 구조는 결국 자연주의적이고 합리주의적인 도덕주의 — 예컨대 리처드 프라이스(Richard Price)와 조지프 프리스틀리(Joseph Priestly)의 도덕주의 — 로 진화한다.

루터교적 선택은 행위(works)보다는 은총에 기대어 만인을 감싸는 방식으로 작용하지만, 감춰진 교회의 완전함을 미정의 상태로 묶어둔다. 이것은 신의 사랑이 주입됨으로써 영혼의 내면과 소규모 친교 집단 내에 은총이 촉발하기도 전에 은총과 자연의 역동성을 고정적이고 판에 박힌 것으로 몰아간다.

칼뱅주의적 및 루터교파적 선택은 모든 신자를 사제화(司祭化)하는 데 관심을 둔다. 여기에는 성직자, 수사 및 수도승의 국제적 서열을 폐기할 수 있을 만큼 평신도의 자질을 확대한다는 의미가 함축되어 있다. 교회는 국가에 동화되고, 성직은 하나의 직업이 되며, 수도원적 동포애는 재생산적 가족으로 전환된다. 이를 달리 표현하면 신 안의 신부(Fathers-in-God)가 사람들의 아버지(fathers of peoples)가 되거나 혹은 결혼해서 아이를 낳는 보통의 아버지가 된다는 것이다. 달리 말해, 은총을 전달하고 중개하도록 만들어진 특수한 사회 구조가 민족과 가족이라는 '자연적' 구성으로 복귀한다는 것을 의미한다. 하지만 이는 개신교 안에서 일어나는 다양한 자연으로의 복귀 중 하나에 불과하다. 게다가 허버트 경[Lord Edward Herbert of Cherbury(1583~1648); 영국 체베리 태생의 사상가이며 신학자로서 자연종교관(본성적 종교관)을 제시했음, 옮긴이]과 로크(Locke)의 견해와 같이, 개인 이성과 경험적 실재의 자율성이라는 측면에서도 자연은 그 스스로를 드러낸다.

마지막 기독교화는 복음주의적이고 경건주의적인 '각성(Awakening)'을 통해 시도된 것으로, 처음에는 북대서양 지역에서 시작되었지만 현재는 성령강림운동을 통해 전 세계에 퍼져 있다. 이 기독교화는 개인의 열성적 행위(heart work)와 내적 감정에 기초한다. 여기서의 대가는 과거든 지금이든 헌신적인 신자와 그렇지 못한 신자를 경계 짓는 교파적 하위문화를 만드는 방식으로 치러졌을 뿐만 아니라, 어느 정도 자연과학이 손상을 입게 되는 쪽으로도 치러졌다. 실제로 모든 사람을 개종할 수는 없다. 무슨 뜻인가 하면, 기독교인이 된다는 생각은 어떤 하나의 하위문화의 생활양식과 관계하는 것이지 사회 전체와 관계하는 것이 아니라는 말이다. 그러나 이런 종류의 경건파적이고 복음주의적이고 성령강림적인 하위문화는 근대화와 상호 협력적인 방식으로 병행하여 전개된다. 그 최초의 예가 산업혁명과의 관계이며 지금은 개발도상에 있는 국가들, 특히 아프리카, 라틴아메리카, 태평양 연안 국가들의 발전과의 관계가 그러하다. 교파적 하위문화는 근대화와 적극적으로 연관되어 있다.

이러한 복음주의적 기독교화는 거의 그 초기부터 자연에 대한 낭만주의적 복귀(return)와 병행하거나 중복되면서 전개된다. 복음주의와 낭만주의는 둘 다 열성(heart)에 호소하는데, 어떤 경우는 개종과 신에 대한 경배를 통해 호소하며, 또 다른 경우는 인위적이 아니라 본성적으로 행동하는 신실성과 자연에의 찬양을 통해 호소한다. 오늘날 우리는 이 두 가지를 모방하며 살아간다. 이 말은 곧 우리가 복음주의적 열성 행위의 부산물로서 나오는 순수한 내적 성품을 성스러운 환경에 대한 낭만주의적 신화와 결합시키고 있다는 것을 의미한다. 그 신화는 현대 교육과 미디어에 힘입어 구원의 역사와 그에 연관된 역사적 귀결, 자유, 선택과 도덕적 결말이라는 관념에 붙박은 창조적 긴장을 배제시키는 데까지 퍼져나간다. 이런 식으로 이해되어 받아들여진 자연주의는 운명과 행운에 관한 고대적 관념이나 조작될 수 있는 마술과 미신에 그리 반대하지 않는다. 이 자연주의는 다원주의적 적자생존에 기초한 자연으로의 다양한 복귀(reversion)에 취약하고, 현재 인지과학이나 유전공학적 결정론을 통해 점점 더 확산되고 있다. 반면에 낭만주의는 자연을 도덕과 정서적 진리의 원천으로 간주했는데, 이는 마치 예언서에 그려졌던 '평화로운 왕국'과 같았다. 다윈과 니체에 의해 자연은 명백하게 탈도덕적(amoral)인 것으로 그려졌다. 더 나아가 다윈주의 가정에 따라 제시되는 그 어떤 도덕성도 인식론적 토대를 결여하고 있다. 이것이 바로 찰스 테일러가 특별하게 강조한 점이다.

복음주의적 기독교화와 그에 따라 나타난 하위문화는 19세기 초반부터 20세기 중반까지 지속되었는데, 당시는 바로 자연, 원시성, 탈역사성, 원초성의 홍수에 의해 그 경계가 침식되고 있었다. 그러나 어느 면에서 복음주의는 그 경계를 유지하거나 경계를 허물어 '세상' 속으로 사라진 기독교 학생운동(Student Christian Movement) 같은 운동들보다 더 잘 생존해나갔다.

제도적이며 개념적인 경계를 반드시 유지할 필요성이 있음에도 열성적 행위에는 효율적인 의례(ritual)와 제도적 중재가 필요하지 않다는 것을 쉽게 함축한 대가로 복음주의는 한 가지 비용을 치르게 되었다. 즉, 의식과 중재는 모두 단순한 미신적 숭배물(mumbojumbo)과 사제술(priestcraft) 정도로 쉽게 무시되었고, 쇠락해가는 개신교가 남긴 감상이나 침전물 정도로 생각되었다. 기독교는 단지 우호적이거나 점잖은 개인적 태도와 선의의 감정쯤으로 받아들여졌다. 점잖음은 특히나 자연적인 덕목이며 정치적 관점에서는 도덕적 합의를 위한 동의된 준거점을 제공하기 위한 것이다. 그리고 정치 영역에서 작동하고 있는 신앙의 유형을 제공한다. 그 이유는 교차로와 같은 공적 제도는 기독교도가 아닌 점잖게 법을 지키는(law-abiding) 시민을 요구하기 때문이다.

만일 출산이라는 것이 죄의 대가도 아니고 그렇다고 은총에 수반되는 선물도 아닌 그 자체로 충분한 자연적인 성례라면, 그래서 교회와 공동체가 또다시 하나가 된다면, 변증법은 종결되어 인간은 내적 성품과 신실성의 측면에서 자연과 재결합하게 될 것이다. 자연으로 돌아감으로써 치르게 될 대가는 자유의 상실이고, 도덕적·역사적 필연성의 상실이다. 모든 종류의 질적 차이뿐 아니라 신, 자유, 진실, 인간의 독특성과 책임감이 일제히 공격을 받아온 것은 결코 우연이 아니다.

기독교 역사에서 다양하게 일어난 자연으로의 역전은 최초에는 르네상스 시대에, 더 특별하게는 기독교에 대한 과도할 정도의 지성적이고 도덕적인 표상화가 종교적 내용에 대한 탐구로 이어진 19세기에 일어났지만, 이것이 단순히 이교(paganism)로의 복귀를 뜻하지는 않았다. 사실, 단순히 순환을 포용하거나 목적지도 없는 시간과 변화의 무의미한 경과를 수용하기 위해 기독교에서 연원한 전향적 운동 및 역사적 목적의식을 털어내는 것은 쉽지 않았다. 물론 계몽주의는 이를 시도하지 않았으며, 그 어떠한 경우에도 유대-기독교의 적극적 자연관이 이교의 직접적인 수용을 견제하고 있었다. 결국 창조는 단지 눈물의 골짜기(vale of tears)가 아니라 선한 것으로 간주된다. 창조 질서는 신적 이성이나 지혜의 작용에서 나오며, 인간 또한 신이라는 이성적 형상 안에서 만들어진 것이다. 위대한 변화의 시기인 17세기에 기독교와 유대교 그리고 특히 신플라톤주의 자료들은 본(Vaughan), 트러헌(Traherne), 헨리 모어(Henry More) 같은 사람들 덕분에 재

분류되고 고도의 매력적인 표현들을 찾아낼 수 있었다. 한 세기 반이 흐른 후, 자연에 대한 낭만주의적 반응의 선구자였던 콜리지(Coleridge), 워즈워스(Wordsworth) 및 노발리스(Novalis)와 같은 시인들은 기독교나 반(半)기독교적 틀 안에 낭만주의를 위치시켰던 것 같다. 그러한 기독교적 낭만주의는 신앙, 자연, 산맥, 풍경에 대한 현대인의 정서에 여전히 광범위하게 퍼져 있다. 오늘날에도 이상화된 켈트적 이교 신앙이 조장한 감정의 세계는 이상화된 켈트적 기독교 신앙과 뒤섞여 있으며 또한 '창조 영성(creation spirituality)'과도 뒤섞여 있다. 촛불의 상징은 자연의 빛을 되돌리는 신호이자 속죄자의 도래를 알리는 신호다. 이 두 개를 결합시킨 것은 바그너의 「파르지팔(Parsifal)」 신화만이 아니다. 악과 '어둠의 역사' 또는 떠오르는 태양과 부활한 아들(Risen Son) 사이에 — 또는 'Wie schön leuchtet der Morgenstern(샛별은 어찌하여 밝게 빛나는가)'에서 — 왜 의미의 이중적 요구와 상호 교환이 일어나는가? '빛은 동방으로부터(Ex Oriente Lux)' 말고 동방에 경도된 교회가 있는 이유는 달리 어디에 있겠는가? 특히 지혜서(Wisdom)의 전통은 기독교에 비축된 레퍼토리를 공급하고 있는데, 여기서 자연에 대한 솔로몬의 찬미는 육화된 말씀(Word)이 도래하리라는 열망과 결합시킬 수 있다. 과학과 '측정'은 속죄를 보충할 수 있고, 그렇기 때문에 은총과 자연의 변증법적 긴장은 파괴되지 않고 완화될 수 있다.

**신앙과 세속의 관계,
그리고 세속화 이야기의 다양성**

바로 앞에서는 기독교가 세속적 자연으로 유입한 것에 대한 사변적 역사를 설명하고자 했다. 그 유입은 하나하나가 나름의 긴장을 조성하고, 뒤따라 기독교적·비기독교적 형식의 자연과 자연적인 것에 대한 변화가 또다시 일어난다. 어떤 면에서 이러한 긴장관계는 영구적인 성격을 가진다. 때문에 모든 사람을 전체적인 종교적 틀에 포용한다는 문제는 기독교국(Christendom)의 군주와 관련해서는 가톨릭에 영향을 미치고, 군주 및/또는 국가와 민족국가와 관련해서는 개신교에 영향을 미친다. 포용하기 위해서는 희석되어야 한다. 마찬가지로 자기선택(self-selection)과 반분리(semi-segregation)에 기초한 제한된 하위문화의 문제는 가톨릭 질서, 완전론적 공동체주의 지역, 개신교 교파에도 똑같은 영향을 미친다. 그러나 가톨릭의 경우에는 그 경계선이나 한계선이 원칙적으로 수용되는 반면에 개신교 교파에서는 고통스러운 실제로서 맞닥뜨리게 된다. 열성적인 복음주의자들은 신의 왕국은 미국에도 영국에도 있지 않다는 사실과, 그 왕국의 시민권이 어떻게 확장되고 어떻게 후퇴될 수 있는지를 알게 된다. 그리고 확장에 대한 낙관론은 실패에 대한 회의론이나 자기채찍질(self-flagellation)로 변화하거나 알맞은 공식을 계속해서 탐색하는 방향으로 변해갈 수 있다. 사이먼 그린은 이러한 모든 것에 대해 그의 『퇴락하는 시대의 종교(Religion in the Age of Decline)』(1996)에서 명쾌하게 분석하고 있다.

이 개요는 단순히 문화에 대한 신학적 설명으로 볼 것이 아니라 신앙이 사회에 유입되는 양식을 분석한 문화사회학적 설명으로 보아야 한다. 신앙이 사회에 유입되는 때의 신앙이란 창조 질서의 신성을 받아들이는 신앙이자 복음에 호소하며 강렬하게 변화를 추구하는 신앙을 말한다. 뒤에 다시 강조하겠지만, 나의 접근법이 여타의 접근법과 다른 점은 신학적 설명과 사회학적 설명의 긴밀한 상관관계에 기초한다는 것이고, 그에 따라서 신앙은 사회적 성육신화(incarnation)라는 관점에서 이해되며 또한 실제로 관찰되는 자연과의 변증법적 관계라는 측면에서 이해된다. 다소 비슷하게, 신학의 유형학적(typological) 접근법은 일관된 담론을 위한 토대인 사회학의 구조주의적 설명과 상호 연관될 수는 있지만 그 구조주의적 설명에 통합될 수는 없다.

변증법적 접근방법은 사회학적으로 이해된 사회 현실(또는 사회성)과 다양한 조우를 하면서 연속적으로 발생하는 종교 변화에 대한 설명에 기초하고 있지만 세속화의 표준적인 서사와는 크게 다르다. 특성적으로 볼 때, 이러한 서사는 지속되고 있는 종교 자체에 대한 현존의 서사를 만들어내기 위해 물리적인 것이든 사회적인 것이든 본질의 다양한 요소와 결합한다. 반동에는 한계가 있고 기독교화의 다양성은 줄어든다. 한때 하나의 종교적 과거가 있었고, 그 종교적 과거는 그 미래에 조금씩 세속화되어 나타났다. 종교가 아무리 강하게 저항하고 지연 작전을 쓰더라도 자연적인 것(종종 과학과 동일시된다)은 연속적 증식을 통해 종교를 누르고 이긴다.

이러한 종류의 세속화 이야기 중에 가장 통상적인 것은 이를테면 로저 베이컨(Roger Bacon), 마키아벨리(Machiavelli)와 페트라르카(Petrarch)에서 시작해서 프랜시스 베이컨(Francis Bacon)의 경험주의와 프랑스의 합리주의로 옮겨가서 어느 정도까지는 독일의 계몽주의로 이어진다. 그런 다음에 쇼펜하우어(Schopenhauer)와 니체로 이어지고, 다윈, 프로이트, 마르크스, 사르트르 같은 모더니티(modernity, 근대성)의 다양한 선지자에게 이어지며 러셀(Russell), 아이어(Ayer), 로티(Rortry) 등과 같은 수많은 현대 인물까지 이어진다. 종종 세속적인 것의 승리에 관한 이러한 이야기는 그 과정에 대한 묘사와 그 결과에 대한 공개적이거나 숨겨진 관행을 결합하고 있는 경우가 많다. 세속화는 주목도 받고 조장도 된다. 그 결과 기독교의 연속적 유입의 변증법은 여타의 종교와 비교해서 두드러진 특성을 갖는 기독교적 문명과 더불어 차단된다. 테일러가 지적한 바와 같이, 현대 정신 구조의 기독교적 원천이 간과되고 있는 이유는 그것이 더 이상 '기독교의 이름'으로 구별되고 있지 않기 때문이다.

방금 요약한 세속화 이야기가 『우리가 잃어버린 세상(*The World we have Lost*)』— 모호하지 않은 과거의 종교를 다루고 있는 피터 라슬레트(Peter Laslett)의 책 — 의 생각에 기초하고 있다는 점을 감안할 때, 우리는 우리 자신의 현대적 가설을 그 과정의 본질에 다시 투사하고 있는 것이다. **모종의 진행이 확실히 일어났지만, 그 진행 과정은 우리가 과거 회고적으로 구성한 것과는 다른 모습일 수 있다.** 그렇기 때문에 회고적 설명은 한 종교의 특성적 현상을 세속적 대단원에 이르기 이전의 잠정적(중간적) 형세로 취급하는 경우가 너무도 많다. 예컨대 기독교 사회주의에 대한 수많은 설명은 이것을 '오로지' 현실의 세속 사회주의에 대한 잠정적 기대로만 취급한다. 이외에 도시 산업 사회에서의 종교의 진정한 이득을 환상적이고 모종의 생존적인 것으로 취급하는 설명도 있다.

보다 구체적으로 말해, 다윈의 진화론 논쟁과 같은 중대 에피소드의 표준적인 묘사는 종교적 저항의 어둠을 돌파하는 계몽주의 과학의 관점에서 상투적으로 다뤄지는데, 그러한 접근법이 최근의 수정주의 역사편찬(historiography)에 의해 비판받고 있다는 사실에는 모두 귀를 기울이지 않는다. 역시 현대적 사례를 한 가지 들자면, 자살 폭파를 세속적 압력에 대한 저항으로 간주하여 그 행위의 원인을 단순히 퇴행적 종교에 둔다. 하지만 그 근원적 원인이 타밀 반군(Tamil Tigers; 1980년대 이후 스리랑카의 북부 지역을 근거지로 조직된 타밀나두 출신 스리랑카인의 반군 단체를 지칭하는 말, 옮긴이)의 세속적 민족주의에 있거나

19세기 후반의 세속적 실행 선전에 있다고는 보지 않는다. 이런 일이 일어날 수 있는 유일한 이유는 지배적 패러다임에 의해 그 관념을 '명백한(obvious)' 것으로 만들었기 때문이다.

가장 최근의 사례는 러스킨(Ruskin)의 '신앙의 상실(loss of faith)'과 그가 모더니티를 규정짓는 선지자의 한 사람으로 부각된 것 사이에서 연상되는 전후관계에서 찾을 수 있다. 마이클 윌러(Michael Wheeler)는 『러스킨의 신(Ruskin's God)』이라는 자신의 책에서 사실은 전혀 그렇지 않다고 보면서, 이러한 유형의 잘못된 설명이 현대 문화의 가정(presumption)에서 유래한 것임을 보여주고 있다.[3] 물론 이러한 추정은 적어도 그 자체만으로도 서구 지식 계급 사이에서 일종의 세속화 이야기에 대한 증거가 되지만, 이것이 반드시 지식 계급이 말하는 — 따라서 세상 사람들이 말하는 — 이야기는 아니다.

성직자를 포함한 대항 집단과 더불어 서구 인텔리겐치아의 이데올로기적 권력 투쟁의 역사에서 일어난 에피소드를 사회학적으로 설명할 필요가 있다. 나의 생각에 특별히 흥미로운 에피소드는 1870년과 1910년 사이에 일어난 것인데, 그로 인해 현대 지식인들은 세속화를 신앙이 설득력을 갖지 못했기 때문이라고 생각하게 되어 세상을 '믿는 자'로 묘사되는 사람들과 그렇지 못한 사람들로 부정적으로 대비하여 나누게 되었다. 신뢰성과 관련된 지식인의 독특하면서도 제한적인 태도에 기초한 이러한 접근법은 세속화의 성격묘사의 일반적 전형으로 자리 잡는다. 하지만 그것은 세상의 본모습이 아니다. 세상은 심지어 미디어와 교육의 통제를 통해서도 지적 태도의 확실한 '하향 침투 효과(trickle-down effect)'를 허용하며 혹은 베버적 의미의 '합리적' 활동의 효과까지도 허용하게 한다. 사회학적 탐구는 본질적으로 사람들에게 긍정적 또는 부정적 '영향을 미치는' 종교나 영성의 특징이 아니라 이만저만한 정도로 가지고 있는 '믿음'과 관련해서 진행된다. 이는 지적 신뢰(credibility)와는 아무런 관계가 없고 대신에 사회적 연대, 분위기와 신화 등에 훨씬 더 많이 의존적일 수 있다. 이런 식으로 이해되는 세속화 이야기라면 1870년에서 1910년까지의 시대에 살았던 거의 모든 사람의 전기에서 찾아볼 수 있을 것이다.

이러한 편파적인 세속화 이야기는 정말 틀렸다거나 단지 이데올로기적이고 규정적인 것은 아니지만, 대체로 물리적 및 생물학적 자연에 대한 이해의 변화를 강조하는 경향이 있다. 때문에 사회적 자연에 대한 이해의 변화를 부차적인 것으로 취급하고, 예술에 대한 이해가 변한 것은 예증적 결과론(illustrative after thoughts)쯤으로 취급하는 경향이 있다. 물론, 이러한 무게 중심은 달라질 수 있다. 그래서 동료 사회학자들이나 내가 제시하는 것과 같이 사회학적 설명은 불가피하게 사회 변화와 그 사회를 이해하는 데서의 변화를 강조하게 된다. 이 이해의 과정에는 자연과학과 생물학의 발전이 어느 정도 연관성이 있기 때문에 영향을 미친다. 나는 나의 연구에서 예술, 문학, 음악 영역에서 나타난 것을 포함한 모든 종류의 세속화 이야기를 다룸으로써 정통 사회학적 접근법을 수정하려고 시도해봤다. 실제로 음악이야말로 종교에 가장 가깝고 친숙한 인간 활동의 유형이기 때문에 나는 『기독교 언어와 그 변형(Christian Language and its Mutations)』(2002)에서 음악을 어느 정도 집중적으로 다루기도 했다. 직설적 세속화의 관점을 가지고 음악의 역사를 '휘그당(Whig)' 식으로 해석하는 것은 들어맞지 않는다.

세속화 이야기의 편재성을 강조하고 그 이야기에 대한 규정(prescription)과 묘사(description)를 결합하는 다양한 방식을 강조할 때, 세속 신학자들의 논의에 쉽게 동화될 수 있는 아동 문학에서 예를 찾으면 도움이 될 수 있을 것이다. 그 예가 필립 풀먼(Philip Pullman)이다. 그와 세속적 신학 모두를 특징짓는 것은 규정과 묘사의 융합으로서, 서사적 산문보다는 판타지적으로 되기가 훨씬 쉽다. 비평가들은 통상 상상력이 풍부한 작가들이 사회학적 분석에 기초한 현실 분석을 하도록 내버려두지 않는다. 세속적 신학자들은 그렇게 하도록 내버려두지만 말이다.

임의적 종결이 있는 모든 이야기처럼 풀먼의 3부작에서도 독자에게는 일과 연구를 초월하여 지상에 천국을 건설하는 것에 대한 생각이나 혹은 '권능'(또는 신)의 몰락이 권력의 문제를 어떻게 해결한 것인가 등에 대한 어떤 의식도 주어지지 않는다. 풀먼은 자기 멋대로 이 권력의 문제를 사회 구조의 특성으로 보기보다는 제도 교회의 악과 동일시했다. 존 밀턴(John Milton)의 원천과 모델과는 달리, 풀먼은 자신이 그린 천국에서 권력과 고위직의 딜레마에 직면할 필요가 없다. 그가 떠올린 것은 에릭 뵈겔린(Eric Voegelin)이 종말의 '임재(immanentization)'라고 부른 것의 또 다른 버전에 지나지 않는다.

세속화이론을 세우고 그것을 수정하려고 노력하는 전 과정에서 나는 역사와 문학에 반쯤 숨겨진, 상상력이 풍부한 세속화 이야기뿐 아니라 뒤틀린 지적·사회적 역사의 문제들을 대면해왔다. 이 문제는 뒤틀린 역사 특히 지적 진보가 일방적이고 획일적으로 이뤄질 것이라는 가정에 기초한 왜곡된 역사에서 벗어난 신학에 의해서 악화될 수 있다. 그럼에도 이러한 일방적이고 획일적인 지적 진보에 대한 가정은 계속해서 세속 시대의 도래를 일종의 신의 현현(epiphany)인 것처럼 공표한다. 과학적 이해의 진보에 기초한 이야기를 활용함으로써 사람들은 신앙에 대한 비과학적 도약에 의한 경우가 그러하듯이 종국적으로 기독교 신앙의 내적 의미가 세속 현실에 실현되는 '수용가능한 때(acceptable year)'를 선포하기 위한 징표를 찾게 된다. 천국은 결국 세속의 흙 속에 파묻혀버렸고 그로써 하늘의 천국은 필요조건을 충족하고도 남는 과잉이거나, 세속적 소망에 더 충실하고 깊게 공명해주는 종류의 과잉이 된다. 초월성을 결여하기 때문에 변증법은 쇠락한다.

그러나 돈 큐피트(Don Cupitt) 같은 세속 신학자가 묘사하고 규정한 것처럼 신앙의 바다에서 벗어나 세속 현실로 흘러들어가는 것만이 유일한 신학적 반응은 아니다. 존 밀뱅크(John Milbank)의 신학적 연구에서는 그와 정반대의 반응이 일어나는데, 사회이론을 통한 세속적 이해의 자율성은 그 자체의 객관적 기준이 없는 폐쇄된 담론의 하나로 취급되기 때문이다. 사회이론은 숭고함을 단속한다는(policing the sublime) 비난을 받고 출입금지가 되었지만, 기독교는 스스로 조화와 평화에 기초한 자신들만의 사회이론을 통해 신뢰를 획득하게 되었다.

이는 돈 큐피트의 접근법과 현저하게 대비된다. 큐피트의 접근법은 사회학을 원칙적으로 거부하는 것이 아니라 실제적으로 무시한다. 그래서 '일상 언어' 철학을 사용하여 세속의 도래를 선택적으로 예증할 수 있는 것으로 케임브리지 옴니버스 작품집의 소문의 편린들에서 세속적인 것의 현현(epiphany)의 행방을 추적한다. 여기에는 증거에 대한 책임의 개념은 없고 단지 '비실재론적 신(non-realist God)'의 교회를 새롭게 만들어내기 위해 복음주의적 선포를 전도시켜 반복해서 설교하는 것만이 있을 뿐이다.

세속 신학의 사례는 그 외에도 많이 있다. 하비 콕스(Harvey Cox)가 '세속 도시(The Secular City)'의 도래에 대한 초기 단계 글에서 언급한 성명이나 예수 세미나를 통해 예수를 세속 시대를 섬기는 세속 현인의 한 사람으로 재구성하는 것 등이 바로 그것이다. 그러나 그들 중에서 큐피트와 밀뱅크는 아주 중요한 극단을 잘 보여주고 있는데, 이로써 종국적으로 초월성을 지상으로 끌어내려 흙 속에 파묻어버리거나 아니면 초월성과 신학에 의한 이해와 세속적 현실을 집어삼키거나 함으로써 변증법은 쇠락해간다.

아래에 이야기한 바와 같이 나는 변화되는 비전과 선(good)으로 특징지울 수 있는 자연적 및 사회적 현실 사이의 변증법은 일단 역사 속으로 진입되고 나면 소멸될 수도 없고 소멸되지도 않는다고 본다. 오히려 그 변증법은 다양한 형태로 변천하는데, 때로는 오해하기 쉬운 명목으로 변천되기 때문에 그 비밀스러운 현존을 놓치게 되는 경우도 있다.

『기독교 언어와 그 변형』(2002)의 2부와 같이, 지난 40년간 내가 한 연구에서 대부분의 관건은 기독교나 모방적 계몽주의 변형에서의 평화와 조화에 대한 변형적 비전과 권력과 폭력의 사회적 현실 사이의 변증법에 기초하고 있다. 그러나 나는 예술적 아름다움과 에로틱함에 관한 평행적 긴장에 관해서도 다루고 있으며, 상호 관계(mutuality)와 자기희생(self-giving)의 기독교적 개념, 쾌락과 이익, 확장과 생존이라는 항구적 현실에 기초한 경제 사회과학 사이의 긴장도 주목한다. 이러한 권력이나 부에 관한 현실 가운데 그 어느 것도 근본적으로 악하지는 않지만, 근본악이 표출될 수 있는 상황을 제공한다. 근원적 악이 뿌리를 틀고 존재하고 있다는 점에 대해서는 의심의 여지가 없다.

내가 보기에 사회학은 (경제학처럼) 이데올로기적으로 굴절되어 있고 특히 계몽주의적 가정에 오염되어 있기까지 하다. 사회학자들이 그동안 여러 차례 지적해왔듯이 이 점에 대해서는 밀뱅크가 옳다.[4] 그와 동시에 사회학은 엄격하면서도 대중적인 의미의 감상성(sentimentality)을 사용하여 기독교적 감상성과 계몽적 감상성이 똑같이 대하게 되는 현실 점검을 제공하고 분석한다. 무엇보다 사회학은 권력과 폭력, 세계 질서 및 혼란과 관련해 기독교가 왜 그리고 어떻게 '세상'에 대한 도전에서 부분적으로 그 세상에 굴복하여 정당화하고 지원해주는 일부분이 되는지를 설명해준다. 이 점에 대해서는 이해가 쉽다. 이는 계몽적 열망과 당신이 간절히 마음에 담고 있는 '천국(republic of heaven)'에 대해서도 마찬가지이다. 이 점은 이해가 그리 쉽지 않지만 그렇다고 명백하지 않은 것도 아니다. 그러므로 사회학은 초월적 비전에 의해 받아들여진 사회적 역동성과 그것이 현세에 행사하는 압력을 검토하는 학문으로 꾸며질 수 있을 뿐 아니라, 신학도 마찬가지로 지상의 방식과 천국 방식의 상호 침투성을 검토하는 학문으로 꾸며질 수 있다. 현실주의 신학이란 바로 그런 것이다. 기독교가 그런 방식으로 작동하는 것은 그게 바로 기독교 본연의 모습이기 때문이다.

변증법에 관한 개인적 관점

그래서 나는 변증법이 계속될 것이라고 생각한다.[5] 이 주장의 근거는 트뢸치(Troeltsch), 베버(Weber), 리처드 니버(Richard Niebuhr), 라인홀드 니버(Reinhold Niebuhr)에 기초하며, 새로운 속세의 맥락에 무엇보다 권력에, 순응하려는 이미지와 기독교적 레퍼토리와 관계한다. 그 레퍼토리의 핵심 요소는 왕국의 근본적 전도(顚倒), 성육신 안에서의 성스러움(the divine)과 무기력의 동일시, 성령강림의 보편 언어에서의 바벨의 전도 등에 관심을 갖는다. 이 모든 것은 필연적으로 권위와 권력에 기초할 뿐 아니라 '타자'에 대항하는 연대에 기초를 두고 있는 인간 사회의 본성과 마주친다. 따라서 기독교적 이미지의 레퍼토리에 잘 예시되어 있는 기독교 **논리**는 사회조직의 **논리**와 마주친다. 기독교 논리는 그와 상반되는 상상력을 통해 순응하기도 하지만 동시에 침투하기도 한다. 물론 이러한 상상력만을 근간으로 해서 구성될 수 있는 사회란 없다. 그런 사회는 의례의 연속적 수행에 의해서만 현실적 존재감을 갖게 된다.[6]

다른 요소들 또한 동일한 변증법을 보여준다. 예컨대 예전 전례시가(liturgical poetry) 및 드라마의 변형적인 초월과 간소한 식사의 공동체적 측면에 나타나 있는 일상 간의 긴장이라든지, 또는 값 없이 주어지는 은총의 선물에 기초한 속죄의 비전과 평균적이고 대칭적인 교환에 관한 통상적 도덕의식 간의 긴장 같은 것이다. 도널드 데이비(Donald Davie)가 기독교 모순어법의 풍성하고 창의적인 모순이라고 부른 것은 모든 영역에서 발생하고 되풀이되면서 또한 끊임없이 변천한다. 나는 그 모순어법 ― 곧 수용적이면서도 변형적이며, 육신적이면서도 초월적인 ― 을 믿는다. 하늘의 왕국은 이 세상에 그 영토를 확장하려고 시도한다. 그 영토는 성사(세례와 성찬), 형제애의 실천, 성령강림의 보편 언어, 교회의 경계를 넘어 멀리 뿌려진 희망의 씨앗 속에 있다. 신학의 작동 키는 사회학의 그것과는 다르지만 나는 밀뱅크와 대조적으로 사회학이 기독교의 핵심 레퍼토리에 충실하게 뿌리를 두고 있는 신학을 위한 맥락을 제공할 수 있다고 믿는다. 그 이유는 사회학이 필연적으로 어떤 이질적인(alien) 담론이기 때문이 아니라, 현실이 존재하는 방식과 그 현실이 발생하는 방식에 관여하기 때문이다. 기독교적 변증법의 관건은 '세상'에 대한 개념이고, 사회학은 그 세상이 어떻게 작동하는지를 말해준다. 사회학과 경제학은 똑같이 종교적이든 계몽적이든 간에 모든 양식을 통해서 권력 추구, 쾌락, 생존, 이익 등의 세속적 원리가 지속된다는 것을 입증하려고 한다. 이것들은 도전받을 수 있고 또 마땅히 그러해야 하지만 무시되거나 거부되는 것은 좋지 않다. 이는 적어도 이들 학문이 진지한 신학적 관여의 소재이자 기독교만의 활동 소재이기 때문이다.

서론 주(註)

1 David Martin, *Does Christianity Cause War?*(Oxford: Clarendon Press, 1997); "R. D. Laing: Psychiatry and Apocalypse," *Dissent*(June 1971), pp. 150~151.
2 이교도적 자연주의의 최종목표(terminus ad quem)에 대한 징후에 대해서는 Michael York, *Pagan Theology: Paganism as a World Religion*(New York: New York University Press, 2003) 참조. 그리고 기독교에 의해 제지당한 유사 경향에 대해서는 Richard Thomas, *Counting People In. Changing the way we think about Christianity and the Church*(London: SPCK, 2003) 참조. 도덕주의의 반작용에 대해서는 Hans Kippenberg, *Discovering Religious History in the Modern Age*(Princeton University Press, 2002) 참조.
3 Michael Wheeler, *Ruskin's God*(Cambridge: Cambridge University Press, 1999). 현자(the Wisdom)의 전통에 대한 근대적 역전에 대해서는 Jacques Dupuis, *Christianity and the Religions. From Confrontation to Dialogue*(London: DLT, 2003) 참조.
4 Kieran Flanagan, *The Enchantment of Sociology*(London: Macmillan, 1996) 참조.
5 이 부분은 나의 신학적 입장에 대한 Ian Markham의 논평에 대해 내가 한 답변에서 발췌한 것이다. David Martin, *Conversations in Religion and Theology*(Blackwell, March 2004), pp. 33~41 참조.
6 Kieran Flanagan, *Sociology and Liturgy*(New York: St Martin's Press, 1991); Catherine Pickstock, *After Writing. On the Liturgical Consummation of Philoso-*

phy (Oxford: Blackwell, 1998) 참조. 민속지적 접근으로는 Martin Stringer, *On the Perception of Worship* (Birmingham: Birmingham University Press, 1991) 참조.

제1부 오리엔테이션

제1장 사회학, 종교, 세속화
제2장 지구촌 사회와 복음주의 팽창

제1장

사회학, 종교, 세속화

다음에서 설명하는 것은 사회학과 종교, 그리고 사회학과 신학의 관계에서 중점적으로 나타나는 문제에 대해서다. 그것은 또한 이 특별한 주제와 관련하여 내가 개인적으로 부딪쳤던 것에 대한 회고적 설명이기도 하다. 그 주제는 세속화 문제이다. 사회학은 본래 세속화의 부분적인 과정으로 출현했다. 사회학이 사회 안에 있는 인간(Man in Society)에 대한 자율적인 연구를 표방했기 때문이다. 그러나 사회학이 출현한 상황은 사회학이 세속화 문제에 절대적인 주안점을 두었고, 그 문제를 이데올로기의 틀 안으로 몰아넣었으며, 또한 부분적으로는 사회학이 역사철학에서 유래되었다는 사실을 의미하는 것이었다. 존 밀뱅크가 주장해 왔듯이 사회학은 본래 그 바탕에 이데올로기의 심층 구조를 깊이 간직하고 있다.[1] 그러나 밀뱅크와 달리 나는 사회학의 전반적인 담론이 수정이 필요 없을 정도로 완벽하다고 믿지 않는다. 이데올로기는 일단 관찰되면 반대에 부딪칠 수 있다. 세속화와 같이 사회학의 길잡이 역할을 하는 패러다임은 분석적으로는 일관적일 수 있고 서술적으로는 정확할 수 있다. 그렇지만 이러한 사실은 '거대이론'이 어떤 한정된 상황에서는 관찰되지만 다른 상황에서는 관찰될 수 없는 경향으로 축소되는 것을 의미한다. 더군다나 그러한 상황은 역사적 맥락에 따라 크게 변화하는 것으로 볼 필요가 있다. 다음에서 나는 세속화의 분명한 핵심을 사회 분화의 하위이론으로 소개한다. 합리화의 하위이론에 대한 심각한 의혹이 불거질 수 있고 호세 카사노바(Jose Casanova)의 중요한 저술은[2] (우연하게도 사회에 대한 신학적 성찰을 함축하는) 사사화(私事化, privatization)의 하위이론을 비판하고 있다.

이것이 바로 내가 프랑크 레흐너(Frank Lechner)[3]에 의해서처럼 세속화의 이론가로, 그리고 비판가로 여겨질 수 있는 이유이다. 확실한 핵심이 있고 어정쩡한 주변부가 있다. 내가 덧붙일 필요가 있는 것은 단지 다음에 나오는 내용이 1960년대 중반에 비판적인 논쟁을 아마 처음으로 불러일으킨 장본인으로서, 그리고 그것도 하비 콕스와 같은 몇몇 신학자가 실제로 세속화 명제의 한 입장을 찬양하며 신학적으로 주석을 달았던 그 무렵에 나 자신이 부딪쳤던 문제들에 대한 개인적인 설명이라는 사실이다.[4] 이것은 피터 버거(Peter Berger), 브라이언 윌슨(Bryan Wilson), 카렐 도블레어(Karel Dobblelaere), 로드니 스타크(Rodney Stark), 토머스 루크만(Thomas Luckmann), 리처드 펜(Richard Fenn), 스티브 브루스(Steve Bruce)와 같은 주요한 학자들을 평가하는 논쟁에 대한 개괄적인 설명이 아니다. 이것은 사회학과 종교와의 관계, 사회학과 신학의 관계, 종교와 사회의 관계에 대해 관심을 가지고 있는 일반 독자에게 제공하는 단순한 개인적 설명이다.

종교사회학에, 그리고 특별히 세속화 문제에 접근하기에 앞서 사회학에 관한 일반적인 두 가지 기준점을 돌이켜볼 필요가 있다. 첫 번째 기준점은 어떻게 우리의 지식이 특정한 역사적, 문화적, 심지어 개인적인 입장을 구체적으로 표현하는가를 인식할 필요가 있다는 것이다. 우리는 하나의 관점을 가지고 있기 때문에 정확하게 볼 수 있다. 그것은 사회학자가 한 묶음의 증명된 지식을 제시하는 것이 아니라 오히려 대화를 시작한다는 것을 의미한다.

두 번째 기준점은 우리가 보는 것을 **체계화하는** 장치를 통하여 이해한다는 것이다. 우리가 하나의 초점을 필요로 한다는 것은 틀림없는 사실이지만 단순히 하나의 초점을 지니는 문제만은 아니다. 그것은 개인적으로 관련되지만 꼭 그렇지만도 않다. 하나의 장치를 언급하는 것은 우리가 바라보는 세계를 우리가 자율적으로 구조화하는 방식에 관해 주목하는 것이다. 확실한 가정(assumptions)이 모여 하나의 패러다임을 형성하고, 토머스 쿤(Thomas Khun)이 주장한 것처럼 우리는 그 패러다임을 바꾸는 것에 대해 크게 주저한다. 그것에 반하는 증거가 쌓일지도 모르지만 우리는 그 패러다임을 바꾸는 대신에 그 증거에서 교묘하게 **발뺌하는** 방식을 택한다. 과학조차도 어느 정도의 확고부동한 이해를 얻어내려고 노력한다.

그렇다면 논의의 여지 없이 세속화의 패러다임이 되곤 했던 것은 무엇인가? 사회학과 모더니티는 함께 태어났기에 사회학의 초점은 모더니티의 상황 아래에 있는 종교와 변화를 가속화하는 무엇인가에 맞추어졌다. 기본적으로 사회학은 모더니티의 특성을 인류가 종교적 방식에서 세속적 방식으로 전환하는 하나의 시나리오로 간주했다. 세속화는 부분적으로 한때는 지배적이었지만 지금은 그렇지 못한 것에 대한 하나의 강력하고 사회적이며 역사적인 서사(narrative)로 구성되었다. 에밀 뒤르켐(Emile Durkheim)과 막스 베버(Max Weber)는 그들이 종교 의식(意識)의 위기라고 보았던 것에 성찰의 바탕을 두었다. 이 전제(preassumption)가 너무 강렬해서 구체적인 역사 분석과 통계 자료에 대한 조심스러운 분석의 방식으로 그 이론을 구성하느라고 고생한 사람들은 거의 없었다.

세속화가 논쟁의 여지 없이 받아들여진 패러다임이었기 때문에 막스 베버의 명제, 즉 칼뱅주의 개신교가 자본주의의 산파였으며 따라서 모더니티의 일종의 전주곡이었다는 논제와 무관한 방식으로 종교에 특별한 관심을 기울였던 사회학자는 비교적 소수에 지나지 않았다. 결국 앞으로의 고용문제를 염두에 두어야 했기에 어떤 것이 점점 덜 중요하게 될 것인지를 설명하는 데에 평생을 바치고 싶어 하는 사회학자는 아무도 없다. 어떤 점에 있어서 나는 종교사회학자를 '존재하지 않는 하나의 주제에 의해 삶을 사는 학문적 일탈자'[5]라고 역설적으로 평하기도 했다. 물론 그러한 상황은 각기 다른 나라의 사회학 공동체가 지니는 문화적 상황에 따라 다르게 나타났다. 결국 북미에서는 1800년에서 1950년에 이르기까지 전반적인 근대화 기간 동안 교회 참여가 꾸준히 증가했다. 실재로 존 버틀러(Jon Butler)는 『신앙의 바다에서 파도에 휩쓸려(A Wash in a Sea of Faith)』[6]라는 책에서 이러한 평범하지 않은 증가에 대하여 설명했다. 따라서 미국에서는 이에 대한 순수한 관심이 찰스 글럭(Charles Glock), 로버트 벨라(Robert Bellah), 피터 버거와 같이 저명한 학자로 대표되는 사회학자들 사이에 있었다. 그보다 더, 정치학자인 마틴 립셋(Martin Lipset)은 사회학자들이 정치적 행동을 이해하는 데에 계급문제에 지나치게 중점을 두고 있다고 하면서 종교가 지니는 역할을 올바르게 설명하려고 해야 한다고 주장했다. 유럽의 사회학계에서도 마찬가지로 가톨릭교회의 상황에 대해 어느 정도의 관심이 있었다. 결국 가톨릭교회는 전후 유럽 공동체를 지탱해주는 기둥 중 하나였던 것이다. 이들 연구는 대부분 종교적 실천의 지표와 종교제도가 유착된 것으로 보이는 대부분의 신분 집단, 종교에 가장 협력적인 배경 등에 초점을 두었다. 그럼에도 유럽 사회학에서 세속화의 패러다임은 지배적인 상태를 유지했다. 학자들은 대도시, 행정과 산업의 중심지에 사는 사람들이 종교와 가장 무관한 것 같다고 주장했다. 종교성은 여성과 노인 집단 사이에서, 그리고 보다 외딴 지역에 집중되어 있다는 것이다.

영국에 대해서 말하자면, 그곳은 아직도 전후 재건의 단계에 있었으며 사회학자들은 계급이나 삶의 조건, 교육, 사회적 유동성 등의 문제에 더 관심을 기울였다. 예를 들어 마르크스주의적 접근은 종교를 기껏해야 사회 변화의 순진한 희망으로, 즉 과학적 사회주의 아래에서만 제대로 실현될 수 있는 환상적인 희망의 프로젝트로 간주했다. 한편 실제와 통계에 대한 면밀한 조사를 강조하는 경우도 있었다. 사회학이 의미, 이야기, 상징, 문화 등을 향하여 초점을 바꾸고, 종교에 더욱 커다란 관심을 보이기 시작한 것은 오직 1960년대였다. 이 모든 것의 결과는 종교가 과거로부터 남겨진, 일종의 유물로 취급되었다는 것이었다. 그것은 두 가지 방식으로 그 자체를 드러냈다. 첫 번째는 사회인류학에서였는데, 여기서는 비유럽 사회에 대한 관심은 종교에 대한 어느 정도의 이해를 요구했다. 이 분야에는 메리 더글러스(Mary Douglas), E. 에번스프리처드(E. Evans-Pritchard), 빅터 터너(Victor Turner)와 같은 저명한 학자들과 관련된 아주 색다른 분위기가 존재했다. 예컨대 빅터 터너는 통과 의례(rites of transition), 상징과 성지순례의 풍요함에 관심을 집중했다. 서구사회에 남아 있는 성지순례가 얼마나 중요한지 깨달은 사람은 얼마 되지 않았다. 관심의 두 번째 초점은 성령강림운동주의자나 예수재림주의자와 같은 적은 소수자 집단의 출현에 집중되었다. 옥스퍼드의 브라이언 윌슨 사회학파는 종파에 집중했다. 이들을 유형별로 분류하고, 이들이 증가하는 데 호의적이었던 상황을 기술했으며, 이들의 사회적 지지자와 동력에 대하여 분석했다. 그러나 이 분야에서는 처음에 이런 종류의 종교가 좌절감과 궁핍에서 생겨났다는 식의 설명이 지배적이었다.[7] 결과적으로 색다른 종류의 영적 치유를 제공하는 뉴에이지(New Age)나 신종교운동(New Religious Movement)과 관련된 집단으로 관심을 옮겼다. 비록 뉴에이지 집단의 출현이 어느 정도 모순적인 증거를 제공했다고 생각하는 사람들이 있었지만, 어떤 경우에서든 세속화의 패러다임은 적어도 초기 단계에서는 논란의 여지가 없었다.[8]

그러면 이 패러다임을 교란할지도 모르는 비판이 어디에서 나와야 하는가? 결국에는 아마도 인류학에서 나오겠지만 하나의 중요한 단서가 칼 포퍼(Karl Popper)의 저술에서 제공되었다. 포퍼는 『역사주의의 빈곤(*The Poverty of History*)』에서 과학철학자의 관점으로 역사의 장기간에 걸친 필연적 경향이라는 견해에 대하여 비판을 가했다.[9] 나에게 세속화는 단지 그러한 경향의 하나로 보였다. 세속화는 아마도 역사로**부터** 추출된 결론이 아니라 오히려 역사에 부과한 이데올로기적이고 철학적인 부담으로 비판될 수 있었을 것이다. 그래서 1965년에 나는 세속화 개념에 대한 비판을 제기했다.[10] 먼저 세속화가 개념적으로 그들 중 몇 개는 모순적이기까지 한 여러 사상의 혼합이라고 주장했다. 그런 다음 세속화가 **부분적으로는** 이성의 숭배, 자율적인 인간의 실존주의적인 기대, 계급 사회에서 역사적 변증법의 종결을 주장하는 마르크스주의적인 자유와 실제로의 도약 등에 근거한 역사에 이데올로기적으로 투사한 것이라고 언급했다. 얼마 지나지 않아 비슷한 목적을 가진 비판이 미국인 사회학자 앤드루 그릴리(Andrew Greely)에 의해 시작되었다. 우리는 둘 다 서유럽에서조차 종교의 영향력이 방대하다는 사실과 함께 서유럽과 미국 사이에는 뚜렷한 차이가 있음을 강조하고 싶어 했다. 우리의 견해에 따르면 현대와 미래가 지니는 유형은 한 가지 이상이라는 것이다.[11]

이와 동시에 세속화이론은 다양하고 중요하게 확대되었다. 예를 들어 피터 버거는 종교적인(그리고 세속적인) 대안들이 경쟁하는 다원주의의 성장을 분석하면서 아주 많은 모순적인 신앙과 경쟁적인 사회적 분위기에 부딪쳤을 때 확고한 종교적 신념을 유지하는 것은 어려울 것이라고 제시했다. 그러나 버거는 다원주의가 종교적 헌신에 있어서의 쇠퇴로 이어질 것이라고는 더 이상 믿지 않았다. 토머스 루크만은 내향성과 주관성으로의 방향전환이 가져온 장기간의 영향의 중요성에 대하여 분석하면서 그 결과 종교를 사회적으로 눈에 보이지 않게 하며 무의미하게 하는 사사화가 야기될 것이라고 주장했다. 사사화로의 전환에 관한 이 논제는 사회가 합리적 관료제와 탈인격적 규제에 의해 운영될 것이라는 주장을 전개하면서 수정된 세속화이론의 주요한 구성요소가 되었다. 사사화는 가치에 대한, 또는 개인 양심의 종교적 가르침에 대한 어떠한 동의도 요구하지 않는 것이었다.[12]

이상의 것들은 대부분 서유럽의 종교 경험에 바탕을 두고 이루어진 몇 가지 재구성이었다. 그렇지만 현대 산업 사회에서의 기독교의 역할에 대한 또 다른 분석이 언급되어야 한다. 이는 파슨스(Parsons)가 1950년대와 1960년대에 제시했다. 그는 세속화이론에서 하나의 중요한 구성요소를 다듬었는데, 그것은 사회 분화 과정이었다. 이를 설명하는 중요한 텍스트로 『국제사회과학백과사전(The International Encyclopedia of the Social Sciences)』[13]에 있는 기독교에 관한 그의 글을 들 수 있다. 파슨스는 분화를 사회의 각 영역, 즉 국가, 과학, 시장은 물론이고 법, 복지와 교육 등의 영역이 교회의 통제에서 벗어나는 것으로 보았다. 그것들은 자체의 본래적 자율성과 구체적인 전문성을 획득했다. 그러나 미국적 경험을 반영하는 미국인인 파슨스는 이것을 쇠퇴로 보지 않고, 종교가 그 본래적인 역할을 더욱 완성할 수 있게 하는 변화로 보았다. 예컨대 더 이상 종교는 국가의 현실정치에 매어 있지 않고 다만 해방되어 그 자체가 되었던 것이다. 또한 사회적 분화는 종교 경쟁과 다원주의의 확대를 예견하는 것이었다.

이론의 여지는 있지만 사회적 분화는 세속화의 패러다임 중에서 가장 유용한 요소를 제시했다고 할 수 있다. 그것은 종교적 실천과 도시의 크기 사이의 역(逆)관계와 같은 통계적 자료를 연관시켜야 하는 분석의 핵심이다. 또한 세속화가 대단히 다양화되었다는 사실을 매우 분명하게 보여주었다. 세속화는 근대 사회라고 할 수 있는 북미와 서유럽에서 큰 차이를 드러냈을 뿐 아니라, 이들의 문화적인 영역 내부에서도 다양하게 바뀌었다. 사회 분화와 일반적인 통계적 경향은 교차문화비교의 중요한 노력을 통해 역사적인 여과장치를 통과해야만 했다. 1969년에 나는 이러한 작업을 ≪유럽사회학회지≫에 소개했고 1978년에 출판된 『세속화 일반이론』에서 완성했다.[14] 연구의 목적은 이론의 기초를 마련하기 위한(ground) 것이었으며, 이론을 역사적 상황에 따라 필연적인 경향에서 이러한 방식으로, 혹은 다른 경우에는 저러한 방식으로 일어난 무엇인가로 전환하는 것이었다.

주요한 역사적 상황으로는 계몽주의와 종교가 부분적으로 일치하고, 심지어는 융합되기까지 한 주요 개신교 국가, 계몽주의와 종교가 충돌한 주요 가톨릭 국가 사이에서 나타나는 차이점을 들 수 있다. 또 다른 결정적인 역사적 상황으로 종교적 독점 또는 어느 정도의 다원주의의 출현을 들 수 있다. 예를 들어, 영국과 네덜란드에는 어느 정도의 다원주의가 존재했고 미국에는 교회와 국가의 분리를 이끌어낸 훨씬 더 규모가 큰 다원주의가 있었다. 이러한 역사적 비교에서 얻은 결론은 교회와 국가가 분리되고 종교적 다원주의와 경쟁이 존재하는 근대적인 상황에서 종교가 가장 화려하게 번성했다는 사실이다. 종교적 다양성과 산업사회의 도래와 함께 영국에서 시작한 종교의 확산이 20세기에 이르러 쇠퇴한 것은 사실이다. 아마도 국가와 교회의 연결고리, 사회 엘리트와 교회 사이의 연결고리를 유지한 것이 주된 이유일지도 모른다. 그 문제는 상당한 논란거리이다.

그렇지만 세속화 유형에 대한 다른 주요한 변형들 또한 존재했다. 이러한 변형은 이질적인 정부에 대항하여 교회와 민족이 공통의 명분으로 융합한 곳에서 일어났다. 종교의 지원을 받고 고취된 유사한 유형의 문화적 저항이 브르타뉴, 바스크 등지에서 미시적 민족주의로 관찰되었다. 이는 소련 스타일의 독재자에 의한 정부 형태를 지닌 동유럽이 구별이 분명한 유형을 지녀야만 하는지에 대한 문제를 불러일으켰다. 결국 동유럽에는 종교가 민족문화의 전달자인 나라가 아주 많이 포함되어 있었던 것이다. 폴란드가 가장 대표적인 나라였지만, 슬로바키아, 크로아티아, 세르비아, 서부 우크라이나, 그리스, 그 외의 나라들과 루마니아도 마찬가지였다. 또한 공산주의 치하의 국가 중 몇몇 나라에서는 개인적이거나 사회적으로 독립된 존재를 가능하게 해주는 유일한 중심점 역할이 종교였음을 보여준다. 다른 한편, 세속화에는 복잡한 차이점도 존재하는데, 고도로 세속화된 에스토니아와 투쟁적인 가톨릭 국가인 폴란드 사이, 루마니아와 불가리아 사이를 예로 들 수 있다.[15] 간단한 것은 아무것도 없다. 아마도 슬라브 민족인 불가리아가 러시아의 유형을 모방했겠지만, 반면에 강한 라틴 전통을 가진 루마니아는 종교와 역사적인 문화의 방어를 일치하도록 강조해왔던 것이다.

그렇지만 사회적 분화가 가져온 충격에 대해 하나의 문제가 제기되어야만 했다. 그것은 정치적 이데올로기든 종교든 간에 모든 종류의 독점이 타파된 것을 함축하는 것이었다. 종교 분야에서 역사적인 교회와 민족적이고 인종적인 정체성의 계속적인 동질화를 기대할 수도 있지만, 다원주의의 시작과 여러 개의 교단 출현을 기대할 수도 있었을 것이다. 처음에 그것은 충격이었겠지만 경쟁에 의해 종교 영역을 활성화시키는 데 도움을 줄 수도 있었다. 사실 이러한 현상이 지금 일어나고 있다. 예컨대 우크라이나는 이미 종교적으로 다원적인 사회이다. 라틴아메리카에서는 그러한 발전이 이미 큰 규모로 나타났다.

이러한 논의는 라틴아메리카에 나타난 다른 주요 변형을 주목하게 한다. 처음에 라틴아메리카는 유럽의 가톨릭 사회에서 나타났던 격렬한 갈등을 재현하는 것처럼 보였다. 우루과이와 같이 사실상 유럽적인 나라에서 특히 그러했다. 그러나 무언가 색다른 일이 벌어지고 있는 것이 분명해졌다. 우선 세속의 급진적 엘리트들은 일반인의 생활 속에서 영적인(종교적인) 전제(前提)를 제거하는 데 실패했다. 그러나 그 이상으로 가톨릭교회는 과거의 제휴 관계와 국가와의 연계에서 스스로 어느 정도 벗어났다. 가톨릭교회는 하나의 대중 교회로 등장했고 부패를 공격하고 스스로를 가난한 자와 동일시하면서 국민 안보 국가(National Security State)에 저항했다. 아마도 이보다 훨씬 더 중요한 사건은 미국의 다원주의와 비슷하지만 라틴아메리카 문화 내부에서 주로 생성된 대규모 다원주의의 등장일 것이었다. 나는 『불의 방언』에서 이 범상치 않은 발전을 다루려 시도했다. 게다가 이를 제3세계, 특히 부분적으로 한국과 같은 아시아와 사하라 이남의 아프리카에서 나타나는 성령강림운동, 복음주의 기독교의 광범위한 확산과 연관시키려 했다.[16]

이러한 발전 과정에서 성령에 바탕을 둔 기독교는 여성의 존엄성을 회복하고 가족의 화합을 지지하며 국가의 폭력과 부패를 공격하는 개인적 차원의 사회적 개혁 과정에 착수했다.

사회적 분화에 대한 폭넓은 경향이 그러한 경향이 일어난 문화적 기반에 따라 아주 상이한 사회적 결과를 가져왔다는 비교역사학적인 분석에 나는 중심부와 주변부의 용어를 이용한 분석을 덧붙였다. 이는 에드워드 쉴스(Edward Shils)의 저술에서 인용한 것이다. 쉴스는 『전통(Tradition)』(1981)에서 세속화 모델에서 상당히 떨어져 있는 종교에 대한 공감가는 설명을 (우연히) 제공하고 있다. 예컨대 암스테르담, 파리, 런던 등 서구 유럽의 거대 도시 중심부가 세속화의 핵심적인 지역이지만, 그럼에도 이들 중심 도시는 주변부에서 일어나는 다양한 모습의 문화적 저항에 부딪치게 된다는 것이다. 영국의 경우 웨일스, 스코틀랜드, 아일랜드가, 그리고 프랑스에서는 알자스, 브르타뉴 등이 주변부가 될 것이다. 물론 모든 주변부가 '뒤쳐져' 있지는 않다. 알자스, 바스크, 바나트(Banat; 여러 인종이 혼합되어 있는 동유럽의 유서 깊은 지방이다. 동쪽으로는 트란실바니아 및 왈라키아와 접하고 서쪽으로는 티미슈 강, 북쪽으로는 무레슈 강, 남쪽으로는 도나우 강과 접한다. 1920년 이후 이 지역은 현재의 루마니아·유고슬라비아·헝가리 등의 국가로 분할되었다. 옮긴이) 지역은 대단히 발전했다.[17]

1960년대 중반부터 1980년대 중반까지 많은 학자들이 축적한 비판 아래 세속화의 패러다임은 변화를 계속했고, 이전에는 아무런 이의 없이 받아들여지던 것이 다수에 의해 하나의 사회학적 '신화'로 퇴출되기에 이르렀다. 이것은 엄청난 반전이었다. 인간사와 마찬가지로 예기치 못한 일이 벌어진다는 것이다. 로드니 스타크와 윌리엄 베인브리지(William Bainbridge)는 보상의 필요성에 응하여 종교가 계속해서 새롭게 변한다는 설명을 제공하여 특별한 예리함을 보였다. 그렇지만 낡은 패러다임을 선호하는 강력한 저항이 브라이언 윌슨(Bryan Wilson)과 스티브 브루스, 카렐 도블레어에 의해서 지속되었다. 도블레어는 유럽 공동체의 핵심적 문명인 벨기에서 종교적 실천이 쇠퇴하고 있는 것과 함께 교회 조직의 통제에서 사회영역들이 벗어나고 있는 것도 분석했다. 이러한 논의는 스티브 브루스가 발행한『종교와 근대화(Religion and Modernization)』에서 보여준 중재적인 입장에 잘 나타나 있다.[18]

이 전체 기간 동안 경험주의의 지배력이 느슨해졌는데, 그 이유는 의미와 이야기, 문화와 상징과 현상학 등이 새롭게 강조되었기 때문이다. 사회학의 시계(視界) 내부로 들어왔으며 실재적이고 중요한 것으로 취급될 수 있는 문제의 범위가 극적으로 늘어났고, 그러한 증가에 종교도 포함되었다. 이러한 전환은 너무 복잡해서 여기서 분석하기는 어렵다. 그러나 한 가지 말할 수 있는 것은 종교적 참여의 감소를 유도했던 1960년대가 동시에 호의적으로 연구되어야 할 주제의 범위를 이처럼 증가하도록 조장했다는 것이다.

그렇지만 우리는 이제 짧게나마 현재까지의 분석적 역사를 이어지게 한 마지막 요약이 필요하다. 여기에는 아주 중요한 세 가지 발전이 있다. 첫 번째로는 서유럽적인 유형이 핵심 지역의 세속화를 심화시키고 주변부의 저항을 어느 정도 약화시키면서 핵심 지역 밖으로 확장되었다는 것이다. 교회 출석률은 특히 1968년의 문화 위기 이후에 떨어졌다. 그리고 쇠퇴가 가장 두드러지게 나타난 것은 프랑스와 네덜란드에서였다. 그렇다면 결국은 세속화이론가들이 옳았다는 것인가?

최근에 피터 버거는 '유럽은 예외적인가?'라는 질문을 던졌다. 그것은 언젠가 서유럽 유형이 애틀랜타에서 팀북투(Timbuktu)에 이르기까지 보편적으로 일어날 하나의 모델로 간주될 수 있는가라는 추가적 질문을 함축하는 것이다. 만약 유럽이 예외적이라면 우리는 구체적인 요인을 찾아내야 하며, 가장 유력한 후보 요인으로 한때의 독점적인 제도와 특히 교육과 미디어 분야에서 튼튼하게 자리 잡은 세속적인 엘리트가 빚어낸 장기간의 영향을 들 수 있다. 아마도 세속화가 너무 왕성하게 서유럽에 침투하고 있었는지도 모른다. 이는 정확하게 기독교가 아주 오랫동안 권력 구조와 뒤얽혀왔기 때문이며, 계몽주의가 현상(現狀)을 침식하기 위한 강한 추진력을 필요로 했기 때문이기도 했다.

아니면 그 대신에 문화적 개인주의가 끊임없이 확장되어 정체성과 권위를 드러내주었던 모든 낡은 표식에 영향을 미치는 지점에까지 이르게 된 것인지도 모른다. 그렇다면 1960년대 후반의 위기가 지니는 주요한 특성은 무엇이었는가? 그것은 도덕적 훈육과 권위에 대한 새로운 태도의 성장이다. 사람들이 도덕에 관한 규칙을 받아들이는 경향이 점점 줄어들었고, 의무감을 행복에 대한 실리적인 계산에 따라 해석했다. 권위를 지닌 사람들은 강요하고 부과할 수 있었던 능력과 의지를 상실했다. 모든 주요한 제도들, 예컨대 정치, 종교, 군주제 등은 비판과 풍자의 대상이 되었다. 모방과 경쟁을 위한 어떠한 노력과 경쟁도 나타나지 않았다. 각 개인은 극단적으로 개인적인 본질과 자기완성을 추구했다. 그것은 국가적 정체성과 정치적 정체성을 포함하는 모든 소속의 끈이 느슨해지는 것을 의미했다. 발전 그 자체를 포함하는 서구 문화의 위대한 서사는 헌신을 유발하거나 명하기를 중지했다. 개인은 자신의 개인적 선호를 채워주는 것처럼 보이는 문화적 자료는 무엇이든지 취합하여 그들 나름대로 짜맞추었다. 종교는 그 자체가 선호의 대상이 되었고 모든 종류의 실험, 심지어는 뉴에이지 컬트나 고대의 이교도적인 미신까지도 포함하는 것이 되었다. 유일하게 일치된 생각은 건강에 대한 관심과 음식의 청정함과 환경오염 등에 대한 염려였다. 이러한 모든 전환이 '포스트모더니티'라 명명된 새로운 시대에 도달했는가 하는 것은 중요한 문제가 아니다. 이러한 변화들은 확실히 1968년의 각성을 거쳤고 종교에 불리한 영향을 미쳤다. 그리고 잔존한 계몽주의적인 적대감의 추진력과 결합하여 오늘날 서유럽에서 관찰되는 독특한 세속성을 가져왔다.

이것은 그러한 분위기에서 진척될 수 있는 종류의 종교성이 없다는 것을 말하는 것이 아니다. 가장 눈에 띄게 살아남은 종교로 복음주의 기독교가 있다. 이것은 포스트모더니티의 표현적 개인주의 요소를 몇 가지 정도 취했지만 공동체에 대한 강한 도덕적 의무감과 충성심을 가지고 이들을 통제했다. 개인 감성의 표출은 허용되었지만 도덕적 훈육과 도덕적 우선순위에 의해 견제되고 제어되었다.

그것이 하나의 주요한 변환이었다. 부분적으로 복음주의에 의해 표현되고 통제된 개인주의의 확대와 생활과 종교의 사사화이다. 그러나 또 다른 주요한 변환이 있었다. 그것은 교회 자체가 사회적 무대에 활동가로서 등장한 것이다. 사사화는 토론에서 교회의 실종을 의미해야 했지만, 정확히 그 반대 현상이 일어났다. 교회는 과거 권력 구조와의 연계고리를 포기했지만, 다양한 명분을 취하고 귀를 기울이는 사회활동가로 등장했다. 이러한 사사화의 반전(反轉)은 호세 카사노바의 『현대 사회에서의 공적 종교(Public Religion in the Modern World)』에서 가장 설득력 있게 전개되었다.[19]

나는 사회적 분화의 효과와 교회가 공적 목소리를 얻게 된 역설적 반응에 대하여 요약하면서 결론을 내리고자 한다. 호세 카사노바는 그의 유명한 책에서 1980년대에 종교가 사사화되고 주변화되기를 거부함으로써 세속화이론이 지니는 가설 중의 하나를 뒤집어버렸다고 주장한다. 종교는 공공 영역에서 중요한 활동가로 등장했으며, 시민 사회의 많은 관심사, 즉 오염, 낙태, 이민문제, 인종적 편견, 국가 억압, 경제적 착취 등에 대하여 상황에 따라 분명히 말할 수 있는 능력을 보였다. 예컨대 미국에서 로마 가톨릭교회는 경제와 국방에 대해 중요한 논의를 촉발하기도 했다. 카사노바의 견해에 따르면 로마 가톨릭교회는 세속 국가의 자유주의적인 개념을 수용했지만 종교의 사사화는 거부하고 있다. 영국에서 찾을 수 있는 다른 예로 방위문제, 대도시 중심부의 저소득층 거주 지역(inner city), 노동당 지도부가 점차 마르크스주의적인 요소를 폐기하고 기독교 사회 민주주의(Christian Social Democracy)에서 그 뿌리를 다시 살려온 방식 등에 대한 토론을 들 수 있다.

교회의 가장 극적인 기여는 1989~1990년 동유럽에서 일어난 변화와 관련한 것이다. 즉, 폴란드 자유노조(Solidarity)와의 관계에서 나타난 가톨릭교회의 역할과, 독일에서 대중 불만의 통로로서 나타난 루터교의 역할 등을 들 수 있다. 독일의 경우는 아주 쇠약해진 교회조차도 시민 사회의 문제를 제기하는 사회적 공간을 제공할 수 있다는 사실을 보여준다. 루마니아의 바나트에서는 헝가리 출신의 한 개혁교회 목사의 도전에 의해 놀랄 만한 사건들이 촉발되었다. 모든 것을 고려해볼 때, 다양한 문맥에서 종교는 시민 사회의 영역에서 활성화될 수 있는 인간의 가치와 초월적인 기준의 보고(寶庫)로서 활동하고 있는 것 같다. 종교를 중요한 공헌자로 여기고 사사화 논제에 대항하는 것으로 간주하기 위하여 이러한 모든 표현 행위에 동의할 필요는 없다. 사실 한 명의 사회학자가 아닌 다수가 이러한 성향에 따라 논의를 전개하고 있다. 예컨대 피터 베이어(Peter Beyer)는 그의 『종교와 세계화(*Religion and Globalization*)』[20]에서 기능적으로 분화된 사회에서는 결국 총체적인 헌신을 요구하는 방대하고 특이하지 않은 가치의 수호자가 되는 것이 하나의 강점이라고 주장했다. 신앙인들은 다른 목소리를 제한하거나 방해하기 위해 동원될 필요는 없지만 사회를 지속가능하게 하는 핵심적 가치와 공적 우선순위에 대한 논의 모두에 중요한 기여를 하는 신앙 공동체와 가치공동체를 구성할 수는 있는 것이다.

결론

그렇다면 결론은 무엇인가? 우선 인문과학의 접근방법과 관련해서는 생생한 경험적 자료든 추정되는 역사의 역동성에 관련해서든 우리가 신뢰할 만한 지식 보따리를 나누어준다는 생각에서 논리, 증거, 일관성, 비교의 일정한 기준 등을 근거로 하여 다른 사람들과 대화한다는 생각으로 두드러지게 진전했다는 것이다. 우리는 패러다임과 가설을 통제하여 질서화된 시험적인 가설을 제안하고 있다는 것을 전적으로 의식하게 되었다. 우리가 지닌 과학적 검토 자료는 의미와 상징의 세계로 구성되며 이것들은 예상 밖의 변화를 가져오는 개인적 동기와 사회적 프로젝트로 구성된 서사시의 부분이기도 하다.[21] 이러한 변환은 종교사회학이 신앙을 합리화의 과정과 역사의 변증법 속에서 사라질 운명에 처한 고립된 망상으로 보기보다는 호의적인 이해의 정신을 가지고 학문을 추구하는 것을 더욱 가능하게 해주었다.

제1장 주(註)

1 John Milbank, *Theology and Social theory* (Oxford: Blackwell, 1990).
2 José Casanova, *Public Religion in the Modern World* (Chicago: University of Chicago Press, 1994).
3 Frank Lechner, "The case against secularization: a rebuttal," *Social Forces*, Vol. 69(1991).
4 Harvey Cox, *Fire from Heaven* (Reading, MA: Addison-Wesley, 1994).
5 David Martin, "The sociology of religion: a case of status deprivation?" *British Journal of Sociology*, Vol. XVII, No.4(17 December, 1966), pp. 353~359.
6 John Butler, *Awash in a Sea of Faith* (London and Cambridge, MA: Harvard University Press, 1990).
7 첫 도전은 James Beckford, *The Trumpet of Prophecy* (Oxford: Blackwell, 1975) 였다.
8 Stewart Sutherland와 Peter Clarke가 편집한 *The Study of Religion, Traditional Religion and New Religion* (London: Routledge, 1988)에서 신종교를 다룬 장을 보라.
9 Karl Popper, *The Poverty of Historicism* (London: Routledge, 1957).
10 David Martin, "Towards eliminating the concept of secularization," Julius Gould(ed.), *Penguin Survey of the Social Sciences* (London: Penguin, 1965); reprinted in David Martin, *The Religious and the Secular* (London: Routledge, 1969).
11 Andrew Greeley, *Unsecular Man: the Persistence of Religion* (New York: Schocken, 1972).
12 Bryan Wilson, *Religion in Sociological Perspective* (Oxford: Oxford University Press, 1982).
13 Talcott Parsons, "Christianity," David Sills(ed.), *The International Encyclopedia of Social Sciences* (New York: Macmillan and Free Press, 1968).

14 David Martin, "Notes towards a general theory of secularization," *European Journal of Sociology* (December 1969), pp. 192~201; *A General Theory of Secularization* (Oxford: Blackwell, 1978).

15 David Martin, "Religion in contemporary Europe," John Fulton and Peter Gee(eds), *Religion in Contemporary Europe* (Lampeter: Edward Mellen Press, 1994), pp. 1~15.

16 David Martin, *Tongues of Fire* (Oxford: Blackwell, 1990).

17 David Martin, "The Religious Politics of two Rival Peripheries: Preliminary Excursus on Center and Periphery," Liah Greenfield and Michel Martin(eds), *Center: Ideas and Institutions* (Chicago: University of Chicago Press, 1988), pp. 29~41.

18 Steve Bruce(ed.), *Religion and Modernisation* (Oxford: Clarendon Press, 1992); Philip Hammond(ed.), *The Sacred in a Secular Age* (Berkeley: The University of California Press, 1982).

19 José Casanova, *Public Religion in the Modern World*.

20 Peter Beyer, *Religion and Globalization* (London: Sage, 1994).

21 David Martin, *The Breaking of the Image* (Oxford: Blackwell, 1980).

제2장

지구촌 사회와 복음주의 팽창

복음주의 기독교의 팽창, 더 구체적으로 복음주의의 강한 변종이라 할 수 있는 성령강림운동의 팽창은 지구촌 사회의 등장과 밀접한 관계가 있다. 세계화의 본질은 이동 속도의 증대라 할 수 있는데 이는 사람, 사상, 이미지, 자본이 커뮤니케이션 수단을 활용하면서 가능하게 되었다. 우리 모두가 알고 있듯이 도로, 운하, 철로로 시작한 것이 지금은 제트 비행기와 인터넷에 의한 커뮤니케이션이 되었다. 신문의 광고 지면은 대중 여행(mass tourism)이라는 주요한 사회적 촉매가 우리를 아주 외딴 아마존이나 보르네오로 데려갈 수 있다는 사실을 보여주는 하나의 징후라 할 수 있다. 그러나 우리 지구상에서 종교에 끼친 결과는 훨씬 더 분명하지 않게 나타난다. 20세기 전반부에 멕시코시티 주변 지역에서는 대영제국이 세운 철로를 따라 감리교교회의 확장이 이루어졌다. 보다 최근에는 유카탄 반도의 메리다와 볼리비아의 라파스에서 시작한 철로가 복음주의 확산의 노정을 그어주고 있다. 어떤 다른 종류의 메시지와 마찬가지로 복음주의 메시지는 파푸아 섬 경계에 있는 이리안의 정글과 네팔의 외진 골짜기까지 이동하고 있다.

이러한 과정에 기여한 요소의 복잡한 그물망이 무엇이든 간에 지난 5세기에 걸쳐 가장 중요한 변화의 역할을 한 것은 국제 경제를 생성시킨 자본의 힘이라 할 수 있다. 부(富)는 관료적인 프랑스와 스페인제국의 경계 안에만 갇혀 있을 수 없었으며 네덜란드, 대영제국, 미국 등 상업제국의 물결과 함께 보조를 맞추어나갔다. 이들 세 개신교적인 북대서양 강대국은 모두 그들의 라이벌인 가톨릭 국가가 사회 조직의 원칙뿐 아니라 사회적, 철학적 이해 방식으로 받아들였던 전체론(holism)을 내팽개쳤다. 동시에 정도는 다르지만 세 나라 모두 종교에 자발성의 원칙을 배양했다. 이 원칙은 종교를 정치, 국가 권력에서 분리시켰고, 특정한 영역에 바탕 한 지역 공동체에서 벗어나게 했다. 그것은 또한 선교사의 업무를 군대와 무역 업무에서 분리시켰다. 물론 그러한 분리가 부분적일 수밖에 없었고 실재로 영미제국에서는 성서와 무기가 부분적으로 협력하면서 이동했다. 그럼에도 그것이 가져온 파괴력은 세계사적인 중요성을 지닐 정도였다. 대영제국은 스페인의 라틴아메리카제국이 라틴기독교왕국에 동화되었던 것과 같은 방식으로 영국 국교에 동화되지는 않았다. 실재로 몇몇 지역에서는 제국의 행정관들이 선교활동을 적극적으로 금하기도 했다.

전체론의 파괴와 자발성 원칙 확립의 추가적인 결과로 종교는 부분적으로 계몽주의를 수용할 수 있었고, 프랑스 전역에서 라틴 문화를 해체시켰던 것과 같은 직접적인 충돌을 피할 수 있게 되었다. 국교 성직자가 세속적 인텔리겐치아에 근접해 있다는 것은 계몽주의가 유니테리언교회와 같이 완충지 역할을 하는 변형된 기독교를 만들어내면서 선택적이나마 종교 속으로 침투할 수 있었다는 것을 의미한다. 교권 보수주의자들은 라틴계 유럽과 라틴아메리카 전역에서 일어났던 것처럼 국가의 통제를 위해 세속적인 자유주의자들과 싸우지 않았다. 이에 가장 근접했던 사건은 19세기 중반에 일어난 개신교 지배 국가와 독일, 스위스, 네덜란드에 사는 가톨릭 소수자 사이에서 일어났던 긴장상태였다.

근대화 시기는 계급 제도와 타고난 신분(생득지위)에서 점차 능력과 성취를 강조하는 추세로, 그리고 반(半)자율적인 계급 문화로의 전환을 보여주었다. 이러한 문화 가운데서 사람들은 경제적 종속보다 감성적 친근성을 가지고 교제할 수 있었다. 그러나 개신교 북유럽과 북대서양 사회에서는 오히려 독특한 결과가 나타났다. 이들 사회, 그리고 특별히 영어를 사용하는 세계에서는 사회적이고 성직자적인 계급 제도에 기초했던 모든 것을 포괄하는 통합이 산산이 깨어져버렸다. 이러한 현상은 세 가지 연속적 단계를 통해 나타났는데, 그 시작은 1590년대였고, 1790년부터 1850년까지 가속화되었으며 1900년대 초기에는 다시 새롭게 추진되었다. 이러한 단계들은 아주 느슨하게 평신도가 중심이 되고 대중적이며 열정적인 기독교를 지향하는 운동과 상응하여, 1906년 로스앤젤레스에서 있었던 아주 강렬하고 영향력 있는 폭발력을 지닌 성령강림주의 각성운동에서 그 절정에 이르렀다. 이들 각성운동은 그 자체가 지구촌 사회의 전조(前兆)가 되었으며 운동의 확산은 남아프리카, 노르웨이, 시칠리아, 한국 또는 라틴아메리카 공동국가(Southern Cone; 라틴아메리카의 브라질·아르헨티나·우루과이·파라과이 4개국, 옮긴이)에 이르기까지 지구촌 전역에 걸쳐 평신도 중심의 운동에 호응하게 되었다. 개종을 시키자마자 그들은 다음 목적지로 향해야만 했다.

복음주의와 성령강림운동의 메시지를 갖고 지구촌을 여행하는 자들은 에너지가 넘쳐났으며 지적이고 많은 교육을 받지 않았지만, 오직 성령에 의해서 권위를 부여받은 사람들이었다. 지구촌 신앙의 초기 메신저로 이들에 앞서 활동한 선교사들은 단지 적당한 수준의 교육을 받은 사람들이었지만 그들은 적어도 권한을 부여받고 준비된 자들이었다. 성령강림운동에서 기독교는 자율적인 평신도 문화를 생성해냈으며 신약성서와 같이 '무식하고 배움이 없는 사람들'로 다시금 구성되었고, 선과 악을 함축하는 모든 것을 지닌 성령에 의해 권능을 부여받아서 개인적 권위를 실천했다. 이것은 자유주의적 공급원인 개인들의 디아스포라(diaspora; 원래 바빌론 포로 이후에 흩어져 사는 유대인을 의미하는 말이지만 국외에 흩어져 사는 사람을 일반적으로 지칭하기도 함, 옮긴이)가 아니었다.

그들은 단순히 국가로부터의 자유로움이 아니라 성서를 가공하지 않고 활용하며 필요한 조직은 무엇이든 만들어내는 데 있어서 자유로운 자율성의 원칙을 가장 멀리 확대시킨 대표적 사람들이었다. 사회적이거나 성직자적인 위계질서 또는 신앙의 지역 정체성과의 관계에 의해 압박을 받지 않는 이들은 세계를 자신들의 교구로 간주했다.[1] 선교 수도회가 설립한 집결지든, 아니면 라틴아메리카와 같이 오랫동안 확립된 기독교 문명을 함축한 집결지든 간에 국경이라는 것은 거의 의미가 없게 되었다.

북대서양에서 왔을 때 대부분이 그랬던 것처럼 그들은 영미제국과 밀접한 관계를 갖고 있는 영어의 확산과, 확대해석해서 말하면 두 번째 대도시의 언어인 스페인어에 의해 더욱 가까워진 지구촌 사회를 이용했다. 동시에 그들은 급속하게 토착화되었고 토착민에게 영감을 주었다. 이는 부분적으로 그들의 성령 충만한 종교와 전 세계에 퍼져 있는 샤머니즘의 강신술사 층 사이에 존재하는 공명(共鳴) 때문이었다. 그래서 대서양 해안의 모라비아교도나 멕시코의 메노나이트교도, 시에라리온의 감리교 신자 등과 같이 처음에는 지구촌 종교의 색채를 희미하게 가지고 시작했던 것이 확대의 길을 걷게 되었고, 마침내 성령강림운동의 수도는 천사의 도시(City of Angels)가 아니라 상파울루나 서울이 되었다.

물론 복음주의자들이 현대 커뮤니케이션의 유일한 수혜자라는 것은 아니다. 신불교적인 창가학회가 지금 상파울루는 물론이고 하와이와 로스앤젤레스 지역에도 세워져 있다. '세상의 빛[La Luz Del Mundo; The Light of the World, 멕시코 서부에 있는 할리스코의 주도(州都)인 과달라하라에 국제 본부를 둔 종교교단, 옮긴이]'의 영적인 정복자들이 그들의 메시지를 미국에 전파하고, 브라질 신왕국세계교회가 포르투갈에서 개종자를 만들면서 제국은 반격을 가할 수가 있게 되었다. 브라질 출신의 가톨릭과 복음주의 전파자가 지금은 런던에서 모잠비크와 짐바브웨 사람들로 이루어진 성령강림주의 교회에서 활동하고 있다.

지구촌의 이동성이 초국가적인 교단에만 국한된 것은 아니며 카리타스(Caritas; 가톨릭 구제단체, 옮긴이)와 아드베니아트[Adveniat; 1961년에 독일에 설립된 라틴아메리카 지원을 위한 가톨릭 구호단체로 ADVENIAT REGNUM TUUM(Your Kingdom Come, 당신의 나라가 오시옵소서)에서 비롯되었다, 옮긴이] 또는 복음주의 확산기구인 '월드 비전(선명회)'과 같은 유사 교회 조직에서도 나타난다. 여기에 덧붙이자면 비록 초국가적인 교단들이 공개된 시장에서 경쟁하면서 다수의 분파로 분리되는 경향이 있지만, 이들 또한 일종의 영적 에큐메니즘(ecumenism)을 불러일으켰으며 때로는 대규모 집회에 함께 나오기도 한다는 사실이다.

이것이 종교가 지역 공동체 또는 지역 기반과 맺는 근본적인 관계가 폐기되었다거나, 사람들이 더 이상 출생 당시에 그들의 평생 종교를 갖지는 않는다는 것을 의미하는 것은 아니다. 더욱이 지난 5세기에 걸친 민족주의의 출현 이후 종교는 인종적 정체성과 밀접하게 결합되어왔고 교회는 국가 아래에 종속되어왔다. 이러한 종속은 영국계 기독교처럼 라틴아메리카계의 기독교에서도 나타났다. 루이 14세에게는 '교회는 곧 나다(L'Eglise c'est moi)'라는 것이었으며, 결과적으로 군주의 특권은 민족, 인민, 민족문화로 넘어갔다. 오늘날 이슬람교는 지구촌 신앙이 되고자 하는 야망과 함께 사회와 공존하는 완벽한 체계가 되는 데 중점을 두고 있다. 라틴아메리카에서는 여전히 엘리트 성직자들이 국민에게 호소하고 있고 교회가 엘리트 국민을 교육하고 있다. 이것과 관련하여 기초 공동체들은 헤게모니적인 사상에 입각하고 있다. 각 지역에서 신앙의 결속은 성일(聖日)과 대부모(代父母) 제도의 결합이다. 이러한 모든 것은 다른 신앙으로의 개종이 민족 정체성과 역사적 문화에서 손을 떼는 것까지 포함한다는 것을 함축한다. 태국과 미얀마에서 국가, 엘리트의 신망과 중심 지역의 주요 문화는 불교와 연계되어 있다. 세계화가 그러한 결속의 상대화를 확실하게 이끌어내는 것도 아니다. 선교의 영향은 가끔 수용하는 문화를 자극하여 그 자체의 울타리를 새롭게 하며 또한 그 문화의 자원 내부에서 나오는 새로운 신앙의 매력과 우열을 다투기도 한다. 지구촌 차원의 접촉이 있기 전에 존재했던, 지역의 종교가 정상적이며 필연적이라는 관념은 중동 전 지역과 인도 대륙, 발칸 반도에서 관찰할 수 있었던 것처럼 호전성과 대안(alternative)에 대한 노골적인 배타성으로 변이를 하게 된다. 알바니아 또는 레바논에서 공존해왔던 것은 종교 - 인종청소가 되었다.

    그렇지만 다원주의와 경쟁의 시작에 대하여 대다수 문화가 취하는 이러한 전투적 대응은 초국가적인 신앙에 대해 흥미로운 관계를 가진다. 다수자들이 그들의 문화적 자아 정의(self-definition)를 강조하면 소수자들도 똑같이 한다. 다수자의 압박과 그들에게 열려있는 지구촌적인 선택 사항을 의식하며 복음주의 기독교를 받아들일지도 모르며, 그 결과로 지구촌적인 것이 다시 한 번 개별적인 지역의 정체성 안에서 구체화된다. 안데스 산맥에 있는 아이마라 족 지역이 하나의 적절한 사례이다. 자바에 있는 힌두교도들은 이슬람교도의 압박을 받게 되자 기독교를 선택했다. 마치 몇몇 미국 흑인이 이슬람교를 선택한 것처럼 러시아연방의 몇몇 소수 인종 집단은 자의식이 강한 이교신앙을 통하여 러시아정교회에 대응해왔다. 전 세계에 걸쳐 하나의 새로운 자의식이 지구촌 차원의 접촉의 결과로 야기되었다. 소수자 집단은 태국이나 말레이시아 또는 미얀마 등 어디에서나 차이, 평등, 정체성을 주장한다.

우리는 두 가지의 명백한 과정을 밝혀왔다. 하나는 초기에 북대서양 세계에서 그리고 부분적으로는 영어와 영국계 미국인의 영향력과 제휴하여 퍼져나가고 있는 자발적인 종교 협의체의 등장과 관련이 있다. 다른 하나는 초국가적인 모더니티의 표현이라 할 수 있는 복음주의에 그 자신을 연결시킴으로써 지역의 다수가 행사하는 압력을 피하고자 하는 소수자 자의식의 등장과 관련이 있다. 자의식이 강한 정체성은 차이가 뒷받침된 그들의 미러 이미지(mirror image)를 중식시키고, 복음주의는 그 차이를 표현하는 능력을 지닌다. 미국이 남아 있는 초강대국이자 문화적 모더니티의 매력적 표현이라는 사실이 주어졌기 때문에 복음주의는 친밀한 분위기를 향유한다. 분명히 소수자 집단의 복음주의(아니면 모르몬교나 여호와의 증인) 수용은 한 지역이 다른 지역과 모순적인 상태로 발전하는 그 특별한 사회의 내부의 분열된 틈을 따라 진행될 것이다.

지구촌 사회에 나타난 복음주의의 확장과 관련된 또 다른 한 가지 경향은 고조된 개인성에 대한 개념으로, 이는 개인의 자아가 확대된 친족의 속박과 지역 공동체의 연속성에서 해방되면서 생겨난다. 개인적인 (신과의) 계약에 의한 회개라는 개념이 그러한 개인화의 부분이라 할 수 있는데, 이는 회개의 내향성과 선택에의 의존성 때문이다. 회개는 교회에 의해 생성된 후 교회의 집합적인 훈육에 의해 안정화되고 틀이 만들어진 경험을 배양하는 과정을 통하여 이루어지는 한편의 개인적인 드라마이다. 간단히 말해서 공동체에 세워졌고 그 공동체의 사회적 관습을 신성하게 만든 하나의 제도화된 교회는 개인의 자아에 두 번째 생명을 부여하는 감성적인 교류를 항상 의심하고 있는 반면에 초국가적인 교단은 이들을 포용할지도 모른다. 그렇지만 큰 문제로 남아 있는 것은 선진화된 세계와 비교되는 개발도상 세계의 색다른 개인화 과정이다. 개발도상 세계의 복음주의는(그리고 다른 출처의 내향적인 개인적 교류는) 선진 세계의 개인화에 분명히 따라나오는 파편화를 금지할 수 있는 능력을 지닌다. 미국의 종교적으로 자발적인 협의체들이 개인의 파편화를 어느 정도 금할 수 있을지 모르지만, 이혼율은 어느 곳에서나 최고로 높은 상태다. 이 문제는 더 많은 연구가 필요한 만큼 여기서 논의를 접어야 한다.

신앙 공동체의 종류

논의를 계속 진행하기 전에 아마도 고려 대상인 복음주의 가족의 핵심 구성원과 그들의 확산 범위에 대하여 지적해야만 할 것이다. 확실히 역사적인 핵심은 복음주의적인 영미의 각성운동에서 활약한 북유럽의 경건주의와 이들의 신앙부흥운동론적인 변형이다. 그 다음에는 더욱 밀접하게 관계된 신앙부흥운동이 감리교 성결운동의 중재를 통하여 고전적인 성령강림운동에서 일어났다. 그것은 일종의 성령 안에서의 에큐메니즘이라 할 수 있을 정도로 역사적 교회들의 경계를 넘나들거나, 교회 외부에서 일어나는 다양하고 자주적인 카리스마운동과 함께 건강과 부의 복음을 생성하기도 하고 이들과 병행하여 진행되기도 한다. 예컨대 라틴아메리카에서는 '부흥중인' 역사적인 교회들을 우연히 만나게 된다. 온갖 종류의 조합이 일어나며 여기에서 성령강림운동은 흑인 라틴아메리카의 신유(神癒, cura divina), 지구촌적인 샤머니즘, 식민지 기독교에 의해 얼마간 억압을 받은 종교 내용, 다양한 기독교 시오니즘, 에티오피아주의와 중첩되기도 한다. 그것을 넘어서고 다소 복음주의와 구별되는 것으로는 예수재림설(Adventism), 새로운 선민(New Israelites), 모르몬교(Mormonism), 여호와의 증인 등과 같은 반(牛)유대교적인 기독교 이설이 있다. 이들은 비록 분리된 계보를 구성하고 있지만 이들의 회심 궤도는 복음주의 확산과 뒤엉켜 있는 동시에, 그들의 미국 협의회와 그들의 정신이 지니는 중요한 결과는 어느 정도 유사하다. 실제로 미국의 협의회들은 가끔씩 눈에 띌 정도로 분명히 성령강림운동보다는 모르몬교와 여호와의 증인과 더 가까이 한다.

대비: 선진 세계와 개발도상 세계

개인화가 선진 세계와 개발도상 세계에서 다르게 나타난다는 결과와 관련하여 한층 더 예비적인 두 개의 문제가 탐구되어야 한다. 첫째로, 모든 곳이 똑같지는 않지만 왜 선진국에서는 복음주의자들이 지배적인 동반자인 반면 나머지 나라에서는 성령강림운동가들이 지배적인가? 둘째로, 왜 선진국의 복음주의는 그 영향력 정도가 북유럽에서 시작하여 영국을 거쳐 그 주변부에 이르기까지, 그리고 거기서부터 캐나다와 오스트레일리아와 같이 영어권 민주주의 국가를 거쳐 미국이라는 극점에 이르기까지 전개되는 스펙트럼과 일치하는가? 두 번째 질문은 비교적 답하기가 쉬운데, 그 이유는 제도화되었으며 계급적이고 집중화된 종교 형태가 탈제도화되고 대중적이며 연방적인 종교 형태에 의해 침식되는 과정을 통하여 하위문화가 제도적으로 재생산되는 것을 가능하게 한 공간과 그 스펙트럼이 일치하기 때문이다. 예컨대 캐나다에서는 1960년대 이후 미국적인 경향이 아니라 유럽식의 경향으로 전환한 세속화의 유형뿐 아니라, 미국적인 규모로 복음주의가 팽창하는 것을 억제했던 실체가 없는 제도화가 프랑스적인 캐나다와 영국 - 스코틀랜드적인 캐나다에 남아 있다.[2] 영국 제도(諸島) 안에서는 지역적 주변부 각각이 영국 자체보다 규모가 더 큰 복음주의 지지자를 만들어냈으면서도 이들 지역과 미국에 있는 최대 규모의 복음주의적 주변부 사이에 접속 라인이 작동된다는 사실에는 논의의 여지가 많다. 영국에서 교육과 커뮤니케이션 분야의 권력 체계 본부가 어떻게 모호한 종교적 기풍에서 모호한 세속적인 기풍으로 전환하게 되었는가를 아는 것은 어렵지 않다. 그럼에도 문화적 중앙 통제의 효율적 사용이 존재하건 않건 간에 복음주의자들은 북대서양의 스펙트럼을 가로질러서 가장 생동감 있는 구역을 만들어내고 있다.

이러한 분석은 추상적인 상태로 남아 있지만 북대서양 지역에서 나타나는 복음주의의 역사적 우선순위를 고려하더라도 북대서양 지역 너머까지 성령강림운동이 지배한다는 사실은 더욱 난처한 문제이다. 결국 복음주의가 오랜 기간에 걸쳐 영국과 카리브 해안 지역에서 부분적으로 제도화되었지만, 최근에 자메이카에서는 복음주의가 침식되어 이론의 여지는 있지만 성령강림운동이 제도화된 신앙이 되었다.³ 또한 신(新)성령강림운동에 의한 성령강림운동 자체의 유사한 침식이 브라질, 아르헨티나, 아시아와 아프리카 일부에서 일어나고 있다고 믿는 사람들도 있다. 그렇지만 이것을 논쟁거리에서 제외해도 짐바브웨와 같은 몇몇 국가에서는 성령강림운동이 인구의 10% 정도에 이르고, 한국에서조차 제도화된 복음주의 전통에 아주 강력한 도전을 하고 있다.

아마도 가장 유망한 계통의 설명은 성령강림운동 안에서 흑과 백 모티프의 강력한 조화가 반향을 일으키고 있는 북대서양과 유럽 대륙 문화권 외부에 존재하는 영성주의의 보편적인 층에 달려 있다고 하겠다. 여기에다 혹자는 자본주의의 지구촌적인 확장을 통하여 전근대에서 포스트모던으로 도약하고 있는 선진화된 '서구'의 외부에서 나타나는 하나의 발전 형태를 덧붙일지 모른다. 물론 싱가포르처럼 많은 개발도상국가에는 서구의 영향을 받은 엘리트가 있지만 인구의 대다수는 근대의 발전 단계를 통과하지 못했다. 이러한 현상은 라틴아메리카에서도 나타난다. 자유주의적인 엘리트는 영미 실용주의와 라틴유럽식의 반(反)성직자주의적인 급진주의의 결합에 열중했으며, 결국 라틴아메리카계이기에 특히 후자에 더 기운 경향이 있다. 그러나 그들은 그러한 대도시적인 이데올로기를 다수의 인구가 있는 지역으로 하향해서 확산하는 데 성공한 유럽식 방식은 추종하지 않았다. 이들 지역은 여전히 가톨릭과 신대륙발견 이전의 신앙을 불안정하게 혼합한 신앙체계를 채택하고 있다. 아프리카에서는 복음주의의 추진력이 식민지주의와 부분적으로 협조하면서 아주 부분적인 근대화를 달성했는데 이 것도 또한 대부분 떠오르는 엘리트에게만 한정된 것이었다. 개신교의 아프리카 침투 역시 가톨릭의 라틴아메리카 침투만큼 불안정했다. 그러므로 라틴아메리카와 아프리카의 일반 대중은 성령강림운동에 취약했다. 아시아는 달랐는데 아마도 지배적인 전통에서 주변화된 지역이나 집단이 지니는 취약성 때문이라고 하면 가장 잘 이해될 것이다. 한국은 일본의 지배와 관련하여 취약했고, 태국, 미얀마, 필리핀, 인도, 말레이시아, 인도네시아, 심지어는 네팔의 주변부뿐 아니라 말레이시아와 싱가포르와 같은 아시아의 각 지역에 있는 중국의 소수자들도 취약했다. 상당 부분은 민속종교가 국가와 민족적 연대성과 연관하여 고도로 발전된 전통에 민속종교가 얼마만큼이나 부분적으로 흡수되는가에 달려 있다. 태국과 미얀마의 불교처럼 이러한 현상이 일어난 곳에서는 개종이 거의 일어나지 않는 것 같다. 반면 예컨대 싱가포르의 도교처럼 고도의 전통에 흡수되지 않는 민속전통이 민족적 연대성의 심리적 강화 없이 존재하는 곳에서는 개종이 아주 급속도로 이루어질 수 있다.

서유럽

서유럽은 근대 세계에서 가장 세속적인 문화 집단을 대표하고, 소멸하면서 집중화된 제도화(국가종교화)를 둘러싸고 얽히고설킨 신앙의 덩굴을 지니고 있으며, 고전적인 모더니티와 대중 사이에서 그 자체를 재생산해낼 수 있는 능력을 지닌 전투적 세속성의 전통 모두에 노출되어 있기도 하다. 서유럽의 중심부에 주어진 세속적 편향은 유럽공동체의 보호 아래 (세속성의) 진원지인 프랑스를 넘어서 벨기에와 스페인의 급속한 세속화를 이끌어낼 정도로 확산되었다. 후기 개신교적 세속성의 추가 지대가 버밍햄과 암스테르담에서 베를린과 탈린까지 확대되었다. 집시의 틈새 문화와 포르투갈 및 남부 이탈리아의 변두리를 제외하고는 성령강림운동과 복음주의에 유용한 발판은 거의 없다. 지금 포르투갈에서는 브라질의 '세계교회(Universal Church)'가 두 번째로 큰 종교 집단이다. 앙코나(Ancona; 이탈리아 동부, 아드리아 해에 면한 항구도시, 옮긴이) 남쪽 이탈리아에서는 여호와의 증인과 마찬가지로 성령강림운동이 상당히 진출한 상태인데, 아마도 그 지역 인구의 2%를 차지할 것이다. 대영제국 내에서는 성령강림운동과 성결(holiness)운동이 카리브 지역민 사이에서, 특히 여성에게 이들이 지닌 원래 문화와 방어적 연대감을 강화하면서 성공을 거두었다. 스칸디나비아 내부에는 '내국전도(inner mission)'가 남겨놓은 곳을 차지하면서 아주 오랫동안 존속하고 있는 성령강림운동의 지지 기반이 존재한다. 그러나 눈에 띌 정도로 성공한 '믿음 전도(Faith Mission)'가 웁살라에서 운영되고 있지만 사회민주주의적인 풍조가 확산되지는 않고 있다.

동유럽

동유럽의 사정은 매우 다르다. 여기서는 러시아식의 공산주의에 뒤이은 터키식 대군주지배체제로 인해 종족종교(ethno-religion)가 강화되었다. 폴란드의 경우 가톨릭 규범에 순응하지는 않았지만 종족종교가 고도의 실천 차원에서 결합되었다. 반면에 세르비아의 경우 중요한 것은 정체성 문제였다. 그러나 이 두 경우 모두 다른 신앙의 수용은 민족적 전통의 폐기였다. 비슷한 상황이 크로아티아, 슬로바키아, 리투아니아에서도 나타난다. 그러나 몇 가지 경우에는 종교가 역사적으로 민족 전통 및 민족적 연대성과 제휴하지 않아서 체코공화국, 동독, 에스토니아처럼 공산주의 치하에서는 그 자체를 재생산해내지 못했다. 그래서 폴란드의 경우 복음주의는 0.1%를 넘지 않았고 세속주의가 성공적으로 주입된 지역으로도 침투가 거의 이루어지지 않았다. 이것은 (집시를 제외하고는) 주요 취약 지역이 전통의 합류점에 위치하고 있음을 의미하는데, 대표적으로 다문화적인 트란실바니아와 우크라이나의 국경지대를 들 수 있다. 트란실바니아에서는 19세기 후반부에 독일의 침례파가 헝가리인 사이에서 어느 정도 영향력을 지녔으며, 1970년대 이후에는 루마니아인과 헝가리아인 사이에서 급속한 확장을 하게 되었다. 또한 이에 수반하여 성령강림운동과 몇몇의 카리스마적인 칼뱅주의까지도 급속히 확장했다. 아마도 전반적으로 볼 때 루마니아의 복음주의 지지자는 1~2%가 될 것이다. 헝가리의 소수 개신교 문화와 부다페스트의 불안정한 가톨릭 또한 새로운 기업가를 포함한 신(新)중산층에게 매력을 주는 '믿음 선교'에 어느 정도 취약성을 드러냈다.

라틴아메리카

서유럽과 동유럽의 경우 복음주의 유입이 적은 편이다. 이와는 대조적으로 라틴아메리카의 경우 그 유입이 큰 편인데 4~30% 사이에서 다양하게 분포되어 있고, 대륙 전체적으로 평균 10% 정도에 이른다. 고전적인 복음주의는 19세기에 유입되어 중하층에 작은 영향을 끼쳤다. 성령강림운동은 20세기 초에 들어왔지만 본격적인 확산은

1960년대 이후에 시작되었다. 고전적인 성령강림운동은 극빈자는 아니지만 가난한 사람들 사이에 유입되었다. 그 결과 산티아고의 몇몇 교외 지역에서는 활동적인 복음주의 신자의 숫자가 적극적인 가톨릭 신자의 숫자와 맞먹는 정도에 이르렀다. 여기에는 두 가지의 변형이 가장 두드러지게 나타난다. 감리교 성령강림운동교회(또는 하나님의 성회)의 주요 교단과 가끔 부부를 중심으로 하여 전 지역에 침투하고 있는 이색적인 이름의 소집단들이다.

라틴아메리카의 상황은 가톨릭교회가 제도적으로 위축된 상태라 할 수 있다. 브라질의 경우 국가의 통제, 과테말라는 국가의 적대감 때문이었다. 그러나 이러한 적대감과 무관심은 쿠바나 우루과이 외곽 지역의 대중에게는 전해지지 않은 상태였고, 이것이 민족적 동기와 가톨릭을 뒤섞이게 했다. 이러한 불안한 결합이 붕괴되기 시작한 것은 1960년대에 나타난 지구촌 차원의 커뮤니케이션과 경제의 유입 때문이었다. 그 이후 경쟁적 다원주의가 하나의 규범이 되었고 전근대적 상황의 유동성을 탈근대적 상황과 연결시켜왔다. 성령강림운동과 복음주의 부활이 새로운 목소리와 변화하는 종교적 계율에 적응할 수 있는 신선한 공간을 제공했다. 이 계율은 시골에서 대도시로 이전하는 수백만의 열망을 급속하게 촉발했다. 또한 여성과 가정 개혁 기회를 제공하는 보호막도 제공했다.

그러나 약간 다른 종류의 지지자들에게 호소하면서 다양한 영적 욕구를 지향하는 또 다른 형태의 모습도 있었다. 하나님 왕국 세계교회의 경우 영혼과 육체 모두의 '해방'을 주장하면서 많은 흑인 지지자를 기반으로 하여 급속도로 운동을 확산하고 있다.[4] 이 운동은 영화관을 인수하고 사람들이 아무 때나 왕래할 수 있는 길가에다 건물을 세우기도 했으며 텔레비전 쇼를 상당히 모방한 예배 형태를 취하고 있다. 목회자들은 영적이고 물질적인 수완가로 신앙의 첫 번째 동기로서 기적과 '해방'을 제시한다. '세계교회'는 많은 논쟁거리를 주는데, 유독 거대한 복합기업체인 '글로보(Globo; Organizações Globo가 소유하고 있는 브라질 텔레비전 네트워크로 회사 명칭은 The Globo Network, 옮긴이)'와 쌍벽을 이룰 정도로 라디오와 텔레비전에 깊이 관여하기 때문이다. 또 다른 논란거리는 이들과 강신술사들이 섬기는 신들과의 극적인 싸움에서 비롯된다. 이는 종교적 열정 간의 싸움이면서도 브라질 흑인의 문화적 자원을 혼합한 것이기도 하다.

또 다른 경우로 자유롭게 옮겨다니는 카리스마적인 집단을 들 수 있다. 이 중 몇 집단은 고전적인 성령감림운동가의 엄격한 도덕적 실천에서 일탈하면서 마약문화에 관여했던 아주 젊은 중산층과 전문가 집단에 매력을 주고 있다. 이들 중 대규모 집단의 하나로 '환생[Renascer; Renascer em Cristo church의 약어로 1986년에 상파울루에 세워진 신성령강림운동 교단(Neo-Pentecostal denomination)이다, 옮긴이]'이나 '그리스도 안에서 재생(Born Again in Christ)'을 들 수 있는데 이들은 한밤중에 영적인 '쇼'에 상당하는 것으로 이전에 극장이었던 곳을 가득 채우며, 젊은이들을 개인적인 타락에서 회생시키는 데에 상당한 성공을 거두었다고 주장한다. 이런 종류의 카리스마적인 기독교는 최신 미디어 형식에 현대적 기술이 제공하는 온갖 종류의 장비를 배치하면서 규모가 큰 지역이든 중산층 가정의 지하실이든 어디에서나 기존의 교회와는 거리가 있는 곳에서 운영되고 있다. 그러한 가정에서 카리스마에 휩싸인 수십 명의 가족이 함께 모여 자기들 나름의 찬송을 부르고, 서로의 지도하에 말씀에 대하여 명상하면서 그들의 일상적인 관심사를 나누고는 한다.

스트레스, 심리적 문제나 전문적 문제를 육체적 질병으로 간주하는 부유한 자들 사이에서도 나타나는 이러한 카리스마적 모습은 전체의 라틴아메리카 공동 시장국 즉, 브라질뿐 아니라 우루과이, 그리고 아주 극적인 경우로 아르헨티나에까지 나타나고 있다.[5] 이 지역에서 우리가 볼 수 있는 것은 급속도로 발전하는 국가에 나타나는 색다른 사회적 빈 공간에 변형된 복음주의 충동이 쉽게 적응된다는 사실이다. 지구촌에 미치는 범위는 국제적인 연계와 교차적인 발자취에 의해서 드러나는데, 이는 나이지리아에서 애틀랜타, 마닐라, 부쿠레슈티, 서울, 부에노스아이레스까지 이른다. 세계 어느 곳에서도 아르헨티나처럼 더욱 확실한 모습으로 중산층이 중심이 된 카리스마적·신성령강림운동적인 기독교의 급속한 도약이 확실하게 발현되고 여타 교단에 미치는 영향이 컸던 경우는 없다.

  복음주의 기독교는 거의 한 세기 이전에, 그리고 성령강림운동은 1906년에 아르헨티나에 유입되었지만 침례교나 형제단(Brethren)이 중하위층 지역에서 별로 많지 않은 정도의 소득을 이룬 것을 제외하고는 그 초기의 영향력이 매우 적었다. 다른 지역과 마찬가지로 이러한 상황은 1950년대에 들어서면서 바뀌기 시작했으며, 이는 성령강림운동이 대중문화에 '조화하는(key in)' 능력을 보여줄 때였다. 그러나 정치적 정당성 문제에서 위기가 나타났던 1980년대까지는 어떤 극적인 움직임도 일어나지 않았다. 1970년대에는 2%를 차지했던 성령강림운동주의자가 1990년대 중반 무렵에는 5%를 차지했고 하나님의 성회 교인들은 거의 50만 명에 이르렀다. 1980년대에 부에노스아이레스에서는 매년 10개의 교회가 추가로 생겨났으며 그 다음 10년 동안에는 매년 17개의 교회가 생겨났다. 수도에 있는 복음주의 교회의 숫자가 가톨릭교회의 숫자를 능가했고, 이름이 등록된 가톨릭 신자의 약 5%가 활동적이라면, 활동적인 기독교 신자의 적어도 25%는 복음주의자라고 할 수 있었다.

이러한 확산의 특징은 지금까지 다른 라틴아메리카 지역에서 지배적이었던 고전적인 성령강림운동과는 대조적인 모습이다. 성경연구소(Bible Institutes)와 많은 대형 교회가 중심이 되어 영적인 전투와 귀신물리기(exorcism), 신유, 카리스마적 은사, 일상생활에서의 권능화, 전문적인 활동 등을 강조했다. 기독교 록 음악, 음악 행사, 비디오, 정기간행물, 새로운 찬송가, 계속 반복되는 동작과 연극조의 전반적인 분위기 등과 같이 현대적 기술과 최신의 대중문화가 눈에 띄게 나타난다. 비록 금전적 남용과 성적 타락, 엷게 드러난 에로티시즘과 비합리성, 구원 경험의 천시 등에 대한 비난과 관련된 약간의 복음주의적 관심은 존재했지만, 그럼에도 같은 형태의 카리스마적 형식이 역사가 오래된 교회(산티아고의 안락한 교외 지역에 있는 한 영국국교회에 참석하면서 내가 발견했듯이) 속으로 침투했고 또한 상당한 정도로 상호 간의 협조가 이루어지고 있다. 경계가 불분명해지고 교인이 새어나가자 1998년의 램버스회의(Lambeth Conference)에서는 상당한 우려를 나타내기도 했다.

또한 라틴아메리카에서는 억압받거나 무시되었던 문화적 내용이 창조적으로 개혁된 것을 알 수 있고 마찬가지로 이리저리 움직이는 집단들을 지원하는 영적인 거점도 볼 수 있다. 세상의 빛은 평범하지 않은 경우인데 이는 민족의식에 적합한 유대식의 요소를 되살리기 때문이다. 그러한 점에서 세상의 빛은 모르몬교와 페루의 신(新)이스라엘선민(New Israelites)을 모방하고 있다. 세상의 빛 교인들은 때때로 멕시코와 미국을 오가면서 그들과 같은 인종의 사람 사이에서 부흥을 위한 교회 보급물품과 안식처를 찾고 있다. 그들은 주요 거점인 과달라하라의 한 지역에 거대한 성전과 그 둘레에 팔레스타인의 지형을 복제한 학교와 병원 단지를 만들면서 도시의 일부를 운영하고 있다. 이 단지는 수천 명을 수용하고 있다. 이 집단은 거의 메시아처럼 여겨지는 창설자의 자손 중 한 명이 움직이고 있으며, 에티오피아식의 사자 표상과 새로운 영혼의 '정복자들'에 의해 선교된 국가들의 국기와 같은 표상을 가지고 권위의 상징을 조립하여 만들고 있다. 그들 세계에서 나오는 빛은 레이저 광선에 의해 도시의 나머지 지역을 비출 뿐만 아니라 해마다 반사경의 구경을 통해 지도자의 머리로 내리쬐어진다. 이러한 전(前)콜롬비아시대의 기억이 아즈텍 모형을 반영한 성전 건축 방식으로 다시 공조한다. 실재로 이 집단은 마치 세계교회가 흑인의 매력을 끈 것처럼 비(非)라틴아메리카계에게 상당히 매력적인 것처럼 보인다.

라틴아메리카 민족주의의 증가하는 압력에 대해 라틴아메리카에서는 때때로 미국이 지니는 명성과 상징적으로 연관되면서 강화되는 새로운 복음주의 정체성의 측면에서 소수 인종 집단이 반발하는 경우가 매우 많다. 이것은 여타의 조건이 동일하다면 대규모의 소수 인종을 가진 국가는 상당히 방대한 복음주의적 홍수에 휩쓸리게 될 수도 있음을 의미한다. 마야 족, 마푸체 족, 케추아 족 그리고 다른 많은 종족이 위험에 처해 있고 이들 모두가 그 영향의 증거를 제시하고 있다. 최근에 앤드루 카네사(Andrew Canessa)가 연구한 것처럼 하나의 패러다임적인 본보기가 볼리비아의 아이마라 족 사이에서 발생하고 있다.[6] 모더니티의 더듬이를 보여주는 증거로 시골에서 라파스로 가는 작은 길과 마찬가지로 수도인 라파스로부터 오는 좋은 도로들과 복음주의적 개종의 발생률 사이에 나타나는 관계를 들 수 있는데, 이는 육체와 영혼이 함께 이주하고 있음을 보여주는 것이다. 카네사 연구에서 볼 수 있는 가장 흥미로운 점은 개종한 아이마라 사람들이 그들 종족의 특징에 대한 고정관념을 성공적으로 뒤집어버린 방식에 있다. 라틴아메리카의 고정관념에 의하면 이들은 게으르고, 규율이 없고, 후진적이며, 약에 취해 사는 종족으로 알려졌지만 그들 나름대로 수정하여 내린 평가에 의하면 그들은 의복과 습관에서 모더니티를 보여주는 본보기적 모델이라 할 수 있다. 또한 그 연구는 일단 아이마라 사람들이 라파스에 거주하면 그들의 언어를 지키고 가정교육의 기회와 여성 간의 상호 지원을 위한 공간으로 교회를 찾았다는 것을 알려준다.

아시아

서울에서 마닐라와 홍콩에 이르는 태평양 주변 전역에서도 유사한 모습을 볼 수 있다. 마이클 힐(Michael Hill)과 그의 연구자가 싱가포르에서 행한 작업을 참고하면, 비록 기독교가 그것이 지니는 카리스마적 형식 안에 인종적 장벽을 파괴하는 특별한 능력을 보여주지만 말레이인, 중국인, 인도인이 뒤섞인 사회의 기독교의 경우 주로 중국인이 지배적이고 아울러 의미 있는 정도로 소수인 인도인이 함께하고 있다.[7] 싱가포르의 경우 독립 후 초기에는 경제 발전에 집중했지만 이후 국가 건설의 도덕적 차원으로 중요성의 방향을 바꾸었다. 교육에 있어서의 이러한 태도는 교육 분야에서 질서와 경제적 정신을 유발한다고 생각되는 유교 윤리가 어느 정도의 관심을 받았다. 이슬람을 신봉하는 말레이인들은 충성스럽지 않다는 의심을 받았으며 기독교인들은 사회적 활동주의자로 여겨졌다.

그러다가 1980년대 후반에 접어들자 젊고 신분이 높으며 영어 교육을 받은 중국인들 사이에서 카리스마적인 기독교로 극적인 이동이 일어났고 몇몇은 불교 또는 세속적인 무종교에 더 관심을 가졌다. 중국인 청년들은 조직이 없는 도교에서 벗어났기에 3차 교육과정 또는 대학교육을 받은 자들 중 약 4분의 1이 기독교인이었다. 개신교는 근대적이고 국제적인 것으로 비춰지고 있으며, 개인적 표현과 음악적 카타르시스, 민주적 분위기와 밀접하게 접촉할 수 있는 기회를 제공하는 질서 있고 합리적인 세계를 제시하는 것으로 수용되고 있다. 모든 것이 변하지만 카리스마적인 교회는 옛날의 정신적 전통과 이것이 제공하는 세속적인 혜택의 연관성을 설정해주고 있다. 마이클 노스코트(Michael Northcott)의 주장에 따르면 (서부)말레이시아의 경우 주로 이슬람교도가 거주하는 환경에서는 카리스마적이고 성림강림주의적인 교회가 이전부터 있어왔던 선교 교회들에게 가장 커다란 도전이 되고 있다고 한다.[8] 해방신학과 비교종교분석에는 관심이 없는 이 교회들은 아시아와 서구의 문화 형식을 신약성서의 방식으로 일상생활의 성령 찬양과 구전되어온 전통과 결합시켰다. 카리스마적인 기독교는 근대화가 진행되는 사회에서 최초로 물질적 재화를 손에 쥐게 된 중산층에 본거지를 두지만, 새로워진 개인의 정체성과 도덕적 개혁으로 실감하게 되는 초자연성에 대한 강한 관념을 지니고 있다. 한쪽 방향에서는 인종 관계의 긴장 상태와 무관하지 않은 위기감이 천년왕국 소망으로 상징화되고, 다른 한쪽 방향에서는 과거와의 연속성이 토착 샤머니즘(다른 곳에서는 악마적이라고 이것을 의심하고 있지만)에 의존하여 납득되고 있다. 이러한 샤머니즘의 강신술에 의존하는 입장은 한국과 유사하다. 싱가포르와 마찬가지로 한국에서도 사회적 유동성과 영어 구사 사이에 어느 정도 관련성이 있으며, 이것은 건강과 부의 복음과도 잘 어울리고 있다. 그러한 관련성은 이 운동이 북미로부터의 뚜렷한 영향을 받아들이는 데 일조하기도 한다.

도시화된 남아프리카와 라틴아메리카에서 나타났듯이 카리스마적인 기독교의 에너지는 인종적 계열을 가로지르고 있다. 비록 몇몇 교회는 말레이시아의 성령강림운동교회처럼 뚜렷할 정도로 인도인 중심이고 다른 교회는 다수가 중국인 교인들로 이루어져 있지만 말이다. 순복음성회는 세포조직 구조와 가정에서의 빈번한 회합 등을 통해 강력한 평신도 지도력을 갖추고 있다. 교인들은 산뜻한 현대식 스타일로 의복을 치장하고 텔레비전 문화와 대중음악적인 요소를 전략적으로 전개하고 있다. 그러나 카리스마적 기독교의 가장 커다란 영향력은 실제로 로마 가톨릭교회의 내부에 존재하며 이러한 충격은 교구를 바탕으로 하는 부흥집단을 통해서 일어나고 있다. 역사가 오래된 개신교교회는 그들이 더 커다란 딜레마에 빠져 있음을 인식하고 신학적인 추세에 불편해 하면서도 교인의 숫자와 영향력에서 압도당하지 않으려고 노력하고 있다.

물론 오늘날 상당히 폭넓게 기독교화된 사회인 한국처럼 세상이 급속도로 발전하기를 열망하는 지역에서 이러한 복음주의가 변형되어 나타나는 경우의 숫자를 열거하는 것은 어렵지 않지만 여기에서 장황한 조사의 결과를 제시하는 것은 목적이 아니다.

다음으로 고려되어야 할 확산의 종류는 지금까지 어떠한 뚜렷한 종교적 자의식도 없었던 주변부 사회의 인종집단에 대한 매력과 관련된다. 물론 이러한 의식을 불러일으키는 데 도움을 준 것은 현대 사회의 지구촌적인 커뮤니케이션이라 할 수 있다. 이에 대한 흥미로운 경우가 네팔, 미얀마, 태국에서 보이며 이 나라들의 주요 도시에서는 별로 크지 않은 정도의 확산이 비슷하게 진행되고 있다. 네팔, 미얀마, 태국은 국가에 의해, 그리고 개종을 신분 상실과 공동체 구성원자격 상실과 관련된 것으로 간주하여 금하는 인종적인 민족주의가 주입된 다수 주민에 의해 지지되는 강한 종교적 동질성이 존재한다. 그러므로 지역적으로 주변부에 있는 종족들에게는 개종의 매력이 정체성, 동등성, 차이 등에 대한 주장을 포함하게 되는 것이다.

네팔을 좀 더 유심히 관찰해보면[9] 카트만두에는 지금 수백 개의 교회가 있으며 기독교, 모더니티, 지구촌적인 시야 사이의 관계가 감지된다. 하지만 가장 커다란 성공을 이룬 것은 수도의 북서쪽에 있는 반자치적인 강 유역에 사는 티베트 - 미얀마인들 중에서였다. 비록 거주지가 분산된 곳에서는 개인적이거나 가족적인 지지가 이루어지지만, 개종의 노선이 혈통의 차이에 따라 이루어지고 지역의 지도력 아래에 있는 전체 마을을 포함할 수도 있다. 기독교 목사들은 라마승에 적대적인데, 거기에는 전통적으로 성스러운 힘으로 여겨지는 것들의 정당성에 대한 논쟁이 존재한다. 이 지역에서 활동하고 있는 집단은 네팔 기독교 형제(Nepalese Christian Fellowship), 아시아를 위한 복음(Gospel for Asia), 새생명 선교 침례교회(Baptists of the New Life Mission Church) 등으로 이들은 보건과 교육 시설을 갖추고 있다.

태국에서는 개종이 주로 오랫동안 구릉지대의 부족과 변방에 사는 집단에 한정되어왔다.[10] 방콕에서는 전통적으로 기독교인이라 함은 중국 또는 베트남 가톨릭 신자들이었다. 하지만 1981년 수도에 성령강림운동 교회가 세워지자 처음으로 태국인 지도부가 등장했고 5년이 지나자 한국에서 개척했던 방식의 세포조직을 활용하여 교인이 5,000명으로 늘어났다. 한국과 (그리고 다른 곳에서) 마찬가지로 지역 문화의 요소는 공식적인 비난을 받았음에도 불구하고 기독교의 분장을 하고 다시 등장했다. 특히 태국적인 공덕(功德)의 위계가 그러했다. 성령감림운동교인의 숫자는 지금 개신교인의 5%에 이른다. 성령강림운동의 특징적인 역동성이 정치적 정당성의 위기에 의해 어느 정도 강화되었는지는 말하기 어렵다. 따라서 여기서는 사회의 중심부와 주변부에 함께 존재하는 각기 다른 유형에 대하여 살펴볼 필요가 있다.

수잔 베일리(Susan Bayley)가 논한 인도의 경우 (남부)인도 기독교인의 상당수는 기도, 치유, 귀신물리기, 예언 등을 포함한 성령의 은사를 강조하고 있다.[11] 카리스마적인 지도자를 지닌 이들은 집합적이고 개인적인 훈육을 장려하고 있다. 그리고 이들의 중심에는 평신도회가 있다. 이 평신도회는 평신도 지도자의 지휘 아래에 있으며 제도화된 위계에 대해서는 별로 관심을 갖지 않는다. 여성들은 특히 이 집회에서 매력을 찾으면서 그들에게 부여된 특별한 기회를 향유하고 있다. 전문직과 상업을 중심으로 하는 중산층도 새로운 교회와 가톨릭교를 포함한 오래된 기독교 단체에서 나타나는 비슷한 변화에 매력을 느끼고 있다. 보다 오래된 단체의 문제점은 비록 몇몇 특성과 조직의 모델이 다른 곳에서 왔지만, 그 단체들이 생생한 임재와 구체적인 권능이라는 아주 인도적인(Indian) 교화에 의해 도전받고 있는 상대주의적이고 감정이 절제된 자유주의로 보인다는 데 있다. 말레이시아에서와 마찬가지로 집단 상호 간의 긴장이 하나의 역할을 하고 있으며, 이 새로운 운동은 한 지역을 구획하고, 만약 허약한 기독교인이 배타적인 힌두 표현방식에 어긋나는 사회적 질서를 취할 경우 그가 진심을 가진 자라면 방어해준다.

여기서 세계 인구의 약 6분의 1을 차지하는 중국에 대해서는 헤아리기가 어렵다. 분명한 것은 복음주의 기독교가 해외에 거주하는 중국인에게 어느 정도의 매력을 주었다는 것이며 중국의 민속종교에서 기독교로의 전환이 상당히 용이했다는 것이다. 보다 공격적인 공산주의가 지배하던 시기인 1980년대까지 종교단체가 공적으로 수용된 것은 별개로 하고, 방대한 지하기독교가 보수적인 복음주의 가정교회의 형태로 발전했다. 주로 퍼져나간 지역은 남동 해안 지방이었고 오래전에 세워진 기독교 활동 지역과 중첩되었다. 또한 1980년대에는 몇몇 내륙의 농촌 지방에서 급속한 성장이 이루어졌다. 이러한 급속한 성장은 '기독교 열병(Christianity fever)'이라고 불려왔으며 몇몇 민속적인 실천요소를 포함하는 모습을 보이기도 한다. 주된 전통은 영미방식으로, 보수적인 원래의 선교적인 태도를 유지하고 있다. 가정교회운동은 많은 여성 노동자를 지닌 평신도의 영감에 힘입어 이루어졌으며 적어도 이들 중 한 집단은 치유, 성령의 은사, 귀신 쫓아내기 등을 행했다. 이 집단의 영향은 최근 한국 국경 지역을 따라 행해진 부흥운동에서 분명히 나타났다. 비록 1989년 6월의 천안문사건 이후에 정부가 약간의 불쾌감을 드러냈지만 외부 '세계'를 보는 시각은 비정치적이었다. 중도적 입장의 평가는 복음주의 기독교인의 숫자가 중국 총 인구의 약 3%에 이른다고 암시하고 있다.[12]

아프리카

아프리카에서는 변형된 모습을 볼 수 있다. 나이지리아는 아프리카에서 가장 큰 국가로 기독교인과 이슬람교도가 대략 반반으로 나누어지지만 1998년까지는 대규모의 이슬람 군사 정부에 의해 지배되었다. 루스 마셜(Ruth Marshall)은 성령강림운동이 부패, 권력 독점, 국가 폭력, 경제적 착취 등에 대항하는 자율적인 공간을 만들어내고 있다고 여겼다. 이 공간 내에는 생존을 돕는 새로운 경험을 위한 장소가 있다. 그녀는 라틴아메리카에서 관측되는 것과 확실히 유사하게 나타난 두 개의 주 영역이 있음을 밝히고 있다. 하나는 하나님의 성회와 이들을 닮은 토착 교회 등과 같은 교단 중심의 선교 교회로 구성되어 있다. 이들의 권역 안에서는 개종에 관한 이야기가 무력함과 권능화를 대비시키면서 부와 연령이 주는 위계를 부정하고 신자를 평등과 자존의 세계로 초대하고 있다. '세상'을 거부하는 엄격한 경계 설정과 공동체적 연대가 근본적인 사회 보장과 상호 협력을 제공하고 있다. 또한 재정적인 문제나 혼인문제 등에 대한 조언을 제공한다.

또 다른 주요 분야는 대학에 강력한 거점을 세우고 젊은이와 유동 인구에 다가가는 초교파적인 카리스마운동이다. 성공을 신의 은총의 표시로 여기지만 동시에 단순한 욕구는 규칙과 경제적 신뢰도와 신용의 규범에 의해 통제된다. 공동체 안에 후견인과 피보호자 사이의 네트워크가 존재하며 개인 병원과 유치원, 분만실 등이 함께 모여 있다. 그러한 집단에서 젊은 여성은 단지 성적인 호감을 이용하여 취득할 수밖에 없었던 것을 능력에 따라 성취할 수 있게 된다. 이들은 또한 책임감 있고 사려 깊은 배우자를 만날 수 있는 기회를 갖게 된다. 간통은 남자와 여자 모두 상식적인 기준으로 처리되며 부부 싸움은 목회자가 판결한다. 또한 다른 어느 곳보다도 인종 간의 선을 넘어서는 배우자 선택이 빈번하게 나타나는 것 같이 보인다. 이들 집단 안에는 세계적 차원의 의식이 존재하며 때로는 공동체적 긴장 상황에서 압력을 행사할 수 있는 능력이 존재하기도 한다. 아주 가끔은 권력이 집중되거나 참여 분위기를 소멸시키면서 성공을 과시하는 등의 위험이 존재하며 마찬가지로 지도부와 미덥지 못한 기록을 지닌 정치인과 제휴가 이루어지기도 한다.[13]

아프리카의 다른 본보기로는 비르기트 마이어(Birgit Meyer)가 연구한 가

나의 페키 유(Peki Ewe), 데이비드 맥스웰(David Maxwell)이 연구한 짐바브웨의 성령강림운동이 있다. 비르기트 마이어의 연구는 독일 경건주의의 가장 오래된 복음주의 층과 최신의 성령강림운동의 관계와 보다 낡은 문화적 자원이 하나의 새로운 형식으로 재결합하는 방식에 대하여 설명하고 있다.[14] 종종 그랬던 것처럼 초기의 선교사들은 그들의 고향인 독일 상류층의 지원 아래에서 파견되었지만 충분한 교육을 받은 자들은 아니었다. 그들의 경건주의는 아프리카 종교와 그렇게 다르지 않았지만 그들은 이 종교를 악마적인 것으로 여겼다. 초기에는 개종이 자주 일어나지 않았지만 1915년경이 되자 페키(Peki)의 약 3분의 1이 다양한 형태의 기독교인이 되었다. 동기로는 신앙을 통한 재화와 건강의 획득, 교육 증진 등을 이루고자 하는 욕망과 관련된다. 물론 실재로 선교사들이 이러한 것을 가르친 것은 아니다. 많은 사람들은 선교사의 통제를 피해서 예전의 방식으로 다시 빠져 들어갔다. 1960년대에 들어서자 성령강림운동의 심상치 않은 확산이 시작되었고 주보에 기록된 순서를 제쳐놓고 치유와 흥분으로 가득한 예배가 훈련받지 못한 목사에 의해 이루어졌다. 이것은 부분적으로는 성령에 대한 관심을 게을리 하면서 규칙만을 근거로 하던 종교에 대한 잠재적인 저항의 목소리였다.

　하나의 중요한 차이점은 선교사 교회가 기독교로의 영속적 이동을 마음에 두고 있었던 반면에 성령강림운동가들은 구질서의 실재적인 권력과 계속적으로 전투를 벌여나간 것이다. 이러한 싸움을 이야기와 미디어 연출을 통해 표현해냄으로써 그들은 원시 기독교의 치유 행위와 귀신물리기를 부활시켰을 뿐만 아니라 신자들에게 기독교적인 예방법으로 무장하고 과거 속으로 다시 안전하게 들어가도록 했다. 육체의 움직임과 행동을 포함하여 과거의 의식(儀式)이 새로운 의식에 편입되었다. 이러한 모습은 다른 상황에서 있었던 성령강림운동가들의 활동과 유사함을 다시 한 번 보여준다. 즉, 모든 정령의 세계를 추방하는 일종의 급진적인 탈주술화 없이 새로운 것 안으로 옛 것을 이식하는 일이 일어난 것이다. 마이어는 성령강림운동이 수입된 것이라는 생각을 분명히 거부하고 있다. 오히려 그녀는 성령강림운동을 신자들에게 모더니티와 교섭할 수 있고 특히 여성들이 가정 내에서 다수의 조정을 위해 분투하는 공간을 제공하는 것으로 본다. 영적인 수단과 공동체의 지원은 사람들에게 스스로 발판을 가지고 독립하여 설 수 있도록 힘을 주고 있다. 또한 세상의 유혹에 타협하지 않고도 자본주의 경제에서 물질적 출세에 대한 희망을 싹트게 해주고 있다. 종교가 출세와 '재화'와 결합한 것은 전통적인 아프리카의 동기와 분명하게 공명하는 것이며 다른 곳으로부터의 자극이 거의 필요 없었음을 보여주는 것이기도 하다.

데이비드 맥스웰은 짐바브웨에서 모더니티가 약간 다른 형태의 협상을 보인 것에 대한 분석을 했다. 그의 분석은 복음주의적이며 성령강림운동적인 기독교가 어떻게 젊은 남성과 여성 사이에서의 독립을 위한 탐색처럼 다양한 사회 경제의 공간으로 진입했는가를 보여주고 있다.[15] 가나와 마찬가지로 짐바브웨에서는 어쩌면 인구의 10% 정도로 성령강림주의 교회가 상당히 커다란 비율을 갖고 있다. 다시 말해 (이슬람이 아닌) 아프리카에서 차지하는 비율이 라틴아메리카에서의 비율에 버금가는 것이다. 더군다나 아프리카가 약 10년 뒤처져 있지만 시간이 갈수록 두 대륙에서 벌어지는 과정이 서로를 거울 보듯 비쳐주고 있다. 두 과정은 또한 자원의 다양성과 북미와의 쌍방 교류, 그리고 일반적으로 알려진 것보다 훨씬 일찍 시작된 역사와 탈근대적인 '브리콜라주(손이 닿는 아무 것이나 이용하여 만드는 일 또는 그렇게 만든 것, 옮긴이)'를 불러일으킨 상당한 정도의 창조적, 토착적인 창작품 등을 공통적으로 지니고 있다. 맥스웰은 또한 초기에 급속하게 이루어진 토착화와 여기에 뒤따라서 발생한 초국가적 야망의 팽창에 대하여 밝히고 있다.

비록 까다로운 집단이지만 아프리카 남부로 오는 성령강림운동가들은 스스로를 초국적이고 교단의 경계를 넘나드는 세계적인 운동의 선구자로 여겼다. 최초의 각성운동은 1908년에 일어났는데, 이는 칠레, 브라질과 같은 시기였다. 그들은 이후 10년 만에 로디지아(아프리카 남부의 중앙부 지역으로 북로디지아의 잠비아 공화국 및 남로디지아의 짐바브웨 공화국으로 나뉜다, 옮긴이) 남부에 도착했으며, 1920년대 무렵부터는 폭력, 난혼, 알코올 중독, 도박, 범죄 등의 인격적 사회 분열과 싸우면서 급격히 성장하는 도시 중심지로 깊숙이 침투해 들어갔다. 그들은 오늘날의 라틴아메리카와 마찬가지로 노동, 자기훈련, 가정의 보전, 교회의 상호 의존관계 등에 바탕 한 대항 사회를 창조해냈다.

성림강림주의자들의 흥미로운 특성은 선교사가 만든 일괄적인 영역 구획과 식민지 행정관 및 선교사가 함께 시도한 '문명화 선교'에 무관심했다는 것이다. 이러한 공세적 태도는 행정부의 핵심이라 할 수 있는 지배자가 만들어낸 전통에 대한 무관심에 의해 배가되었다. 맥스웰은 중앙아프리카와 마찬가지로 남부에서도 성령강림주의가 (여호와의 증인처럼) 조상숭배종교를 악마시하면서, 자신들이 받은 임금을 보존하고자 열망하는 이주노동자에게 전통적인 사교 모임에서 자유롭게 벗어날 수 있도록 하는 정당한 이유를 제공했고, 젊은 여성에게는 가부장적인 권위에 도전할 수 있는 합당한 이유를 제공했다고 언급한다.[16] 간단히 말하면 이들은 빈약한 교육의 수혜자들로 식민지 통제를 넘어선 방식으로 행동하고 생각하여 타락의 주변부에 있는 자들이라고 정의된 남성과 여성들이었다. 여기서 세기의 전반부에 지방과 세계, 흑인과 백인 사이의 상호 작용으로 시작하여 후반부에도 계속 가속화되고 있는 사회문화적 변화의 정도를 볼 수 있다.

데이비드 맥스웰은 성령강림운동이 지니는 융통성을 강조하면서도 때로는 비정부기구(NGO)의 모습을 취하면서 국가에 의해 역사적인 교단들이 불평등하게 지목되는 것에 대항적인 자세를 취하고는 했다. 그리고 때로는 이들 교단이 비판하는 불안한 정권의 정당성 결함을 메워주기도 했다. 성령강림운동은 도덕적 속박과 노인 정치를 침식하고 교회 안에 새로운 시공간을 만들어냄으로써 도시로 이주하는 노동자의 네트워크를 따라 개인적이고 집단적인 회복력을 확보해준다. 그것은 또한 현대적인 미디어와 음악을 배치하고 자기신뢰성을 창조해내며 빈곤을 '노래로 날려 보내면서' 경제적인 문화가 존재함을 '입증해'낸다. 또한 맥스웰은 긴장상태가 나타나고 있음을 지적한다. 이는 가난을 인정하고 부의 위험성을 인정하면서 겸손을 귀중하게 여기는, 보다 오래되었고 훨씬 더 대중적인 성령강림운동이 개인숭배, 과시, 탐욕, 기회주의적인 정치적 협력 등에 영향을 받기 쉬운, 보다 온순한 기독교와 합류하기 때문이다. 지도자 차원에서는 성령강림주의가 관료주의와 '권위주의'에 굴복한 상태다.

라틴아메리카식의 (특히 브라질식의) 발전이 복제된 흥미로운 예가 카보베르데에 있다. 예수재림론자와 나사렛교회의 초기의 유입은 현재 멈추어진 상태인데, 이는 선교 현장에서 '미국적인' 집단(모르몬교, 여호와의 증인), 고전적인 성령강림주의자들과 브라질의 '세계교회'에 의해 논박되었기 때문이다. 세계교회의 종교적 실천이 아프리카 포르투갈인의 영성과 잘 조화하고 있다.[17]

앞에서 이루어진 진술의 목적은 복음주의, 특히 성령강림운동 기독교의 세계적인 팽창에 대한 전반적인 평가를 제시하고자 하는 것이 아니라 몇 가지 종류의 종교단체와 이들이 차지하고 있는 종류의 사회적 영역에 대한 윤곽을 그려내기 위해서이다. 나는 아주 다른 예를 취할 수도 있었다. 예컨대 복음주의와 성령강림운동 기독교가 한국의 문화적 동질성과 성공적으로 결합한 것과 일본에서 직면한 저항을 비교할 수도 있다. 그러나 내가 무슨 예를 들든 그것들은 현대적인 커뮤니케이션에 의해 점차 통합이 증대되어 세계를 순환하는 메시지에 종교적 '각성'이 첨부되어 나타나고 있는 것과 자본주의적 변화와의 약속, 경계를 가로질러 활동하는 자발적이고 초국적인 단체의 생성, 북대서양 지역을 중심으로 하는 최초의 복음주의 기독교가 제시한 동기가 토착적인 동기와 술선적인 정신과 뒤섞이게 되는 현상 등을 예증해줄 것이다. 다른 곳과 마찬가지로 라틴아메리카와 아프리카에서도 종교적 방식이 사람들에게 낡은 틀에서 벗어나게 하고 과거의 요소를 새로운 포맷 안에서 재결합하도록 도와주고 있다.

요약하면 복음주의 기독교 그리고 더 넓게 성령강림운동은 문화 영역 안에서 한 공간을 차지하는 자율적인 연합체이며 국가의 경계를 가로질러 세워지는 한, 모더니티에 대한 하나의 현시라고 할 수 있다. 지리적·사회적으로 그러한 공간 내에서 움직이고 있는 사람들은 그들의 도덕적 자아와 가정에서의 역할을 재정립하고 그 결과로 가정을 다시 화합했다. 이들은 또한 주도적으로 참여할 수 있는 기회도 갖게 되었다. 집단의 훈련은 연대감을 낳았고 물질적인 개량을 포함한 모든 분야를 개선했다. 그리고 거기에 부차적으로 나타나는 연대는 건강과 성공의 복음 안에도 숨김없이 나타나게 되었다. 이런 종류의 기독교는 조직적 차원에서는 분열생식적이면서도 영적인 에큐메니즘을 보여주기도 하며, 평신도들에게는 성경 본문에서 자유롭게 양식을 취하도록 힘을 부여해줌으로써 전문적인 서구 신학으로부터 자유롭게 해주었다. 그것은 서구의 세속적 인텔리겐치아의 이데올로기적인 지도 그리기에도 무관심하며 북대서양에서 무시된 주변부를 남대서양과 다른 지역의 변두리 인종집단과 연합하게 하는 아래로부터의 폭발을 가능하게 했다. 그렇게 함으로서 인종적 경계를 가로지르는 어느 정도의 능력을 보여주고 있는 것이다.

가난한 자에게 열망을 갖게 하는 자생적인 매체로서의 복음주의 기독교는 식민주의가 입힌 심령술의 보편적인 샤머니즘 층 안에서 알맹이를 끄집어내어 성령을 강조하는 기독교의 틀에 통합시킨다. 또한 심리적 분열로부터 보호하고 도덕적이며 전문적인 통합의 영역을 세워주면서 새롭게 떠오르는 중산층에 잘 적응했다. 그리고 가지고 있는 모든 형식을 통하여 안정과 존중의 안식처와 함께 표현을 기회를 제공함으로써 여성에게 특별히 매력을 주고 있다. 환락가와 술집, 폭력과 방종의 마초문화에 대항하여 가정의 식탁을 앞세우기도 한다. 논란의 여지가 있지만 그것은 가톨릭과 이슬람, 서구 세속주의와 더불어 6개 정도의 근대 세계에 대항하는 기본적인 대응체계 중의 하나라 할 수 있다. 이것은 적어도 피터 버거의 관점이다. 복음주의 기독교의 지구촌적인 특성은 언어의 각축이 벌어지는 바벨탑을 넘어서 하나의 세계적인 목소리라는 은총의 상징에 의해 나타나고 있다.

바꿔 말해서 서구에서 흑인과 백인의 대중적이며 대중영합적인 종교의 융합에 의해 발생된 특별한 형태의 세계적 전환이 일어나고 있다는 것이다. 이 종교는 이전 기독교왕국의 후기 개신교적이고 후기 가톨릭적인 인텔리겐치아의 지원과 의제를 그들의 신학적 동맹자와 함께 거부하기도 한다. 그것은 또한 많은 색다른 공간에서 등장하는 자의식과 조화를 이루고 있고, 과거와 탈근대를 융합하면서 국가와 인종적인 경계를 가로지르며 작동되고 있으며, 주로 토착민 전달자를 통하여 지역의 자원을 기독교 틀 안에다 짜맞추기도 한다. 그리고 제도 종교가 무너지면서 종교적으로 냉담한 상태로 남겨진 지역에서, 그리고 특별히 프랑스나, (동)독일, 우루과이처럼 교권반대주의 전통을 수행하는 엘리트들이 중앙집권적 국가 권력을 사용한 곳에서 공명(共鳴)을 내게 된다. 그것은 또한 예컨대 불교, 힌두교, 그리고 무엇보다도 이슬람교처럼, 개인의 선택권을 극도로 금하면서 국가, 사회, 지역 공동체의 통합이 이루어진 곳에서는 거의 진전을 보지 못하고 있다. 정치적으로 작동하는 곳에서는 위치가 상황에 따라 다르겠지만, 자율적인 사회 학습과 사회적 역할 재조정을 위한 공간, 국가와 개인 간의 제도 건설을 위한 공간이란 의미에서 그것은 민주적이며, 경제적으로는 기업적이라 하겠다.[18]

제2장 주(註)

[1] David Martin, *The World Their Parish, Pentecostalism as Cultural Revolution and Global Option* (Oxford: Blackwell, 2001); Bernice Martin, "New Mutations of the Protestant Ethic Among Latin American Pentecostals," *Religion*, Vol. 25(1995), pp. 101~117.

[2] David Martin, "Canada in Comparative Perspective," in David Lyon and Marguerite Van Die(eds), *Rethinking Church, State and Modernity: Canada Between Europe and America* (Toronto: University of Toronto Press, 2000), pp. 23~33; "From pre- to post-modernity in Latin America," in Paul Heelas(ed.), *Religion, Modernity and*

Post-Modernity(Oxford: Blackwell, 1998), pp. 102~146.

3 Diane Austin-Broos, *Jamaican Genesis. Religion and the Politics of Moral Order*(Chicago, Chicago University Press, 1997).

4 David Lehmann, *Struggle for the Spirit*(Cambridge: Polity Press, 1996).

5 Daniel Míguez, *Spiritual Bonfire in Argentina*(Amsterdam: CEDLA, 1998).

6 Andrew Canessa, "The Politics of the Pacha: the conflict of values in a Bolivian Aymará community"(University of London, Ph. D. thesis, 1993).

7 Michael Hill and Liam Kwen Fee, *The Politics of Nation Building and Citizenship in Singapore*(London: 1995); Tong Chee Kiong, "The Rationalization of Religion in Singapore," in Tong Chee Kiong et al., *Imagining Singapore*(Singapore: Times Academic Press), pp. 276~298.

8 Michael Northcott, "A Survey of the Rise of Charismatic Christianity in Malaysia," *Asian Journal of Theology*, Vol. 4, No. 1(1990), pp. 266~278.

9 Blandine Ripert, "Christianisme et Pouvoirs Locaux dans une vallée Tamang du Népal Central," *Archives de Sciences Sociales des Religions*, Vol. 99(July -Setp. 1997), pp. 69~86.

10 Charles Keyes, "Why the Thai are not Christians: Buddhist and Christian Conversion in Thailand," in Robert Hefner(ed.), *Conversion to Christianity* (Berkeley: University of California Press, 1993), pp. 259~284; Philip Hughes, "The Assimilation of Christianity in Thai Culture," *Religion*, Vol. 14(1984), pp. 313~336; Edwin Zehner, "Merit, Man and Ministry," *Social Compass,* Vol. 38, No. 2(1996), pp. 155~175.

11 Susan Bayley, "Christians and Competing Fundamentalisms in South Indian Society," in Martin Marty and J. Scott Appleby(eds), *Accounting for Fundamentalism* (Chicago: Chicago University Press, 1994).

12 나는 Alan Hunter와 Chan Kim-Kwong에 의해 1991년에 회람된 논문에 특별히 관심을 기울였다.

13 Ruth Marshall-Fratani, "Power in the Name of Jesus," *Review of African Political Economy*, No. 52(Nov. 1991), pp. 21~37.

14 Birgit Meyer, *Translating the Devil* (Edinburgh: Edinburgh University Press, 2000).
15 David Maxwell, "The Church and the Democratisation of Africa: The case of Zimbabwe," Paul Gifford(ed.), *The Christian Churches and Africa's Democratization* (Leiden: E. J. Brill, 1990).
16 David Maxwell, "Witches, Prophets and Avenging Spirits," *The Journal of Religion in Africa*, Vol. 25, No. 3(1995), pp. 309~339; *Christians and Chiefs in Zimbabwe* (Edinburgh: Edinburgh University Press, 1999).
17 Anne Stensfold, "A Wave of Conversion: Protestantism in Cape Verde," *Religion*, Vol. 29, No. 4(1999), pp. 337~346.
18 Paul Freston, *Evangelicals and Politics in Asia, Africa and Latin America* (Cambridge: Cambridge University Press, 2000).

제2부 유럽

제3장 '개선로'에 반영된 세속화의 경쟁 양상
제4장 세속화론 비교: 남과 북
제5장 종교, 세속성, 세속주의, 유럽 통합
제6장 비교학적 관점에서 본 캐나다
제7장 중부 유럽의 관점에서 본 미국
제8장 중부 유럽: 독점의 완화, 종교적 연대

제3장

'개선로'에 반영된 세속화의 경쟁 양상

나는 이 장에서 무엇보다도 순수한 종교 개념으로는 종교라 할 수 없는 것들 속에도 종교가 얼마나 깊이 관련되고 있는가를 보여주고자 한다.[1] 종교사회학자의 관심을 끄는 것은 여러 가지 방식으로 종교적 색깔이 짙게 배어 있는 문화 양식이다. 정치와 종교는 나라에 따라 다양한 방식으로 서로 손잡을 수도 있고 갈라설 수도 있다. 그러나 어떤 경우에도 정치와 종교는 동일 구조를 갖고 있다. 여러분은 이것을 하나씩 읽어가게 될 것이다.

나는 먼저 『세속화 일반이론』[2]의 초고인 1969년에 쓴 글에서 생각했던 이론 틀을 다시 요약 정리해보고자 한다. 그 글에서 나는 유럽과 북대서양 지역에 초점을 맞추어, 우리가 세속화 자료를 다루는 데 사용하는 지배서사, 곧 사사화, 개별화, 합리화, 사회 분화 등과 같은 용어에 오해의 소지가 있음을 주장했다. 그것들은 같은 목적지로 향하는 하나의 길을 제시하기 때문이다. 우리는 '-화'로 끝나는 과정을 지칭하는 위험스러운 명사에 현혹

되고 있다. 실상 분명한 것은 영국계 개신교 경향과 라틴 가톨릭적 경향은 서로 다른 노정을 보여준다는 점이다. 이들의 역사와 문화가 서로 다르게 나타난 것은 관련 신학이나 교회 조직이 서로 다르기 때문이다. 또 세속화를 발생시켰던 자유주의적인 계몽서사는 관찰과 정치적 목표 추구의 산물이었으며, 그 서사조차도 분명히 서로 대립되는 해석으로 나뉘고 있다. 프랑스의 제3공화정하에서 교회와 국가의 갈등은 결국 1905년에 교회와 국가의 분리로 끝난다고 하는 것이 하나의 해석이다. 하지만 그 뒤 1945년 이후 동유럽에서는 훨씬 더 투쟁적인 역사를 거친 계몽주의가 세속화를 전제적 영역과 정치적 권위에 넘겨주려 했다. 체코, 에스토니아, 라트비아와 과거 동독에서의 실패를 제외하고, 계몽주의는 같은 기간에 서유럽에서 일어났던 것과 매우 다른 종교적 부흥 현상을 만들어냈다. 나는 1967년 성공적인 세속화 패러다임으로 환영받고 있던 현상을 관찰하러 불가리아에 갔다. 그 후 2000년에 다시 갔을 때 내가 본 것은 영국식 종교가 쇠락하는 자리에 불가리아식 종교가 부흥하는 현장[3]뿐이었다. 나는 연구 영역을 라틴아메리카와 아프리카로 넓혀가면서, 서유럽의 현상이 오히려 독특한 것일지도 모른다는 생각이 점차 더 확실하다는 느낌을 받기 시작했다.

지난 십여 년간 '일반이론'에 대한 재작업을 다양한 방식으로 해왔다. 먼저 미국 학생들의 이해를 돕기 위해 영국식과 미국식이 있는 북대서양 영국계 개신교 유형과 가톨릭 유형의 차이를 눈으로 그려볼 수 있도록 하는 작업[4]을 프랑스부터 시작했다. 미국 사회의 중심인 워싱턴(Washington)의 신성공간의 조직을 시각화하는 것을 시작으로 런던, 파리로 옮겨가면서 점차 중부 유럽과 동유럽 — 빈, 부다페스트, 부쿠레슈티, 상트페테르부르크 등까지 계속해갔다. 결국 모든 것이 매우 복잡해졌다. 또한 지역적 경계 영역에서 다양한 신성공간의 조직을 관찰하면서 마드리드와 바르셀로나, 파리와 스트라스부르, 런던과 에든버러를 대조하고, 이론에 독창적인 재료가 될 수 있다고 생각하는 낯설고 수많은 문제를 파고들었다. 예를 들면, 이탈리아의 바깥 경계는 바로 어디인가? 안코나[Ancona; 이탈리아 마르케 주 아드리아 해 연안에 위치하며, 기원전 390년 그리스 시라쿠사의 피난민들이 식민지로서 창건했다. 그 후 로마가 지배했고, 중세에는 자유도시가 되었으며 1532년 교황령이 되었다, 옮긴이] 반도 남쪽 전부인가? 이탈리아는 스페인이나 프랑스 같은 '네모꼴' 나라와 비교해서 바깥 경계의 모습이 적절하지 않은 것은 아닐까? 그런 경계 문제와 그에 따른 종교 문화의 구분문제는 다행히 지금 내가 제시하고자 하는 개괄과 시각화에 반드시 필요한 것은 아니다.

몇 가지 초기 시각화 작업들

나의 단순화를 이해해달라. 워싱턴은 그리스와 로마의 사원이 둘러싸고 있으며 그 가운데 이집트식 ― 혹은 프리메이슨식(프리메이슨은 '자유 석공 조합'이란 말로 중세 시대 때 석조 건물을 짓는 건축 설계사 조직을 일컫는다. 석공이란 뜻의 메이슨의 역사는 3,000년 전 솔로몬이 성전을 건축할 때로 거슬러 올라가는데 이들은 고급 기술자로 대우 받았으며 그들만의 신전에서 종교의식을 갖고 조직화했으며 십자군원정에 앞장선 템플기사단을 구성하기도 했다, 옮긴이) ― 오벨리스크가 있는 신성광장이다. 국립 대성당이 국가와 교회의 분리를 상징하면서 적당한 거리를 두고 서 있다. 그러나 링컨기념관 안에는 아메리카식 성서적 서사를 요약해두고 있다. 그래서 워싱턴은 새로운 로마와 새로운 이스라엘이 결합된 곳이다. 우리는 워싱턴에서 고전적인 새로운 세계질서(Novus ordo seclorum; 미국을 상징하는 문장에 들어 있는 13개 층의 피라미드 토대에 쓰인 글귀로 1776년부터 사용하기 시작했다, 옮긴이)와 성서의 출애굽을 만나게 된다. 그것은 예수의 강림과 복귀를 결합하고 있다.

파리에서 여러분은 고전적 신전인 판테온을 만난다. 이것은 원래 파리의 수호성인인 성 주느비에브를 기념하는 교회였으나 현재는 프랑스 공화국의 전투적 승리를 상징하는 장엄한 국립묘지가 되었다. 오귀스트 콩트(Auguste Comte)를 인용하면 이것은 신이 없는 가톨릭이다. 로마의 아치보다 더 크고 높은 개선문은 곧 파리가 또 다른 새로운 로마임을 선포하고 있다. 시떼 섬(Île de la Cité; 파리 문명 발전 과정의 중심지로서 파리의 역사가 시작된 곳, 옮긴이)의 유서 깊은 중심가에 위치한 노트르담 사원과 몽마르트르 언덕에서 믿음이 약한 시민을 내려보며 꾸짖듯이 서 있는 샤크레쾨르 대성당은 로마 가톨릭의 위용을 대변하면서 경합하고 있다. 여러분은 신성공간에서 서로 마주보며 경쟁하는 구조물들을 보면서, 한때 파리대학의 초창기에 기독교 세계의 권력을 만들어내기도 했던 과거 프랑스가 세계적 세속주의를 낳는 모태로 변모하는 과정을 보게 된다. 더구나 과거의 프랑스를 현재의 새로운 프랑스와 연결해주는 기억과 회상을 묶어주는 줄은 부분적으로 끊어졌다. 기억상실증이 불완전한 회상을 대신한다. 파리 사람들이 남긴 유산들은 샤르트르(Chartres), 수아송(Soissons), 보베(Beauvais), 샹리스(Senlis)와 같은 기독교 문화의 요새로 볼 수 있는 지역에 여전히 남아 있다. 하지만 사원들도 그 의미가 반쯤은 잊혀진 채 세속의 황야에 서 있다.

런던은 또 다르다. 여기에는 파리나 워싱턴과 같은 직선도로가 없으며 파스칼이 기하학적 정신[기하학적 방법과 같이 소수의 원리에서 출발하여 질서를 따라 논증해나가는 합리적 정신을 말한다. 그는 이와 대비되는 정신으로, 우리가 일상적으로 접하는 복잡한 사상(事象)을 추리에 의하지 않고 단번에 전체적으로 파악할 수 있는 정감적(情感的) 인식 능력인 섬세한 정신을 든다, 옮긴이]이라고 불렀던 것을 거부한다. 성 바오로 대성당은 다른 나라의 수도처럼 도시를 지배하지만 계몽된 종교가 아닌 계몽된 세속 정치를 반영한다. 의사당의 생김새는 예스러움을 자랑하지만 그 완성된 모양과 장식은 기독교양식과 고딕양식을 채용하고 있다. 교회와 국가가 역사적으로 밀접했음을 상징하는 듯, 가까이 있는 웨스트민스터 대사원은 중세풍의 본체와 밝은 정문을 드러낸다. 런던은 파리(혹은 빈)처럼 넓은 대로가 없으며 개선로는 성 바오르 대성당부터 버킹엄 궁으로 이어지고 리전트 파크에서 더 몰 거리까지는 거리 형체가 뚜렷하지 않다. 그런 유형의 영광의 자취는 유감스럽게도 찾아보기 힘들다. 성문헌법이 필요하지 않은 사람들에게는 기하학적 기풍을 따라 도시를 가로지르는 개선로도 필요하지 않았다. 피터 아크로이(Peter Ackroyd(1949~); ≪스펙테이터(Spectator)≫지의 문학부 편집 책임자이자 편집국장, ≪선데이 타임즈(Sunday Times)≫의 정규 서평가 등으로 활동 중인 시인 겸 문학비평가, 옮긴이)와 니콜라이 페프스너[Sir Nikolaus Pevsner(1902~1983); 영국의 건축역사학자, 옮긴이]가 시사했듯이, 시공(時空)과 건축물로 구체화됨으로써 신성화한 영국의 정신은 수평적이고 절충적이며 무언가를 추가한 잡종과도 같은 것이다. 건물 입면(Façade)은 정신의 알맹이가 옮겨졌는데도 불구하고 여전히 제자리에 있다. 반드시 모든 신성한 배경을 다시 고칠 필요는 없다.

여기서 잠시 이런 공간을 눈앞에 그리는 작업과 의도된 나의 일반이론 수정 작업이 이뤄지는 곳을 정리하려 한다. 나는 교육이나 복지와 같은 사회생활 영역을 교회의 감독에서 자유롭게 한다는 의미에서 개별화나 사회분화와 같은 주 경향, 혹은 거대서술(grand récits)을 있는 그대로 받아들인다. 하지만 내가 그리고 있는 시각화 모델은 그것들이 어떻게 갑자기 변하며 막스 베버가 사용했던 역사의 '전철수'에 어떻게 영향을 미치고 또 받기도 하는가를 보여주려는 것이다. 미국과 프랑스는 1876년 프랑스가 미국에 자유의 여신상을 기증하고 수도 워싱턴의 설계를 프랑스인이 맡았다는 사실에서 상징적으로 나타나듯이 계몽주의 형제국이다. 그러면서도 두 나라는 미국이 영국과 경쟁하지 않는 보편성 영역에서 경합을 벌이고 있다. 1642년부터 1660년까지 일어난 영국혁명은 1776년 미국혁명으로 종결되고 대영제국은 레몽 아롱(Raymond Aron)이 '공화국 제국(La république impériale)'이라 불렀던 미제국으로 승계된다. 그래서 이라크 사태에 대해 영국과 미국이 (매우 복잡하고도 논리가 분명치 않은 이유로) 손잡은 것이나, 친프랑스적인 영국 지식인이 거칠게 불만을 표시했다는 사실들은 조금도 이상할 것이 없다.

몇 가지 넓혀진 시야

지금부터 나의 주장과 시각화의 시야를 옛 서구의 민주주의에서 중동부 유럽의 오랜 계몽전제군주제까지 넓혀보고자 한다. 먼저 오스트리아-헝가리제국의 빈과 부다페스트까지 가보자. 이 두 도시는 1680년대[1683년 오스만투르크의 침략을 물리침으로써 오스만투르크의 몰락이 거듭된 역사, 옮긴이]에 터키를 유럽의 심장부로 밀어넣었던 도시이다. 여러분은 중요한 전투가 벌어졌던 빈 외곽의 레오폴츠베르크에서 그 장면을 극적으로 볼 수 있을 것이다. 유럽의 계몽전제군주제 역사는 영국의 헨리8세가 그랬듯이 국가가 교회를 철저히 예속하는 이야기를 전해준다. 빈의 슈테판 대성당 지구와 호프부르크 왕궁 지구는 인접해 있으며, 성

슈테판 대성당의 중세 건축물은 합스부르크제국의 고전적 바로크 양식을 지탱해주는 버팀목이다.

부다페스트 신성공간도 같은 역사를 말해준다. 부다페스트에는 부다 언덕에 자리 잡은 제국 궁전에서 페스트 지구 중앙에 있는 19세기 성당까지 이어지는 하나의 뚜렷한 축이 존재한다. 만약 여러분이 정치권력과 교회권력이 손을 맞잡은 형태를 보고자 한다면, 강줄기를 따라 부다페스트에서 로마의 성 베드로 대성당을 모델로 삼아 건축한 헝가리안 라임스 성당이 있는 에스테르곰까지 가면 된다. 이 거대한 건축물은 또 하나의 새로운 로마임을 자랑하면서 이번에는 가톨릭의 승리를 보여준다. 물론 중부 유럽에서 당신은 낭만적 민족주의의 기념물이나, 솟구치는 민주주의 열망을 반영하는 성 바오로 교회, 1848년 5월 역사적인 독일 연방의회를 소집했던 의사당이 있는 프랑크푸르트, 혹은 템스 강가에 있는 웨스트민스터 의사당과 경쟁하듯이 다뉴브 강을 끼고 있는 부다페스트의 굉장한 의회 건물 등을 지적할 필요가 있을 것이다.

여러분은 계몽된 제국의 성스러운 장소로 상트페테르부르크나 베를린, 포츠담까지 확대하여 생각할 수 있다. 이 모든 제국은 1917년과 1919년 사이에 붕괴되었고, 그 잔재는 폭정으로 이어지는 변종을 낳았다. 베를린에서는 새로운 승리의 개선로를 꾀했던 나치라는 격세유전의 산물이 탄생했고, 상트페테르부르크에서는 공산계몽주의가 새로운 개선로를 계획했다.

러시아의 새로운 공산계몽주의만이 1989~1991년에 식민지를 해방시켰으나, 그 후에는 이들도 강압적인 세속화와 공산주의라는 '세속종교'에 무릎을 꿇게 된다. 내가 '세속종교'라는 역설적 용어를 사용하는 것은 국민정치가 국민종교라는 형질의 실체를 만들었던 것과 똑같이 공산주의가 기독교 형태로 재탄생했기 때문이다. 이론상으로나 실질적으로도 공산주의는 그 이전의 종교와 같이 정의가 없는(no right) 과거에 미래의 희망이 스며들도록 보장했으며, 세계를 선과 악이라는 대립적 양단으로 나누어 고통의 시간이 지나면 오게 되는 신세계라는 종말론적 희망을 품도록 했다. 공산주의자의 승리주의 논리는 가톨릭교회의 승리주의가 한풀 꺾이고 있음을 말하는 것이었다. 이는 기존 기독교가 그들의 선민사상을 더 이상 고집하기 어렵다는 사실을 알게 된 것과 마찬가지였다. 공산주의의 승리주의는 미국의 계몽적 개신교 승리주의와 무모할 정도로 맞부딪혔다. 니키타 흐루시초프(Nikita Khrushchyou)의 말을 빌린다면 공산주의는 미국에게 '우리가 당신들을 먼저 묻어버릴 것이다'고 선언했던 것이다.

앞서 나는 동유럽에서 발견되는 강압적 세속화와 종교적 경쟁의 특별한 양식을 언급한 바 있다. 여러분은 이것을 민족 - 종교적 저항이라고 부를 수도 있다. 민족의 정체성에 대해 예전에는 종교적 정체성을 따라 해석했지만 이제는 낭만주의적 해석 방식에 근거하기 때문이다. 물론 종교와 민족 간에는 항상 긍정적 관계만 있는 것은 아니다. 프라하의 캐슬 힐은 여전히 정치권력과 가톨릭교회가 하나임을 말하고 있다. 그러나 가톨릭교는 오스트리아 합스부르크제국이 체코 인민에게 재차 강요한 것이고 민족 신화는 가톨릭교와 엇박자를 이루기 때문에 그렇게 된 것이다. 그 신화는 얀 후스[Jan Hus(1372- 415); 위클리프의 종교개혁운동에 동참했던 체코의 종교 개혁가로 루터의 종교개혁에 큰 영향을 주었다, 옮긴이]까지 거슬러 올라가지만, 17세기 초 체코 개신교의 패배 이후 개신교는 그늘 속으로 사라지게 된다. 물론 여기에는 체코어와 독일어 간의 긴장과 같은 최근의 더 복잡한 요인이 있지만, 핵심은 가톨릭교회가 1948년 이래로 밀려드는 세속화 물결에 쉽게 휩쓸리고

있다는 사실이다. 오늘날 체코공화국과 과거 동독은 파리에 필적하는 세속화의 심장부이다.[5]

루마니아는 종족종교를 선명히 보여준다는 점에서 관찰해야 할 영역의 또 다른 끝에 위치한다. 루마니아는 슬라브 민족의 바다에 떠 있는 라틴 섬이라는 느낌과 러시아 지배에 반대하는 민족적 공산주의의 유지로 인해 여전히 종교적으로 활기찬 나라이다. 터키와 대립하는 과정에서 형성된 신앙과 민족성의 결합은 성직자의 강압적인 세뇌 풍토와 잔혹한 과대망상에 빠졌던 차우셰스쿠 대통령의 존재도 가능하게 했다. 차우셰스쿠가 베르사유 궁전에 필적할 만한 크기의 궁전까지 이어지는 개선로를 만들면서 부쿠레슈티의 수많은 교회와 도시의 많은 부분이 파괴되었다. 루마니아는 1989년 12월 혁명에도 불구하고 여전히 공산당 지배 시절부터 존재했던 기간요원들이 통치하고 있다. 지금 루마니아에도 뚜렷한 종교부흥현상을 볼 수 있는데, 동부는 주로 정교회와 수도원을 중심으로 이뤄지고 서부에서는 개신교의 복음주의와 성령강림운동도 부흥하고 있다. 신앙을 가진 사람의 수치는 유럽에서도 가장 높다.

대비: 빌뉴스, 헬싱키, 암스테르담

마지막 사례를 어디에서 찾아볼까? 서유럽에서 하나를 취해보자. 바로 암스테르담이다. 암스테르담은 1960년대 이래로 세속화의 면모를 극적으로 보여주는 나라의 수도로서, 세속화의 미래가 어떻게 전개될 것인가를 어느 정도 보여준다. 다른 두 사례는 리투아니아의 수도 빌뉴스와 핀란드의 헬싱키이다. 이 두 도시는 제정 러시아와 그 이후 공산주의 압제정권에 대항하면서 민족적·종교적 정체성이 동원된 사례를 잘 보여주는 곳이기 때문이다. 이 두 도시 역시 나의 성찰의 폭을 더 넓혀주는 곳으로, 헬싱키는 개신교와 사회민주주의가 발전된 나라의 수도인 반면에, 빌뉴스는 가톨릭이면서도 농업과 관련된 신앙에 뿌리를 둔 상대적으로 빈곤한 나라의 수도이다.

먼저 빌뉴스를 보자. 이곳은 가톨릭 바로크 문명권에서도 가장 먼 곳에 위치한 유럽 북동쪽의 한 교점이다.[6] 빌뉴스는 개신교가 지배하는 발트3국과 백 러시아계 정통 폴란드식 가톨릭이 지배하는 지역의 접경지대에 위치한 관계로 최근까지도 다문화 도시였다. 하지만 2차 세계대전의 참혹한 사건, 특히 유대인 학살[빌뉴스는 북유럽의 예루살렘으로 일컬을 정도로 유대인이 많이 거주하고 있었으며, 그들이 사용하던 히브리어의 유럽식 방언인 이디시(Yiddish)어에 대한 연구가 활발한 곳이다, 옮긴이] 및 폴란드로의 대규모 탈출과 같은 사건으로 인해 빌뉴스는 폴란드처럼 인종적, 종교적으로 동질성을 지닌 도시가 되었다. 미국으로의 대규모 이주와 미국을 러시아로부터 자신들을 지켜줄 힘으로 생각하는 것도 폴란드와 같았다. 이들의 제2국어는 지금도 영어이다. 그리고 유럽연합에 가입했으며 거기서는 영국의 지도를 받는 나라로 간주되고 있다.

러시아가 행한 폭력과 리투아니아 정체성의 상징, 특히 가톨릭에 대한 도발 때문에 오랜 낭만주의적 민족주의는 훨씬 더 뚜렷이 종교적 색깔을 띠게 되었다. 루마니아의 경우도 마찬가지다. 1989년에 일어난 국가 혁명의 상징은 1848년 혁명의 상징보다 훨씬 더 종교적이었다. 리투아니아의 위대한 상징은 도시 언덕에 있는 세 개의 십자가[17세기에 십자가에 못 박혀 순교한 세 명의 수도자를 추모하여 세운 십자가 언덕, 옮긴이]이다. 러시아가 십자가를 철거하자 그들은 독립을 위해 다시 일어났으며 그 규모나 정도도 이전보다 훨씬 크고 강했다. 리투아니아 교회는 이제 비록 그 신앙심의 깊이나 실천에서 폴란드보다는 덜하지만 정례적으로 찾는 사람들로 가득 찬다.

그러나 우리가 리투아니아, 특히 빌뉴스에서 가톨릭이라 할 때 그것은 어떤 종류일까? 어쨌든 유럽에는 지중해 연안의 민간 신앙화된 가톨릭에서부터 네덜란드의 사회비평적이며 지적인 가톨릭에 이르기까지 다양한 층위와 유형의 가톨릭이 존재한다.

빌뉴스에 남아 있는 옛 성벽, 특히 새벽의 문(빌뉴스 기차역에서 가까운 구시가지가 시작되는 곳으로 현지에서는 아우슈로스 바르태이(Ausros vartai)라 부른다, 옮긴이)에 모셔진 것은 치병과 나라의 수호녀로 알려진 빌뉴스 성녀상이다. 수많은 순례자 무리가 이 수호성녀상에 몰려들어 그 앞에 온갖 종류의 헌물을 바치고 있다. 그곳에서 미사를 집전하는 젊은 사제는 이 밀려드는 민간 신앙인을 통제하려고 안간힘을 쓰는 듯하다. 여러분은 몸짓이나 의상이 그들보다 나이든 남녀들과는 크게 대조적인 일부 젊은이들(특히 젊은 남자들)이 어떤 의미가 있는지 의아할 것이다.

미사에 참여한 많은 회중의 참여도나 밀집도가 주목을 끄는 것이 아니다. 여러분은 그들이 가톨릭과의 일체감에 강한 애착을 갖고 있음을 느끼게 된다. 하지만 다른 곳처럼 제2차 바티칸 공의회의 개혁 조치나 교회가 제도로서 공포한 가족 행동 규범에 대해서는 강한 애착이나 존경심이 부족한 편이다. 뭐라고 해도 폴란드인 교황이 다스리는 가톨릭교회가 공산주의의 종언을 고하게 하는데 크게 기여했던 폴란드에서 조차도 1990년 이후의 교회는 성(性)적 관행에 대한 어떠한 통제력이나 세속적 법률에 대한 영향력을 행사할 수 없었다. 그만큼 교회에 대한 애정이나 존경이나 일체감이 교회의 교령에 대한 복종을 의미하지는 않았다.

구시가지를 가로지르는 강 반대편에는 과거 공산당 시절의 공산당 주거지역과 최근에 밀려든 금융자본주의의 산물인 초고층빌딩이 있다. 주변 경계 지역에는 유럽연합 회원국으로서 값싼 노동력을 기반으로 유치한 새로운 산업체들이 때맞게 소비풍조를 자극하고 있다. 가톨릭과 정교회는 비슷하게 이런 미국화와 세계자본주의에 의심의 눈초리를 보낸다. 하지만 무엇이 종교의 미래에 결정적 위협이 될 것인가는 아직 분명히 알 수 없다. 어쨌든 서유럽에서는 상대적으로 빈 교회당이 문제가 되겠지만, 미국에서는 선진국 가운데서도 가장 높은 신앙 활동이 문제가 될 수 있을 것이다.

핀란드 수도로서 헬싱키는 놀라울 정도로 동질적인 스칸디나비아의 문화와 정치적으로는 사회민주주의, 종교적으로는 루터교를 보여주는 좋은 예이다. 견진성사 비율에서 나타나듯이 일체화도 높다. 더구나 루터교 경건파의 유산은 덴마크나 스웨덴과 같은 식민지 경영국보다는 식민지화되었던 나라인 핀란드나 노르웨이 사람들의 내면적 신앙에 상당히 깊이 축적되어 있다. 핀란드 종교는 러시아와의 전투나 러시아정교회와 접경을 이루면서 더욱 강화되었다.

헬싱키 중심가에는 대성당과 대학 그리고 행정부 건물을 끼고 있는 의회광장이 있다. 그것은 핀란드를 1918년까지 1세기 동안이나 지배했던 러시아인이 창조했던 절대주의적 계몽주의 양식을 지닌 상트페테르부르크의 축소판과도 같다. 그러나 도시 다른 곳에서는 훨씬 후기의 매우 다른 상징적 권력을 모아둔 것과 같은 양식의 건축물을 볼 수 있다. 예컨대, 낭만주의적 민족토착양식의 역사(station), 국립 박물관과 전시관, 사회민주주의 공공시설, 혹은 쇼핑 천국인 스토크만 백화점의 대규모 회랑, 알바 알토[Alvar

Aalto(1898~1976); 지역의 자연과 풍토, 인간적인 감성을 자신의 건축 디자인 이념으로 삼은 핀란드 출신 건축 디자이너, 옮긴이]의 혁신적인 근대 건축의 초기 작품인 핀란디아 홀[알토의 설계로 1965년 착공하여 1971년 개관한 문화센터로 회의장 겸 음악당으로 사용되고 있는 곳이다. 헬싱키 해안의 아름다운 경관을 배경으로 세워진 우아하면서도 뛰어난 기능성을 살린 현대적인 건축물로 여유 있는 공간 배치와 완벽한 시설로 유명하다, 옮긴이] 등이 그 대표적인 것들이다. 아마도 헬싱키의 가장 특징적인 건축물은 유겐트스틸양식(Jugendstil; 아르누보, 곧 자연에서 유래된 아름다운 곡선을 디자인의 모티브로 삼는 장식 양식의 독일식 명칭으로 19세기 말에서 20세기 초에 걸쳐서 유럽 및 미국에서 유행했다, 옮긴이)으로 지어진 아름다운 교외 지역에 있는데, 이 양식은 가우디[Antonio Gaudi(1852~1926); 스페인 레우스(Reus) 태생의 건축가로, 자유로운 곡선과 곡면을 이용한 유기적인 형태를 다채로운 타일과 도자기, 금속파편 장식한 개성적인 아르누보양식을 주로 이용했다. 사그라다 파밀리아 성당을 설계하기도 했다, 옮긴이]가 기대했듯이 세속성을 뚜렷이 드러낸 것이 특징이다. 종교적으로 가장 흥미로운 것은 반지하로 설계된 탐펠리아우키오 교회[이 교회는 쌍둥이 형제인 티모(Timo)와 티우모 수오말라이넨(Tuomo Suomalainen)이 디자인했는데, 딱딱한 바위로 지어져 흔히 바위교회로 불린다. 돔과 벽 사이에 180개의 유리로 구성하여 자연과 묘한 조화를 이루고 있는데 콘서트홀로도 자주 사용된다, 옮긴이]로 매일 수천 명의 관광객과 순례자들이 방문하고 있다. 보통 관광객과 순례자 간의 차이가 분명하지 않아서, 방문자들은 거의 대부분 촛불을 들고 있으며 다수는 기도도 한다.

헬싱키는 주말이 되면 종교적 정서와 민족적 정서 - 그 차이는 항상 분명하지 않다 - 가 뚜렷이 느껴지는 특별한 모습을 극적으로 드러낸다. 이 주말 도시의 핵심은 신앙 입문을 망설이는 사람을 위해 성당에서 드리는 성 토머스 미사이다. 이 주말의 절정은 수만 명이 중앙 광장에 운집하면서 탐조등은 성당 돔을 비추고 시벨리우스의 「핀란디아」가 연주되는 가운데 성당에는 신자들로 빈자리가 하나 둘 채워지는 순간이다. 아마도 에스토니아와 마찬가지로 핀란드에서 종교적 심성이 드러나는 또 다른 것은 하나로 울려 퍼지는 합창일 것이다. 합창단은 사회적 자본의 표현이며 교회와 역사적으로 연결되어 있다. 오늘날 최고의 종교음악 중 일부는 다른 어떤 곳 이상으로 가장 세속적인 곳으로 간주하는 것이 마땅할 스칸디나비아의 여러 나라에서 나왔다는 사실은 분명 주목할 만하다. 아르보 페르트[Arvo Pärt(1935~); 에스토니아 파이드 출신 작곡가로 새로운 음악관에 가지고 구소련권에서 창작활동을 하다가 1980년 오스트리아로 이민을 갔고, 그 후 독일에 거주하며 「요한수난고」를 비롯한 '테 데움', 「산상수훈」 등의 종교음악을 작곡했다, 옮긴이는 '성스러운 미니멀리스트(미니멀리즘은 1960년대 말에 등장한 회화와 예술의 한 경향으로 매우 단순한 조형적 요소로 이뤄진 작품 경향을 일컬었으나, 음악에서는 '반복적 구조를 지닌 음악'으로 최소의 소재로 최대의 효과를 얻기 위해 온음계적 멜로디와 그 반복 구조 등의 제한된 소재를 주로 사용하는 형식의 음악이다, 옮긴이)로 알려진 사람들과 마찬가지로 오늘날 영성과 분명 잘 어울리는 성화된 신성언어를 사용하는 에스토니아인이다.

오늘날 핀란드와 다른 선진국들의 영성은 구레츠키(Henryk M. Górecki), 애덤스(John Adams)와 태버너(John Tavener)와 같은 미니멀리스트의 대중성이 말해주듯이 전근대성(pre-modernity)과 포스트모던이라는 양면성을 지니고 있다. 초기 음악 중에서도 가장 종교적인 음악이 다시 부흥하고 있으며, 동시에 최근 네덜란드나 영국과 같이 현저히 세속적인 국가와 스칸디나비아의 현대 작곡가들도 종교적 텍스트에 매우 깊은 관심을 갖고 있다. 전근대와 포스트모던의 이중성은 순례여행과 정교회에 대한 관심이 뚜렷이 증가하는 현상과 카리스마교회의 성령강림운동이나 말씀신앙운동[이들은 말씀이 창조력을 가졌다는 기본적 원리에 따라 '긍정적 고백(positive confession)'을 중요시하면서 '당신이 말하는 것이 당신에게 일어나는 모든 것을 결정한다'고 가르친다, 옮긴이]이 자라나는 데서도 잘 볼 수 있다.

정교회나 성령강림운동은 서로 정반대적 성격을 갖는 것으로 볼 수도 있으나, 양자는 모두 이들보다 더 합리주의적인 교회와 대조적으로 예배에 초점을 맞춘다. 그리고 양자 모두 성령을 간구하면서도 전례 시 후자는 권능(dunamis), 곧 역동적인 성령을 간구하는 반면에 전자는 안정(stasis), 곧 생각하는 성령을 간구한다. 이런 간구는 핀란드의 아보(Åbo) 시에서 펼쳐지는 주요 정교회 축제에 참가한 군중에게서 찾아볼 수 있는데, 이는 예배를 기초로 하는 정교회의 통합적 입장에 따른 종교에 대한 계몽주의적 이해의 단편화를 거부하는 신학적 관심과 쌍벽을 이룬다. 더구나 여러분은 명쾌함과 설명을 이유로 전례를 현대화하려는 경향은 현대인이 상대적으로 조심스럽게 받아들이고 있는 이유에 대해 진지하게 생각할 필요가 있을 것이다. 정교회는 사회적 행동주의나 세계주의와 같은 자유주의 신학 의제의 중심을 이루는 그런 주장에는 전혀 관심이 없다. 그러면서도 수십 년 전까지 러시아나 불가리아와 같이 정교회가 크게 억압받아 쇠퇴 일로에 있었던 나라에서조차 현재 교세가 회복되고 있다. 이제는 다른 종교의 손이 미치지 못했던 영혼의 영역은 물론, 나아가 과거와 민족적 전승에까지 그 영향력을 미치고 있다. 서구 계몽주의를 러시아적으로 표출한 도시인 상트페테르부르크에도 교회가 다시 부흥하면서 모든 연령층의 사람들이 꾸준히 그리고 열심히 교회를 다니고 있다.

스페인 같은 나라에서 가장 고대적인 형식의 종교나 순례여행과 축제가 인기를 끌고, 즐거울 때나 슬픈 일이 있을 때 촛불행진을 하는 것 등과 같은 현상은 서구도 마찬가지이다. 하지만 종교적 강론을 듣기 위해 의자에 앉는 일은 여전히 인기가 없다. 스위스에서 네덜란드에 이르는 칼뱅주의 교회의 현실이 잘 말해주듯이, 개신교의 설교나 도덕주의는 이제 몰락의 길을 걷고 있다. 사람들이 확실한 실체로 입증되고 즉각 응답이 오는 유형의 믿음을 선호하게 되면서 개신교의 순수한 미덕은 평가 절하되고 있다.

확실한 실체적 믿음과 응답을 가장 강조하는 곳이 성령강림운동이다. 그러나 여기에도 시칠리아와 같은 이탈리아 남부 일부나 동유럽의 집시들 혹은 카리브 해 연안국이나 아프리카에서 이주해온 사람들의 주목을 끌고 있는 고전적인 성령강림운동과 영국 중류층과 프랑스에서 활발한 카리스마 교회운동은 구분할 필요가 있다. 소위 '신앙'운동은 부다페스트나 웁살라와 같은 가장 세속적인 환경에서 이동하며 사는 사람들에게 호소력이 있으며, '황금 손'을 지닌 사제가 운영하는 헬싱키의 매우 성공적인 루터교회에서도 이런 유형을 볼 수 있다.

방금 말한 것들을 통해 나는 종교적 충동의 깊이를 더해 신유나 환희, 만사형통, 혹은 기도 응답이나 신비스런 반응 등을 기대하는 현대 영성운동의 한 측면이 현대 종교의 흐름에 있음을 말하고자 한다. 이런 측면은 스칸디나비아와 같은 가장 세속적인 정황에서 관찰된다. 어떤 의미에서 우리는 수세기 전 요하킴(Joachim of Fiore; 1145~1202)이 예측한 것 이상으로 성령의 시대에 살고 있는지도 모른다.

그러면 암스테르담의 성령시대는 어떠한가? 암스테르담은 네덜란드의 문화적 수도이며 버밍햄에서 함부르크와 베를린까지 이어지는 단층을 따라 연속적으로 나타나는 세속적인 수도의 하나이기도 하다. 그곳은 관용적 다원주의를 받아들였던 최초의 도시 중 하나이며 또한 칼뱅주의가 유니테리언파 계몽주의로 바뀌는 일련의 주요한 세속적 과정(보스턴, 에든버러와 케임브리지, 영국에서 동시에 관찰할 수 있는)을 보여주는 도시이다.

어디에서든 그랬지만 시대의 분기점이 된 1960년대까지 네덜란드인의 신앙생활은 가톨릭, 신교, 재개혁파 등으로 갈라져 높은 벽을 쌓았던 종교 문화 속에서 이뤄지고 있었다. 그 벽이 무너졌을 때 종교의 압력도 크게 떨어졌다. 오늘날에는, 비록 특정 종교 활동을 하는 사람의 비율은 영국보다 여전히 높지만, 자신을 특정 종교 신자라고 내세우는 사람이 매우 소수이다. 그 줄어드는 추세는 퀘벡만큼이나 극적인데 이 두 도시는 계속 비교해 볼 만하다.

암스테르담의 공간적 특성을 푸는 단서는 명확한 중심이 없다는 점이다. 네덜란드의 연방제적 정치와 분산적인 사회적 특성은 성스러움의 분산에서도 그대로 나타난다. 하지만 고려할 점이 하나 더 있다. 강압적으로 개신교로 개종하기 전에는 한때 암스테르담에서 가톨릭의 중심지 중 하나였던 곳이 이제는 대학이라는 사실이다. 대학이 보편교회의 변종으로 간주될 수 있는 만큼 신성도 암스테르담대학에 다시 자리 잡을 수 있었다. 신성은 레크스 미술관이나 콘세르트헤보 홀에서도 볼 수 있다. 보스턴과 마찬가지로 신성은 심포니 홀과 미술관에 다시 자리 잡는다. 이곳들이 오늘날 명상과 환희, 영적 회복의 중심지로 떠오르고 있다. 그러나 보스턴에서는 이러한 현상이 교회와 함께 발생하는 반면, 네덜란드에서는 교회를 대신하고 있다는 점이 다르다.

반복하자면, 나의 주장은 다음과 같은 것이다. 교회에 대한 충성과 관습에서 멀어지는 경향과 성령의 현시를 추구하는 경향이 제도에 대한 환멸과 함께 광범위하게 등장하고 있다는 것이다. 이런 영성 추구는 매우 개인적인 치유행위에 참가하거나 작은 친밀 조직이나 아주 옛날 방식의 종교적인 충동, 축제, 순례여행, 수많은 성스러운 장소에서의 기도 등에서 만족을 찾게 해준다. 이렇게 서로 경쟁하는 경향은 역사적 경험의 다양성에 따라 조정되거나 편향되기도 한다.

조사의 함의

나중에 할 조사와 연구의 의의를 일부 말함으로써 결론을 내리고자 한다. 하나는 매우 분명하다. 여러분은 종교문화와 정치문화 그리고 지성문화의 성격을 분리해서 생각할 수는 없다. 민족적 특성과 종교적 특성은 밀접하게 서로 얽혀 있기 때문에, 도덕이나 습속의 사회학 뿐 아니라 딱 맞는 종교사회학도 없다. 인습적 틀을 깨뜨리며 단서를 찾는 조사가 필요하다.

적합한 자료 중 거의 대다수가 소프트한 자료라서 이렇게 저렇게 조절은 가능해도 측량할 수는 없다. 우리는 의미의 연계를 찾으려 할 것이다. 세례의식이나 견진성사와 같이 같은 행위를 반복한다고 해서 같은 의미를 갖는 것으로 보아서는 안 되며, 시간을 두고 그 의미가 어떻게 바뀌는가를 추적해야 할 것이다. 문제는 의미론이다.

종교적 실천은 시공을 넘나드는 네트워크로 유지된다. 그래서 여러분은 그런 네트워크에서 종교에 대한 지배적 태도가 적대적인지 아니면 협력적인지도 확인해야 할 것이다. 네트워크상에서는 어휘 변화의 의미가 중요한데, 예컨대 종교나 믿음이라는 말 대신에 '영성'이란 단어를 점점 더 많이 사용하는 의미가 무엇인지를 밝혀야 할 것이다. 종교적이든 정치적이든, 혹은 공동체이든 상관없이 모든 제도와 관련된 것에 대한 태도 변화 역시 중요한 의미를 갖는다. 사람들은 보상이 즉시 주어지지 않을 것이 분명한 제도에 장기적인 심리적 자본을 맡겨두려고 하지 않을 것이다.

영국에서 린다 우드헤드(Linda Woodhead), 폴 힐러스(Paul Heelas) 등이 켄달(Kendal; 영국 북서부 지역의 한 중소도시, 옮긴이)이라는 작은 시골에 사는 사람들의 네트워크를 연구한 것은 한 지역의 변화를 시간에 따라 적절히 설명할 수 있는 신중한 조사의 본보기를 제공한다.[7] 그 연구는 영적인 네트워크가 거의 교회만큼이나 영향력 있음을 보여준다. 더구나 종교는 가족 동태, 관습 그리고 생애와 영적 생활의 일대기, 특히 파란만장한 성년기의 기록이 담긴 개인의 자서전과 밀접히 관련된다. 청춘기에 시간을 보내고 취향을 표현하면서 만났던 또래집단의 압력은 무엇일까?

이런 유형의 연구는 미시적 수준이지만 예술이나 음악, 그리고 의사소통이 이뤄진 모든 유형의 메시지를 진지하게 파고드는 광범위한 연구이기도 하다. 동독처럼 영적으로 황무지와 다름없이 보여 숨쉬기조차 어려웠던 곳도 있다. 이 지역은 교회에 나타난 성령 발현이 엄청난 종교부흥을 가져와 결국 1989년에 정부가 전복된 곳이지만 이제는 그 모든 것이 점차 희미하게 사라져버린 곳이다. 이것이 문화 전반에 걸쳐 절망과 억압, 무의미성과 같은 생명력이 결여된 그 무엇과 관련된 것일까? 여러분은 동독에서 1933년 이래로 반세기 이상에 걸쳐 러시아처럼 어떤 특별한 저항의 수단도 없이 이뤄진 탈기독교화의 사례를 보게 된다. '청년축제'는 성공적으로 견진성사를 대체하면서 인기를 누리고 있다. 동독은 그야말로 백지상태에 가깝기 때문에 에르푸르트 대성당에 있는 안내원은 사람들에게 전혀 다가가지 않는 의미만을 설명해야 할 뿐이다. 하지만 바흐 연주가 성당은 입석만 있을 정도로 만원을 이루고 있다.[8]

　나는 추구할 가치가 있다고 생각하는 두 종류의 조사를 더하고자 한다. 첫째는 상호 협력적인 활동이 이뤄지는 종교적 장소와 관련된 것인데, 이것은 여가시간을 보내는 다른 방식과 섞여 있는지 여부를 알 수 있게 한다고 생각한다. 나는 고인이 된 번스타인[Basil Bernstein(1924~2000); 영국의 사회언어학자, 사회교육학자로, 그는 사회언어학적 연구에서 시작하여 교육내용이론의 형성을 위한 연구범위의 확대에 많은 노력을 기울였으며, 그것이 교육사회학에서 차지하는 중요성을 인식시키는 데에 결정적 공헌을 했다, 옮긴이]의 한 논문을 결코 잊을 수 없다. 번스타인은 그 글에서 유대인 가족의 식탁 주변 의례가 신앙의 연대성과 세대를 뛰어넘어 그 연속성을 강화시키도록 배열되는 방식을 묘사하고 있다. 현대 기독교에는 가족적 유대를 강화시키는 의례가 심히 결여되었지만 이와 유사한 것이 기독교나 무슬림에는 확실히 있다. 개신교가 의식 집행에 비해서 너무나 내향적이고 너무나 솔직하고도 경건한 헌신에 의존하고 있는 것은 아닐까?

　또 다른 조사는 교회의 소유권과 관련된 것이다. 나의 친구인 영국국교회 사제가 말하길, 자신이 맡고 있는 브리스틀 교구에서는 처음 겪는 일이 발생하면 사람들은 일이 어긋났다고 생각해서 교구 교회를 소유하게 된다고 했다. 그런 관점에서 그것은 현재 남아 있는 국영기업 중 하나인 셈이다. 국영기업은 일반적으로 사람들에게 분명한 자신의 권리 행사를 권장하면서 들어오도록 초대한다. 그래서 이것을 미국적 상황, 곧 건물에 대한 소유권도 없고 여러 다른 활동의 광범위한 네트워크의 중심에 서 있는 것처럼 계급이나 스타일, 혹은 말 —심지어는 성별— 에 대한 어떤 실질적인 걱정도

하지 않고서 쉽게 들어갈 수 없는 것과 비교해보고 싶을 것이다. 영국에서 그런 네트워크는 음악적 네트워크 밖에 없다. 교회 성원이라는 사회적 자본은 성가대와 성가대 모임이라는 사회적 자원과 겹친다. 여기에 나는 영국의 교회에는 이런 다의적 의미를 지닌 소유권에 근거한 상황에 따른 애착이라는 큰 경계 영역이 존재한다는 사실을 덧붙이고 싶다. 그러나 네덜란드에는 이런 것이 결여된 것으로 나타났다. 이미 지적했듯이 네덜란드에는 더 높은 수준의 실천과 더 높은 수준의 명확한 무관심이 존재한다. 특히 네덜란드의 상황을 미래의 전조 현상으로 보려는 사람들의 생각이 옳다면, 이런 차이야말로 가장 따져볼 가치가 있을 것이다.

제3장 주(註)

1 이 장은 원래 2004년 5월 1일 파리 근처에 있는 시토회 수녀원(Cistercian Abbey)에서 템플턴 재단이 주최한 강연 원고를 정리한 것이다. 그때 좋은 기회를 제공해주고 후의를 배풀어준 재단에 최고의 경의와 감사를 표하고자 한다.
2 David Martin, *A General Theory of Secularization* (Oxford: Blackwell, 1978). 개괄적 이론을 다룬 제1장은 1969년 논문을 다시 정리한 것이다.
3 Andrew Greeley, *Religion in Europe at the End of the Second Millennium* (New Brunswick: Transaction, 2003).
4 이에 대해서는 David Martin, *Christian Language and its Mutations* (Aldershot: Ashgate, 2002)의 Part IV 참조.

5 Thomas DaCosta Kaufman, *Court, Cloister and City*(London: Weidenfeld and Nicolson, 1995); Peter Demetz, *Prague in Black and Gold*(London: Penguin, 1997).
6 Tomas Venclova, *Vilnius*(Vilnius: R. Paknio Leidykla, 2001).
7 Paul Heelas and Benjamin Seel, "An Aging New Age?" in Linda Woodhead, Grace Davie and Paul Heelas(eds), *Predicting Religion: Christian Secular and Alternative Futures*(Aldershot: Ashgate, 2003), pp. 229~227 참조.
8 Thomas Schmidt and Monika Wohlrab-Sahr, "Still the Most Areligious Part of the World," *International Journal of Practical Theology,* Vol. 7(2003), pp. 86~100.

제4장
세속화론 비교: 남과 북

들어가면서

1965년에 문제를 제기한 후 거의 40년간 조사한 결과를 토대로 세속화에 대한 나의 이해를 다시 쓰고자 한다. 이는 나의 『세속화 일반이론』과 그 후속 판으로 라틴아메리카와 아프리카 일부 주변국까지 포함한 두 권의 책[1]에 대해서 최소한으로 요약 설명한다는 것을 의미한다. 그런 후에 신선한 분석틀을 고안하는 작업을 하려 한다. 그 틀은 무엇보다도 유럽 주변, 곧 북서, 북동, 남서, 남동쪽을 돌며 여행한 자료를 근거로 만들려고 한다. 이것은 내가 중요한 것으로 믿는 분석 원리의 일부를 보여줄 것이다. 터키와 관련된 절에서는 반쯤 서구화된 이슬람국가를 다루면서 기독교문화권 밖에서는 세속화를 어디까지 볼 것인가 하는 문제를 논하고자 한다. 그리고 주제를 다루는 본 절로 와서 북미와 북유럽으로 대표되는 북쪽 개신교와 라틴아메리카와 라틴유럽으로 대표되는 남쪽 가톨릭을 비교할 것이다. 이를 통해 세속화 과정에 대한, 특히 사회 분화의 핵심 구성 요소뿐 아니라 중심부와 주변부의 역동성을 3차원적으로 설명한 최신 접근법을 이따금 제시할 것이다. 나는 이 작업을 건축 양식을 포함한 도시와 건축물에서 변화하고 있는 성속의 공간 배열을 참고하려고 한다.

일반이론 요약

세속화는 신이나 종교와 같은 가장 중요한 개념과 마찬가지로 그 대부분이 역사의 내재적 방향이 깊이 반영된 울림일 뿐 아니라 의미론적으로도 의미심장하고 자가당착적이며 역설적인 의미를 갖는다. 그러므로 세속화이론은 그 의미를 한정시키고 그 울림을 줄일 필요가 있다. 나는 『세속화 일반이론』에서 주로 제도와 신앙, 실천으로서의 기독교를 모더니티와의 긍정적, 부정적 관계 속에서 다루려 했다. 그래서 합리화나 사사화와 같이 세속화에 포함된다고 믿고 있는 광범위한 추상적 과정을 따르기보다는 몇 가지 중요한 역사의 여과장치와 관련된 사회 분화 이론에 생각을 모았다. 이런 역사의 여과장치는 세속화의 방향을 직접 돌리거나 굴절시키기도 하고 비껴나가게도 하기 때문에 중요하다. 가장 중요하고도 결정적인 여과장치는 사실 북유럽과 북미 개신교, 라틴유럽, (뒤늦게 발전된) 라틴아메리카였으며, 나는 특별히 종교적 독점의 정도와 경쟁적인 다원주의의 차이가 미치는 영향에 주목했다.

 논의를 좀 더 다듬으면 다원주의는 북서 유럽, 특히 네덜란드에서 시작되어 영국에서 확산되고 북아메리카에서 실현된 것이다. 그래서 영국을 미국의 본격적인 기업형 종교와 대륙에서의 종교의 국가 독점 내지는 복점,

예컨대 스칸디나비아와 같은 독점과 독일과 같은 복점인 경우의 중간에서 잠시 실험하는 것으로 간주하는 영미 다원주의로 보아 분석의 실마리를 풀 수 있게 된다.

또한 나는 광역대도시의 세속성과 지방의 종교성을 대조(예컨대 파리와 스트라스부르 혹은 오슬로와 베를린을 대조)하고, 동시에 북부 지중해의 로마 중심부와 아일랜드, 폴란드 - 리투아니아라는 북서 및 북동 주변부 간의 관계와 같이 보다 넓은 지역 간의 관계를 제시하기 위해 중심 - 주변부 개념을 사용했다. 아일랜드와 폴란드 - 리투아니아 지역은 가장 뚜렷한 주변부로서, 이곳은 외국의 침략을 받은 민족에게 국가의 빈자리를 종교가 대신해주었던 곳이다. 이런 경우는 그밖에도 크로아티아, 슬로바키아가 있으며, 남부 독일의 가톨릭, 남부 네덜란드와 스위스의 가톨릭 주, 혹은 웨일스의 개신교와 헝가리 동부의 개신교 등의 예가 있다.

종교와 계급, 지위, 도시화, 지역 공동체의 변동, 산업화 등과의 관계에 관한 수많은 경험적 일반화는 단순한 상관관계로는 충분하지 않다고 생각한다. 그래서 그런 것들이 어떤 식으로 영향을 받았는가를 알아보기 위해서는 역사적 여과 과정을 살펴볼 필요가 있다. 예를 들면, 두 나라가 다원주의와 같은 공통된 특성을 공유했다고 하자. 그러나 만약 어느 한 경우에서 예측되는 다원주의의 결과가 나타나지 않는다면, 그것은 결코 명제의 본질적 결론이 될 수 없을 것이다. 이는 특별한 조합과 전체적 조화가 조합의 다른 요소들 전부에 영향을 미칠 수 있기 때문이다.

다른 요소들

그 요소들 중 첫 번째는 바로 말할 수 있다. 그것은 공통된 집중화와 독점의 양식과 같이 종교적 독점과 정치적 독점 간의 밀접한 관계이다. 이 사실에서 종교사회학과 정치사회학의 연계와 종교 - 정치적 복합체를 통한 사고가 가진 중요성이 유래한다. 두 번째 요소는 지식인들이 말하는 혹은 사상사에서 다루는 세속화 이야기와 대중적 신앙과 실천에 대한 연구에서 나온 이야기 사이에 존재하는 괴리이다. 사람들은 전위파의 생각이 단지 독단, 특히 한 프랑스 지식인의 독단일 뿐인가의 여부와, 교사나 과학자 혹은 기술자와 같은 세속화를 촉진시키는 핵심계층이 존재하는가의 여부를 알고자 한다.

세 번째 요소는 이미 언급했던 것으로 여기에는 예술, 처음엔 음악 그러나 나중엔 성과 속으로 이뤄진 도시 공간의 건축물을 통해 들려주는 세속화 이야기와 좀 더 표준화된 이야기를 서로 관련지으려는 시도가 포함된다. 예술에서는 시간적 궤도가 현저하게 단선적이지 않으나, 누구나 상트페테르부르크에 있는 페트로 - 파울 요새가 지닌 최소한의 성속(聖俗) 구분과 피렌체의 시뇨리아 광장과 두오모 성당 간에 존재하는 뚜렷한 구분과 기독교나 계몽주의적 의미에서 '천상의 도시'라는 보스턴의 (말하자면) 성스러움의 넓은 분산을 대조해볼 수 있다. 또한 싱켈[Karl Friedrich Schinkel(1781~1841); 독일의 건축가이자 무대장식가로 이탈리아에서 유학하여 고전 건축을 연구한 후 귀국해 베를린의 왕립극장 등을 건축했다. 그의 고전 연구에 의한 합리적 설계는 근대 건축의 발전에 큰 영향을 끼쳤다. 옮긴이]이 지은 베를린 건축물의 고전적 윤곽, 파리의 노트르담 성채 진지와 샤크레쾨르 대성당, 바스티유 궁전과 판테온에서의 교회의 종속적 역할과, 런던 웨스트민스터 사원의 가톨릭과 영국국교회와 비국교파 교회라는 삼각구도로 이뤄진 부분적 다원주의를 관찰함으로써 역사적 여과의 차이를 대조해볼 수도 있다. 신성공간을 채우는 세 가지 모두가 아테네식 고전 양식의 사원과 이집트식 오벨리스크가 있는 수도의 신성영역에서 떨어진 곳에 두 개의 국립 성당을 가진 워싱턴과는 사뭇 다르다. 워싱턴에는 영국이나 스코틀랜드, 네덜란드나 독일처럼 계몽주의와 기독교가 별개로 존재하면서도 관계는 서로 호의적이다. 그런 호의적 관계도 매우 중요한 의미를 갖는다.

의미는 도상이나 혹은 건축 양식에도 들어 있다. 예컨대 부다페스트에 있는 많은 유대교 회당의 특징적인 동양적 양식은 소수 유대인 거주 지역의 특성을 눈에 띄게 잘 보여주고 있으며, 빅토리아 거리에 있는 비잔틴 양식의 가톨릭 성당인 웨스트민스터는 분리와 거리감을 보여주고, 바르셀로나에 있는 성 가족 성당의 도상은 '가톨릭의 보루'임을 말하고 있으며, 1870년 이후에 스트라스부르에 세워진 독일교회와 거의 같은 시기에 소피아에 건립된 알렉산드르 네프스키 성당은 지정학적 상황을 말해주고 있다. 독자들은 내가 성과 속의 역동성을 이렇게 3차원으로 펼쳐보이는 데 지나치게 많은 시간을 썼다는 생각이 들더라도, 역사적 여과 과정을 요약하는 만큼이나 주요한 정치적, 지정학적 차원을 강조하려는 것임을 알아주기 바란다.

주변부들: 주위를 돌아보는 장거리 여행

내가 선택한 주변부는 영국의 작은 섬에 들어가는 아일랜드, 스칸디나비아를 배경으로 한 핀란드, 스페인을 배경으로 한 카탈루냐, 발칸 반도의 그리스 등이다. 각 경우마다 정식 분석에 포함될 수 있는 것의 일부에 지나지 않는 분석 원리 중에서도 중요한 것만을 설명한다. (가톨릭계) 아일랜드의 경우에는 경쟁적인 개신교 민족주의와 가까우면서도 외국의 지배와 관계되는 민족주의의 역할이 지정학적 위치만큼이나 중요한 의미를 갖는다. 핀란드에도 동일한 요소가 존재한다. 즉, 지배적인 무신론이나 러시아정교의 민족주의와 매우 가까운 것이다. 카탈루냐는 언어와 종교에 뿌리를 둔 민족주의와 마찬가지로 가장 세속적인 세계적 수도인 파리와 연결된 자본가에 뿌리를 둔 모호성을 창출하고 있다. 그리스 또한 이슬람과 주로 접경을 이루는 비잔틴 문화의 후예라는 역할과 서구의 합리주의와 민주주의의 원조라는 이중 역할에서 나온 모호한 요소를 안고 있다. 그리스의 종교적 민족주의는 오스만제국의 지배를 통해 강화되었으며 그런 중에 집단 이주라는 아픔과 특히 미국에서 하나가 되는 것도 경험했다. 오늘날 아일랜드와 카탈루냐, 그리스, 핀란드에서 조차 순례여행과 공동체 축제가 종교적 생명력을 높이는 역할을 점차 강화하고 있다는 사실은 강조할 가치가 있다.

그리하여 이제 이 모든 사례에서 우리는 위협받거나 피압박 상태에 있는 민족의 자의식 고양이 어떻게 종교를 강화시키는가와 위 사례 가운데 세 곳이 주요한 종교-정치적 경계 영역 가까이에서 그 이상으로 지원해주는 것을 살펴보게 될 것이다. 그런 강화는 다시 지정학적 위치와 관계되기 때문에, 아일랜드는 역사적으로 가톨릭계 프랑스와 스페인과의 동맹을 추구(그리고 이제는 유럽연합과 가까운 유대관계를 추구)하면서 영국의 변방에 진지를 구축해왔다. 반면에 그리스는 비잔틴제국이라는 깨진 꿈을 파편처럼 안고 실지회복의 야망을 여전히 유지하면서, 코소보전쟁에서처럼 세르비아와 러시아 그리스 정교와 연합하고 있다. 비록 19세기에는 영국이나 프랑스, 독일의 러브콜을 받으며 즐거워한 때도 있었으나, 그리스는 역사적으로 프랑스, 베니스와 같은 서구 열강의 침입 위협과 터키의 위협이라는 이중고에 시달려왔다. 카탈루냐 역시 바르셀로나에 있는 크리스토퍼 콜럼버스의 동상과 필리페 4세의 아치와 같은 기념물이 충분한 증거이듯이, 과거부터 끈질긴 이민족의 동화정책이나 광범위한 정복 위협을 통해 형성된 특별한 자체 관점을 갖고 있다. 상트페테르부르크의 궁전광장을 본떠 만든 헬싱키의 알렉산더 광장에서 너무도 분명히 드러나듯이, 러시아뿐 아니라 스웨덴의 지배도 받았기 때문에 핀란드인의 자의식은 매우 높다. 핀란드도 그리스처럼 사방으로부터 위험을 느꼈고, 그래서 최근에는 중재역할을 맡으려 했다. 핀란드가 특별히 관심을 끄는 이유는 북부 루터교 주변부 5개국에 속하기 때문이다. 이 5개국 중 스웨덴과 덴마크는 과거 제국주의 강국으로서 노르웨이 이상으로 세속화되었고, 핀란드와 (아마도) 아이슬란드는 과거 식민지였다. 스칸디나비아의 모든 나라를 보면 최근 들어 사회민주주의가 정치적으로 더욱 독점을 누리는 가운데 기존 종교의 독점도 그와 얼마나 똑같은가 하는 것은 스톡홀름 시청이 감라스탄, 곧 '구시가지'를 배경으로 삼고 있는 데서도 잘 설명된다.

이같이 경계선상에 있는 피압박민의 사례를 보면 또 다른 의문이 생긴다. 그중 하나는 언어가 어느 정도로 종교와 협력할까 혹은 언어가 종교의 민족의식 운반자라는 기능을 어느 정도 빼앗아 갈까 하는 문제이다. 또 하나는 자신의 힘이 최고조에 달한 상태에 있는 지배민족의 민족의식도 피지배민족에게서 자신들과 다른 점을 발견했을 때 역시 종교와 손잡으려 하는데 그것은 어느 정도인가 하는 문제이다. 과거 제국주의 스웨덴과 덴마크는 서로 경원하는 사이였기에 부적절한 사례이지만, 19세기 영국과 20세기 미국에서는 그런 측면을 분명하게 관찰할 수 있다. 러시아에서는 1989~1990년에 소비에트 연방이 무너지면서 스탈린이 철저히 파괴시켰던 모스크바의 구세주 그리스도 성당(The Cathedral of Christ the Saviour)이 역사적 상징처럼 재건되는 데서 볼 수 있듯이 러시아정교회의 부흥이 나타나고, 최근에는 젊은 이들 사이에 사순절 금식을 하는 모습을 쉽게 볼 수 있는 것이 흥미롭다.

그런 유형의 상징적 귀의는 교회출석 빈도와 반드시 관련될 필요는 없으며 오히려 성지와 관련된 순례여행과 축제가 증가하면서 강하게 나타나고 있다. 그런 성지로는 세르비아의 코소보, 그리스의 티노스, 카탈루냐의 몬세라트, 아라곤의 엘필라르, 갈리시아의 산티아고, 핀란드의 헬싱키 도시축제 때의 탐펠리아우키오 교회와 성 토머스 미사, 그밖에 성모발현지로 유명한 아일랜드의 녹, 보스니아의 메주고리예, 프랑스 남서부의 루르드, 포르투갈의 파티마 등이 있다. 이 모든 순례지는 주변부에 위치하면서 종교적 귀의를 촉구했고, 코소보에서 밀로셰비치를 이용한 사례(1987년 4월 24일 밀로셰비치는 코소보 언덕에서 일어난 세르비아인의 폭동을 진정시켜달라는 요구를 받게 되는데, 이를 계기로 그는 1989년 '위대한 세르비아 건설'이라는 민족주의에 호소함으로써 유고의 실권자로 등장한다, 옮긴이)에서 나타나듯이 정치적 지정학적 운명과 같이한다.

마지막으로는 특히 그리스와 아일랜드, 터키에서 볼 수 있는 모국을 떠난 이산의 역할과 관련된 문제이다. 그리스와 터키는 양국 모두 1세기 이상 인구 이동이나 이산을 함께 겪었다. 그리고 자신의 모국에서는 언어가 종교를 대신하여 민족의식을 고양시켰다면, 이산 상태에서는 종교가 언어를 대신하여 그 역할을 떠맡았다. 물론 이 언어에서 전례 언어는 별개이다. 유대인과 미국인은 분명 이산 민족의 또 다른 사례이다. 유럽 쪽 터키에 살던 그리스인이 2,500년 후에 강제로 모국으로 향한 사례에서 볼 수 있듯이, 모국을 떠난 이산 상태에서 종교적 심성이 강화되는 것은 인종청소로 인해 자기 모국으로 강제 '귀환'할 수밖에 없었던 사람들 사이에서 증가한 종교성이 잘 설명해준다.

터키: 해석학적 문제

끊임없는 인종청소로 주목받는 격동의 경계에 서 있는 그리스의 사례는 특히 민족주의가 민족성의 지역적 경계에 더 깊은 의미를 부여하면서 우리의 관심을 터키로 옮겨가게 한다. 1922년 이래로 터키는 점차 종교적으로 동질화되기 시작했다. 급기야는 실로 중동 전체가 하나같이 세속적 민족주의와 종교적 민족주의가 서로 어울려 차이의 울타리를 무너뜨리면서 동질화의 길을 따르고 있다. 종교를 관용적이고 평화적인 것으로 생각하고 분할의 두려움은 단순히 한 국가의 이념이 일으키는 하나의 사례로만 생각하는 인도에서도 이와 유사한 움직임이 일어나고 있다.

터키는 이슬람 국가 가운데 이집트 이상으로 가장 서구화된 나라로서 유럽연합에 가입하는 것도 원하고 있다. 터키의 서구화는 종교권력과 세속권력의 분리라는 의미에서 그 자체가 세속화라고 볼 수 있으며, 서구 가톨릭 문화권에서 세속 엘리트가 그러했듯이 터키 엘리트도 종교의 열기에 찬물을 끼얹는 일을 하고 있었다. 여기까지는 중요한 통문화적 유사성이 있는 듯하다. 하지만 나는 『세속화 일반이론』에 터키를 포함시키려 했다가 이전

기독교권의 많은 변종과 비교해서 너무나 다른 일련의 관계를 대한 후 그 것을 포기해야 했다. 터키는 세속화이론을 적용해볼 수 있는 가장 좋은 케이스였으나, 현재의 이슬람의 부흥이 1850년부터 1960년까지의 '요새화된 가톨릭'과 다소 닮은 것으로 볼 때, 그것이 다만 실질적 세속화의 전 단계일 뿐 아닌가 하는 의문이 들기도 해서 그 이론의 적용에 저항감을 느끼기도 했다. 15세기 스페인에서 등장한 전투적인 종교 민족주의의 물결이 바로 오늘날 이슬람세계의 전투적 종교 민족주의의 전조가 되었듯이, '요새화된 가톨릭'이 앞장서서 모더니티에 저항하는 양상이 이슬람세계에서도 재현되고 있다. 다만 그 양상은 기독교계가 저항을 연이어 주도하고 이슬람계는 주도보다는 뒤따르는 편인데, 이는 두 과정이 어느 정도 서로 겹칠 수도 있음을 의미한다.

기독교계와 이슬람세계 간에 존재하는 하나의 뚜렷한 유사성은 식민지 상황은 물론 원칙적으로는 정치적인 탈식민화를 이루었지만 준식민지 상태에서 억압을 받는 상황에서 종교와 민족주의가 서로 섞이는 방식이다. 문화적 식민화는 그 일부가 근대화와 여전히 압도적인 지배국가의 영향력과 혼합되어 나타난 결과이기 때문에 잔존한다. 또한 잃어버린 정치적·문화적 운명을 다시 되돌리기 위해서 조건반사적으로 끊임없이 신 혹은 알라에게 무릎을 꿇고 간구하는 일이 다반사로 존재한다. 모더니티나 자유주의에 타협하는 사람들은 더 이상 자기 목소리를 낼 수 없으며, 그렇게 타협하려는 엘리트들은 어쩔 수 없이 터키나 이집트처럼 편협한 힘에 의존할 수밖에 없다.

하지만 폴란드와 아일랜드(특히 1937년 신공화정 이후), 그리고 세르비아, 루마니아, 그리스와 불가리아와 같은 일부 남동 유럽 국가의 식민지적 정서와 그에 따르기 마련인 '완전한 전체'를 바라는 충동은 기독교세계처럼 소수 현상이라기보다는 이슬람세계처럼 대다수 현상이다. 더구나 기독교 사회에서는 거의 전례를 찾아보기 힘든 결과도 있다. 개신교와 자본주의 모더니티에 전투적으로 대항하는 많은 라틴아메리카권에서 볼 수 있듯이, 전통적 근본주의(integrista)의 대응은 기독교와 이슬람 양 문화권에 다 현존한다. 그러나 이슬람세계에서는 타협적이며 간혹 반세속적이기도 한 엘리트에 대항하는 현재의 정치 - 종교적 투쟁이, 전적으로 민주적 다원주의를 배격하고 비이슬람 집단을 배제하기 위해, 민주주의적 의지에 근거한 개혁주의자의 충동과 이슬람법인 샤리아 법을 모든 사람에게 강제함으로써 전통적 근본주의자로 만들려는 충동을 결합시키기도 한다. 그래서 그런 압력 때문에 중동의 동부 지역 기독교인들은 이민을 신중히 고려하고, 사하라 사막 외곽의 이슬람교도와 기독교도 간에 긴장이 생기기도 한다. 아무튼 터키에서 우리는 세속 엘리트가 간헐적으로 군사력에 의존한 개혁 추진과 이슬람화로 나아가려는 잠재적 움직임을 결합시키는 이슬람 회복운동을 위압하는 것을 보게 된다.

이러한 터키의 사례는 특히 (뒤에 논의하겠지만) 급진적인 세속 엘리트가 자신의 가치를 대중에게 재사회화할 수 없었던 경우에 서구에서 나타났던 일부 과정과 유사성을 보여준다. 이 점에서는 터키나 많은 라틴아메리카(우루과이가 예외적으로 보이지만)가 동유럽 국가와 매우 유사하다. 우리는 스티브 브루스가 그의『종교와 정치(Religion and Politics)』(2003)에서 일률적으로 탐색했던 것과 다르게 모더니티에 대한 반응 스펙트럼을 만들 수도 있다. 브루스는 그 책에서 모더니티와 손잡는 개신교와 유대교, 저항적인 가톨릭, 매우 저항적인 이슬람교로 나누고 이것이 사회 통합방식과 개성화 정도에서의 세 가지 유형과 일치함을 주장한다.² 우리는 공공적 행사에 대한 압박감으로 인해 겉으로 드러나는 의례 종교와 강력한 통합과 겉보기 의식이나 의무에 충실하도록 강요하는 것이 사라지고 그 자체를 거부하는 개인적으로 사사화된 신앙을 서로 대조하여 하나의 가설을 만들어낼 수도 있다. 이런 관점에서 개신교는 위험스러울 정도로 약화되어 자유롭게 떠도는 문화적 주제로 전락하고 있다. 이것은 기독교가 의례 집전과 전통의 기억을 희생하면서 자발성과 내면성을 강조한 까닭이다. 가톨릭도 최근에는 공산주의적 자원(resource)을 유지하면서 같은 길을 따르고 있다. 이슬람은 젊은 반엘리트 세력과 농촌에서 도시로 이동하는 농민층을 저항에 성공적으로 계속 동원하고 있다. 바꿔 말하면 이슬람은 중립적인 세속 공간을 거의 허락하지 않고 특히 법망으로 보호되는 사회 통합을 항상 성공할 수 있었기 때문에 종교 프로그램을 계속 유지할 수 있었다. 물론 고전적 세속화이론으로 이슬람을 개인화나 사사화, 다원주의와 민주주의라는 측면에서 덜 발달되었다고 규정한다면, 이는 종교개혁과 계몽주의로 촉발된 형태를 갖춘 서구적 발전 맥락에서 도출된 기준을 바르게 사용했다고 할 수는 있다. 하지만 그것은 또한 오늘날 이슬람사회에서 일어나는 엄청나게 다양한 여러 가지 가능성을 무시한 결론이기도 하다.

북아메리카: 북유럽

아무래도 이 본론의 중심에서는 미국에 대한 분석을 더 확대하여 논의를 시작해야 할 것 같다. 미국은 계몽주의와 종교개혁이 얼추 동반자적 관계로 결합하는 전형을 보여주는데, 계몽적 엘리트가 지역 특유의 종교성을 기반으로 한 문화적 토대에 의존해온 방식이 특히 그러하다. 또한 미국은 이슬람세계와 가장 대비되는 사회이다. 미국은 미국 가톨릭계를 자기들 나름의 문화적 강조점을 갖도록 개종하는 투쟁에서 성공한 후 이슬람세계와 점점 더 갈등을 빚고 있다. 최초의 '문명충돌'은 가톨릭과의 충돌이었으며, 두 번째의 충돌이 지금 이슬람권과 진행 중이다.

하지만 이어지는 논점은 주요 사회생활 영역에서 국가의 정규적 활동이 이뤄지는 것을 특징으로 하면서 국교가 쇠퇴하고 있는 '오랜' 유럽과 대조되는 것으로 볼 수 있는 것에 집중하고자 한다. 집중적으로 대조하는 대상은 북유럽, 그중에서도 문화적으로 대서양을 가로지르는 중간에 위치한 캐나다와 영국의 역할이겠지만, 그중 일부는 유럽 그 자체가 될 수도 있다. 영국이 이라크 문제에서 미국과는 발맞추면서도 프랑스와는 그렇지 않다는 사실은 바로 종교-정치적 복잡성과 제휴가 어떻게 이뤄지는가를 보여주는 하나의 지정학적 보기이다. 이 글의 앞부분과 맞추면서 나는 나의 분석 원리와 특히 내가 풀려고 하는 해석학적 난제, 그중에서도 특히 미국에서 일어나는 문제의 범위를 넓혀보면서 그런 것을 과연 유럽에 어떻게 적용할 것인가를 묻고자 한다.

'서구'의 다른 지역과 달리 미국은 종교적이고 독특하게 다원적이다. 나는 이런 특성 규정이 도전을 받았고, 다원주의와 관련된 모든 문제가 논쟁거리임을 잘 알고 있다. 미국인이 자신들의 교회 출석률을 심히 과장하고 있는 듯하지만, 실천적 측면에서 확실히 유럽보다 높고 (쉽게 말해서 모든 유형의) 신앙 수준도 놀라울 정도이다. 어디에서도 악마 혼자 찰스 다윈을 축하할 곳은 없다. 미국 정치 지도자들은 영국이나 유럽에서는 도무지 상상할 수 없을 정도로 종교적 표현을 사용하고 대다수가 종교적 의미를 부여한다.

　미국은 이 논의의 가장 중요한 핵심이 될 수밖에 없는데, 그것은 '발전'의 최전방에 있으면서도 종교적일 뿐 아니라, 자신들의 문화와 종교를 다른 곳에 퍼뜨리고 있기 때문이다. 패권국가가 된다는 것(혹은 오늘날 용어로 초강대국)은 막강한 국력을 행사하는 것을 의미하지만, 19세기 영국이나 지금의 미국처럼 그 국력이 이념에 토대를 두고 있거나 느슨하지만 종교성과 관련된 경우는 단순한 힘의 행사 이상으로 매우 중요한 결과를 가져올 수 있음을 의미한다. 오스만제국은 '잔해조차 남기지 않았던' 경우이다. 영미제국의 영향력은 '영국 권역'과 영어권, 마찬가지로 루이지애나의 프랑스 이민자의 프랑스어권과 독일어권까지 미치고 있다. 이것이 앵글로 아메리칸과 캐나다(그리고 오스트레일리아)를 비교하고 특히 스칸디나비아 5개국과 비교하는 것이 유용한 이유이다. 영국은 세속화 정도에서 스칸디나비아의 여러 나라와 더 닮은 미국 다원주의를 키웠는데, 그때 캐나다는 적어도 경제적으로는 미국에 더 가까워졌으면서도 종교문화 영역에서는 영국, 나아가 유럽식 양식까지 따르기 시작했다.

　미국을 생각할 때, 형태를 포함한 특이한 조화의 문제가 특별히 의미연관을 갖는 것으로 떠오른다. 모든 요소를 한데 섞어 조합한 것은 정치 - 종교문화의 전반적 풍조와 방향에 영향을 미쳤다. 예컨대 미국에서 가장 고도로 발전한 합리화의 진전을 당연한 사실로 생각하는 경향이 유럽에서는 별로 타당성 없는 것처럼 보인다. 아마도 합리화의 효과는 현존하는 다른 요소 때문에 희석되고 무시되는 듯하다. 설혹 유럽에서 합리화의 결과로 생각할 수 있는 것도 실상은 합리화에서 기인한 것이기보다 데이터에 그런 속성을 부과한 것일 수도 있다. 대신에 아마 미국 복음주의는 공공영역에서의 각성과 삼권분립을 사적 종교성과 특별히 잘 결합시킬 수 있었던 종교 양식일 것이다.

개인주의화와 주관성을 따르는 경향은 유럽에서 '기성'교회의 지역적이고 공동체적인 종교성을 깨뜨렸지만 미국에서는 그런 면과 함께 '새로운 종교개혁'파 교회[『새로운 종교개혁』(2006)의 저자 매슈 폭스(Matthew Fox)는 그 책의 부제를 '영성창조와 기독교 변혁'이라 쓰듯이, 가톨릭이나 개신교가 모두 "종교로부터 참다운 의미의 영성으로 이행해야 할 절실한 필요 앞에 섰다"고 주장하여 영성을 통한 교회 개혁을 새로운 종교개혁의 목표로 제시한다. 옮긴이]와 같이 주관성의 요구에 맞춘 서비스와 공동체적 열성을 결합한 새로운 교파를 배출하기도 한다. 이것은 르네상스 시대에 있었던 것과 같이 자기충족에 대한 미국적 열망이 어떤 식으로든 기독교와 조화를 이루는 현상이지만, 동시에 르네상스에서 제기되었던 '이것이 진정한 기독교인가?' 하는 의문을 품게 만들기도 한다.

여기에 주요한 해석학적 문제가 있다. 기독교의 요체는 모든 변종과 오늘날의 소비자중심주의, 미국적 생활방식의 우상화 등을 겪으면서도 여전히 살아남아 있는가? 기독교 요체의 연속성에 대한 의문은 끊이지 않으나(예컨대 침례의 의미 변화를 볼 때), 그것은 미국인의 기질과 동조를 이루는 교회가 존재하기 때문에 오히려 미국에서 종교 논쟁이 일어날 수 있도록 하는 힘이 되기도 한다. 미국교회가 그런 기질적 동조가 밀접하지 않은 영국이나 대륙의 교회와 현저히 구별되는 것도 바로 이 때문이다. 특히 경제문화나 (1945년 이래의) 민족주의에 이르면 미국교회는 미국인의 심성과 더욱더 동조를 이룬다. 이것이 유럽이 과거에 사로잡혀 있는 반면에 미국은 현재나 미래에 끊임없이 적응하려는 차이를 낳는 중요한 요인은 아닐까? 미국 종교성의 특성을 말할 때 가장 자주 인용되는 논거는 '최초의 새로운 나라'

라는 다원주의와, 제1차 수정헌법(1971년 12월 15일에 각 주의 비준을 완료한 10개조 헌법 수정안으로 미국의 권리장전이다. 그 제1조는 '연방 의회는 국교를 정하거나 또는 자유로운 신앙 행위를 금지하는 법률을 제정할 수 없다'고 하여 철저한 정교분리원칙을 규정한다, 옮긴이)에 최종 승인된 어떤 특정 교회나 종교도 국가권력과 별도로 분리된다는 점, 이민 공동체를 단결시키는 종교의 역할, 미국 정치 구조는 중앙집권보다는 연방제라는 점 등이다. 어쨌든 미국이 되어가는 도중에 있던 식민지 13개 주는 혁명에 버금갔던 북대서양 공동체 내부의 내전인 영국과의 약간의 결별을 제외하고 기존 교회나 토지에 연결된 귀족층과 결별할 필요가 결코 없었다. 영국은 18세기 초엽부터 상업자본가 문화를 계속 발전시켜왔지만, 그 시발점은 첫 내전과 혁명기인 1642~1660년까지 그리고 1688년에서 네덜란드 윌리엄 공이 도착한 1689년의 2차 혁명기까지 거슬러 올라간다. 그때는 북미식민지를 공유하던 시기였으며, 암스테르담과 런던, 보스턴은 관용적 평신도 개신교의 계몽된 생활양식으로 향해가는 중간 역이 되고 있었다. 그래서 런던 성 마틴인더필즈 교회의 고전주의 양식이 뉴잉글랜드와 오늘날까지도 미국 교회 건축의 본보기가 되었다는 사실은 별로 놀랄 만한 일이 아니다. 아마도 사람들은 암스테르담이 종교개혁기의 성스러운 교회 조직의 중심지를 상실했다고 생각할 것이다. 암스테르담 중심가의 성지에는 현재 대학이 자리 잡고 있어 성지의 세속적 변화의 전형을 보여주고 있다.

더구나 이미 세상에서 가장 자유로운 사회였던 식민지 13개 주는 영국 사회의 더욱더 평등하고 종교적으로 비국교도인 지역을 일으켰을 뿐 아니라, 얼스터와 스코틀랜드 그리고 웨일스에서 더욱더 특별히 평등주의적이며 종교적으로는 비국교도 지역인 주변부를 세워나갔다. 암스테르담과 런던, 보스턴이 문화적으로나 종교적으로 또 건축상으로도 연결되고 있듯이, 영국의 주변부도 미국 남부나 영국계 캐나다의 거대한 '주변부'와 연결되고 있다. 스코틀랜드 장로교 신자들이 흩어진 발자취는 발트3국의 개신교는 말할 것도 없고 캐나다 앨버타 주의 캘거리, 오스트레일리아 빅토리아 주의 밸러렛, 뉴질랜드 남동해안의 항구도시인 더니든까지 이어진다. 세인트 자일스 성당이 에든버러를 지배하듯이, 녹스(Knox)교회는 더니든을 지배한다. 그리고 18세기 런던, 에든버러, 더블린, 보스턴, 필라델피아는 문화적으로나 건축술에서도 문자 그대로 같은 풍의 문명이었다는 표현이 가장 적절할 것이다. 뉴욕 주 북부 지방의 네덜란드 교회도 동일한 유사성을 보여준다.

핵심 포인트는 초기 모더니티가 군주제나 기존 교회와 충돌한 것은 이미 1649~1660년의 영국에서 잉글랜드 공화국이 성립한 것이었으며, 1776~1783년의 혁명전쟁도 1649년과 1689년에 이미 원칙적으로 용인된 바 있었던 까닭에 동일한 충돌의 요소를 가지고 있다는 점이다. 바다 건너 격리된 섬에서 배태되고 격리된 대륙에서 크게 자라난 이런 발전 과정의 공유를 통해 특징적인 영미 정치 양식이 등장하게 된다. 사실 이런 미국의 영국적인 정치 양식은 암스테르담과 독일 경건주의자들 [그리고 예컨대 프랑케(A. H. Francke)가 활동했던 할레(프랑케가 경건주의 신앙의 중심지로 만들기 위해 빈민학교와 고아원, 교원양성소, 시민학교 등을 설립하기도 했던 독일의 지역, 옮긴이)와 같은 곳에 흩어져 사는 위그노교도나 유대인들]의 종교생활 양식에 그 연원을 두고 있다. 그것이 오늘날 모더니티 중 하나의 계보이다. 점차 물론 그 계보의 핵심 라인은, 특히 1914년과 1945년 이후 영국에서 미국으로 바뀌었다. 또한 제국의 모습도 바뀌어 (처음에는) 상업적 논리가 중심이 되고 종교는 부수적 수출품이었으나, 자본주의 경제제국에서는 종교를 세력 확장의 일부로 수출하고 신앙과 민주주의, 상업적 경쟁과 종교적 경쟁이 맞물려 돌아가는 판국이 되었다.

앞서 시사했듯이 영미의 종교-정치 형태는 엘리트와 반엘리트 계층이 '대중'으로 보는 '인민'에게 호소하는 것이 아니라, 지방 특유의 종교성이 빚은 지역적 토대와 자유주의 깃발을 들고 앞으로 나아가는 방식이었다. 18세기 미국과 19세기 영국에서 자유주의적 진군을 이끄는 지도자들은 아마 불가지론자나 이신론자, 프리메이슨, 감독제주의자, 혹은 유니테리언파였을 수도 있다. 그러나 그들은 상업적 실용성과 경험주의, 프래그머티즘을 공유하면서 끈끈한 지방 특유 종교성의 지지를 받고 있었다.

그런 사회적 맥락에서는 급진이론으로 무장한 지식인 계급이 등장하지 않았으며, 어떤 경우에도 프랑스와 독일에서 지식인들이 행사했던 권력이나 영향력을 가질 수 없었다. 지식인들(좀 더 정확하게 영미식 용어로는 대학인들)은 어딘가 모르게 좌파적 경향이 있었지만 종교 그 **자체**가 유럽 대륙, 특히 프랑스에서 볼 수 있었던 것과 같은 집중적 적대감의 대상이 되거나 종교에 대항한 전쟁의 불씨가 되는 경우는 결코 없었다. 기껏해야 특히 1960년 이후부터 지식인들은 사회화와 교육, 미디어의 핵심 영역과 한때 교회가 관계했던 복지 서비스 영역에서 영향력을 확보해가고 있다.

그런 핵심 영역에서의 영향력은 중요해졌다. 이 말은 신앙 고백이나 종교적 배경과 전혀 상관없는 경쟁을 세속적으로 보증하는 수요를 충당하는 국가가 교회와 자발적 조직의 희생을 대가로 그 역할을 확대해가면서 종교 영역이 점점 줄어들고 있음을 의미한다. 복지나 교육 조직이 공식적으로 종교적 후원을 받고 있는 곳조차도 그 직원들은 보편적인 세속 기준에 따라 선제 파업을 단행했다. 실제로 국가 관련 엘리트와 개방적인 교회 조직 엘리트는 사회적 수준이 비교적 낮은 독실하고 죄 많은 사람들의 저항을 약화시키고 부수며 불법화하기 위해 연대를 구성했다. 이제 문제는 이런 자유주의적 인본주의 엘리트들이 그들이 세속인이거나 기독교인이든 상관없이, 측량 가능한 효용성에 주로 관심을 갖는 소비자 에토스가 밀려드는 현실에서도 과연 자신들의 영향력이나 대학 사회에서의 기반을 계속 유지할 수 있을 것인가의 여부이다. 대학이 더 이상 인본주의의 확산 기지가 될 수 없는 것은 아닐까?

미국 정치체제에서 연방주의의 확산은 항상 '지성'의 영향력을 제한해왔다. 그러나 영국에서는 BBC처럼 세속의 좌파가 중앙집권적 제도를 일반화된 종교성에서 일반화된 세속성으로 바꿔 통제하고 있다. 그 점에서 영국의 중앙집권적 제도는 스칸디나비아와 닮았다. 대다수 서구 국가에서 세속적 인본주의 지식인의 영향력이 쇠퇴하고 있는데도 영국에서는 여전히 지식인들이 쉽게 바뀌지 않는 종교적 쇠퇴의 내리막길을 장악하고 있는 것이 사실이다. 그것은 다시 말해서, 영국에서 개신교적 국가 정체성과 함께 기존 교회와 일반화된 개신교의 부분적 활동 정지와 관련 있었던 집중화가 세속 엘리트가 중앙집권적 제도에 영향력을 행사할 수 있는 방식에서 북미 모델보다는 스칸디나비아 모델을 따르는 것을 의미한다.

이 논점은 북구 개신교(와 후기 개신교) 전반으로 확대 적용할 수 있다. 예를 들어, 만약 세속 엘리트가 인구 배치에 이용할 수 있었던 집중화의 정도를 조사하고 싶다면 1870년 이후 프랑스의 제3공화정과 독일 주정부의 상대적 분권화와 비교되는 1905년 교회와 국가의 분리까지 살펴볼 필요가 있다. 독일의 양극적 체제와 비교되는 프랑스의 단극적인 종교 체제가 가져다준 결과를 살펴보고, 모든 북유럽 개신교의 자의적 종교 영역의 약점과 영국 및 특히 좀 더 강한 미국의 강점을 비교하면 그 결과는 더 보완될 수 있을 것이다. 대륙이나 심지어 영국에서도 어느 정도로 기존 체제가 갖는 권력은 교회를 서비스 제공처로 보려는 관점과 함께 종교적 복지관이 널리 퍼져 있음을 의미하지만, 반면에 미국에서 종교는 여전히 사업가와 활동가의 영역이다.

여기에서 우리는 영국을 미국보다는 대륙에 더 연결시켜주는 측면을 접하게 된다. 영국과 미국에서는 연이은 복음주의 부흥운동을 통해 만들어진 종교단체가 1790년 이후의 모더니티와 손을 잡은 데 비해, 북유럽에서는 그 모더니티에서 유발된 독일 경건주의의 유사 변종이 주로 기존 교회 내부에서 활동했다. 그런데 미국에서는 그 부흥운동이 20세기에 들어와서 주류의 해방을 겪는 동안에도 계속 이어진 반면에, 영국과 대륙에서는 점차 소멸되어가는 경향이었다. 게다가 미국에서는 19세기 후반의 사회주의가 소멸되어갔던 반면에, 영국에서는 종교적 욕구를 담기도 하고 털어내기도 한 민주적 사회주의가 등장하기 시작한다. 대륙의 사회주의는 좀 더 세속적이고 반교권적이며 지적이면서도 좌파적이고, 그 충돌도 가톨릭 국가보다는 개신교국가에서 훨씬 덜한 편이다. 1차 세계대전의 충격은 영국이나 북유럽에서 종교에 대한 믿음을 크게 떨어뜨렸으나, 1918년과 1945년 이후의 미국에서는 오히려 종교와 정치적 신뢰와 힘이 더욱 커졌다.

그러면 캐나다는 비교 자원으로서 어떤 의의를 지닐까? 20세기 중엽의 캐나다는 높은 실천력을 지닌 북미의 규범에 동조하는 듯이 보였다. 그러나 1960년대부터는 미국의 영향력이 커졌는데도 영국과 유럽의 추세를 따라왔다. 마땅히 우리는 캐나다와 미국을 차별화하는 요소가 무엇이며 캐나다를 영국과 연결시켜주는 요소는 무엇인가를 조사할 필요가 있을 것이다. 분명히 캐나다는 제국주의의 뻔뻔함을 배우지는 않았지만, 중재역에 만족함으로써 명백한 운명에 대한 종교 - 정치적 감각은 부족했다. 복음주의 비율은 영국보다 높지만 미국보다는 낮다. 캐나다는 용광로 사회보다는 그리스인, 우크라이나인, 그 밖의 여러 인종으로 이뤄진 모자이크 사회로 보는 것이 적절할 것이다. 국가는 복지 제공 측면에서 영국 모델에 가깝고 문화적 심성도 미국보다 더 준법성을 강조하기 때문이다. 아마 이 중에서도 복지국가 모델에 가장 유의할 필요가 있는데, 그것은 자의적 영역의 역할이 적을 수밖에 없어서 완전한 다원주의라 하기보다는 종교적으로도 특정 지역에서 준기성체제로 존재할 수밖에 없는 현실과 연결되기 때문이다. 이것은 1960년부터 보면 그리 신기한 사실도 아니다. 그러나 모든 점에서 종교적 역동성이 약화되고 있고 1960년대의 에토스에 대한 저항도 약화되고 있음을 알 수 있다.

캐나다의 중심과 주변부를 구분하는 것은 표면상으로 그리 도움이 되지 않는다. 캐나다는 퀘벡 주가 캐나다 전인구의 40%를 안고 있고, 동부와 서부 연안을 따라 인구가 집중적으로 모여 살고 있으며, 동부 연안 지역은 종교 활동이 상대적으로 더 많지만 서부 연안 지역은 북아메리카 서부 연안의 전반적으로 적은 종교 활동 현상에 동조하듯이 낮기 때문이다. 하지만 퀘벡은 북아메리카에서 대표적인 유럽의 판박이 지역으로, 미국에서도 루이지애나나 남서부의 히스패닉계 지역과 같이 '주변부'가 상대적으로 덜 유럽적인 지역과 비교되기 때문에 중요하다. 건축술에 반영된 차이를 알고 싶다면 몬트리올과 뉴올리언스와 샌타페이의 성당 광장을 비교해야 할 것이다. 퀘벡은 혁명이 없었을 뿐 '옛 프랑스'를 그대로 재현한 도시이며, 국경과 종교와 언어가 모두 함께 독립이 아닌 동일성을 키우는 자양분이 되고 있는 곳이다. 그러나 지금 퀘벡은 전체적 평등과 그 이상은 아니더라도 자치 정부를 갖고 있다. 매우 분명한 또 하나의 새로운 사실은 퀘벡 주민의 자의식에서 언어가 부분적으로 종교를 대신해감에 따라 1960년대에 들어서면서 가톨릭적 신앙 활동이 급격히 쇠퇴하고 있다는 것이다. 그래서 유럽, 예컨대 브르타뉴, 독일의 바이에른, 스위스의 가톨릭 주, 네덜란드 남부의 가톨릭계 지역 등과 비교할 때, 브르타뉴만 유일하게 언어를 고려해야 하지만, 그 정도 또한 살펴볼 필요가 있다. 분명한 문제는 왜 1960년대 들어서면서 브르타뉴나 네덜란드 남부와 퀘벡과 (그리고 어느 정도는 바이에른) 같은 지역의 종교 활동이 두드러질 정도로 극적인 변화를 겪게 되었는가 하는 문제이다. 1960년대의 에토스나 바티칸 공의회가 베드로의 반석의 낡은 기초를 허물어버린 방식이 그런 변화에 얼마나 영향을 미쳤을까? 공의회 자체가 '1960년대'의 영향을 받았기 때문은 아니었을까? 아무튼 크든 작든 유럽의 주변부를 포함하는 분석 틀은 퀘벡에서 만들어야 한다.

요점 요약

이제까지 분석 원리의 범위를 꾸준히 넓혀왔다. 그래서 그중에서 일부를 다시 간략히 반복 요약하는 것이 도움이 될 것이다. 나는 종교와 정치 형태 간에는 복잡한 공생관계가 있음을 시사해왔다. 그 점은 우리가 미국의 분권화된 종교 - 정치적 문화의 임의 단체적이고도 기업적인 성격과, 독점적 교회가 지배적인 사회민주주의에 그대로 반영되고 있는 스칸디나비아 여러 나라의 중앙집권적 에토스에서 어느 정도 분명히 관찰할 수 있었다. 나는 또한 엘리트와 반엘리트(counter-elite)가 그들이 대변하거나 조작하는 '대중'과의 관계에서 담당하는 역할에 특별히 관심을 기울일 것을 주장했다. 예컨대 초기 미국혁명기의 계몽된 엘리트와 1860년에서 1914년 사이에 영국에서 활약했던 자유주의적 반엘리트 모두가 지방 특유의 신앙심에 뿌리를 두고 있는 관계에 주목한 것이다. 문제는 그런 중요한 연대가 고전적 지식인의 역할과 지위가 작동하는 곳, 특히 계몽된 급진적 반교권주의를 채택한 가톨릭 국가에서는 어떻게 유기적으로 통합되는가하는 것이다. 영국과 북아메리카는 흔히 친프랑스적 성향을 지닌 곳에서 그런 지식인이 등장하는 경우가 있지만 역사적으로 이런 유형의 지식인이 결여된 나라였다.

위의 분석을 통해 나는 암스테르담에서 런던(그리고 에든버러)까지 그리고 거기서부터 다시 보스턴에 이르는 계몽 엘리트의 계보 계승을 지적했다. 그 도시들은 모두 성스럽기보다는 상대적으로 세속적인 윤곽을 가지고 있고 다원주의자와 상업적인 비교회적 견지의 문화를 키워온 곳이다. 이 모든 분권주의의 중심은 미국 탄생기의 영국 — 네덜란드 — 독일 문화에서 최고점에 이르렀던 자유주의적 칼뱅주의나 영국국교회에 뿌리를 두고 있다. 내친 김에 한마디 더 하자면 독일, 스칸디나비아, 영국, 미국의 독실한 중하류 계급이 자기 자신과 그들의 신앙을 선교운동을 통해 전 지구촌에 내보냈던 방식이야말로 지적할 만한 가치가 있는 신선한 사실이다.

라틴유럽: 라틴아메리카

이제 우리는 할레 — 암스테르담 — 런던 — 보스턴으로 이어지는 축에서 계몽적 절대주의(군주제나 스탈린주의 같은)와 계몽된 자유주의적 제국주의에 기초를 둔 축으로 눈을 돌린다. 그 축의 중심 고리는 파리와 그 위성도시 또는 브뤼셀에 있는 주변 도시, 부쿠레슈티, 바르셀로나, 마드리드, 리우데자네이루, 부에노스아이레스, 칠레의 산티아고, 그 밖에 싱켈의 베를린과 상트페테르부르크 정도이다. 요약하자면, 파리는 근본적인 역사적 양식을 구체적으로 표현하고 있는데 그 방식은 먼저, 절대군주와 제1공화제 및 나폴레옹에 의한 로마제국과의 경쟁을 통해, 그리고 다음으로는 판테온과 바스티유 궁전, 노트르담과 샤크레쾨르 대성당으로 암시되는 종교와 세속주의 간의 전쟁을 통해 구체화한다.

프랑스와 프랑스어는 영국과 영어와 싸웠으며 여전히 지금도 어느 정도 그 싸움이 계속되고 있고, 불어는 급진적 반교권주의, 평신도와 자유주의적 제국주의의 혼합상업어가 되었다. 그 밖의 다른 주요 중심지로는 요제프 2세의 빈과 퐁발 후작이 재건한 리스본이 있다. 그러나 파리는 1940년 이후 뉴욕이 추월하기 전까지 지성과 예술 활동을 끌어모으는 거대한 자석과도 같은 도시였다. 과테말라 시조차도 교회권력을 때맞춰 철저히 약화시키고 교회의 법인격마저도 빼앗아버렸던 1870년의 반교권혁명을 기념하기 위한 에펠탑 축소모형을 갖고 있다. 사람들은 라틴아메리카 전역, 특히 브라질에서 계몽군주나 혹은 급진주의자가 얼마나 가톨릭교회를 짓밟고 철저히 파괴했는지 잊고 있으며, 그런 결과가 얼마나 영성과 성령강림운동의 번성에 기여하고 있는지도 잊고 있다.

여기서 제시한 것은 파리에서 확산된 것에 기초를 둔 모델이 아니다. 오히려 논의의 초점은 교회가 급진적 자유주의자와의 전쟁 중에 주민과 연합했다는 사실을 염두에 둔 채 그런 영향이 수용될 수 있도록 조절된 조건에 맞춘다. 리우데자네이루의 대로와 그 이름에서 잘 보이듯이, 터키가 뒤르켐에게 호의적이었던 것처럼 브라질은 콩트에게 호의적이었다.

그러나 터키처럼 라틴아메리카에서도 엘리트의 세속주의가 인민 대중에게 전파되지 못했다. 대중들은 여전히 가톨릭과 영성술의 혼합물로 만든 주술과 정령신앙화한 우주 속에 갇혀 있었다. 영미권의 영향력이 밀려들면서 그런 혼합물은 성령강림운동과 커지는 다원주의의 배양판이 될 수 있었다. 물론 발전 단계가 상이하고 또 후기 단계라는 점, 전근대에서 포스트모던의 서비스 경제로 바로 뛰어오른 것이라는 사실과 같은 다른 요인도 작용한다. 그럼에도 오늘날 라틴아메리카의 혼혈적 양식이 무엇인가 하는 문제와 최소한의 대중적 세속주의가 어느 정도인가라는 문제를 푸는 주요한 실마리는 빈약한 커뮤니케이션과 급진적인 자유주의 엘리트의 영향력을 제한하는 이음매가 풀린 구조이다. 그것은 역사 초기에 가톨릭 엘리트들의 영향력이 제한되었던 것과 같다. 사실 프랑스 제3공화정의 경우는 그렇지 않았다.

라틴아메리카가 라틴유럽과 어떻게 그리고 왜 다른가를 생각하려면 프랑스를 끼고 있는 영국과 독일의 영향력과, 미국이 대영제국을 추월한 것처럼 엘리트 중에서 프랑스어 사용자가 영어 사용자로 바뀌는 것을 설명해야 한다. 라틴아메리카 급진주의자들은, 개신교 영국과 독일, 미국을 정치적 진보의 모델로 생각하고 개신교를 진보와 손잡게 하는 것으로 느꼈다. 급진적 관점에서 보면 라틴아메리카에서 특별히 개신교적 성분이 필요한 것은 아니었으나 적어도 이민, 특히 독일과 1865년 이후 미국 남부와 영국으로부터의 이민을 장려할 필요는 있었다. 영국 주변부의 사람들이 불균형적으로 북미로만 이주했듯이 라틴아메리카에서도 같은 현상이 발생했다. 아르헨티나와 칠레에는 스코틀랜드 출신이, 멕시코와 파타고니아에는 웨일스 출신이 불균형적으로 이주해왔다. 그래서 다원주의 양식은 변두리에서 시작되어 소수 개종자 집단거주지를 따라 다양한 형태의 복음주의와 예수재림교, 모르몬교, 그 뒤 여호와의 증인까지 다양하게 나타난다.

여기서 잠시 멈추고 대영제국의 역류성 이민과 제국 주변부 둘레의 이민이 갖는 종교적 함축성을 언급하고자 한다. 전자의 경우는 히스페닉계의 미국으로의 엄청난 이주로, 이는 플로리다에서 캘리포니아에 이르는 종교적 주변부인 미국 남부 인구를 증가시킨다. 이주민들은 도착하기 전이나 후에 성령강림운동으로 개종함으로써 미국사회에 쉽게 적응할 수 있게 되었다. 후자의 경우, 사람들은 대영제국 둘레로 이주하여 카리브 해(트리니다드 섬)와 기아나에 피지와 브라질의 나탈을 모델로 삼아 거대한 인디안 인구 집단을 조성했다. 물론 항상 대도시에는 보스턴이나 시카고의 라틴아메리카인, 라틴아메리카의 일부 가톨릭화한 일본인이나 이탈리아인 등의 소수 이산민족 집단거주지가 있다. 그리고 이들은 브라질의 많은 이탈리아인들처럼 자신들의 타고난 종교나 성령강림운동으로의 개종을 통해 공동의 유대관계를 유지한다. 라틴유럽과 북유럽도 같은 유형의 사례를 보여준다. 프랑스에 살고 있는 남아프리카 무슬림이나 영국의 일부 성령강림운동으로 개종한 카리브 사람이 그 본보기다. 영국이나 프랑스와 같은 세속 국가에서는 이민자의 종교적 실천이 매우 불균형적으로 집중되어 있는 것에서 잘 볼 수 있다. 발칸제국의 양식이 다소 다른데, 아테네, 베오그라드, 소피아, 스미르나와 이스탄불 등의 모든 소수민족 거주지에서는 탄압과 추방이 자행되고 있다.

가톨릭을 이베리아 반도에서 라틴아메리카로 전달한 경로에 대한 조회는 이미 마쳤다. 그런데 그 가톨릭은 이미 움반다(대표적인 브라질의 토착종교로 확실하지는 않으나 1920년대 젤리우(Zélio de Mores)가 만들었다고 전해지는 정령신앙으로, 육체가 없는 영혼의 존재와 환생과 윤회를 실증주의적 관점에서 믿고 설명하려는 앨런 카르데(Allen Kardec)가 만든 카르데시즘(Kardecism)과 아프리카 의례에서 빌린 빙의 의식을 가톨릭의례와 혼합한 마쿰바(Makumba)가 혼합된 형태를 취하고 있다, 옮긴이와 부두교 같은 토착종교나 정령숭배와의 협상을 통해 거래가 이뤄진 혼합주의적 가톨릭이었다. 최근에 토착종교는 마야 족이나 캐추아 족, 마푸체 족과 같은 '주변적'인 토착민들 사이에서 성령강림운동이나 신이교(neo-paganism)를 확산시키는 두 가지의 발전에 촉매역할을 했다. 지식인과 민족주의자 계층은 멕시코나 브라질처럼 신이교와 기독교 이전의 신성을 일반적으로 호의적으로 보려는 경향이 있는 반면에, 향수나 문화적 고고학보다는 모더니티에 더 관심을 갖는 사람들은 성령강림운동을 더 선호하는 경향이다. 포르투갈이나 이탈리아 남부 사람들, 집시와 같이 미국 남부와 닮은 유럽 남부에 사는 사람들의 대중적 선택도 동일한 양상이 나타난다. 유럽의 신이교에는 많은 형태가 있다. 예컨대 영국 중류층의 드루이드교(Druidism; 고대 갈리아 및 브리튼 섬에 살던 켈트 족의 종교로 영혼의 불멸과 윤회, 전생을 믿고 죽음의 신을 세계의 주재자로 받든다, 옮긴이) — 혹은 캘트시즘, 가톨릭과 이교— 혹은 독일에서 부활한 북부의 신들, 그중에서도 바그너 숭배 신화 등이다.

아마도 더 분명한 신이교나 적어도 이교도 신화를 정치적으로 이용한 사례는 러시아 마리공화국 지식인이 추진했던 원시 러시아정교 컬트와 중앙아시아 몇몇 나라에서 레닌 이상으로 추앙했던 티무르 황제 숭배일 것이다. 전반적으로 이런 경향은 아주 작은 부분일 수도 있으나, 민족주의 지식인들이 믿을 만하고 독창적인 몇몇 종교 구성체에 호소함으로써 스스로를 정당화하는 방식은 매우 많은 경우에서 볼 수 있다. 아프리카 사하라 사막 주변에는 라틴아메리카와 마찬가지로 향수를 정당화에 이용하려는 민족주의 지식인층과 성령강림운동을 통해 현대의 지구촌으로 들어가려고 하는 토착민을 포함한 대중 사이에 거의 예외 없이 충돌이 발생한다.

상대적으로 세속적인 라틴유럽과 영성으로 고무된 라틴아메리카(혹은 그 점에서는 아프리카 사하라 사막 주변) 간의 차이를 말하면서 지금까지 의지해온 논거는 경제 발전의 유형과 정도가 또한 일정한 역할을 한다는 점을 고려하면서도 주로 얼마나 많은 재사회화 권력을 세속적인 반(反)교권 엘리트가 이용할 수 있는가 하는 것이었다. 대중의 이념화와 가톨릭 문화와 유사한 조건의 복제를 결합시킨 파리 모델만이 엘리트의 마음을 움직일 수 있었음을 암시해왔다. 이에 반하여 미국식 모델은 내가 간략히 동부심장부 뉴욕과 '남부'의 독실한 복음주의 주변부인 댈러스를 설명하면서 확인했듯이, 미국이 상징이자 모든 구심점이 된 전 세계적 모더니티로 들어가기를 바라는 대중에게 호소함으로써 힘을 얻는다. 결과적으로 라틴아메리카에는 가톨릭교회의 독점이 세속의 독점, 곧 마르크스주의자의 독점을 낳으면서 다원론적인 종교 - 정치적 혼성물을 만드는 방향으로 흐르는 변화가 있다. 특히 1989년 이후 마르크스주의 모델의 붕괴와 더불어 종교적 - 세속적 긴장이 떨어지는 현실은 2002년의 브라질 선거에서 복음주의 경쟁자인 장로교도 가로칭유(Antony Garotinho; 리우데자네이루 주지사 출신으로 브라질 대통령선거에 사회당 후보로 출마함, 옮긴이)가 18%의 득표율을 올리면서 노동당 후보인 룰라에게 지지를 넘겨준 사실에서 몇 가지 시사점을 발견할 수 있다. 어떤 프랑스 개신교도도 '종교적' 티켓에 따른 투표에서 18%를 획득한 경우는 한 번도 없었다. 그리고 물론 과테말라에는 두 명의 복음주의 대통령이 있었지만 그 기록에는 모호한 점이 있다. 라틴아메리카 양식을 따르는 필리핀에서도 피델 라모스(Fidel Ramos)라는 개신교도 대통령이 있었다.

그러나 중심과 주변부의 분석 원리는 칠레의 마푸체 족에서 중앙아메리카의 마야 족에 이르기까지 복음주의·성령강림운동으로의 개종에 대한 토착민의 차별적 개방성 때문에 스쳐가듯 언급하고는 적용하지 않았다. 그것은 같은 방식으로 부분적인 동조가 되지 않는 문화가 유럽에 존재하지 않기 때문에 중요하다. 반면에 마야 족과 마푸체 족은 수세기에 걸쳐 그들의 힘에 넘치는 부담에 대해서 저항했다. 하지만 상황은 좀 더 복잡하다. 그것은 북중부 아르헨티나, 콜롬비아의 특별히 히스페닉적인 지역(안티오키아 주)과 남서부 멕시코 인디언과 같은 매우 가톨릭적인 집단 거주지가 있기 때문이다. 이들은 프랑스 중남부 산악지대에 있는 마시프상트랄이나 이탈리아 베네토 주의 농촌 지역, 스위스 평지의 세속 도시를 제외한 알프스의 모든 호수와 산악 지역에 있는 유럽식 가톨릭 거주 집단과 다소 일치한다. 유사한 개신교도 사례는 프리슬란트 주, 유틀란트, 베스트보텐란트, 스코틀랜드 서부 섬 지역, 데브레첸의 '제2 제노바' 주변의 동부 헝가리에서 볼 수 있다.

멕시코 유카탄은 재미있는 주변부이다. 일부는 마야풍이고 과테말라 변방 경계를 넘어 다른 마야 지역과 연결되어 있다. 두 지역은 복음주의나 성령강림운동으로의 개종 유혹에 쉽게 넘어갈 수 있는 지역이다. 영국의 웨일스 지방처럼 그들은 정복자에게 가장 오랫동안 저항했으며 가장 먼저 비국교도 신앙을 받아들였다. 유카탄과 킨타나로오 주에서 개신교도의 비율은 약 15%이나 멕시코 전체와 비교할 때는 거의 두 배 수준이다. 거기서 종교적으로 보수적이면서 스코틀랜드식 이름을 가진 미국인을 만나고 마치 영국 변방에서 옮겨놓은 것과 같은 작은 예배당을 본다면, 과연 영국에서 시작하여 미국 남부를 지나 라틴아메리카에 이르는 주변부를 주변부라고 할 수 있을지 의아해질 것이다.

상파울루나 볼리비아의 라파스 어디든 상관없이, 주변부나 경계에서 떨어진 곳은 라틴아메리카의 성령강림운동이 아프리카처럼 이주 라인과 시골에서 대도시로 이어지는 커뮤니케이션 라인을 따라 퍼져나가는 경향이 있다. 성령강림운동의 대막사를 갖추고 있는 거대도시로 가는 이주자의 여정은 20세기 중반 이래 세계화와 더불어 크게 가속화하고 있으며 커뮤니케이션과 이주 능력도 그간 개선되어 있었다. 반세기 이상을 라틴아메리카와 아프리카는 서로 비슷하게 문호를 급히 개방했는데, 그 개방에는 세계적인 다국가적 종교운동도 포함되었다. 이들은 전통적인 문화의 장벽을 부수면서 밀어닥쳐 이제는 아이티의 수도인 포르토프랭스 인구의 40%가 성령강림운동자이고 콩고의 수고인 브라자빌에도 대규모 성령강림운동 공동체가 있을 정도가 되었다.

그 문제에 관련하여 가톨릭교회 내부에서 일어난 일종의 다원주의로 간주되는 해방신학도 관심거리이다. 비록 성령강림운동보다는 훨씬 더 높은 사회적 수준에서 더욱 중앙집권화되어 있고 국제적인 지적, 재정적 네트워크의 지원을 받고 있지만, 이 역시 이런 이념과 인재의 다국적 이주 현상을 정확하게 보여주고 있다. 성령강림운동이 욕구가 분출하는 가난한 사람들 사이에서 활동하고 있다면, 해방신학은 그 연원의 일부를 라틴아메리카의 가톨릭 지식인층에 두고 출발했는데 그 출처는 프랑스와 유서 깊은 프랑스의 재현처럼 보이는 벨기에, 나아가 독일뿐 아니라 결정적으로는 뉴욕과 프린스턴, 뉴저지에 이를 정도이다. 해방신학은 '후원받아 움직이는 이동성'을 나타낸다면, 성령강림운동은 그와 달리 자조적 특성을 보여준다.

분명히 대다수 인구가 가톨릭 위계질서와 연결된 엘리트나 자기 종교조직을 운영하는 정치 계급과 동떨어져 상관없이 살고 있는 라틴아메리카의 변화는 세속화의 관점에서 몇 가지 가능한 해석을 필요로 한다. 그 하나는 다원주의 자체가 성스러운 천개를 무너뜨림으로써 세속화의 선구자가 되었다는 것이고, 다른 하나는 개발도상국의 성령강림운동이 산업화를 추진하고 있던 영국의 감리교와 유사성을 갖고 있으므로 곧 같은 식으로 내리막길을 걷게 될 것이라는 것이다. 그렇지 않으면 유럽식 궤도보다는 북미식 궤도를 따를 것으로 예측된다. 하지만 모를 일이다. 어떤 경우에라도 1789년부터 이어져온 계보는 1649년과 1689년, 1776년의 계보에 그 길을 내준 것이다.

제4장 주(註)

1 David Martin, *A General Theory of Secularization* (Oxford: Blackwell, 1978); *Tongues of Fire* (Oxford: Blackwell, 1990); *Pentecostalism — The World Their Parish* (Oxford: Blackwell, 2002).

2 Steve Bruce, *Religion and Politics* (Oxford: Blackwell, 2003).

제5장

종교, 세속성, 세속주의, 유럽 통합

프롤로그

이 장에서 나는 유럽 통합에 관해 어느 한 개인의 입장을 넘어서서 좀 더 분명한 가정을 세워보려 할 것이다. 내가 보기에 종교가 유럽의 통합에 기여하는지 또는 그렇지 않은지에 대한 질문은 경험적인 질문이다. 그리고 이 질문에 대한 대답이 실망을 줄 수밖에 없다 해도 나는 그것을 말해야 할 것이다. 사실 이러한 질문 자체에 대해 유럽연합 헌법과 같은 것에 초점을 맞춘 규범적인 생각과 그와 연관된 주요 종교적 규범을 조심스럽게 간추려놓은 대답을 내놓을 수도 있을 것이다. 그러나 그것은 나의 주된 관심이 아니다.

나는 아일랜드의 골웨이와 그리스의 테살로니키 사이에 있는 종교의 다양한 상태를 연구하려는 것이지 종속적인 특성을 보여주는 종교의 특정한 하위 규범을 연구하려는 것이 아니다. 이러한 규범을 다루는 것은 인문학적 주제를 특징짓는 개념의 추상화 작업 안에 포함될 수 있을 것이다. 이것은 해볼 만한 게임이다. 그리고 인문학적 주제를 다룰 수 있도록 이 게임의 규칙도 이미 정해놓았다.

만일 내가 이 게임을 대충하다가 그만두려 한다면 고전적 요소와는 다른 자유, 평등, 박애 등의 관념이 '그리스도 안에서 하나 됨', '신 안에서의 모든 인간의 연합' 그리고 '모든 인간이 신 안에서 왕과 사제가 되는 길' 등을 말하는 성서를 세속적으로 해석한 것이라고 제시할 것이다. 그리고 신의 영광, 신이 주는 평화, 신의 은혜로 얻은 기독교적 자유 등을 첨가할 것이다. 그리스도와 신에 대한 모든 언술을 제거하면 여러분은 공화적 원리(republican principle)와 덕이 복합된 금언만을 보게 된다. 기독교 언어는 이러한 방법으로 세속화되고 공허해져버린다. 그렇기 때문에 성당 안의 납골당에 묻혀 있는 듯한 구체적인 종교적 황금률(religious gold standard)이 다시 귀환할 수 있겠느냐 아니면 세속적인 것으로 바뀌어버리고 마느냐라는 것은 중요한 문제이다. 그리고 나는 그 황금률과 상대적 허무주의가 존 그레이(John Gray)의 저작 『짚으로 만든 개(Straw Dogs: Thoughts on Humans and Other Animals)』에서 훌륭하게 서술되었던 것[런던정치경제대학(London School of Economics)의 정치철학자인 존 그레이는 이 책에서 종교적 이데올로기에서 비롯된 인도주의를 신랄하게 비판했다, 옮긴이]을 쉽게 뒤따르고 있다는 것에 동의하지 않는다.

나는 그 감추어진 종교적 황금률은 세속화된 계몽적 어법 안에서 완전히 변하고 있으므로 황금률이 본래 이끌어내려는 회심을 향한 모든 시도는 거부된다는 것을 수용한다. 그러나 종교적 언어들은 매우 **독특**(*sui generis*)하다. 성육신과 대속, 전환과 개악, 수용과 논의, 희생과 부활 등에 관해 말하는 기본적인 어법이 어떠한 손상이나 타협 없이 세속적인 공공의 영역에 통합되지 않는 경우도 있다. 말하자면 세속적 영역에서 리소르지멘토(Risorgimento; 1750~1870년에 벌어진 이탈리아 통일 운동, 옮긴이)는 부활을 나타내기도 하지만 세속적 르네상스가 종교적 거듭남과 혼동될 수 없는 것처럼 부활과 리소르지멘토가 혼동될 수는 없다.

종교 언어는 구체적인 관점을 가진 종교적 비전, 연합의 구체적인 방식 안에, 그리고 몸짓, 이미지, 예배 중 터져 나오는 절규 속에 구체적으로 언급되고 알려진 어떤 성스러운 장소 안에 깊게 뿌리내려 있다. 이러한 성스러운 장소는 유럽 전체에 흩어져 있고 그 장소는 통일성을 가지고 있으며 심지어 여러분이 기독교에 머무르든 그렇지 않든 간에 이러한 신앙의 중요한 축적물은 사회적 현실로 남아 있고 사회적 실체로 존재한다. 그러므로 이제 나는 어떻게 이러한 현실 또는 사실이 공공의 영역에서 인식될 수 있느냐 또는 없느냐 라고 하는 중요한 질문을 하려 한다.

나는 위에서 반드시 다루어야 할 중요한 계몽적 논제를 언급했다. 그리고 이러한 논제를 다루는 데 있어서 어떤 이들은 미디어 인터뷰를 하는 것처럼 질문을 받지 않고 질문만 하는 권리를 주장하는 경우가 있다. 세속적으로 계몽된 엘리트는 이 논제를 다루는 데에 자신의 관점을 지키기 위해 근저에 보편구원론(universalism)을 전제하고 있다. 그러나 이러한 보편구원론은 이상하게 보이기도 하고, 자기분열하여 발전하는 것 같기도 하고, 고리타분하게 보이기도 하는 종교적 독특성을 훼손하는 것 같다. 그러므로 이는 극복되어야만 한다. 포스트모던적인 사고는 이러한 보편구원론을 넘어설 수 있다. 그러나 우리가 실제로 보는 것은 종교적 보편구원론과 맞서고 있는 세속적인 보편구원론이다. 프랑스, 영미권, 러시아 등의 나라에서는 종교적 보편주의와 세속적인 보편주의가 복잡한 조우를 하고 있다. 이러한 조우는 당연히 정의와 평화, 인간의 책임성과 같이 현재 연구되고 사용되기도 하는 공유된 지식과 복합적 용어 그리고 그것에 대한 지속적 이해와 연관되어 있다. 인간 존엄성에 대한 선언이 다른 종교나 어떤 깨달음의 위협을 받고 침해당하지만 않는다면 다름에 대한 존중과 어느 쪽에도 속하기 않는 중립적 사고는 필요하다. 신과 진리 모두 세속 도시 안에서 사라지지 않는다. 어떤 경우에는 추상적인 권리는 서로 다른 방향으로 전개될 수 있다. 예를 들어 게이들은 채용 시에 차별받으면 안 된다. 종교적 조직도 그들이 같은 윤리를 공유하고 있다면 채용할 수 있어야 한다.

사실 유럽의 계몽사상은 갈등 속에 있다. 법치적이며 세속주의적인 국가인 프랑스의 계몽사상은 잉글랜드, 스코틀랜드, 네덜란드, 독일, 미국과 같은 나라의 덜 국가주의적인 계몽사상의 도전을 받는다. 이들 다섯 나라는 제한적이지만 연합적 관점을 가져왔다. 독일의 경우는 다른 나라보다 연합적 관점을 뒤늦게 가지게 되었다. 이러한 다섯 나라 모두는 이러한 부분적 동맹 가운데 신앙과 이성을 보여주고 있다. 영국과 프랑스 사이에 있었던 주된 역사적 갈등은 영국이 서쪽으로 팽창하면서 이제 미국과 프랑스 사이의 갈등의 모습이 되었다. 1689년 명예혁명으로 인한 영국의 권리장전과 1776년 미국 독립선언의 역사는 오랫동안 1789년(프랑스혁명)과 1917년(볼셰비키 혁명)의 역사와 맞서왔다.

미국의 하버드에서 독일의 할레까지 동서를 연결하여 북쪽을 가로지르는 기독교와 근대적 계몽사상 사이에는 특징 있고 강한 연합뿐 아니라, 주로 독일에서 서쪽으로 진행하는 강하고 평행한 선을 걷는 신학적 교류 또한 있어왔다. 종교적, 언어적, 역사적으로 영국은 서쪽으로 북미, 오스트레일리아 그리고 마침내 전 지구적인 앵글로 권역(Anglosphere)을 만들었다.

바로 이러한 앵글로 권역에서 영국의 개신교는 어떤 연관성을 유지하고 있다. 물론 영국의 교육받은 중산층이 프랑스, 이탈리아, 그리스 등과 함께 남쪽의 태양 아래 휴식을 만끽할 수 있는 장소를 찾으려고 가졌던 열정도 있다. 그리고 앵글로 권역과는 별개로 북쪽에 있는 후기 개신교(the post-Protestant North)는 규칙과 법을 실제 상황에서 어떤 방법으로 회피하거나 또는 원칙대로 수용하는 것보다는 오히려 그것을 흡수하여 내면화하는 능력을 자랑스러워한다. 종교개혁의 주요한 지리적 경계선이 낡았다는 것이 사실이든 아니든 가톨릭과 개신교 사이의 변이(mutations)는 여전히 문화적·정치적 오해를 일으키는 어떤 힘을 가지고 있다.

만약 세계에 경제적으로 남과 북의 차이가 분명히 있다면 동과 서 특히 북서 지역과 남동 지역의 기본적인 차이는 더욱 커질 것이다. 북쪽에는 생물공학 윤리와 같은 어려운 문제에 대한 평신도의 생각을 포함하고 있는 사회비판적인 종교적 지도력이 있는 반면, 남쪽에는 좀 더 전통에 무게를 두는 가톨릭이 집단적인 목소리로 교회를 지지하고 있다. 미디어나 기타 정치적 편의 매개체는 이러한 가톨릭의 입장과 만나게 된다. 비록 사람들의 삶을 다루는 구체적인 규범이 교회의 통제와 지도에만 종속된 것은 아니지만 동쪽, 특히 남동쪽에서는 종교 지도력의 역할이 민족의 입장을 대변해왔고 지금도 여전히 그러하다. 실제로 동쪽에서 교회는 권력과 지위를 추구하다가 도덕성에 손상을 입기도 했다.

이러한 언급은 현 시대 유럽의 종교성이 가진 몇 가지 분명한 기본적 차이의 골격을 나타내고 있다. 이를 요약해보도록 하겠다. 특별히 가톨릭 교인이 소수인 곳에는 사회적으로 개혁된(reformed) 가톨릭이 있다. 북쪽의 방외자를 제외하고, 남쪽에는 깊게 뿌리박힌 토속 가톨릭(folk Catholicism)이 있다. 동유럽에는 종족종교가 있는데 때때로 국가와의 연계를 새로이 하기도 하고 몇몇 민족 외적인 다른 규칙의 힘을 얻기도 한다. 서유럽은 또한 종족종교를 양성하기도 하는데 이는 프랑스의 브르타뉴 반도와 아일랜드 등에서 특히 그러하다.

그리고 두 가지 개신교 유형의 종교성이 북쪽(경제적 구분에 의한)에서 발견된다. 첫 번째는 자발성 있는 사회 자본을 창출하는 종교에 기초한 앵글로 계통의 미국(Anglo-American)과 앵글로 네덜란드(Anglo-Dutch)이다. 이 경우 종교는 잉글랜드 형식의 사회봉사를 위한 종교 시설 안에서의 수동적인 서비스거나 미국 형식의 적극적이고 기업가적이고 경쟁적인 서비스가 된다. 두 번째는 스칸디나비아와 독일 계통이다. 스칸디나비아는 루터교가 강한 우세를 점한 가운데에 사회 민주주의당이 있다. 독일에는 주 연합 정부가 사회지원의 연결망을 유지하기 위해 교회와 협력한다. 클라우스 태너(Klaus Tanner)가 시작한 봉사회 형태인 개인봉사회(Selbshilfe), 국가봉사회(Staatshilfe), 형제봉사회(Brüderhilfe)를 말하는 것이다.

프랑스, 체코공화국, 통일 이전의 동독, 에스토니아의 여타의 종교들은 성공적으로 세속화한 경우인데, 이는 종교적 민족주의의 반대 사례이다. 급진적 진보이든 마르크스주의든 이데올로기적으로 세속주의적인 국가에 의한 반교화의 성공(the success of counter-indoctrination)은 교회가 민족적 감정을 동원하는 것과 국가(nation-state)와 연합하는 태도를 취하느냐 또는 그것에 반대하느냐에 대부분 달려 있기 때문이다. 종교와 민족성은 성스러운 것(the sacred)을 나누어 가지고 있거나 종교와 민족성에는 신앙과 국가가 부분적으로 합쳐져 있다. 그래서 어떻게 성스러운 것이 경쟁자를 밀어내느냐 그리고 어떻게 그 성스러운 것이 이제는 민족이라는 새로운 성스러운 공간으로 옮겨지고 점차 어떠한 방향으로 움직이느냐를 이해하는 것이 필요하다. 또한 성스러운 민족주의의 소멸이나 성스러운 국가를 연구하는 것도 신중히 계획되어야 한다. 민족주의는 소멸되었다고 자주 과장되어왔을 수 있다. 그러나 성스러운 민족주의는 크로아티아와 성스러운 민족국가라고 불리는 프랑스 안에서는 분명히 살아 있다.

북유럽의 72%가 여전히 스스로를 기독교인이라고 규정하기 때문에 나는 북유럽 몇몇 지역의 후기 개신교의 조직화되지 않은 주관적 영성(subjective spiritualities)의 큰 성장에 관심을 가지고 있다. 이 영성은 인간의 잠재능력에 대해 강조하고 개인을 성화시키려 한다. 그리고 순수함, 인종차별주의, 환경문제에 대해 자기통제를 하려 하기보다는 열정적인 판단에 기초한 일종의 청교도주의(Puritanism)를 만들어내고 있다. 만일 교회와 카리스마운동, 주체적으로 선택한 자신의 종교 안에서의 변화를 연결하는 통합적 차원이 있다면, 그것은 영의 세계나 거룩한 것의 세계나 또는 다른 어떤 것의 세계이다. 피오레의 조아킴(Joachim of Fiore; 중세 말 이탈리아의 신비주의자, 옮긴이)은 그가 말한 세 번째 성령의 시대의 실제적인 도래에 놀라지 않을 것이다.

유럽에서의 몇 가지 종교의 유형

이제 나는 하나하나 연결하여 마치 한 세트의 슬라이드를 만드는 것 같이 유럽의 몇 가지 종교 형태를 머릿속에 그려보고자 한다. 내 목표는 이러한 종교들이 유럽의 통합과 분열이라는 관점에서 무엇을 함의하는지 제시하려는 것이다. 그리고 이 통합과 분열은 두 가지 전제를 가지고 있다. 첫 번째로 기독교는 직접적인 대체물이나 교체물을 찾기보다는 신앙의 세속적 변이(mutation)를 좀 더 쉽게 일으키는 종교적인 것과 세속적인 것의 변증법을 구체화한다는 것이다. 두 번째로 종교는 문화에서 분리되어 생각되기보다는 주류 문화와 독특하게 뒤섞이며 때로는 함께 흘러가기도 하고 또는 저항하기도 한다는 것이다. 이러한 두 전제를 나란히 놓고 보면 종교의 형식과 성격은 종종 세속적인 것과 섞여 있는 것으로 보인다. 예전부터 스칸디나비아에서 루터교와 사회민주주의의 공존 관계는 유명하다.

이 연구의 부분적인 목적은 신앙과 행위에 관한 비교통계학에 기초하여 종교성에 대한 규범적인 설명을 좀 더 깊이 있게 하는 것이다. 그러기 위해서는 역사와 지리, 시간과 장소에 근거하고 있는 사회의식과 정체성의 양식으로서의 종교에 대해 좀 더 넓은 설명이 필요하다. 기독교는 사람들에게 유연성 있는 이미지와 몸짓이 주요 모습으로 보일 수 있고, 또한 기독교 자체가 스스로를 복제하는 것처럼 보일 수 있고, 동시에 사회적 지시와 환경에 맞추어 자신을 조정하는 어떤 코드를 가진 것으로 보일 수도 있다.

나는 실증적인 개념을 계속 세우는 것보다 형태가 다른 것에 대한 구체적 설명을 진행하는 것이 나을 것이라고 생각한다. 종교적인 것과 세속적인 것 사이의 변화된 관계의 형태는 모든 유럽의 도시에서 볼 수 있다. 이는 특히 지역이나 수도에서 가장 잘 나타난다. 비잔틴 전통 안에서 신의 통치와 인간의 통치는 도시 한 가운데의 서로 근접한 위치에 나란히 놓여 있다. 그러나 플로렌스 같은 서구의 르네상스 도시에서 우리는 참주정(Signoria; 14~15세기 이탈리아에 자치공동체인 코무네를 대신하여 등장한 것이 참주정이다, 옮긴이)과 성당이라는 아주 다른 부분에서 종교적 권력과 세속적 권력의 초기 분리를 본다.

로마와 파리는 종교적인 것과 세속적인 것 사이의 분쟁에 대한 초기의 역사가 경쟁적으로 세워진 건축물의 모습으로 확인될 수 있는 곳이다. 로마에서 베드로 성당은 거대한 빅토르 엠마누엘(Victor Emmanuel; 통일 이탈리아 왕국의 초대 왕, 옮긴이) 기념 건축물과 경쟁한다. 바티칸과 국가 수도인 로마가 다시 만나기 위해서 화해의 길(Via della Conciliazione; 성 베드로 성당에서 테베레 강까지 오는 길, 옮긴이)이 구성되어야만 했다. 파리에서 노트르담 성당과 샤크레쾨르 성당은 같은 종류의 성스러운 장소로 표현된다. 즉, 프랑스는 교회의 장녀(the eldest daughter of Church)라는 것이고, 판테온과 바스티유 광장은 프랑스가 혁명의 장녀(the eldest daughter of revolution)라는 것을 보여준다.

이러한 성스러움과 그것과 경쟁하는 것에 관한 실재적 도시환경에 대한 연구는 종교와 진보, 교회와 국가, 신앙과 진보적 민족주의, 성직주의와 반성직주의, 가톨릭교회의 보편성과 계몽의 보편성 사이에 지난 두 세기 동안의 싸움을 보여준다. 파리에서 라틴아메리카까지 지식인에 의해 유포된 이러한 싸움은 갈등의 모델과 다른 어떤 것으로 성스러운 것을 대체하려는 시도의 모델로 간추려볼 수 있다. 그래서 파리에서 정식화되었고 프랑스에서 성공한 통치개념은 레이시티(laicity; 종교와 정치 간의 상호 무간섭, 옮긴이)였다.

그러나 여전히 당연하다고 여길 수 있는 종류의 생각들이 다른 장소에서는 소중하게 여겨져왔다. 독일, 스칸디나비아, 잉글랜드, 스코틀랜드에서 종교적 경건과 계몽사상은 동반자 관계에 있다. 교회는 국가에 종속되어 있고 중산 계급과 통치 계급 모두에 펼쳐져 있기 때문이다. 그래서 베를린과 헬싱키, 오슬로, 스톡홀름에서 교회는 계몽적 전제주의 힘을 실어나르는 고전적 형식 안에서 보편성, 예술, 행정 등을 포함한 영역에 통합되었다. 이 도시들의 오래된 주요 장소는 사회민주주의와 시민의식의 기념물로 채워졌다. 잉글랜드와 스코틀랜드의 가장 온건한 계몽사상은 온건한 고전적 교회를 시민광장과 통합시켰고, 프랑스에서 시작한 계몽주의로 인해 발화된 교회와의 갈등과 교회폐지 모델을 대체하는 공존의 모델을 북미에 전했다.

도시 안에서는 종교적인 것과 세속적인 것의 몇 가지 분명히 다른 모델들을 읽을 수 있다. 한편으로 미국의 시러큐스에서 노르웨이의 트론하임, 그리고 아일랜드의 더블린에서 터키의 소피아까지의 성스러운 건축물에서 보는 바와 같이 유럽은 종교적인 것과 세속적인 것 사이의 차이가 기본적으로 가지고 있는 보편성으로 인해 통일성이 있다. 또한 반면에 유럽은 그 차이가 인식되는 다른 방법들로 인해 다양성도 있다.

도시 안의 성스러움에 관해 연구하여 그린 나의 지도는 다음과 같은 생각으로 좀 더 보완될 수 있다. 유럽의 몇 부분(찰스 3세, 조지프 2세, 캐더린 대제의 통치가 있었던)에서 나타난 계몽된 절대주의적 고전주의(the classicism of enlightened absolutism)와 영미 계통의 좀 더 온건한 부르주아 고전주의와 관련하여 암시되는 체계적인 이해 방식에 대한 생각이다. 유럽은 반종교 개혁적 바로크 지역의 입장과 계몽된 절대주의적 고전주의 입장, 그리고 암스테르담, 런던, 보스턴과 뉴잉글랜드에 위치한 좀 더 온건한 국내적이고 부르주아 전통의 입장에서 바라볼 수 있다. 개신교적 뿌리에 근거한 이러한 세 곳의 시민 문화는 (상대적) 다원주의, 관용, 연방주의, 유대인 애호주의(philosemitism)의 모델을 만들었다. 이러한 시민 문화는 인간, 신성한 권위의 높이와 무게, 도시의 중심에 집중되어 있던 성스러운 권위의 일정 부분을 떼어내버렸다. 암스테르담의 중심에 존재하는 가톨릭의 성스러움이 강제로 고립되고 그것이 대학으로 바뀌었을 때 아마도 도시 중심의 성스러움은 약화되기 시작했을 것이다. 이러한 현상은 그동안 보호되어왔던 장소를 대학(또는 예술전시관이나 콘서트 홀)으로 바꾸는 변이(mutation)의 주된 모습이라고 보아야 할 것이다. 이러한 변이가 성스러운 조형물의 역사에 대한 학문적 연구의 주제든 그렇지 않든, 이 변이의 예는 17세기 말부터 막강한 해군력과 세계무역제국으로서의 힘을 가지고 정치적·경제적·종교적으로 연결되어온 네 도시인 암스테르담, 에든버러, 런던, 보스턴에서 볼 수 있다. 이 네 개의 도시들은 프랑스가 다른 나라를 대표했던 것처럼 유럽과 북아메리카를 연결하는 고리와 연속성을 나타낸다. 이러한 입장에서 미국을 유럽과 분명히 구분하는 원리를 찾는 것은 쉽지 않다. 미국은 전혀 관계없는 타자(the Other)로 있는 것은 아니다.

유럽의 북서 지역과 미국의 북동 지역을 연결하는 지도 그리기는 로마와 파리, 비잔티움과 플로렌스 같은 모델에 기초했던 이전 지도의 연장이다. 그리고 이 지도는 고전적인 입장에서 교회와 국가의 분리를 나타내는 마지막 예인 워싱턴의 신성한 영역과 맞닿을 것이다. 그리고 이 두 번째 지도 그리기 또는 슬라이드 만들기는 유럽 사회의 종교적 형태를 세속적 변이(mutation)와 변환(transposition)을 통해 보는 방법을 기초로 진행될 수 있다.

예를 들어 1685년 낭트칙령 철회 이후 프랑스 가톨릭교회가 가지고 있었던 국가에 대한 독점 권력은 세속국가인 제3공화정으로 완전히 넘어갔다. 가톨릭 교인에게 교회의 과오가 옳지 않은 것처럼 신성한 세속적 공화제에서 가톨릭의 과오가 공공의 영역 안에서 용인되는 것은 옳지 않다. 세속권력 안에서 찾아볼 수 있는 프랑스 전통의 연속성은 아마도 소종파와 이교도의 활동을 제한하고 있는 최근의 법에서 볼 수 있을 것이다.

스칸디나비아 루터교 독점 권력의 포괄적 관점이 사회 민주주의와 국가복지의 배타성과 함께 뒤섞이기도 하고 복사되기도 한다는 것은 세속적 변이의 또 다른 예이다. 그것은 독일과 네덜란드, 스위스에서 볼 수 있는 종교적 다원주의에 대한 국가의 허용이다. 또한 잉글랜드에서 포괄적 중도의 길을 가려는 개혁 영국국교회(the Reformed Anglican Church)의 시도와 종교의 비협조로 인해 교회와 국가와의 경쟁 관계를 수용하려는 실제적 진전은 정치적 체계의 유연성과 그에 대한 반대하는 개념을 반영한 것이다.

여기서 또 한 번 미국과 비교할 수 있다. 잉글랜드(그리고 스코틀랜드와 얼스터)는 복음주의적 기독교 형식을 만들어냈다. 이것은 미국에서 중요하게 생각하는 개인적 진실성에 대한 보편적인 헌신(a universal devotion to individual sincerity)에 기초한 것이다. 그러나 미국 내에서 영국국교회의 종교기반이 유지된 것은 잉글랜드가 미국적 내향성(inwardness)에 중심점으로 작용했음을 의미한다. 물론 그 반대 방향은 스칸디나비아식의 형식성(formality)이다. 만일 이러한 차이가 오히려 유럽 통합에서 한계로 보인다면, 나는 어떻게 그러한 문화적 특성이 유럽대륙 안에서 잉글랜드 권역(Anglosphere)으로부터 분리되어 다른 것에 포함되는지 설명하려 한다. 그리고 유럽과 관여되는 것에 대해 스칸디나비아의 조심스러운 태도 또한 잉글랜드와 연결하여 설명하려 한다. 문화적 이유로 인한 커다란 다양성 때문에 영국과 스칸디나비아의 민족적 전통은 서로를 이해한다. 반면에 이 둘(영국과 스칸디나비아)은 유럽의 본토에 대해 매우 조심스러운 경계심을 가지고 있기도 하다.

지금까지의 지도 그리기가 지역적 범위와 세속적인 해석에 초점이 맞추어져 있기 때문에, 나는 이제 두 개의 다른 보충지도를 그리고 싶다. 첫 번째는 영국과 스칸디나비아 영역을 주변으로 보는 유럽 중심을 규정하는 것이다. 두 번째 지도는 세속성(secularity)과 세속주의(secularism)의 핵심을 추적하는 것이다. 여기서 세속성이란 상태(condition)를 말하고 세속주의란 이데올로기(ideology)를 말한다.

서유럽의 역사적 중심은 논란의 여지는 있지만 샤를마뉴의 프랑크제국 (Charlemagne's middle kingdom)과 아헨[Aachen; 프랑스 지명으로는 엑스 라샤펠(Aix-la-chapelle)]을 연결한 지역이다. 역사적으로 좀 더 뒤로 가보면 이 장소들은 라틴적 특성(latinity)이 게르만 민족을 만난 자리이고, 앞으로 가서 본다면 프랑스의 외무장관이었던 슈만(Schuman)과 전 서독의 수상이었던 아데나워(Adenauer)가 태어난 장소이며, 2차 세계대전 이후 프랑스 경제학자 모네(Monnet)가 프랑스와 독일의 협약을 이끌어낸 장소이다. 프랑크푸르트는 점진적 확장을 통해 낡은 제국적 수도에서 진보적 독일의 첫 번째 의회를 연 곳이며 이제는 세계 경제의 수도이다. 로마가 지중해의 중심, 유럽의 남과 북, (이슬람에게) 남쪽 연해를 잃어버린 이래로 이러한 주요 장소는 이제 로마보다 더 큰 의미가 있다.

넓게 보아서 이러한 영역들은 종교적으로 섞인 지역으로 브뤼셀, 스트라스부르, 제네바의 세 도시를 주요 도시로 포함하고 있다. 각 도시는 국제적 조정과 협력을 위한 적절한 장소가 되기 위해 언어적 경계를 넘어 상징적으로 매우 가까워지고 있다. 독일의 수도는 더 이상 마음 편한 가톨릭의 도시 본이 아니라 후기 개신교 지역인 베를린이다. 그래서 다시 태어난 서유럽의 주요 장소는 후기 개신교의 베를린이나 파리가 아니라 그 사이(in between)의 영역이다.

베를린과 파리는 각각 유럽의 세속성과 세속주의의 중심에 있다. 베를린의 새로운 모습은 점차적으로 전체 북쪽의 중심지, 나아가서 영국의 버밍햄에서 핀란드의 항만도시 탈린까지 뻗어 있는 세속적 조망의 중심지처럼 보인다. 1989년의 독일 통일 과정에서 동독의 루터교회가 맡았던 놀라운 역할에도 불구하고 세속성의 진원지는 동독 지역과 체코공화국 안에 있다. 리투아니아와 폴란드에서 가톨릭이 세속적 박해에 저항했던 것만큼, 동독과 에스토니아 그리고 더 작아진 라트비아의 루터교가 저항적인 것처럼 보이지는 않는다. 그러나 가장 중요한 점은 가톨릭이든 가톨릭의 정치적 힘이든 가톨릭의 중심이 현대 국가의 탄생에 호의적이지 않았다는 것이다. 프랑스와 체코의 경우 가톨릭은 적대적이었고 폴란드, 리투아니아, 슬로바키아는 그와 반대 상황이었다. 반면에 헝가리는 뒤섞인 상황이었는데, 국가의 탄생과 공업도시인 데브레첸 주변의 개신교인 사이에는 강력한 연계가 만들어졌다.

동부 유럽과 그 중심에 있는 국가들은 모두 터키인이나 오스트리아인 또는 러시아인(정교회 교인이든 공산주의자이든)에 의한 외부인 통치의 긴 역사 속에서 민족적 종교성의 특징을 만들어왔다. 종교성에서 나타나는 다양성은 비교를 통해 완전히 설명되지는 않는다. 예를 들어 루마니아 정교회의 생명력과 불가리아의 상대적으로 세속화된 상황을 ― 불가리아정교회의 분열과 그 과정에서 세계대전 이후 정부와 맺은 조악한 협상을 제외하고 ― 아는 것은 중요한 일이다. 라틴적 전통과 동방교회적 전통에서 세워진 루마니아는 분명히 동방교회에 의해서 성립된 매우 독특한 민족적 정체성을 가진다.

세르비아는 매우 흥미롭게 보인다. 티토(Tito)의 통치 아래 유고슬라비아의 중심으로서 매우 세속화되었고, 유고 연방체제가 해체되었을 때, 특히 코소보와 관련하여, 세르비아의 강한 종교적 정체성은 회복되었다. 세르비아의 이러한 정체성 회복은 소련 체제가 무너진 후 러시아에서 일어난 종교적 회복과 비슷한 경우이다. 두 경우 모두에서 교회와 국가의 협력관계의 틀은 아마도 종교에 적극적인 소수자들과 많은 사람들이 가지고 있는 여러 가지가 뒤섞여 생생하고 적절히 효과적인 생각에 의해서 회복되었다. 또한 이와는 다른 종류의 경쟁자들이 폴란드와 리투아니아에 역사적으로 연결되어 있는 우크라이나 서쪽에서 나타났다. 그러나 동유럽에서 민족적 종교의 생명력은 법과 개인적 행위를 넘어서는 정도로 교회의 영향력을 회복시키는 것에 대한 향수를 불러오지는 못했다. 폴란드 주교단은 이를 시도했으나 실패했다.

그리스는 좀 다른 언급을 필요로 한다. 프랑스의 세속주의와는 정반대에 위치하기 때문이다. 그러나 여전히 서구 민주주의와 합리성의 역사적 상징은 남아 있다. 교회가 얼마나 공적 영역에서 강력한 존재인지와 동방교회에서 어떻게 시민권과 정체성이 함께 공존하도록 하는지는 여권에 종교가 무엇인지 표기되어야 하느냐 그렇지 않아야 하느냐라는 맹렬한 논쟁에서 잘 보이고 있다. 그리스의 예는 터키 내의 이슬람 경계선 안에 사는 것이나, 이슬람과 기독교 양쪽의 경계 지역에서 나타나는 인종청소나, 아르메니아인과 아일랜드인의 디아스포라와 유사한 형태의 전 지구적 디아스포라가 초래한 종교의 왕성하고 견고한 면을 보여주는 예이다.

동유럽의 종족종교의 지도는 북지중해 연안에 자리 잡고 있는 민속종교(folk religion)의 지도와 겹쳐진다. 물론 이 지도는 공적이고 실제적인 종교 행위가 아니라 관습과 종교순례, 종교축제를 따라서 그려본 것이다. 러시아와 동유럽에서 보는 바와 같이 이교신앙(paganism)과 주술의 혼합된 형태, 고대와 근대가 혼합된 형태가 있다는 것이 지도에 잘 나타나고 있다.

이러한 종류의 종교는 가톨릭이 소수인 지역이나 가톨릭이 지배적인 북유럽의 나라에 존재하는 자의식이 강하고 사회의식이 있는 가톨릭과는 다르다. 이탈리아의 시칠리아나 안코나 남쪽의 가톨릭은 프랑스와 네덜란드의 가톨릭과 다르다. 그리고 내가 말하는 토착화된 종교(embedded religion)는 단지 지중해 연안에서만이 아니라 알프스, 이탈리아 베네토 지역, 프랑스의 마시프상트랄 산지(Massif Central), 북부 포르투갈, 카탈루냐, 스페인 북쪽과 같은 넓고 다양한 지역에서 발견된다. 그리고 나아가서 산맥과 반도와 같은 지리적인 특성에 의해서 형성된 것으로 보이는 소수 민족의 다양한 민족주의도 연관되어 있다. 스페인의 갈리시아, 아라곤, 바스크 지역, 카탈루냐 지역, 프랑스의 피레네 산맥 지역 등은 이베리아 반도 전체적으로 교회 출석의 급감하는데도 불구하고 가톨릭적 자의식이 강한 의사획일성(quasi-uniformity)을 가지고 있는 지역이다. 프랑스의 브르타뉴와 독일의 바이에른은 강한 가톨릭적 자의식을 가진 지역과 유사하다. 물론 이 두 곳도 공식적으로는 종교 활동의 감소를 보여왔다. 아일랜드 또한 북서 유럽보다는 이러한 남유럽에 포함될 수 있을 것이다. 그리고 유사한 종류의 토속 개신교(folk Protestantism)가 스코틀랜드와 독일의 주트란트 반도, 노르웨이의 작은 섬들의 지역에 퍼져 있다.

스코틀랜드의 하이랜드(Highland), 반도와 섬 등과 같은 곳을 생각해본다면 항상 그런 것은 아니지만 이러한 지역의 가톨릭들은 파리, 마드리드, 이탈리아의 로마와 알프스를 바라보는 밀라노 등과 같은 중심에 대한 저항을 표출한다. 이러한 균열은 이탈리아 반도 전체에도 길게 이어지고 있다.

토착화된 가톨릭(embedded Catholicism)과 중심에 대한 저항의 결합은 독특한 정치적 색채를 띠게 되는데, 파티마, 산티아고, 사라고사, 몬세라트, 로카마두르, 루르드, 리지외, 피어첸하일리겐, 아인지덴, 메주고리예 등과 같은 순례의 중심지가 이와 연관 있다. 버진(Virgin) 항공사(유럽 내에서 관광지를 중심으로 운행하는 저가 항공사, 옮긴이)가 운항하는 장소와 시간은 우연히 결정된 것이 아니다.

지금까지 그려본 지도는 토착화된 종교, 종족종교, 그리고 몇 가지 결합의 예들인 소수 가톨릭과 자의식 강한 개신교, 프랑스의 세속주의와 북유럽의 세속성의 중심지를 포함한다. 그리고 이 지도는 완전히 분리되지 않은 유럽의 북쪽과 북서 지역의 특성을 간략히 그린 것이다. 이제 남아 있는 것은 위의 지역과 경계선에 있는 조용하거나 침묵하고 있거나 또는 너무 활동적이어서 위험해 보이는 나라를 경계선 위에 채워 넣는 것이다. 넓게 보아 이 경계란 얼스터를 제외하고 종교개혁의 오래된 경계선을 따라 가고 있다. 두 개의 성당이 있는 아마는 여전히 위험한 전이를 보여주는 곳이다. 이미 말했듯이 스트라스부르나 알자스는 주변부에서 중심부로 전환되었다. 그러나 남북의 경계선이 아니라 동서의 경계선은 여전히 위험한 긴장과 함께 활동적이다. 그러므로 독일의 브레슬라우(Bresalu)/폴란드어로는 브로츠와프(Wroclaw)/슬로바키아어로는 프레스부르그(Pressburg)/독일어로는 브라티슬라바(Bratislava)/헝가리어로는 포조니(Poszony)는 안정된 것처럼 보일지라도, 루마니아의 티미쇼아라와 이러한 도시와 유사한 보스니아의 사라예보, 마케도니아의 스콥제는 안정되어 있지 않다. 이 지역은 다수 민족과 소수 민족들이 혼합되어 인종청소의 위험을 안고 있는 민족성이 매우 격렬한 영역이다. 루마니아 내에 독일인이 정착했던 7개 도시의 사라지고 사라예보와 보스니아헤르체고비나의 모스타르에 현존하는 게토 지역의 발생 등이 그 예라 할 수 있다. 루마니아 트란실바니아에 있는 헝가리인과 루마니아에 좀 더 깊게 연결되거나 또는 완전히 고립되어 있는 지역의 헝가리인은 개신교이든 가톨릭이든 간에 억압을 받는 것처럼 보인다. 그리고 1989년 12월의 루마니아의 혁명이 티미쇼아라의 헝가리 개신교 목회자가 일으켰다는 것은 중요한 사실이다. 이러한 지역에서 20세기 중간 무렵의 스테피낙(Archbishop Stepinac), 티소(Tiso), 마카리오스(Markarios) 등의 교회 지도자들은 또한 정치지도자들이기도 하다. 실로 그들의 대표성이 가진 역할은 서구 종교지도자의 역할과 대조된다. 이러한 지도자들은 민족의 대변자이기보다는 보수적이지만 활동적인 교회 내에서 진보적인 중산층의 대변자이다.

정교하게 그려진 정치적 지도(political map)나 교회 지도(ecclesiastical map)를 분명히 제시하지 못한다 할지라도 다른 지지자가 있을 만한 장소를 제시하는 것은 의미가 있다. 몇몇 공동체들이 발트 해 권역 안의 루터교인이나 켈트 문화권 안의 아일랜드 해(Celtic Irish sea)와 같은 곳 주변에서 형성되고 있다. 새로운 영성(new spiritualities) — 또는 선술집의 주정뱅이들 — 이 있는 아일랜드 해안 주변과 그 너머에서 나타나는 켈트주의(Celticism)의 부흥은 놀랄 만하다. 이 켈트적 기질은 다른 경쟁 종교 — 초기 기독교뿐 아니라 이방 종교의 뿌리 — 와 친화성을 가지고 있다. 아일랜드 해의 경우 이 기질은 하이랜드와 조그만 섬과 반도들을 연결하는 성스런 연합으로 이어져 있다. 말하자면 스코틀랜드의 아이오나 섬, 아일랜드의 성 페트릭 산(St Patrick's mountain) 과 성 데이비드(St David) 등이다. 그리고 이러한 장소는 고대 기독교와 현대의 여러 종류의 영적 여행자(spiritual travellers)를 위한 중요한 요충지이다. 이러한 장소들은 토속적이고 유럽 대륙 전체에서 신화가 있는 장소와 연결되어 있다. 그리고 각 장소의 음악들 또한 그러하다.

이러한 영성(spirituality)의 지역은 단순히 다양하기만 한 것이 아니라, 파편화(fragmentation)를 주장하고 제도적 기관에 저항하기 때문에 도표화하기는 어렵다. 그러나 나는 종교개혁의 오래된 경계선을 여전히 중시하는 몇

몇 영역의 개신교와 후기 개신교 영성(Protestant and post-Protestant spirituality)의 변이(mutation)를 추적하려 한다. 이 변이는 개신교의 내향성의 추구와 규칙을 마음속으로 심각하게 받아들여서 내면화하려는 개신교의 욕구에서 기원한다. 이 변이가 매우 진전하게 되면 세속종교의 진실성 또는 진정성(the secular religion of sincerity and authenticity)을 이끌어낸다. 특히 미국의 경우가 그렇다. 그러나 규칙에 대한 진실성과 내적 심사숙고는 정치인의 협상을 통한 타협과 타락을 극복하지는 못한다. 그리고 마침내 정부에 대한 정치적 무관심을 나타내는 냉소주의를 만들게 된다. 실제로 가톨릭은 정치인의 암묵적 책임회피와 그와 연관된 정치행태에 대해 이론적으로 수용했지만, 개신교는 정통적 입장에서 이를 거부했고 이로 인해 종교에 대해서 많은 관심을 가진 사회에서 점점 소외되었다. 이러한 개신교의 정통적인(또는 고리타분해보이는) 거부는 유럽연합과 프랑스, 벨기에, 이탈리아 정치인에 대한 앵글로 색슨의 태도에서 여전히 나타나고 있다.

좀 더 느슨한 - 다시 말해 좀 더 자연발생적인 - 영성의 한 유형은 강력한 카리스마적 기독교 안에서 훈련된 생활방식과 연결되어 있다. 그러나 통합치료요법(holistic therapies)과 녹색 정치의 확산을 제외하고 다양한 영성운동의 비기관적 형태에 대한 지도를 그리기는 쉽지 않다. 물론 환경오염, 깨끗한 공기, 깨끗한 음식, 정치적 올바름에 대한 관심 등이 청교도의 한 형태라는 것은 맞는 말이다. 그런데 청교도는 약탈, 전쟁, 신성모독, 세계 자본주의와 과학의 오용에 대한 비판에 찬성하면서도 개인적 책임성, 근면, 자기훈련을 점점 약화시켜왔다.

교회 안의 새로운 영성(new spiritualities)과 심리학적 조망(psychological landscape)이 보여주는 근본적인 전환은 주체화(subjectivization)를 지향하고

있다. 컴브리아(Cumbria; 영국의 북서부 지역, 옮긴이)와 켄달에 관한 통찰력 있는 연구(저자는 폴 힐러스 와 린다 우드헤드를 중심으로 진행된 연구를 이 장의 끝에서 명시하고 있다, 옮긴이)는 이를 잘 보여주고 있다. 극적으로 표현하자면 개신교는 주요한 기억들을 계속 유지하고 재생산하는 역량을 잃어버렸다. 이는 과학적인 세계관이나 합리화로 인한 문제 때문만은 아니다. 오히려 이는 완전히 내향적이고, 개인적이며 불명확한 개신교의 모습 때문이다. 대부분의 미국교회는 이러한 모습을 가지고 있지만 유럽에서는 그렇지 않았다. 주체성은 복종과 집단훈련, 개인에게 주워진 의무를 다하도록 하는 것을 방해한다. 그리고 특히 가부장적이거나 종교적인 권위 또는 기타 다른 권위를 거부한다. 그러므로 주체성은 자연세계의 흐름에 참여한다는 여성적(feminine) 또는 여성주의적(feminist) 생각까지 이어진다. 자연, 인간, 물리적 세계가 좋다고만 생각되면 죄와 악, 희생과 대속은 이해하기 어렵다. 물론 악이 사회적 기관이나 공식적 사회 질서 안에서 규정되기도 한다. 만약 어떤 이가 영성(spiritualities)의 복합성을 부정적으로만 규정하려 한다면 그것은 종교적 쾌락주의가 될 것이다. 그리고 이러한 규정은 금욕적인 것에 기초한 모든 종류의 지적생산물과 나아가서 가톨릭과 개신교 모두에서 볼 수 있는 청교도적 표현법을 찾는 것을 의미한다. 그러나 개신교는 아일랜드나 스페인 영성에서 볼 수 있었던 독단력, 특히 청교도적인 독단력은 가지고 있지 않다.

비기독교인의 이주는 이 연구의 주된 부분은 아니지만 나는 걸프 만 무슬림들의 신앙은 방금 구획했던 주관적 영성과 다르다는 것을 말하고 싶다. 영국 무슬림의 경우도 여기서 이 주관적 영성이라는 틀 안에 집어넣을 수 없는 경우이다. 영국에 이주해온 사람들은 사하라 남쪽 아프리카나 카리브 등지의 기독교권이며 또한 유럽대륙의 남동쪽과 근접하지 않은 다른 곳에서 왔기 때문이다.

무슬림의 이주의 특징은 동화(assimilation)를 죽음으로 간주하지 않으며 유럽의 진보적인 종교성에 독단적인 태도를 취하지 않는다는 것이다. 그들은 어떻게 자유, 권리, 포괄성, 다문화주의의 수사학을 사용할 것인지를 배워왔다. 세계를 휘저을 것 같은 급진적 일부 이슬람 공동체가 있기는 하지만 대부분의 분파는 ─ 어떻게 내부적으로 분열되어 있든지 간에 ─ 통합적이고 유기적이고 단일 문화적이며 가부장적으로 남아 있다. 이렇게 이슬람세계 내의 종교적인 것과 세속적인 것을 구분하는 것의 결핍은 심각한 결과를 가져올 수 있다. 독특한 내적인 경계선을 따라 긴장이 증가하고 안하고는 이주 공동체의 크기, 지리적 위치, 민족, 계급과 같은 다양한 요소에 달려 있다. 물론 민족국가인 터키의 경우는 토착화된 종교성보다는 중립적 시민성을 찾는 경우이다.

중요한 역할을 하고 있는 것이 분명한 종교인의 숫자는 종교 간의 긴장과 일반적으로 말하는 사회 내의 조화에 관한 입장에서 보았을 때 정말 염려스럽다. 교회의 공식적인 지도력은 교육받은 중간 계급의 특성인 포괄적인 모습을 드러낸다. 반면에 얼마나 '포괄적으로 배타적인 자를 포용해야만 하는가?'라는 고전적 진보의 딜레마에 빠져 있다. 무슬림의 동화가 유대인들의 (홀로코스트의 공포의 순간들을 괄호 안에 넣는) 동화의 길을 가게 될 것인지 아닌지는 의구심의 여지가 있기 때문에 여전히 남아 있는 질문이다. 최근 네덜란드에서 보여준 것 같은 유럽 사회의 다른 문화에 대한 포용력을 바라기는 어려울 것이다. 사실 네덜란드도 그것이 한계가 있다는 것을 깨달았다.

요약과 반성

이 장에서 나는 신앙, 종교 행위, 종교적 자기동일화의 다양한 형태들을 재설명하면서 기준을 만드는 절차를 거치려 하지 않았다. 또한 세속화를 염두에 두고 그 각각의 경우를 평가하지도 않았다. 이 장의 목적은 러시아와 프랑스 스타일의 세속화 역사에서 보는 것처럼 오히려 종교성, 세속성 또는 세속주의 원칙의 여러 종류를 살펴보는 것이었다.

지금까지의 예를 돌아본다면 다음과 같은 것을 알게 될 것이다. 첫째, 아마도 유럽 전체 인구의 5분의 1에서 3분의 1 사이의 인구는 종교적 행위와 적극적인 관계가 있다. 여기서 종교적 행위를 동독과 같이 신앙정도와 신앙행위가 비교적 낮은 지역과 아일랜드, 폴란드, 그리스, 루마니아, 몰타와 같이 신앙정도와 신앙행위가 높은 지역으로 나누어볼 수 있다. 이러한 목록이 우리에게 상기시키는 것은 가톨릭이 신도수의 규모에서 비춰지는 것보다 더 능동적이고 교회와 연관된 종교의 모습을 보여준다는 것이다.

그러나 부인할 수 없는 세속화 과정이 있는데 이 세속화 과정은 젊은 세대와 그들 자신의 역사에 관한 기억을 재생산하는 교회의 능력에 영향을 주고 있다. 이 세속화 과정은 미디어의 영향과 마찬가지로 세속적 기준 아래 종교의 보호를 받는 주요 교육과 복지관련 기관의 선제공격까지도 포함한다. 세계대전 이후 주류 교회에서 분명하게 나타났던 서유럽에서의 세속화 과정은 1960년대 이래로 가속화되었다. 물론 이러한 과정은 기독교인으로서의 정체성, 신, 기도, 기독교 도덕을 그리고 영성 등의 수용으로 멈추기도 한다. 스칸디나비아 개신교는 신앙행위에서는 낮은 정도에 있지만 확신에서는 높은 정도를 보여준다. 그리고 이러한 특성은 종교는 개인적이라는 생각을 하도록 한다. 영국 또한 신앙행위의 영역에서는 스칸디나비아와 유사하다. 그러나 (그레이스 데이비의 연구에 의하면) 영국인은 소속감이 없는 믿음(Believing without Belonging)을 가지고 있다면, 스칸디나비아의 사람들은 믿음 없는 소속감(Belonging without Believing)을 가지고 있다. 영국에서는 네 명 중 세 명이 인구조사 때 자신을 기독교인이라고 말한다. 그리고 백 명 중 세 명만이 무슬림이라고 말한다. 물론 버밍햄에서는 종교적 행위를 하는 무슬림들이 다른 곳보다 많을 것이다. 그곳에서 가톨릭은 두 번째를 차지할 것이다.

이러한 다양한 유형은 좀 더 넓게 확장될 것이다. 분명한 것은 서유럽은 동유럽과 다른 경험을 해왔다는 것이다. 그러나 세속화의 경향은 폴란드와 그리스에서도 나타난다. 또한 교회와 연결된 종교 행위의 감소는 자발적 활동(정치적 활동을 포함한 사회자본의 저하에 의한 쇠퇴라고 언급되기도 하는)의 큰 감소를 의미한다. 물론 켄달에서의 연구사례에서 보는 바와 같이 작은 활동이 증가하고 서로 도움을 주는 친밀한 그룹, 영적이거나 가족과 같은 관계, 상호 협동 등은 이와 상충되기도 한다.

지금까지 다루어온 것이 어떻게 유럽 통합과 분열, 문화적 유사성, 다양성 등에 관한 질문과 연관이 있는가? 유럽 통합이라는 관점에서 종교 영역의 역할에 관한 질문은 처음부터 문제를 가지고 있다. 정치의 역할에 관해 질문하는 것과 똑같이 종교의 역할에 대해 질문할 수는 없기 때문이며, 정치란 연대를 계속하는 일인 것만이 아니라 차이를 협상하는 것에 관한 것이기 때문이다. 또한 정치와 종교가 모호한 공감대를 가지고 있다는 입장에서 이러한 질문을 한다는 것은 약간 역설적이기까지도 하다. 그러나 이 질문은 매우 중대한 문제를 다루고 제시하고 있다.

이 문제를 서술하는 한 가지 방법은 프랑스의 레이시티와 그것이 원리화된 세속주의와의 차이에 대해 주의를 기울이는 것이다. 말하자면 앵글로적이거나 게르만적인 세속성이 교회나 종교가 국가를 대리하는 많은 동유럽 국가들의 종족종교성(ethno-religiosity)과 대조되는 것에 관심을 갖는 것이다. 능동적으로 선택된 개인적 종교인 개신교 모델과 깊게 뿌리내린 종교로서 오래된 전통을 가진 동방교회나 가톨릭 모델 사이에는 차이가 있다. 다시 말해 활동가들의 종교성과 서구 유럽 교회에서 나타나는 사회적 관심을 가진 기독교는 문화적 저항이나 그 저항과 함께 나타나는 지도력과는 다르다. 영국 영국국교회 주교는 마카리오스와 스테피낙과 같은 주교, 슬로바키아의 티소, 루마니아 안의 소수 헝가리인의 지도력, 그리고 조지아의 지도자 감사쿠르디아(Ghamsakurdia)와 매우 다르다! 소보르노스트(sorbonost; 러시아를 중심으로 한 연대, 옮긴이)와 종교적 영성의 입장에서 보면 서구의 기독교인은 가톨릭과 동방교회의 세계까지 뻗쳐 나왔다. 그런데 그들은 종족종교성(ethno-religiosity)이 보이는 배타적 주장과 종교의 민족 중심적 정치를 혐오한다(흥미롭게도 동유럽, 특히 폴란드는, 유럽 안에서 통합을 추구하는데, 이는 프랑스와 러시아의 세속주의적 이데올로기를 거부하는 것을 말하며, 오히려 동유럽은 해방을 미국이나 앵글로 권역과 연관시켜 생각한다. 그래서 바르샤바와 아테네만큼 시카고에도 폴란드인과 그리스인이 많이 있는 것이다).

아마도 이러한 차이점이 유럽 통합을 염두에 두고 있는 서유럽의 기독교 지도력의 특성을 만들고 있는 것 같다. 비록 그러한 지도력이 종교와 민족을 존중하도록 하는 몇 가지 대표적 역할을 가지고 있고 종교가 약소민족의 민족주의(micro-nationalism)와 관계를 가지기도 하지만, 그러한 지도력은 표현, 태도, 다루고 있는 문제의 양상으로 보아 세속 사회의 중간 계급의 모습과 문화적으로 매우 근접해 있다. 이러한 지도력은 일반 평신도 기독교인들보다 더 진보적이고 초교파적이며 유럽적이다. 이러한 점은 미국의 예에서도 쉽게 보이는데 미국감독교회(American Episcopal Church)는 공화당과 민주당을 놓고 나뉘어서 이제는 각각 서로 다른 길을 가고 있다.

여기에다가 더 큰 문제가 있는데 과학의 진보로 인한 윤리문제이다. 이러한 문제에 대해 미디어에서 전통적 가톨릭의 교리에 따른 '교회'의 입장이라고 보도된 주교의 관점은 교육받은 평신도의 관점과는 다르다. 교회 지도자에 의해 설명되는 '교회적 관점(a church view)'이 있고, 그리고 '교육받은 평신도들의 관점(lay viewpoints)'이 있는 것이다. 그러므로 이 문제는 교회가 무엇을 말했는지 또는 교황이 무엇을 말했는지에 대해 묻는 단순한 질문이 아니다.

사실 가톨릭 정체성에서 교황은 삶의 방식에 대한 권위의 원천이거나 가족과 성적 행위에 있어서 무엇이 적절한지를 미리 말해주는 원천이기보다는 카리스마적 토템(totem)이라는 것을 보여주는 많은 증거가 있다. 서양에서 교회의 지도력은 도덕적 권한을 실천하기보다는 이러한 토템적 성격을 가지고 있다. 이는 평신도 가톨릭 교인이 실생활에서 무엇을 하겠다고 이미 결정한 것을 교회 지도력에 의해서 바꾸는 것이 어려워진 경향을 말하는 것이다. 이탈리아의 낮은 출산율은 이러한 것의 가장 극단적인 경우이다. 그리고 폴란드와 아일랜드의 강한 가톨릭 정체성은 교회적 권위의 인식을 의미하거나 세속적 법률 안에서 가톨릭적 정체성을 실현하는 것을 갈망하지 않는다. 정체성은 복종이 아니다. 종교적 정체성은 신에 대한 믿음과 기독교적 신앙행위에 대한 존중을 가지고 공적 영역 안에서 이에 대한 이해를 추구한다. 종교적 정체성을 보여주는 교회의 도덕적 권위에 대한 태도로서의 가부장적인 모습은 감소한다. 그러나 지극히 모범적인 인물이나 모델의 경우는 이러한 모습이 좀 덜 한 듯하다. 몇몇 사람들은 성경으로 돌아가고 돌봄을 받기 위해 교회로 돌아간다. 그러나 많은 사람들은 그렇지 않다. 그러므로 종교적 보수주의와 세속성은 함께 증가한다.

이제 기독교적 도덕성과 세속적 도덕성이 연결되어 있는 점을 살펴보자. 기독교는 이웃 사랑, 삶에 대한 경의, 자선적 태도와 노력으로 이해될 수 있는데 이는 일반적인 세속적 교훈과 겹쳐진다. 그러나 도덕적 책임에 관한 기독교 언어는 이야기, 이미지, 추상적인 시민 원리보다 훨씬 큰 실존적 영향력에 의해서 표현된다. 여기서 기독교 언어는 교황 요한 바오로 2세가 말했던 '나르시시즘 문화(Culture of Narcissism)'와 연관되어 좀 더 분화된다. 기독교 언어는 이미 언급했던 주관적 영성 – 또는 자기중심적 종교(self religions) – 에 관한 것이다. 그리고 의무와 책무로 표현되는 윤리적 태도로부터 행복, 유용성, 자유, 자기충만에 대한 기준으로 전환하는 것과 관계되어 있다. 최대로 확장된 기독교 언어 안에서 자유는 한계를 넘는 것과 충격에 대한 무제한적 허용으로 표현된다. 그러나 이러한 무제한적 허용은 인간의 자율성의 끝을 보여주는 것은 아니다. 오히려 동료집단에 의한 억압과 유명인의 삶의 스타일에서 흔히 볼 수 있는 손상된 삶의 예를 보면서 그렇게 되지 않도록 노력하고 책임을 다하는 데에서 지금까지 써온 낡은 예들을 새롭게 바꾸는 것이다.

종종 종교를 소비자의 쾌락으로 언급하는 것의 뒤에는 종교가 전해지는 것이 아니라 선택된다는 식의 종교적 선호도에 대한 미국적 사고가 있다. 다시 말하지만 유럽의 개신교와 이슬람과는 매우 큰 차이가 있다. 나는 이렇게 미국과 다른 유럽 사회에 대해 말하고 나아가서 종교적 다양성을 말하려 한다.

이러한 현실은 서구사회에서 지배적으로 있는 자유주의가 당면한 특별한 문제를 보여준다. 좀 더 구체적으로 말해 자유주의적 엘리트들은 기독교인들이든 세속적이든 간에 타인을 존중해야 한다는 것을 강하게 말하고 있다(실제로 그들은 가톨릭뿐 아니라 동방교회, 이슬람 공동체성에 대한 부러움을 느낀다). 그러나 그들은 자유를 억제하고 선택을 줄이고 신의 이미지와 가부장적 권위를 유지하기 위해서 성서나 전통을 권위주의적으로 해석하는 것을 여전히 강하게 비난한다. 이 문제는 아브라함의 자손은 한 신을 믿는다는 것에 동의하는 것은 모든 이들이 같은 신을 믿는 다는 것에 동의하는 것과 같은가라는 질문으로 정리된다. 고상해보이는 정치적 허상인 유대적 기독교(Judaeo-Christianity)라는 말이 다른 각도에서 드러나는 심각한 차이를 모호하게 만들어왔다는 것을 의심할 바 없다. 그래서 기독교를 유대교와 좀 더 가깝게 연결시켰다. 그러나 이와 같은 초교파적(범종교적) 작업을 이슬람으로도 얼마만큼 확장할 수 있느냐 하는 것은 여전히 쟁점이다. 특별히 이슬람교가 세속적인 것의 자율성을 인식하는 데에서의 난점이 종교적 측면과 연결되어 있기 때문이다. 이는 법과 사회적인 소속감을 다루게 될 때 특히 그러하다. 종교적인 문제에 대한 진지한 선택은 적절히 발전하지 못했다. 그리고 바로 이러한 영역이 과거에 가톨릭이 마지못해 허용한 권리보다 더 많은 권리를 현대의 자유주의자가 인정하게 되어 큰 실수를 하게 되지 않으려는 영역인 것이다.

이러한 점에서 우리는 사회학의 영역을 넘어서는 문제를 보게 된다. 그 문제란 연합 그리고 언어와 연관된 종교 형태의 구체성과 독특성에 대한 것이다. 이러한 문제는 교회가 종종 지역적으로나 국가적으로 감당하는 역할을 다하려는 것에서 야기된 것이다. 이것들은 공동체적인 한숨과 기쁨 같은 것인데 다이애나 황태자비의 죽음이나 1994년 에스토니아호 침몰 등이 그 예라고 볼 수 있다. 여기서 종교적인 연대, 성스런 장소, 종교 언어의 깊이와 영역은 세속적 말과 실용적 장소가 관여할 것이 거의 없는 영역으로 넘어간다.

종교적 연합은 전통이나 정통적 경전에 내포된 것에 대한 축적적 언급(cumulative reference)에 기초하여 만들어진 복종의 공동체와 내면적이고 외면적인 훈련과 희생을 통해서 나타났다. 이러한 종교적 연합은 현대 유럽 종교 형태의 대부분의 형식에서 예증되는 구체적 차이를 나타내는 중요한 측면을 가지고 있다. 종교 언어는 또한 전환과 퇴행적 변형(deformation) 그리고 초월적 내재의 이미지를 담고 있는 서사 이야기에 근거하는 차이를 보여준다. 종교 언어는 수평적이고 수직적 방향성을 "넘어서(beyond)" 있는 것을 지시하고, 그것을 언제나 열망한다. 그리고 이러한 종교 언어의 문법적 시제는 과거인 것만이 아니라 미래에서 완수되기도 한다. 종교 언어는 경쟁자의 이익을 넘어서 협상을 이끄는 정치적 언어가 아니라 희망 안에서 연대를 이끌어낸다. 물론 종교적 희망과 열망은 소비사회가 주는 인간의 욕구의 잠정적인 포만감 때문에 그 정도가 덜 하게 된다. 물론 이 잠정적인 포만감은 진정한 만족을 의미하지 않는다.

개인의 존엄성, 인권, 평등, 연대, 법의 규칙과 이성의 근본성(primordiality) 등과 같은 유럽의 원칙은 종교 언어와 사고의 중요한 범위를 다루는 추상화 작업과는 다른 측면에서 작동한다. 물론 세속적인 것의 보완성이나 자율성과 같이 세속적 담화(secular discourse)에 의해 공급되는 중간 매개적 개념들은 있다. 자유(liberty), 평등(equality), 박애(fraternity)와 같은 주요 지배 개념이 바울이 말했던 그리스도 안에서 인류의 일치와 평등으로 이해될 수 있다. 그러나 종교 언어는 다르게 뿌리내리고 있다. 그리고 다른 사고의 영역 안에 있다. 인간이 신의 형상으로 만들어졌다는 것은 '모든 인간은 양도할 수 없는 권리를 창조주로부터 부여받았다'는 말로 이해될 수 있다. 그러나 신앙, 희망, 사랑에 대한 우선권, 특히 사랑은, 시민적 개념이나 헌법적 개념으로 이해할 수 없다. 이에 대한 우선권은 국가의 법제나 공공 영역의 정책에서 이루어질 수없는 종교에 위탁된 것이다. 그러므로 성육신이나 대속이 세속적 담화(discourse)로 환원될 수 없는 것이며, 교회가 예술 전시관이나 콘서트 홀 등 시민을 위한 장소로 바뀌고 있지만은 않는 것이다. 교회는 독특한 사회적 기능을 위한 장소가 아니라 인간을 위한 장소이며, 한숨과 기쁨의 장소이며, 채워지지 않는 욕구를 위한 장소이며 다른 종류의 만남의 장소에서는 생각할 수 없는 것을 할 수 있는 장소이다. 어떻게 이러한 구체성을 다루고 공적 영역에서 그것이 나타내는 것을 이해할 것인가는 여러분이 종교를 보는 관점에 달려 있다. 사회진화라는 입장에서 종교는 계속적인 침식(erosion)을 하며 결국 일상적인 형태로 남아 있게 될 것이라고 보는 관점인지, 또는 종교를 이성과 계속적인 일관성을 갖는 근원적으로 구성적 언어(constitutive language)로 보는 관점인지에 달린 문제이다. 그리고 이렇게 철학적으로 구분하는 사고를 넘어서서 문제는 얼마나 그리고 어떻게 여러분이 분명하게 종교적 현상을 인식하느냐이다. 종교현상은 있다. 그러나 그것이 사적인 것인가? 공적인 것인가? 결국 역사적으로 기독교가 먼저 존재하지 않았다면 종교개혁과 인도주의, 계몽주의 등의 성공적인 변이는 없었을 것이며 오늘날 서구 그리고 유럽이라는 말은 지리적 표현일 뿐이며 경제적 편이에 의한 국가들의 모임뿐 일 것이다.

  이 장은 사고의 단편들이기에 정식적으로 인용 서적을 나열하지 않으려 한다. 그러나 벤자민 실(Benjamin Seel), 브로니슬라브 제르진스키(Bronislaw Szersynski), 카린 터스팅(Karin Tusting)과 공동 연구를 한 폴 힐러스와 린다 우드헤드의 컴브리아 켄달 지역에 관한 연구『성스러운 것을 인간의 삶으로 불러오기(Bring the Sacred to Life)』(Oxford: Blackwell, 2004)를 참고했다. 또한 그레이스 데이비의『1945년 이후의 영국의 종교: 소속감 없는 신앙(Religion in Briatain since 1945: Beleiving without Blonging)』(Oxford: blackwell, 1994),『현대 유럽의 종교: 기억은 변한다(Religion in Modern Europe: a Memory Mutates)』(Oxford: Oxford University Press, 2000),『유럽: 예외적 경우(Europe: he Exceptional Case)』(London: Darton, Longman and Todd, 2002)등을 참고했다. 좀 더 자세한 경험적 세부사항을 위해서는 앤드루 그릴리의『두 번째 천년의 끝에 있는 현대 유럽 종교(Religion in Modern Europe at the End of the Second Millennium)』(London: Transaction, 2003)를 참고했다. 그리고 신계급주의(neo-classism)와 세속화에 관해서는 로버트 로젠블룸의『18세기 예술의 전환(Transformations in Late Eighteenth Century Art)』(Princeton, N.J.: Princeton University Press, 1969)을 참조했다.

제6장
비교학적 관점에서 본 캐나다

캐나다 밖의 사람이 캐나다 안의 종교에 대해 연구한다면 캐나다 학자들이 이미 알고 있는 것 이외에 새로운 것을 말하기 어렵다는 것은 확실하다. 캐나다 밖의 사람들이 가장 많이 하는 연구는 이론적 연구이거나 비교연구일 것이다. 나의 구체적 연구는 비교연구인데 이는 20년 전 내가 저술한 『세속화 일반이론』에 나오는 방법이다.

나의 비교는 대략 12개의 질문을 담고 있다. 그러나 여기서 먼저 어느 나라와 비교할 것인가라는 사전 질문이 있다. 나의 첫 번째 생각은 영국, 캐나다, 오스트레일리아, 뉴질랜드, 미국과 같은 앵글로 아메리칸 문화의 영역에 유럽의 후예가 현재 거주하는 지역과 연관되어 있는 사회를 비교하는 것이다. 이러한 사회에서 나타난 영역의 한 끝은 영국(네덜란드와 마찬가지로 종교의 자유의 원천으로서)이다. 영국은 국가종교(state religion)의 흔적이 있으며 10% 내외의 사람이 규칙적인 종교 행위를 보이고 있다. 그리고 다른 한쪽 끝은 미국이다. 국가교회의 모습은 없지만 40% 정도의 사람이 정기적인 종교 행위를 한다. 미국과 영국의 역사와 연관되어 있는 캐나다와 오스트레일리아는 각각 30%에서 40%의 사람이 정기적인 종교 행위를 하고 있다. 나는 사실 캐나다가 20세기 중반을 지나서 이러한 높은 종교적 실천을 보여주는 데 놀랐다. 이것은 나에게 빅토리아 시대와 같은 종교에 대한 인기가 각각의 국가에서 언제 멈춰졌느냐 라는 질문을 하도록 한다. 다시 말해 왜 그 종교적 붐(boom)이 영국에서 먼저 끝났는가 하는 것이다.

이상의 서로 연결된 다섯 국가의 사회와 별도로, 내가 다루려는 비교에 대한 또 다른 요소가 있다. 하나는 북서 유럽 즉 네덜란드, 독일, 스위스에서 발견되는 것이다. 이러한 나라에서는 두세 가지의 종교 전통이 있다. 그리고 각 종교는 국가 내의 각각 다른 지역에 뿌리를 내리고 있다. 다른 하나는 자메이카와 같은 옛날 영국의 식민지에서 발견된다. 이러한 곳에서는 영국적 패턴이 다양하게 재생산된다. 자메이카는 영국국교회가 설립되었던 흔적과 앵글로 문화에 순응하지 않은 이른바 비일치(nonconformity)라고 부르는 지역이 있다. 그런데 바로 이 지역에서 성령강림운동이 넘쳐났다. 나는 이러한 사회로부터 비교의 주된 내용을 이끌어내려 한다.

나는 서로 연결되어 있는 일단의 질문에서 시작하려 한다. 물론 이 질문은 캐나다와 연결해서 대답해야 할 것 들이다. 현재 만들어지는 문화가 있는가? 있다면 그것의 크기, 힘, 지역적 분포는 어떠한가? 이미 언급한대로 앵글로 아메리칸 영역 안에서 캐나다는 지역적 기반을 가지고 있는 두 가지(또는 세 가지의) 문화가 만들어지는 유일한 장소이다. 이와 가장 유사한 곳은 아마도 남아프리카공화국일 것이다. 이 나라는 두 가지나 세 가지 (아니 실제로는 여러 가지)의 문화가 만들어지고 있고 이들은 각각 지역적으로 구분된다. 그러나 남아프리카공화국은 매우 다른 면이 있다. 북유럽에서 가톨릭과 개신교 문화권은 지역적 기반을 가지고 있다. 물론 가톨릭 문화의 경우 더욱 지역적으로 구획되어 있다. 흥미로운 시사점은 개신교 사회 안에서 지역적 기반을 가진 곳이 가톨릭 문화가 더 잘 연결되어 있고 내적으로 통합되어 있다는 것이다. 이러한 모습은 개신교 문화가 필요 없기 때문이거나 개신교가 덜 유기적인 관계를 가지고 있기 때문에 그런 것은 아니다. 사실 가톨릭 문화는 1960년대의 갑작스럽고 중대한 변화 이전까지 생각보다 오랫동안 높은 정도의 종교적 행위를 유지해왔다. 무엇보다도 네덜란드 가톨릭의 중대한 변화와 퀘벡(Quebec)의 가톨릭을 비교하여 밝혀내야 할 것이 분명히 있다. 이는 다음 질문으로 넘어가기 전에 좀 더 생각해볼 만한 가치가 있다.

가톨릭의 종교적 행위는 가톨릭 신자가 다수이며 그들이 정치적·사회적으로 지배적인 지역보다는 가톨릭 교인이 소수이며 개신교 국가에서 더 높게 나타난다. 가톨릭 신자는 국가로부터 이방인으로 인식되는 것에 저항하거나, 그것을 넘어서서 자신들의 정체성을 정의하는 하위문화를 조심스럽게 형성하거나, 또는 그들이 어느 정도는 비가톨릭 신도인 엘리트에 의해서 어떤 일정한 국가에 정착하게 되었기 때문이다. 이러한 경우 가톨릭 신도는 평등한 존중을 받는 것을 추구하며 자신을 도와준 엘리트를 밀어내려는 운동을 하지 않는다. 그러나 이러한 존중에 대한 요구와 자기배제가 성취되었거나 일정 궤도에 올랐을 때 이 일을 주도해왔던 종교적 유대와 범주는 커지기보다 작아진다. 소수자는 자신의 요구를 성취하기 위해 다수자 문화의 상징적 행위의 벽을 균열시키는 것이 필요한데 이는 가톨릭 소수 문화가 다수자의 두꺼운 벽을 무너뜨리는 압박과 기회를 얻으려는 것을 말하는 것이다. 나아가서 소수자는 종종 자신이 본질적이라고 정의하기 위해 그들의 두드러진 특징에 걸쇠를 걸어둔다(자물쇠로 완전히 잠가 버리는 것이 아니라). 이러한 경우의 예가 성직체계에 대한 복잡한 절차 등이다. 그래서 제2차 바티칸 공의회(1962~1965)가 차이에 대한 몇 가지 표현을 바꾸었을 때 다른 표현들은 무너져버렸다. 그러므로 가톨릭 회중에게는 소명에 대한 중대한 변화가 있었다. 이러한 중대한 변화는 잉글랜드나 오스트레일리아, 미국보다 퀘백과 네덜란드의 가톨릭에서 컸다. 지리적 기반이 완전한 하위사회(subsociety)의 감성을 만들었기 때문이다. 종교적이라고 정의되는 모든 일상의 삶뿐 아니라 모든 것이 변화 속으로 던져졌다. 그래서 종교는 이제 투쟁적 행위라기보다는 어떤 문화적 색깔을 덧입게 된다거나 제의적 기억(ritual recollection)이 된다. 퀘백에서 종교의 이러한 역할은 신앙만이 아니라 정치와 언어에 의해서도 이끌어져왔다. 즉, 교회가 완전히 하위사회(또는 국가 없는 민족)로서 있었던 곳에서 복지국가가 발전하는 것은 점점 교회가 했던 복합적 역할을 국가가 실행하게 되는 것을 의미한다.

이와 연결된 다음 질문은 특정한 지역에서 만들어진 문화에 의해서 수적으로나 사회적으로 성취된 지배력의 강도에 관한 것이다. 이러한 지역은 캐나다의 앨버타 지역이나 대서양과 맞닿은 지역과 같은 곳이거나 그보다 작은 지역일 수도 있다. 여기서 내가 언급하고자 하는 곳은 잉글랜드나 스코틀랜드라기보다는 이 둘을 포함한 영국 전체이다. 둘 다 모두 수적으로나 사회적으로 지배력 있는 교회가 있었기 때문이다. 물론 이는 가톨릭이 프랑스에서 사회적 지배력이 있다든가 아일랜드 문화에서 가톨릭이 수적으로 우세한 것과 같은 것을 의미하지는 않는다. 캐나다에서 우리가 볼 수 있는 것은 사회적이거나 수적 우세라는 것에서 자유로워져서 잉글랜드적·스코틀랜드적으로 세워졌던 종교의 잔재이다. 이러한 종교는 특별히 캐나다에서 여전히 전반적인 지위를 가지고 있고 북아메리카의 앵글로 문화권과 분명하게 연결되어 있다. 그러나 캐나다의 약화되는 종교적 아우라(aura)는 혁명 이전의 모습을 잃어버린 프랑스 가톨릭의 전통을 극복하거나 그것에 저항한다. 그리고 아일랜드 가톨릭은 불분명한 문화적 헤게모니 양상을 보이는 잉글랜드의 정치적 헤게모니에서 자유롭다(물론 이 두 가톨릭 전통은 미국 내에 존재했던 아일랜드와 이탈리아, 폴란드와 독일 전통과는 비교할 수는 없다).

내가 일어날 것이라고 예상했던 것은 다음과 같다. 아일랜드의 가톨릭과 프랑스의 가톨릭 사이에는 갈등이 있다. 그러나 로마의 교권지상주의 아래에서는 연합한다. 그리고 그렇게 하는 것이 가톨릭이 가진 몇 가지 자기정체성의 요체 중 하나이다. 캐나다 내에서 사회적 지지도가 없는 영국국교회는 동일한 윤리적 강령을 가지고 활동하는 감리교 운동과 맞부딪치고 있다. 이러한 캐나다의 감리교 운동은 독립혁명 이전의 식민주의적 힘과 연관되어 있던 교회를 버리려 하는 미국의 성향에 영향을 받은 것은 아니지만 여전히 미국 감리교와 유사한 점이 있다. 캐나다 영국국교회는 미국만큼 소수는 아니지만 소수가 되는 것을 피할 수 없다. 캐나다 영국국교회의 자긍심은 뉴펀들랜드처럼 수적적인 기반 위에 있지 않다.

대부분의 경우 스코틀랜드인은 상대적으로 많은 수이다. 유럽 서부의 몇몇 지역에서 스코틀랜드인은 수적, 사회적 기반을 가장 많이 만들어놓았다. 그러나 항상 그런 것만은 아니다. 잉글랜드와 스코틀랜드의 과거 사회적 기반은 차별당하기보다는 오히려 뒤섞였다. 그리고 몇몇 영역에서는 서로를 배제하려 한다. 스코틀랜드인은 잉글랜드에서 그랬던 것처럼 다른 개신교 교단, 특히 감리교단과 회중교단(Congregationalist)에 의해서 이끌려왔다. 그러다가 대부분의 스코틀랜드인이 1925년 연합교회(the United Church)

를 설립했다. 이러한 입장에서 캐나다의 발전은 오스트레일리아와 유사하다. 이 유사성은 신학적이고 사회적인 정체성이 합병되는 것을 꺼려하는 오스트레일리아의 적지 않은 보수적 장로교인에게도 발견된다. 이러한 범개신교(Pan-Protestant) 영역은 다소 지배적인 개신교 문화 안에서 가장 큰 단일 집단이 되었다(이상의 나의 논리가 정당하다면 토론토에서 이전에 나름대로 지역적 우세를 점했던 스코틀랜드계 아일랜드인에게도 적용될 수 있다고 생각한다).

이러한 점에서 미국, 오스트레일리아, 뉴질랜드와 몇 가지 비교가 필요하다. 물론 위의 네 나라는 모두 지역적인 지배력을 가지고 있다. 미국의 경우 이러한 비교는 교회와 국가의 완전한 분리, 자발적 연합 규범과 계속적인 분열을 모두 지지하는 연방주의도 확인할 수 있다. 미국에서 잉글랜드, 아일랜드, 네덜란드 문화를 만들었던 개신교의 초기 지배력은 문화적 다양성으로 볼 수 있다. 이러한 문화는 서로 균형을 맞춘다. 하위문화의 형성과 유지를 위한 기회가 많아지는 것과 국가 지원의 상대적으로 빈약해지는 것은 국가별 경계선을 넘어 작동하는 경쟁적인 종교 기관의 기능을 확장시킨다. 캐나다에서는 이와 반대로 초기 뉴잉글랜드에서 볼 수 있었던 것과 같이 용광로 모델보다는 모자이크 모델로 볼 수 있는 사회봉사를 위한 종교 시설이 남아 있다. 모든 것을 녹여 섞는 용광로가 하나하나 맞추어 그림을 만들어나가는 모자이크와 다르다는 것은 의심할 여지가 없다. 그러나 추측건대 그것은 몇 가지 영향력을 가지게 된다. 다른 말로 캐나다에는 전체 개신교의 성격보다는 제도로서의 교회의 특성과 연결하여 규정할 수 있는 조금 온건한 헤게모니가 있다. 물론 가톨릭과 개신교 사회 사이에서 가장 강하게 문화를 드러내는 교회는 가톨릭교회이다. 좀 더 넓게 보아 퀘벡과 뉴올리언스를 제외하고 가톨릭교회는 기관적 실체로서의 교회의 모습과 교회의 사회적 지배력을 잘 결합시켰다.

우리의 비교를 캐나다와 미국과의 비교에서 캐나다와 오스트레일리아나 뉴질랜드와의 비교로 옮겨놓고 본다면 사회에 대한 교회의 영향력은 지역적 집중력이 있음을 볼 수 있다. 뉴질랜드 남섬 크라이스트처치(Christchurch)의 영국국교회 교인과 오타고와 더니든의 장로교인의 수를 예로 들 수 있다. 오스트레일리아 또는 뉴질랜드와 캐나다의 차이는 이 두 곳의 영국국교회 교인의 숫자(네 명 중 한 명)가 캐나다보다 크다는 것과 뉴질랜드의 장로교인의 숫자(다섯 명 중 한 명)가 캐나다보다 더 크다는 것이다. 인구의 약 15%가 신앙행위를 하는 뉴질랜드에서는 공식적으로 종교적이거나 비종교적인 사회시설이 있었다. 오스트레일리아에서는 다원주의 양상이 높고 가톨릭 신앙행위를 하는 신앙인의 숫자는 매우 적지만(오스트레일리아 가톨릭의 약 20%만이 종교 행위를 한다) 그래도 영국국교회보다는 크다. 그러므로 우리가 캐나다 퀘백에서 시작하여 오스트레일리아와 뉴질랜드까지 추론하여 온 것의 결론은 캐나다에서 영국국교회 교인의 숫자가 작다는 것을 제외하곤 세 나라(캐나다, 오스트레일리아, 뉴질랜드)의 사회가 매우 유사하다는 것이다.

이 세 나라의 사회는 1960년대 이후 종교적 쇠퇴를 경험해왔다. 주로 가톨릭교회와 진보적 영국국교회 교회가 그 여파를 받았다. 보수적 복음주의 교회(또는 다른 교파의 복음주의적 분파)는 그들의 교회를 유지하거나 확장했다. 그러나 이러한 복음주의 교회의 상대적인 성공은 다른 사회의 기독교인과 비교해보았을 때 동등하게 평가하기 어렵다. 복음주의적 분파가 훨씬 크게 연관되어 있는 완전히 자발적인 미국 체계에서의 기독교인은 이보다 훨씬 더 높은 정도의 신앙행위를 보이고 있다. 그리고 이러한 미국 내 기독교인의 신앙행위는 하위문화적 기관을 건립하는 데 도움이 된다. 영국, 특히 잉글랜드의 경우에는 반대의 모습을 보인다. 복음주의적 교파가 가장 활발하기는 하지만 하위문화를 만들 기회가 상대적으로 매우 적다.

여기서 남아프리카공화국에 대한 언급을 간단히 하고, 이것과 자메이카를 비교해보자. 자메이카는 위에서 언급한 사회와 매우 다르다. 감리교인이나 침례교인과 함께 지역 중심에 위치한 영국국교회는 세 위격이 하나(one person in three; 삼위일체)라는 성령감림운동의 범람에 추월당해왔다. 남아프리카공화국에서 성령강림운동주의적으로 이끌어진 다섯 교단은 하나(five in one)라고까지도 말한다. 반면에 캐나다와 오스트레일리아의 성령강림운동은 확장되기는 하지만 단지 1% 전후의 모습을 보이고 있다. 서인도, 아프리카 사하라 아래쪽, 라틴아메리카 사회는 성령강림운동에 훨씬 개방적이다. 반면 퀘백에서는 가톨릭이 가진 부수적 결과물로 나타나는 여러 가지 종류의 카리스마적 현상을 기대할 수는 있다. 실로 퀘백에서는 높은 정도의 성령강림운동과, 이 운동과 매우 소원한 모습이 함께 있는 흥미로운 모습이 보인다.

이제 다음 질문은 명확한 답을 하기가 어렵지만 매우 중요한 것인데, 바로 엘리트의 역할에 관한 것이다. 특히 이는 상징을 조작하는 데 관심을 가진 지식인 계급에 대한 것이다. 미국에서 놀랄 만한 것은 이 계급이 교육이나 TV 등의 미디어에서는 매우 영향력이 있으나, 종교적 하부문화를 전복시키거나 무너뜨리는 데에는 매우 무능력하다는 것이다. 아마도 미국에는 너무 많은 엘리트가 있고 통제하기에 너무 많은 분열이 있기 때문일 것이다. 반면 잉글랜드 엘리트는 견고한 통제 수단이 있었고 세속주의적 영향을 주위로 방사하는 데 성공했다. 그래서 교회 안에서 증가되었던 독점적 권력은 세속적 엘리트에게 옮겨진 것처럼 보인다. 생각건대 캐나다와 오스트레일리아의 세속화 정도는 미국과 영국의 사이의 중간 정도인 것 같다.

물론 미국에서 가장 중요한 하위문화 중의 하나는 남부이다. 그러나 남부는 복음주의적 신앙의 힘으로 정체성을 얻었지만 결국 실패한 모습을 보여주고 있다. 남부는 대다수의 자치적인 주(states)라기보다 하나의 거대한 영역이라고 기술될 수도 있다. 캐나다에서는 (퀘백에서 볼 수 있는 부분적 유사성을 제외하고) 미국과 어떠한 유사성도 찾기 힘들다. 그리고 캐나다 동부는 상대적으로 소외되고 다른 종류의 종교적 실천을 하는 영역이다. 이러한 상황은 다음과 같은 질문을 하게 한다. 저항적인 주변부가 중심과 연결되어 있는 곳은 있는가? 그리고 중심을 마주보고 있는 상대적인 주변부의 힘은 무엇인가? 등이다. 분명히 영국에서 주변부는 하위문화나 반종교적 엘리트가 약한 바로 그 만큼 약하다. 반면에 미국에서 주변부, 하위문화, 반종교적 엘리트는 강하고 자신의 영역을 보호한다. 다시 말해 세 나라(캐나다, 오스트레일리아, 뉴질랜드)는 각각의 저항적인 주변부를 가지고 있다. 나아가서 과거에 이 세 나라는 영국과 미국의 주변부였다. 그리고 힘은 점차 영국에서 미국으로 넘어갔다(나는 지금까지 캔버라에 한 세트의 영국 종(British bells)이 좌우대칭으로 미국을 상징하는 독수리와 마주보도록 놓인 것이 상징하는 것을 잊을 수가 없다). 그러나 어떤 면에서든 런던은 강력한 중심이며, 반면에 다른 광대한 후배지(hinterlands)의 저항을 고려할 때 캔버라, 오타와, 워싱턴은 미약한 중심이다.

여기서 미국과 영국(잉글랜드가 아니라)은 캐나다와 오스트레일리아와 다르다는 생각을 계속 할 수 있을 것이다. 그 생각은 민족적 신화의 힘과 일관성에 관한 것인데 말하자면 세계 사회의 진보를 의미하는 새 예루살렘과 새 이스라엘, 새 아테네와 새 로마에 관한 것이다. 잉글랜드는 이러한 구세주와 천년왕국에 대한 신화를 서서히 미국으로 넘겨주었다. 그리고 잉글랜드와 미국 모두 기독교의 빛과 세속적 계몽, 섭리와 운명을 잘 뒤섞었다. 이러한 강력하고 거대한 서사(grand narrative)에 사로잡힌 캐나다, 오스트레일리아, 뉴질랜드는 이차적 변형을 만들었다. 특히 캐나다는 프랑스 가톨릭을 색다르게 모사함으로서 '신의 주권(His Dominion)'이라는 관념을 만들어냈다. 이는 스칸디나비아에서 주장되었던 순수성과 함께 국제적 선행을 하는 사회 복음(social gospel)을 염두에 둔 변이로 보인다. 그러나 이러한 후기 개신교적 덕목은 설경 속에 상록수의 모습이 가려진 것처럼 확실히 보이지 않는다. 여전히 이러한 개신교 역동성의 정도가 충분하지 않은 것이다. 세계에서 가장 길게 늘어져서 막아놓을 수 없는 국경선을 가진 국가인 캐나다의 경우는 더욱 그러하다. 이는 또한 종종 가능성으로 의논되었으나 성취되지는 못했던 '시민종교(civil religion)'에 대한 것이기도 하다. 실로 미국 계통의 확장된 열광주의에 대한 질서, 지속성, 회의주의는 캐나다의 강직한 모습을 잘 특징짓고 있다. 여러분은 눈보라(다수인 캐나다의 가톨릭을 의미, 옮긴이) 속에서 불(개신교를 의미, 옮긴이)을 피울 수는 없다는 것을 기억해야 한다.

이제 종교와 문화에 대한 비교연구에서 두 가지의 다른 질문을 피할 수 없을 것이다. 그 두 질문이란 첫째로 이주의 형태에 대한 것이고, 둘째로 편견, 강요된 차별, 강제적 동화에 노출된 피부색이 다른 사람들과 원거주민(natives)에 대한 것이다. 이주의 형태에 있어서 캐나다의 경우 이중문화에서 다문화로 아직 변화하지 못했다. 이러한 관점에서 캐나다 안에 아시아인의 브리티시 컬럼비아(British Columbia) 도착, 우크라이나인의 온타리오 도착, 그리스인의 퀘백 도착 등은 어떤 새로운 차원을 추가하고 있지는 못하지만 기독교 사사화의 새로운 단층을 만들고 있다.

만일 개신교와 가톨릭이 공적인 모습과 정치적인 의견을 모두 가지고 있다면 주요한 비기독교 지역은 그들의 모습과 의견을 차단하려 할 것이다. 미국에서 이것은 여러 가지 많은 의견에 하나를 더하는 것쯤으로 보일 수 있다. 그러나 캐나다에서 기독교적 의견은 능동적이고 공적인 명칭을 가진 기독교적 정체성을 가지고 공존하는 공동체를 대변하는 것이다. 그리고 만일 이러한 경우가 아닐 때는 침묵하거나 아니면 그 의견이 종교공동체 내에서 고착되어버린다. 가장 큰 문제는 그리스 동방교회와 같은 새로운 종교적 실체가 문화적으로 통일적인 퀘벡 중심부에 들어왔을 때 나타나는 것 같다. 다수의 공동체는 모든 외집단(out-groups)이 내집단(in-group)과 균형을 유지하고 연합하는 논리를 찾으려 할 것이다. 그리고 이것이 바로 민족적 긴장에 근거한 종교적 긴장의 한 요소임은 분명하다. 여기서 나는 퀘벡과 온타리오의 대조적인 차이에 대한 질문을 하게 된다. 토론토를 특징짓고 있는 풍성한 민족적, 종교적 다양성은 큰 문제가 아닌 듯하다. 반면에 퀘벡의 민족주의 속에서 소수자 집단의 성장과 가톨릭의 독점력은 어려운 문제가 되고 있는 듯하다.

미국 원주민과 이뉴잇(Inuit)에 관해 이와 유사한 생각을 하게 하는 긴장이 있다. 그 긴장은 그들이 많은 지역을 차지할 것을 주장하고 재정비된 민족주의를 주장했던 것에서 나온다. 그리고 이것은 매우 민족적, 문화적인 긴장이고 부분적으로는 종교적인 긴장이다. 대부분의 라틴아메리카 원주민은 매우 불균형적이고 과도하게 개신교로 흡수된다. 그러나 캐나다에서는 특정한 신앙을 통해 반대급부적인 모습을 보기 어렵다. 어떤 경우에서든 상황은 상대적으로 다른 곳보다 양호하다(그러나 러시아에서는 이러한 양호한 모습을 보기 어렵다. 오히려 공격적인 이교가 유일한 선택이다). 오스트레일리아에서 벌어진 최근의 정치적 사건은 상황이 얼마나 큰 폭발력이 있을지를 보여주지만, 캐나다와 오스트레일리아의 1.5%에 해당하는 지역의 원거주민(native)은 어떤 큰 긴장을 일으킬 정도는 아니다. 반대로 뉴질랜드의 10%를 차지하는 마오리 인구는 심각한 정치적 문제를 보이고 있다.

남과 북이라는 경제적 지역 분리에 근거한 양극적 종교의 차이와 함께 북서 유럽 국가와 연결하는 것이 나의 비교의 마지막 부분이다. 이러한 모든 것은 캐나다의 특성과 유사한 면이 있다. 캐나다의 가톨릭 지역은 좀 더 종교적 활동이 많고 활성화되어 있으며 선거권을 가진 가톨릭교인은 가톨릭과 지역의 이익에 관심을 갖는 정당에 투표한다. 독일의 바이에른과 연관되어 있는 기독교 사회연합(Christian Social Union)도 같은 예라 할 수 있다. 그러나 바이에른의 가톨릭 소수자는 가끔씩 나타나는 분열된 민족주의를 지지하지는 않았다. 아마도 바이에른 사람들 또는 남부 네덜란드 사람들의 독특성을 지키기 위한 언어적인 보강 작업이 결핍된 것과 관계가 있는 듯하다. 이와 유사한 예는 아마도 체코슬로바키아, 오늘의 체코와 슬로바키아이다. 여기서 슬로바키아의 가톨릭과 체코의 무관심 사이에 차이가 있다. 결국 체코의 경제적 자산과 연관된 비리에 대한 슬로바키아의 분노는 분리를 이끌어냈다. 슬로바키아 정치인에게 대중성보다 중요한 것은 독립이었다. 그러나 이것은 폭력에 의한 것이 아니었다. 이 예는 캐나다에서도 가능한 시나리오이다.

나는 연합교회(the United Church)에 대한 문제를 오스트레일리아에 있는 유사한 종교단체의 문제와 다른 지역 교단과 비교하고 결론을 지으려 한다. 이와 관계해서 로저 오툴(Roger O'Toole)과 다른 연구자의 연구에 덧붙일 것은 많지 않다. 그러나 다른 몇몇 사회와의 많은 유사성을 염두에 두는 것은 여전히 의미가 있다. 만일 우리가 잉글랜드를 첫 번째 예로 본다면 감리교(그리고 그보다 작은 장로교) 교단은 초교파적으로 연합하려는 경향이 있고, 쇠퇴를 막을 만한 방편이 없는 것처럼 보인다. 일찍이 연합해서 나온 잉글랜드의 감리교와 연합개혁교단(United Reformed Church)은 가파르게 감소하고 있다. 이 두 교단은 다른 만남을 멈추고 이제는 영국국교회와의 연합을 찾고 있으며, 이는 두 교단의 지금까지의 사역에서 매우 드라마틱한 부분이다. 결국 교파 안에서 결혼 배우자를 찾는 것을 포함한 인간의 삶의 전반에 대한 가능성이라는 측면과 의기소침이라는 측면에서 감소가 나타나고, 이 감소는 또 계속 감소를 낳는다. 이러한 상황은 각각 캐나다와 오스트레일리아에 있는 연합교회와 이와 통합하려는 교회의 특징이기도 하다. 물론 두 종류의 교회는 영국의 감리교와 연합교회보다 크고 자신들을 이러저러한 방법으로 다시 끌어올릴 수도 있다. 미국의 장로교와 감리교도 감소해 왔다. 자메이카의 감리교와 침례교도 그러하다. 그러므로 캐나다에서 보이는 이러한 현상은 만연된 현상이다. 이는 또한 앵글로 아메리칸 영역 안에서 민주적이고 사회참여적인 형태와 매우 잘 합동하는(그리고 생산적인) 기질을 가진 종교가 자신들의 환경에 저항하지 않고 단순히 환경 속에서 서서히 떠밀려가고 있다는 것을 의미한다. 20세기 초까지 종교는 예배형식의 변화와 사회봉사에 대한 변화를 계속 해왔다. 그러나 진심의 할례(circumcision of the heart)와 삶의 완전한 전환에 대한 종교의 소명은 점점 무디게 되었다. 복음주의적 열정에서 나온 잠재적 힘은 이제 어떤 갱신 없이 확장되었고 회심은 고상해지는 것으로 여겨졌다. 그러한 종교들이 공식적인 형태의 예배를 만들고 그것을 공급하면서 감소는 좀 더 자연스럽게 다가왔다. 그리고 결단에 대한 설교를 하지 않자 사람들은 성령강림운동과 같은 곳으로 이동했다. 그리고 종교의 도움을 받아 세워져서 교육과 복지를 위해 일하던 종교 기관은 점차 세속화되고 종교적 경건을 벗어났다. 그리고 그 기관의 기능은 복제되어 국가 정책으로 발전했다. 종교적 기관은 사회와 교육 서비스를 위해 일했고, 능동적이고 긍정적 모습의 원천이었으며 수많은 국민에게 동기를 부여했다. 그러나 이러한 사회적 신뢰는 이제 국가 기관과 거의 구분되지 않는다. 이러한 기관은 사회적 선행을 하는 방향으로 이동했다. 그러나 그 기관들은 자신을 육성해왔던 종교에 머무르게 하는 어떤 소명을 느끼지 못했다. 캐나다, 영국 또는 오스트레일리아 사회 안에서 이러한 기관은 종교가 보여주는 정상적인 상태로 인식되지 못했고, 단지 문화 안에서 종교의 긍정적 모습이 되어버렸다.

점점 증가하는 세계를 향한 개방성은, 특히 교육과 사회 서비스에서, 세상에서 일어나는 문화적 전쟁이 교회 안으로 밀려들어오는 것을 의미한다. 그 결과 타인을 위한 돌봄의 서비스(care service)와 상호 협력을 형성하도록 도와주었던 교회는 자신의 이미지를 다시 바꾸어야 했다. 그래서 지도자의 보호와 교단 신학교 교수의 지도하에 다른 방향으로 정치화되거나 복음주의적 성향으로 바뀌게 되었다. 교회 지도자와 신학 교수에게 정치적 올바름은 기독교 가치만큼 중요하게 보였고, 이 두 가지의 차이는 실로 크지 않게 보였다. 교회의 비신화화로 인해 "세계"를 향한 기독교적 언어도 근본적 힘을 잃게 되었다. 의무, 봉사, 타인에 대한 책무 등은 완전히 소진되어버리고 자체적인 계산과 실용적 과정을 따라 발전하게 되었다. 그리고 이따금씩 사회적 자본의 상실을 후회하기도 한다. 사회적 자본의 상실은 너무 불편하기 때문이다. 영미 사회에서 교회의 감소는 사회적이고 정치적인 구조에 교회가 과거에 기여했던 것의 본질을 분명히 보여주고 있을 뿐이다.

나는 (감리교가 중요한 교단 이어왔던 온타리오의 문화적 상황을 염두에 두고서) 20세기 동안 줄곧 나타났던 앵글로 북미(Anglo-North American) 사회 안의 진보적인 복음주의 기독교(liberalized evangelical Christianity)의 문제를 실용적 측면에서 넓게 다루면서 결론을 내리려 한다. YMCA에 대해 말하든지, 대학 내 종교적 재단(religious foundations)을 말하든지, 잉글랜드 내의 감리교 청년 연합(Methodist Association of Youth Club in England) 등과 같은 청년 연합체를 말하든지 간에, 나는 이미 진보적인 복음주의 기독교가 이러한 기관을 처음에 고무시킨 대로 유지하는 데 실패했다고 언급했다. 기관을 세우고 초창기에 운영했던 사람들은 사회적이고 자선적인 형태를 만들어가려는 신앙에 기반을 둔 비전을 가지고 있었다. 그들이 제시한 신 앞에서의 칭의는 그러한 행동의 결과였다. 신약성서는 그러한 행동을 정당화하고 동기를 부여하기 위해서 선택적으로 전개된 헌장이 되었다. 그러나 그들의 봉사를 받는 사람들은 왜 그러한 동기를 공유해야 하는지에 관한 분명한 이유가 없었다. 다시 말해, 모두가 동의할 만하고 모두에게 해롭지 않은 사회적 상호 작용은 교회의 경계 안에서 일어날 수 있었지만 교회와 그 상호 작용과의 관계는 불확정적이었다. 배드민턴 클럽을 제외한 웨슬리 조합(Wesley Guild)과 엡워스 합창단(Epworth Choral Society)도 단지 사람들이 시간을 적절하게 보내도록 하는 장비를 갖춘 경쟁자였던 것이다.

사회적 행위 속에 깊이 연관되어 체화되었지만 뭔가 느슨해진 종교에 접근하면서, 나는 사람들이 신과 예수에 대해 말할 수 있다는 생각을, 나아가서 자신들이 설교하려는 기독교 복음의 부분을 사회학과 종교 기관의 사회사에 통합할 필요가 있다고 생각한다. 다른 말로 해서 우리는 기독교 메시지와 특별히 신에 관한 가르침과 구속에 대한 내용을 종교적 기관이 활동하는 지역의 발전을 다루는 사회사와 통합시켜야 할 필요가 있다는 것이다. 설교의 쇠퇴는 말하려고 하는 것이 줄어든다는 것이다. 무엇이 전통 안에 커다란 모습으로 있는 설교의 붕괴를 가져왔는가? 또는 다른 표현으로 주일 아침에 찬송가를 부르면서도 왜 토속적 정신 치유를 찾는가? 이러한 하부문화의 독특한 요소에서 벗어나도록 제시할 수 있는 영역이 넓어진 문화와 그 방향성, 행사, 사고를 담은 어떤 강력한 해석이 없는가? 왜 세계 사회와 미디어는 세계 곳곳에서 나오는 전문적이고 유용한 분석을 들어야만 하는가?

이러한 마지막 질문을 한다는 것은 궁극적으로 신의 본성과 그리스도의 역할을 나타내는 표상의 내용에 대한 질문을 하는 것이다. 토머스 젠킨스(Thomas Jenkins)는 『신의 성품(The Character of God)』(1997)에서 지난 150년간의 개신교 문화 속에서 그러한 표상을 분석했다. 그의 분석은 종교 기관의 변화에 대한 설명과 그러한 표상을 짜맞추어서 경험적 분석과 사회역사를 일치시켜보려는 사회학자에게 도전하기 위한 것이었다. 문제는 "죄와 구속과 십자가의 의미에 관한 이해의 불확실성이 무엇을 의미하는가?"이다. 여기서 불확실성이란 마치 정치에서, 종교적 제의에서, 역사에서 신이 배제된 것과 같이 신앙에 관한 용어와 그 어법이 불분명해지는 것을 의미한다. 젠킨스가 던진 질문은 사회학적으로 이해를 하려는 우리의 질문이기도 하다. 교회가 그리스도에게 어떤 역할을 부여해왔는가, 복음의 특성에 대해 무엇을 강조하고 무엇을 침묵하는가, 무엇이 신의 성품과 존재하심, 그리고 그의 대리자의 특성인가에 대한 질문인 것이다.

제7장

중부 유럽의 관점에서 본 미국

나의 논의 배경은 이 강연의 장소인 뮌헨 중심부의 궁전광장 가까이에 있는 아메리카 하우스(America Haus)와 관계가 있다. 나는 우리가 마음속으로 생각하고 있는 것을 전하기 위하여 두 가지를 비교하고 싶다. 하나는 뮌헨과 베를린의 성스러운 공간의 생태 비교이다. 이 두 도시는 한 연방국가 안에서 경쟁적인 지역으로 이해되며, 각각 도시의 인구 3분의 2가 믿고 있는, 중요하고 숫자로도 비슷한 두 기독교 분파(개신교와 가톨릭, 옮긴이)가 있다. 두 번째 비교는 독일의 성스러운 공간과 미국의 다양한 성스러운 공간 사이의 비교다. 미국은 수많은 기독교 분파를 가지고 있으나 해럴드 블룸(Harold Bloom)이 『미국종교(*The American Religion*)』[1]라고 부르는 하나의 공통된 신화로 함께 결속되어 있는 연방국가다. 그 신화는 로버트 벨라의 **시민종교**(Civil Religion)와 비슷한 것이지만, 보다 직접적인 신학적 용어로 표현될 수 있다.[2]

나는 그 배경에 따른 비교에 앞서 먼저 그 신화에 대한 설명으로 시작하려고 한다. 이 신화는 오이로파(Europa), 혹은 '옛 유럽'의 사악함, 냉소주의, 그리고 부패로부터의 탈출에 뒤따른 원래적 순결의 회복을 기념하는 하가다(Haggadah; 고대 이집트에서 노예 생활을 했던 유대인의 탈출을 기념하는 유월절 축하식에서 사용되는 전례서, 옮긴이)를 만들어낸다. 일단 광야를 통해 길을 내고 흩어져 있던 몇몇 가나안 사람을 무찌른 후에 새로운 세계의 낙원에 안전하게 도달하자 죄의 감염은 '비미국적인(Unamerican)' 것이 되었다. 이것은 그 낙원 밖에 있는 제의와 문화에 대하여 근본적으로 무시하게 만드는 위험한 자칭 순결, 그리고 그것을 다루는 데에서의 관용적인 의도와 **현실정치**(realpolitik)의 결합이라는 이상한 결과를 가져왔다. 모세의 발자취를 따르는 것과 세계에 자유의 종을 울리는 것은 우리가 자유를 강요받는다고 하는 루소(Rousseau)의 유명한 역설을 떠올리게 한다.

루소와 여호수아를 함께 생각해본다면 민족의 집단적인 진출이 아니라 개인적인 구원을 위해서 예수가 필요하다. 정화와 고통은 더 이상 엄격하게 요구되지 않으며, 기독교 – 혹은 신 – 는 누구보다 미국과 미국인에게 작용하는 것을 이름 짓는 방식을 제공한다.

미국인은 골고다를 지나가지 않은 채 신실하고 진심으로 느껴지는 보편적인 성령강림운동의 성령에 직접 도달할 수 있다고 믿는 신에 의해 – 나머지 우리들처럼 내버려지지 않고 – 능력을 부여받고 있다. 그러나 유럽(아마 프랑스는 예외겠지만)은 우리가 믿지 않는 실패한 신들의 땅이다. 유럽은 다시 여러 번 고난을 다시 경험해보았지만 구원이 없었고, 부활에 대한 확신이 가장 없었다. 유럽은 그것이 신에 근거한 하가다이든 문명과 인본주의 예절에 호소하는 모호한 하가다이든 기원에 대한 신화에 동의할 수 없다. 몇몇의 유럽 국가는(예를 들면 신이 승리의 시간보다 오히려 고통의 시간에 도움이 된 폴란드와 세르비아) 자신을 근본적으로 순교의 나라로 생각하고 있다.

그렇지만 유럽은 유럽 지도자들이 미국의 보다 독단적인 신화론을 비판하는데 사용할 수 있는 적절한 후기 제국주의적 순결을 조금씩 성취해왔다. 미국이 이루어낸 것은 '유럽 가치'의 빛에서 본 자체의 신화도 판단할 수 있다. 미국의 제국적 힘이라는 우산 아래에서 대부분 성취된 '영구적인 평화'에 대한 칸트적인(Kantian) 이상은 나머지 세계와 미국의 홉스적인(Hobbesian) 관계성과 대조될 수 있다.

기원에 대한 유럽의 불확실하고 논쟁적인 신화가 가지고 있는 문제는 유럽이 너무 많은 것을 기억하고 있다는 것이다. 모든 것을 포괄하고 있는 미국의 신화가 가지고 있는 문제는 그것이 기억상실을 요구하며 그 나라의 신앙을 노골적으로 고결한 것으로 취급하고 있다는 것이다. 유럽은 너무 적은 것을 잊어버리고 있지만, 미국은 너무 많은 것을 잊어버리고 있다.

유럽인의 관점에서는 미국이 시대에 역행하는 종교에 기초하고 있으나 미국인이 보기에 미국은 섭리와 진보가 결합되어 앞서가는 신앙을 가지고 있으며 인간을 달로 보낸 첫 번째 나라였다. 개화된 유럽인의 모든 생각과는 달리 미국은 성공적인 신앙과 성공적인 과학을 똑같이 섭리주의적이고 진보적인 전체의 일부로 본다. 미국인은 종교와 과학을 다른 방식으로 이해하는 것이 아니라 똑같은 상식적 실재의 양상으로 생각한다. 따라서 진화론은 그들을 격분하게 만드는 문제다. 그러나 낙원, 즉 신의 땅에서는 진보라는 것은 해결될 수 없는 문제가 없다는 것을 보장하는 것이다. 바울을 인용하여 찰스 웨슬리(Charles Wesley)가 썼듯이 "믿는 자에게는 모든 것이 가능하다". 유럽인은 '모든 것이 가능하다'는 것을 — 영구적으로는 아니라 하더라도 — 절대로 믿지 않았다.

따라서 요약하면 미국은 종교와 문화적인 전쟁을 한다고 할 수 있다. 그러나 그 전쟁은 미국 신앙의 경쟁적인 분파 사이에서, 그리고 무엇보다 의로운 경쟁자 사이에서 일어나고 있다. 미국은 종교적인 나라다. 헤브라이적이고 친유대주의적이며, 진보적이면서도 섭리주의적이며, 계몽적이면서도 경건하고, 세속성 가운데서 종교적이고, 종교성 가운데서 세속적이며, 묵시적인 가운데서 이 세상적이고, 가톨릭 가운데서도 개신교적이며, 신앙에 의해서라기보다는 자연적 권리에 의한 불멸성을 제공한다.

나는 신화를 이런 식으로 만드는 것은 비행기 '헬리콥터의 역사(helicopter history)'보다 학문의 역사에 훨씬 더 위험하다고 인식하고 있다. 그것은 본질을 생각하게 하며 '이념형(ideal types)'에 의한 분석보다 더 멀리 나가고 있다. 그래서 모험적인 정신으로 경쟁적 신화를 깊이 있게 비교함으로써 나는 경쟁적인 승리의 방식들(유럽적 방식과 미국적 방식) 사이를 감히 비교해본다. 승리의 방식이란 부분적으로는 '승리주의(triumphalism; 특정 교리가 다른 종교의 교리보다 우수하다는 주장, 옮긴이)'로 알려진 문화적 양태를 의미한다. 그러나 그것은 또한 뮌헨과 베를린에서, 혹은 빈, 마드리드, 로마, 파리, 런던, 상트페테르부르크에서, 혹은 워싱턴에서 우리가 발견하는 것과 같은 기념건축물을 의미하기도 한다. 나는 그것이 기독교적인 것이든 혁명적인 것이든 혹은 신이방적(neo-pagan)인 것이든 중부 유럽의 실패한 승리주의 방식들, 즉 실패한 신들을 워싱턴의 설계에서 미리 나타난 것과 같은 현대 미국의 승리주의 방식과 대조한다.

나는 런던, 파리, 로마는 특별한 경우라고 생각한다. 런던은 자신의 승리 방식이 결코 열매를 맺지 못했기 때문에 특별하다. 런던에서는 암묵적인 것이 워싱턴에는 명시적인 것이 되었다. 미국은 영국에서 좌절된 가능성을 실현했기 때문이다. 파리는 그 자체를 미국 보편주의에 대한 경쟁적인 보편주의로 보는 세속적 종교를 구현하고 있기 때문에 특별하다. 파리는 가톨릭에 대하여 호전적이고, 또한 승리를 거둔 민중을 대표한다. 로마는 반대 이유로 특별하다. 로마의 세속적인 종교는 로마제국의 파시스트 재건에 기초가 되었다. 그렇게 하여 그것은 실패한 신의 또 다른 예를 보여주고 있다. 그러나 로마 가톨릭이라는 또 다른 로마는 아직도 세계교회의 보편주의적 신화를 찬양하고 있다. 따라서 로마와 파리는 라틴기독교계(그리고 그 너머로는 라틴아메리카와 프랑스어를 사용하는 아프리카를 포함하여)의 충성스런 경쟁자였다. 파리와 로마는 여전히 생존할 수 있는 신화와 그럴듯한 대중적 신들의 수호자. 그럼에도 1940년대 이후 예술의 지구적 중심지가 파리에서 뉴욕으로 넘어갔듯이, 세계로 퍼져나가는 1789년(프랑스혁명이 일어난 해, 옮긴이)의 오래된 영향은 1776년(미국이 독립한 해, 옮긴이)의 오랜 영향에 추월당하고 있다.

우리는 그들 나름대로의 경쟁적인 승리 방식을 가지고 있는, 파리와 로마에서의, 파리와 워싱턴에서의, 워싱턴과 로마에서의 경쟁적인 신앙을 명심해야 한다. 이들만 있는 것이 아니다. 런던은 현재 유럽의 변두리 수도와 지정학적 연관성을 유지하고 있는 섬으로서 어느 정도 워싱턴을 위한 하나의 기지가 되고 있다. 다른 수도인 빈, 마드리드, 상트페테르부르크에는 역사적인 정지 상태로 인한 상처가 남아 있고, 특히 베를린은 나치의 신이교와 공산주의라는 실패한 신을 경험한 이중의 상처를 가지고 있다. 당연하게 구동독은 기독교, 신이교, 공산주의가 연속해서 무너짐에 따라 유럽에서 가장 기력을 잃어버린 지역이다. 당연하게 구서독은 공산주의에 대항하는 전후 기독교 중심지로 지금은 단편화된 '영성'의 중심이 되었다.

나는 여러분이 실패한 신과 성공한 신 사이의 대조에 대하여, 그리고 다양한 나라(그것이 프랑스 세속 종교든 독일의 실패한 종교든 탈제국적인 영국의 침체된 불확실성이든, 혹은 실패한 새로운 신앙과 제3의 로마로서 부분적으로 회생한 신앙 사이에 있는 러시아든)에서 이 실패와 성공이 신앙의 지표와 관계되어 있는 방식에 대하여 내가 제안하고 있는 역사적·사회학적 주제를 지금 생각해볼 수 있기를 희망한다. 나는 기독교 민주당의 후원으로 2차 세계대전 이후 기독교가 잠정적인 안정을 누렸다는 것과 같은 종류의 주제에 대한 여러 가지 비판을 헤쳐나갈 수 있었다. 그러나 실제로 그럴 필요는 없다. 나는 단순히 너무 자주 소극적으로 다루어지고 있는 주제, 즉 종교적 활력이 성공(그것이 진보로 이해되든, 혹은 섭리로 이해되든)을 확실하게 하거나 아니면 폴란드의 메시아적 순교처럼 다른 모든 것이 실패할 때 마지막 피난처를 제공하는 방식을 강조하고 있는 것이다.

지금까지 나는 미국에서의 진보와 섭리 사이의 협동, 프랑스에서의 섭리에 대한 진보의 승리를 완곡하게 설명하는 방식 외에는 계몽주의에 대하여 언급하지 않았다. 나는 이제 계몽주의 신화와 신앙의 신화 사이에서 이루어지는 다른 타협의 예로 생각되는, 내가 선택한 도시로 대표되는 나라를 관찰함으로써 문제를 복잡하게 만들어보려고 한다. 이것을 설명해보겠다. 파리의 승리적인 방식으로 대표되는 신은 로마 가톨릭을 희생시킨 로마 혹은 그레코로만 신이다. 베르니니(Bernini) 기둥으로 상징되는 로마의 승리 방식을 대표하는 신은 기독교적이기는 하지만 로마 혹은 르네상스 옷을 입고 있다. 로마에서는 부활과 르네상스가 결탁되어 있으며, 그것들의 심각한 결별은 리소르지멘토때까지 발생하지 않았다. 앵그르(Ingres)가 그린 것처럼 파리가 나폴레옹으로 상징화될 수 있는 반면에, 로마는 티치아노(Titian)가 그린 것처럼 교황으로 상징화될 수 있다.

멀리 상트페테르부르크에서 워싱턴에 이르기까지 계몽주의와 신앙 사이에 이루어진 모든 다양한 협약을 상기하는 것은 어려운 일이 아니다. 그것들은 각각 '아테네가 예루살렘과 무슨 상관이 있는가?'라는 옛 물음에 대한 해답이다. 여기서의 초점은 중부 유럽의 실패한 신과 최근 워싱턴에서 높이 날고 있는 신 사이의 대조에 맞춰져 있기 때문에 나는 워싱턴부터 시작하려고 한다.

물론 워싱턴은 한 프랑스인에 의해 광대한 규모로 설계되었고 계몽된 질서와 그레코로만 이상의 가장 완전한 승리를 나타내는 것 같아 보인다. 영국인은 처음에 그것이 웅장하기는 하지만 웃기는 작품이라고 비웃었다. 그리고 처음 보면 어느 곳에도 예루살렘을 암시하는 것이 없어 보인다. 그러나 실제로는 교회와 국가의 분리가 미국에 엘리트가 신봉한 계몽주의의 공적인 모습을 대중이 점차 신봉한 신앙(혹은 오히려 신앙들)과 결합할 수 있게 했다. 워싱턴은 바위사원(Dome of Rock; 예루살렘에 있는 황금빛 돔 지붕을 가지고 있는 사원, 옮긴이)을 연상시키는 금 지붕의 상원 의사당을 가진 보스턴처럼 언덕 위에 세워진 도시다. 그것은 이방인을 비추는 빛이며 동시에 철학자에게는 천상의 예루살렘이다. 요한계시록에 보면 천상의 예루살렘은 기독교 성전을 가지고 있지 않다. 그것은 어린 양(the Lamb)에 의해서만 밝게 빛나기 때문이다.

『미국종교』에서 해럴드 블룸은 미국이 후기 기독교적이고 영지주의적이어서 구원이 고난의 고통을 통해서 왔다는 것을 잊어버렸다고 주장했다.[3] 그는 불가지론적 유대인, 혹은 영지주의적 유대인 입장에서 저술했다. 그것에 근거하여 나는 대신에 미국은 깊은 기독교적 성향을 가지고 있으면서도 유대교적이라고 주장한다. 미국은 루터와 웨슬리의 정신이 남아 있듯이 예레미야의 법이 마음에 새겨져 있는 나라다. 미국은 새로운 이스라엘이라는 집합의식에서는 헤브라이적이지만, 중생과 성령강림의 새로운 영적 뜨거움의 변화 가운데서 기독교적 영성을 열망하고 있다. 그 나라는 자연히 친유대주의적인데, 그 전통은 네덜란드와 영국과 같은 주변 국가가 전달한 것이다. 유일한 문제는 그것이 옛 이스라엘을 완성하는지 혹은 그것을 대체하는지 하는 것이다.

물론 십자가는 미국 정신의 위대한 구현에 중심적인 것이었다. '이루어졌다, 이루어졌다, 위대한 일이 이루어졌다'. 십자가는 모든 것을 이룬다(Crux probat omnia). 만일 여러분이 시카고 부흥사 드와이트 무디(Dwight L. Moody)와 아이라 상키(Ira D. Sankey)가 만든 『거룩한 노래와 독주(Sacred Songs and Solo)』라는 책을 안다면 십자가가 그 중심에 있다는 것을 알아차릴 수 있을 것이다. "십자가에서, 십자가에서, 거기서 나는 빛을 처음 보았다네. 그리고 내 마음의 짐이 사라졌다네. 신앙으로 나는 눈을 떴고, 이제 나는 종일 행복하네". 그것은 무디, 웨슬리, 버니언(Bunyan)을 행복의 추구와 결합시킨 것이다.

나는 내가 하나의 **도성**(city)이자 하나의 시민적 실재인 예루살렘과 대제사장 미국의 대통령이 인도하는 영구적인 기원의 주제인 미국에 대하여 말하고 있다는 것이 분명해지길 원한다. '신이 미국을 축복 하신다'는 의례적 음조는 기독교 수난은 말할 것도 없고 바빌론 포로기도 아니며 솔로몬 왕국의 이스라엘을 나타내는 것이다. 세계의 어느 곳에서 입법자가 '우리는 오늘 여기에 전능하신 신과 미합중국의 대통령 앞에 모였습니다'라고 시작하는 기원을 듣기 위하여 워싱턴 조찬기도회에 나올 수 있을 것인가? 코노 크루스 오브라이언(Conor Cruise O'Brien)은 그의 책 『신의 땅(God Land)』에서 그 이야기를 하고 있는데, 그것은 솔로몬(Solomon)의 영광을 재현하고 있다.[4]

만일 여러분이 진짜로 기독교적 본심의 예를 원한다면 빌 클린턴(Bill Clinton)이 그의 아내를 포함하여 많은 사람 앞에서 눈물로 회개하고 용서받은 경우에서 발견할 수 있을 것이다. 솔로몬의 판결에서 우리는 **현실정치**를 잔인한 것으로 생각한다. 그러나 우리는 기독교적 본심에서 비길 데 없는 규모로 친절, 용납, 용서, 개방성, 박애, 이웃에의 관용, 공적인 인류애를 이끌어낸다. 미국은 우리 자신의 선을 위하여 모든 기독교적 신실성을 추구하는 하나의 제국을 대표한다. 선을 행하려는 의지가 **현실정치**를 정당화한다.

나는 9월 11일 다음 주일 런던의 성 바울 성당의 예배에서 두 가지를 함께 보았다. 많은 미국인 집단을 포함하여 거대한 군중이 성당 밖 루드게이트 언덕에 모여들었다. 미국 대사가 예루살렘의 황폐한 장소를 재건하는 것에 대한 이사야 61장을 감동적으로 읽었고, 그 다음에는 회중이 '공화국의 전투 찬송(Battle Hymn of the Republic)'을 불렀다.

> 백합의 아름다움 가운데 그리스도는 바다 건너에서 태어나셨네.
> 그의 가슴은 영광과 함께 당신과 나를 거룩하게 하네.
> 그가 사람을 거룩하게 하려고 죽으셨으니 우리도 사람을 자유케 하며 살리.
> 신이 행군하시는 동안.

그러나 공화국의 전투 찬송이 십자가의 전쟁과 무슨 상관이 있는가? 신이 정말로 미국 공화국과 보조를 맞춰 행군하고 있는가?

나는 그 문제에 대하여 해명하지 않는다. 그것은 미국에서든 유럽에서든 신학적 물음인 만큼 사회학적이고 역사적인 물음이기 때문이며, 또한 예루살렘이 아테네와 로마와 무슨 관계가 있는지를 다시금 제기하기 때문이다. 기독교 역사에서 모든 제국주의 국가는 로마(혹은 그리스)의 승리 방식과 예루살렘으로 들어간 그리스도의 승리 방식 사이의 차이를 하나의 상호 보완적인 것으로 전환시켜왔다. 헤브라이적 여호수아와 기독교적 여호수아 사이에 화해가 이루어져왔다. 그것이 이 순간 미국이라는 새로운 이스라엘에서는 훨씬 요란한 것일 수 있지만, 이제는 명백하게 붕괴하고 있는 유럽 기독교권의 모든 승리 방식은 예루살렘과 로마, 헤브라이적인 것과 기독교적인 것, 계몽주의와 신앙 사이의 다양한 긴장을 나타내고 있다.

유럽의 훌륭한 승리 방식은 르네상스 시대의 교황들, 그리고 교황 레오 10세(Pope Leo X)와 교황 율리우스 2세와 같은 잔인한 난봉꾼이 만들어낸 로마 자체 안에 있다. 로마에 있는 세계교회의 거대한 순례사원과 워싱턴에 있는 국회의사당 언덕 아래로 몰려드는 군중을 비교함으로써 우리는 로마와 워싱턴 사이의 관계를 건축학적으로 그려볼 수 있다.

차이는 부분적으로 계몽주의와 신앙의 균형의 차이(특히 가톨릭 유럽에서의)지만, 또한 다른 부분으로는(비록 워싱턴 - 혹은 그 문제에 있어서는 로마 - 의 쇠퇴와 붕괴를 예측하는 예언자가 많기는 하지만) 실패한 승리 방식과 아직 실패하지 않은 승리 방식의 차이다. 유럽에 있는 우리는 우리를 구원하실 신을 믿었지만, 그는 우리를 구원하지 않았다. 비록 다른 방식으로 우리는 생존했지만 신은 '우리와 함께', 우리의 누구와도 함께하지 않았다.

유럽에 있는 우리는 다른 식으로 믿었고(죄로 되돌아가는 것에 대하여 신의 심판이 있을 것이라는 가끔의 경고를 제외하고는) 성서를 승리주의적으로 읽는 것을 너무 쉽게 받아들였던 때가 있었다. 우리를 향한 이슬람의 호전성에 대한 공포의 일부는 아직도 성공을 위해 계획된 세계종교가 있다는 것을 발견한 것에 기인한다. 우리는 전사의 희생이 십자가에 달리신 이의 구속적인 고난과 다르다는 것을 적어도 어느 정도는 배웠다. 전쟁의 기억 앞에 우리는 죽은 전사와 죽은 그리스도를 함께 놓을 수 있다. 그러나 우리가 근본적인 차이를 발견하는 한 우리는 개인적 신앙이 어떠한 것이든 '기독교인'으로 남아 있다. 정치의 불가피한 명령을 감안하면 분명히 이슬람교와 기독교의 힘이 수행되는 것은 매우 유사하다. 그러나 모더니티에 의해 그 종교적 성격이 제거되면 그 종교 사이에는 현저한 차이가 나타난다. 종교적 성격이 제거된 기독교의 정치화는 대부분 자발적이고 평화적인 압력집단의 행동을 닮지만, 종교적 성격이 제거된 이슬람의 정치화는 조직적이고 주기적으로는 폭력적이기까지 하다. 세상을 지배하려는 미국종교의 방식이 (두 세기에 걸친 침체 후에 지구적 힘과 제국주의적 주도권을 회복하려고 노력하고 있는) 승리주의적 이슬람교의 폭력적인 형태와 만날 때, 다소 단련된 우리 유럽인들은 염려스러운 방관자가 될 수밖에 없다.

이제 나는 유럽연합이 시도한 결합과 소생이라는 관점에서 우리의 실패한 유럽 신화로 돌아가볼 것이다. 나는 그것을 르네상스, **리소르지멘토**, 부활이라기보다는 소생(resuscitation)이라고 부르고 싶다. 소생이라는 용어가 유럽 현상을 더욱 잘 설명할 것이기 때문이다. 나는 줄곧 미국의 한결같은 신화와 비교하고 있다. 이제 나는 놀랄 만한, 아마도 도발적일 수 있는 장소에서 시작하려고 한다. 나는 스코틀랜드를 선택할 수 있었지만, 여기서 택한 곳은 북아일랜드 혹은 얼스터(Ulster; 아일랜드의 옛 주로서 아일랜드 공화국 북부의 한 지방, 옮긴이)이다. 어쨌든 나는 영국 연방의 섬 가운데 평등주의적이고 개신교의 변방에 있는 얼스터(미국인에게는 스코틀랜드계 아일랜드인으로 알려진)라는 새로운 이스라엘에 대하여 말하려고 한다.

얼스터라는 새로운 이스라엘은 미국 입장에서 볼 때는 실패한 사례다. 얼스터와 매사추세츠의 농장은 거의 동시에 생겨났고, 학살과 보복 학살을 경험했다. 얼스터의 역사는 영국이 지배했던 북아메리카의 역사와 똑같은 식으로 종교개혁과 계몽주의를 결합하고 있다. 더블린은 앵글로 아일랜드 계몽주의의 창조물이라고 해도 과언이 아니다. 마찬가지로 에든버러 신도시도 앵글로 스코틀랜드 계몽주의의 창조물이며, 실제로 스코틀랜드인은 그 도시 위 칼튼 언덕에 새로운 하나의 신전을 세우기 시작했다. 1707년의 합병 이후에 하노버(Hanover; 1714년부터 1901년까지 영국을 지배한 왕가, 옮긴이) 영국인의 균형 잡힌 도시 배열과 고전적 사원은 미국의 동부 해안에서도 발견될 수 있다.

17세기 초 북아메리카의 농장은 얼스터 농장과는 달리 열정을 불러일으켰다. 1620년대 사제이며 시인이었던 조지 허버트(George Herbert)는 이렇게 선언하기에 이르렀다('사원'이라는 시의 몇 구절에서).

종교가 우리 땅에서 발돋움하여 서 있네.
미국의 바탕이 되기 위하여.

영국의 이념을 미국으로 향하는 중간 지점에 있게 하고, 영국의 내전을 미국의 시발점이 되게 한 것은 이러한 궤적이다. 영국과 미국의 식민지 개척자들은 경쟁적인 프랑스 제국을 물리칠 수 있었는데, 아마 이것은 1756~1763년에 일어난 첫 번째의 세계적 갈등이었을 것이다. 얼스터에서는 일들이 매우 다르게 진행되었다. 거기서는 개신교인이 아일랜드 사람들, 앵글로 노르만 사람들, 옛 영국 사람으로 구성되어 있는 가톨릭 다수인과 마주쳤고, 이어서 스페인과 프랑스의 침략을 겪었다. 동시에 미국혁명가들은 얼스터와 스코틀랜드에 있는 동조자와 제휴했고, 이 동조자들의 후손은 혁명군에서 어울리지 않게 큰 부분을 구성했던 영국교회의 압제를 견디기보다는 차라리 북아메리카로 건너갔다. 그것은 왜 조나단 클라크(Jonathan Clark)가 1776~1783년의 전쟁을 마지막 종교전쟁으로 설명하고 있는지, 그리고 미국 대통령 가운데 가톨릭 뿌리를 가진 사람은 단 한 명인데 비해 스코틀랜드 - 아일랜드계는 17명에 이르는지의 이유가 된다.[5]

그리하여 얼스터의 경험은 미국의 구상이 절반 정도 실패했음을 보여준다. 그것은 복음주의적인 부흥운동의 영향 아래에 있는 똑같은 헤브라이적 정신을 가지고 있으며, 오늘날까지 추적할 수 있는 영국 군대 역사에서 한 계보를 만들어냈다. 1944년 작전개시일에 몽고메리(Montgomery) 장군은 그의 군대에게 '주께서 그의 바람을 보내사 그들을 흩어버리셨다'고 말했을 뿐 아니라 '예수께서 말씀하셨고, 나도 그에 동의한다……'는 연설을 했던 것으로 알려지고 있다. 미국 대통령이라고 그 이상 말할 수 있었을까? 영국 군대가 이라크에 파병되었을 때 블레어(Blair) 수상은 '신이 여러분을 축복하십니다'라고 말하려다가 '우리는 신의 일을 하는 것이 아닙니다'라고 했던 한 외무성 정치국 직원에 의해 제지당했다. 그러나 한 북부 아일랜드 사령관은 그의 부하들에게 그들은 성서의 땅으로 들어가고 있으며 존경심을 보여야 한다고 말했다. 부시 대통령은 그의 말에 크게 감동받아 대통령 집무실 정면에 그것을 붙여놓았다. 그 연설은 '우리의 신은 너희 신보다 크다'는 한 미국 사령관의 다른 연설과 대조적이었다.

여기에서의 나의 논점은 사실상 정치가 이루어지는 한 여러분은 홍해에서 파라오의 말과 전차를 압도하는 '전쟁의 사람'으로서 신을 믿든가, 아니면 예루살렘이 함락되고 낯선 땅에서 시온의 노래를 불러야 할 때 유일한 피난처와 위안이 되는 신을 믿는다는 것이다. 바빌론(그리고 포로생활)은 항상 예루살렘(그리고 고향)과 유형적으로 반대되는 것이다. 물론 크롬웰(Cromwell)이 돌아와 천년왕국의 예수처럼 통치할 것으로 기대하고 있던 사람들을 제외하고 처음에 북아메리카의 영국인과 다른 사람들은 방랑 중이었다. 할렘에서 뉴올리언스, 로체스터에서 보스턴에 이르기까지 북아메리카에 있는 네덜란드, 프랑스, 혹은 영국 사람들은 분명히 방랑생활 가운데 고향에 대한 향수를 가지고 있었다. 그러나 일단 광야에서의 충격적인 경험이 끝나자, 그들은 그들의 약속된 땅, 그들의 프로비던스(Providence), 혹은 호프 밸리(Hope Valley), 혹은 필라델피아(Philadelphia), 혹은 베들레헴(Bethlehem)에 희망을 가득 안고 정착했다(이 도시는 모두 미국 동북부 지역에 있다, 옮긴이). 점차 그들은 자신을 전쟁에서 패하지 않을 것으로 정해진 인류의 '마지막 최고의 희망'으로 보았다. 그들에게 방랑한다는 것이 황폐한 나라에서 구원받은 남은 자라는 것, 혹은 세계에서 불안정한 국가라는 것, 혹은 고통으로 구원받는다는 것, 혹은 역사의 교활함으로 인한 좌절이라는 것을 의미한다고 더 이상 가르칠 필요가 없었다. 그들은 유대 역사의 모순을 더 이상 경험하지 않고 해방의 축제일에 추수감사절을 기념할 수 있었다. '내년 예루살렘에서'라는 것은 이미 예루살렘에 있는 이들에게 어울리는 정서가 아니다. 그리고 오늘날까지 대부분의 미국 유대인은 옛 이스라엘로 돌아가기보다는 그들의 새 이스라엘에 남아 있을 좋은 이유를 가지고 있다.

유럽인들(아마도 특히 영국인들)은 세계에 대한 미국의 견해에서 모순이 사라진 것을 한탄하고 있다. 아마도 그 모순이 열망(기독교적 열망을 포함하여)과 실제 사이의 커다란 괴리에 근거한 것이기 때문에 스위프트(Swift)식의 모순을 적용할 수 없게 되었다. 미국인은 모순을 몰아내기에 충분히 그 괴리를 좁혔다고 느낄 것이지만 우리는 그것에 대하여(특히 1914년 이래로) 잘 알고 있다. 럼스펠드(Rumsfeld)가 말하는 '옛 유럽'에서 우리는 솔로몬의 판단이 틀렸다는 것을 보여주기 위하여 미국 역사의 모순을 밝힐 궁리를 하고 있다. 아들 부시가 미국은 자유라는 이유를 제외하고는 어느 곳에도 개입한 적이 없다고 주장할 때, 혹은 아버지 부시가 공화당 전당대회에서 '우리는 우리의 문화를 가지고 세계를 독려해왔다'라고 말했을 때, 그러한 판단은 웃기는 것이며 결국 모두 상호 몰이해로 끝나고 만다. 우리는 기독교 시오니즘(Zionism; 유대인의 국가를 팔레스타인에 건설하고자 하는 민족운동, 옮긴이)에 대하여 그들을 비난하고, 그들은 반유대주의(anti-Semitism)에 대하여 우리를 비난한다. 우리가 결코 이해할 수 없었던 것은 미국에서의 계몽주의와 신앙 사이의, 아테네와 예루살렘 사이의 제휴이다. 조나단 클라크가 주장하듯이 아마도 우리는 계몽주의가 얼마나 오랫동안 섭리에 대한 관념을 유지할 것인지를 바로 인식하지 못했던 것이다. 미국에서는 그것이 오늘날까지 유지되고 있는 것이다(어떤 유명한 가톨릭 지성인이 나에게 말했다. '당신은 신을 믿고 있습니다. 그런데 왜 또한 미국을 믿지 않으십니까?').[6]

이제 옛 유럽의 실패한 신들, 그리고 부분적으로 잘못 이용된 그들의 승리적 방식은 어떻게 해야 하나? 그레코로만 문명과 예루살렘을 동시에 보고 있는 야누스의 얼굴을 가진 이 신들은 어떤 다른 방식으로 존재하는가? 시작할 수 있는 하나의 방식은 러시아의 실패한 신을 독일의 실패한 신과 비교하기 전에, 그리고 러시아와 독일이 모두 부흥하는 서로 다른 방식을 보기 전에 그리스인과 유대인, 아테네와 예루살렘을 살펴보는 것이다. 그리하여 독일에서의 신앙과 계몽주의의 특별한 역사적 관계는 영국의 복음주의 부흥과 북아메리카의 각성에서 보인 것처럼 경건주의 힘을 가진 중개자인 영국으로 넘어가게 된다. 나는 영국의 감리교와 각성운동으로 중개된 독일 경건주의 힘이 미국에서 계몽주의와 신앙의 독특한 협동과 19세기 초 미국 문화 형성의 실마리라고 주장할 것이다. 그렇게 하여 유럽과 미국 사이의 나의 기본적인 비교는 여전히 유효하다.

그리스인과 유대인은 특별한 경우다. 부분적으로 그들은 유럽과 미국 문명의 접합점이며, 다른 부분으로는 아르메니아인처럼 흩어져 있는 다른 국가와 함께 사회 체계의 특별한 장소에 적응하여 생존했기 때문이다. 그러나 두드러진 차이도 있다. 미국에 있는 그리스인과 유대인은 그 숫자가 비슷한데도 그리스인은 유대인보다 훨씬 덜 드러나고 있다. 그리고 그들은 계몽주의에 대해서 매우 다른 관계를 가지고 있다. 그리스인은 자신을 르네상스와 계몽주의의 우선적인 근원으로 보았는데, 대부분의 유럽인도 그렇게 보아왔다. 19세기 미술에서 잘 보이는 것처럼 프랑스, 독일, 영국은 모두 헬레니즘과 좋은 관계를 가졌다. 그러나 기독교 비잔티움(Byzantium; 해안에 있는 고대 그리스의 도시, 옮긴이)의 공헌은 크게 간과되었다. 그리스인에게 헬레니즘 유산과 비잔틴 유산은 **함께**(together) 현대 국가의 기초를 마련해주었다. 아테네 사람은 '아테네가 예루살렘과 무슨 관계가 있는가?'라는 물음을 너무 깊게 탐구할 필요가 거의 없었다. 그런 점에서 아테네는 워싱턴과 비슷했다. 두 도시의 이야기는 하나의 이야깃거리였다.

유대인에게는 문제가 매우 달랐다. 그들은 게토 안에서 그들의 '예루살렘들(예를 들면 리투아니아의 빌니우스 안에 있는 예루살렘)'을 가졌다. 그러나 그들은 기독교 보편주의로 돌아서게 하여 세속화의 대리인이 될 수 있었던 게토에서의 해방으로 계몽주의를 끌어안을 수 있었다.[7] 특수성이라는 불명예는 시오니즘의 등장과 미국의 보호 아래에서 이스라엘 국가의 건국으로 겨우 회복되었다. 이스라엘은 오늘날 예루살렘이라는 라틴왕국(Latin Kingdom)과 동의어가 되었다. 그리스인과 유대인 모두 서구사회와 이슬람사회 사이의 괴로운 경계에 있다. 그러나 그들은 계몽주의와 신앙 사이에서 매우 다른 관계를 가지고 있다(다만 살로니카 지역에서는 경계를 공유했다).

1917년 이후 러시아는 1870년과 1905년 사이의 극대화된 긴장 기간 동안의 프랑스보다 훨씬 더 끈질긴 열정을 가진 계몽주의의 호전적이고 역사화된 형태를 나타냈다. 기독교인과 유대인에 대한 박해가 70년간 지속되었으나, 정교회와의 단절은 너무 광범위하게 이루어져서 1941~1945년의 위대한 애국전쟁(2차 세계대전, 옮긴이) 기간 동안 개선되어야 했다. 그리고 1989년 마침내 새로운 신이 실패로 끝났을 때 정교회 기독교는(부분적으로는 아직 남아 있던 역사적 과거와의 관계성으로) 소생했다. 이제 계몽된 절대주의의 위대한 도시 상트페테르부르크에 있는 거의 모든 사원은 이제 회복되어 기독교인이 사용하고 있다. 유럽은 슈뢰더(Gerhard Schroder; 전 독일 총리, 옮긴이) 총리가 아니라 기독교에 근거를 가지고 있었다고 말한 것은 구소련 국가보안위원회(KGB) 수장이었던 블라디미르 푸틴(Vladimir Putin) 러시아 대통령이었다. 똑같은 부활이 루마니아와 불가리아에서도 나타나고 있어서 종교가 민족 정체성의 역사적 핵심을 암호화할 때 어떤 일이 일어나는가를 보여주고 있다.

이제 마지막으로 우리는 유럽의 중심, 즉 때때로 '북부의 로마'로 불리는 가톨릭 바바리아(Bavaria; 독일 남부의 주로 독일명은 바이에른이다, 옮긴이)의 주도

뮌헨과 독일의 회복된 수도일 뿐 아니라 후기 개신교 북부 유럽의 중심이라고 할 수 있는 베를린으로 돌아와본다. 우리가 지금 모임을 가지고 있는 아메리카 하우스는 최근까지 오늘날의 제국적 초강대국(미국을 지칭함, 옮긴이)을 위해 선택된 장소였고, 그 이전에는 독일 제국, 그리고 다음에는 나치스를 위한 행군의 장소이자 개선의 길인 궁전광장 근처에 있다. 그것은 거의 이집트적인 기념물을 가지고 있다. 궁전광장 옆에는 성 마가복음주의 교회가 있는데, 그것은 지역적으로 소수자만을 대표하지만 그 위치가 전체적으로 독일 제국의 힘에 가까이 있다는 것을 상징하고 있다. 다수를 나타내는 가톨릭 성당은 시민적 힘이 표출되었던 마리아 광장 가까이에 있어서 그것이 옛 시대의 중심에 있었음을 보여주고 있다. 1923년 실패한 나치 소요에서 첫 사상자가 발생했던 이곳은 독일 신화에서 정지되었던 무서운 순간을 상기시킨다.

프로이센에서 개신교의 제국적 절대주의의 옛 수도였던 베를린은 포츠담과 상수(Sans Souci; 프랑스 도시, 옮긴이) 시와 경쟁 관계이다. 베를린은 다른 황제 아래서 또 다른 새로운 로마였다. 독일 신화가 정지되었던 흔적은 베를린의 기념 교회당(한때 제국의 기억이었지만, 그 후 12년 나치의 신이교가 행했던 파괴의 증거가 되는)에서 보이고 있다. 개신교교회는 잘못 사용된 거룩한 공간이자 황제의 무덤으로 차 있어 '독일 기독교인'에 의한 점령의 기억을 떠올리는 반면에, 나중의 가톨릭 성당은 소수인의 종교를 나타낼 뿐이다. 만일 베를린에 기독교적 성스러움이 있다면, 여러분은 아마 그것을 본회퍼(Bonhoeffer; 독일의 저명한 신학자이며 목사로서 나치에 반대하여 독재자 히틀러의 암살 계획에 동참했다가 발각되어 처형당함, 옮긴이)가 교수형에 처해졌던 형틀이 있는 건물 또는 효과적이고 물질적인 성스러움은 쿠르퓌르스텐담(Kurfurstendam)

의 다른 커다란 사원들일 수 있다. 베를린에는 아직도 인상적인 승리의 길, 예를 들면 나치가 훨씬 더 큰 규모로 확장하려고 계획했지만 상업과 재정에 몰두하는 도시로 소생하는 바람에 그 신화가 무산되었던 개선기념탑이 남아 있다.

동시에 여러분이 미국의 깊은 신앙적 내면성의 흔적을 발견하는 것은 지금의 후기 개신교 북부 독일, 즉 비텐베르크(Wittenberg; 마르틴 루터의 종교개혁의 시발점이 되었던 도시, 옮긴이)에서지만, 보다 시대적으로 가깝게는 프랑케(Francke; 17~18세기 대표적인 독일 경건주의 지도자, 옮긴이)의 경건주의와 사회적 양심이다. 그러나 경건주의는 부분적으로 독일 낭만주의로 변화되기 전에 프로이센의 계몽된 절대주의 훈련에 일부 흡수되었다. 그리하여 그 정신은 권력과 가까이하는 타협으로 강화된 제도에 국한하여 나타났지만, 이것이 동부 유럽의 억압된 민족의식을 활성화했던 곳, 혹은 미국에서처럼 순수하게 자발적인 교파를 활성화했던 곳에서는 국한되지 않았다. 신앙과 계몽주의의 역할에 대한 논쟁은 국가를 지탱해온 엘리트에 의해, 그리고 무엇보다 대학 안에서 이루어졌다.

영국에서는 특히 웨슬리를 통하여 복음주의와 경건주의가 연결되어 있었다. 그리고 그것은 독일에서 그랬던 것보다 훨씬 더, 산업주의와 더불어 확장되었던 비국교도 교파 안에서 뿐 아니라 계몽주의에 의해 걸러진 국교 안에서도 자라났다. 비록 한스 키펜베르그(Hans Kippenberg)가 보여주었던 것처럼 두 나라 모두 지나치게 도덕주의화하고 지성주의화한 기독교 밖에서 종교적 역동성의 새로운 근원을 개발하려는 움직임이 만들어졌다 하더라도, 영국도 독일처럼 계몽주의와 신앙 사이의 갈등이 내재해 있었다.[8] 복지국가를 지향하는 인류애적 기독교의 출현으로 종교가 사회 전체에 영향을 미치게 되었다. 그리고 윤리적 공동체를 유지하고 고갈되고 있는 사회적 자본을 보충할 뿐 아니라 자발적인 압력 집단으로 동원되는 교회로 발전하게 되었다.

비록 독일과 영국 모두에서 1945년 이후 기독교 종교가 안정을 찾았지만 1914~1918년의 충격(1차 세계대전, 옮긴이)은 국가의 옛 신에 대한 신앙의 토대를 무너뜨렸다. 비록 대부분은 독일에서 영국으로 전달되었지만, 개신교 신앙의 의사소통이 영국과 독일에서 이루어졌다. 그러나 상호 신뢰는 플랑드르(Flanders; 현재의 벨기에 서부, 프랑스 북부, 네덜란드 남서부를 포함한 지역으로 2차 세계대전이 발발하면서 독일의 침공을 받았다, 옮긴이)의 악몽 가운데서 무너져버렸다. 여러분은 그 전환을 막스 베크만(Max Beckmann)에게서, 루이스 코린스(Lovis Corinth)의 『심한 박해(Crucifixion)』에서, 스탠리 스펜서(Stanley Spencer)가 모아 놓은 버클리(Burghclere) 교회 십자가에서, 루퍼트 브루크(Rupert Brooke)의 초기 전쟁 시 ― '이 시간 우리와 어울리는 신께 감사하자' ― 와 벤자민 브리튼(Benjamin Britten)의 평화주의적인 『전쟁 진혼곡(War Requiem)』(1962)에 있는 윌프레드 오언(Wilfred Owen)의 후기 전쟁 시 사이의 비교에서 찾아볼 수 있다.

양대 전쟁에 늦게 참전한 나라인 미국은 1918년과 1945년에 본토로 되돌아갔다. 그런데 그 나라는 당면한 혁명적 단계이자 공화국의 초기 시대에 있었던 대각성운동의 경건주의 충동을 계몽주의와 결합하여 낙관주의적인 신화의 상속인이 되었다. 즉, 할레(Halle)와 프랑케에서 웨슬리와 휫필드(Whitefield)로 옮겨갔던 것이다. 그리고 그 공화국과 개척자의 열린 사회적·지리적 공간에서 마지막 꽃을 피운 것은 초기 미국의 성격을 특징짓는 신앙이었다. 그 공화국의 자신 있는 정신과 소생된 유럽의 불확실성 사이의 차이를 평가하기 위하여 우리는 미국 독립선언문의 자부심이 강한 구절과 새로운 유럽 헌법 전문의 관료적인 미숙함을 비교해야 한다. 독립선언문의 유신론적 확증 근저에는 개혁된 복음주의 신앙이 놓여 있어, 계몽된 구조를 뒷받침하기 위하여 요구되는 집합 연대감과 정감적 결속을 마련해 주고 있다.

할레(그리고 라이프치히)에서 허더스필드(Huddersfield)와 맨체스터(Manchester)를 거쳐 매사추세츠 주의 보스턴, 혹은 펜실베이니아 주의 베들레헴을 향해 서쪽으로 옮겨간 음악적인 운율에 대한 영적인 계보가 있다. 그것은 루터, 북스테후데(Buxtehude), 바흐(Bach), 헨델(Handel)로 시작되었고, 잉글랜드와 웨일스에서 미국으로 수출된 대중적인 합창, 그리고 복음과 영혼이라는 미국의 영성에서 발견되고 있다. 마이클 티페트(Michael Tippett)가 그의 평화로운 오라토리오 「우리 시대의 아기(A Child of our Time)」(1941)에서 합창을 영가로 대체한 것은 매우 자연스러운 일이었다. 만일 바흐가 처음의 흐름이라면 그것은 미국의 흑인 음악으로 계속 흘러왔다.

한때 미국에서는 복음주의 교리가 세속화 자체에 의해서 붕괴되지 않으면서도 많은 세속적 변형을 겪었다. 성 - 속 역동성의 형태가 유지되었다. 모든 이에게 구원을 제공하는 것은 모든 이에게 시민권을 주는 것이 될 수 있었고, 칼뱅주의 선택은 선택한 자와 선택받은 자로 진화될 수 있었다. 어느 곳에서나 그랬듯이 성서의 상식적인 명쾌함은 개인적 판단의 권리가 될 수 있었고, 회심의 미덕은 각자 그리고 모두가 '좋은 날을 갖는' 행복의 추구와 동의어가 되었다.

비슷한 방식으로 '성령의 성전'으로서의 몸에 대한 존중은 '복지'를 추구하여 해로움의 길을 멀리함으로써 좋은 몸을 가질 필요가 있다는 것으로 해석될 수 있었다. 한 단계에서 여러분은 몸에 '좋은' 음식을 취할 수 있었고, 다른 단계에서는 그 음식이 참으로 좋고 정말로 깨끗하다는 것을 확실히 하여 그것을 좋아하고 조절한다[건강(health)과 부(wealth)에서의 hele와 weal은 앵글로색슨 세계에서는 동일한 오랜 어원을 가지고 있다].

신앙을 통한 의(righteousness)가 단순히 의라는 말로 번역될 수 있는 것처럼, 죄와 죽음으로부터의 기독교인의 자유는 쉽게 순수하고 단순한 자유라는 말로 번역되고 있다. 한편 '축복받은 확신'은 세속적 신뢰로 바뀐다.

존 웨슬리(John Wesley)가 말했다. '당신의 마음과 내 마음이 같다면 당신의 손을 내게 내미십시오'. 미국은 친근한 마음과 의무적인 신실성의 나라다. 그러나 미국 꿈의 가장 황당한 현실은 복음주의가 소진해버린 토양에서 생겨난 모르몬교다. 모르몬교인은 다시 한 번 광야를 만난 선택받은 사람들이 되었고, 하나의 도시를 이루어 황무지에 성전을 세웠다. 그들은 자신들의 신의 왕국(Kingdom of God)은 실제로 하늘나라처럼 이 땅에 임할 것이라고 기대하고 있다. 그날 여러분은 초콜릿을 먹어도 살찌지 않을 것이고 아이를 낳아도 고통을 느끼지 않을 것이기 때문이다.[9] 되찾은 낙원이다.

제7장 주(註)

1 Harold Bloom, *The American Religion* (New York: Simon and Shuster, 1992).
2 *The International Encyclopedia of the Social and Behavioural Sciences* (Oxford: Elsevier, 2001)에서 R. K. Fenn이 쓴 '시민종교(Civil Religion)'(Robert Bellah) 주제

의 도입부를 보라.

3 Bloom, *American Religion*.

4 Conor Cruise O'Brien, *God Land*(Cambridge: Harvard University Press, 1988).

5 Jonathan Clark, *The Language of Liberty*(Cambridge: Cambridge University Press, 1993).

6 Jonathan Clark, "Providence, Predestination and Progress," *Albion,* Vol. 35, No. 4(2004), pp. 559~589.

7 David Hollinger, "Jewish Intellectuals and the Dechristianization of American Public Culture," in Harry Stout and D. G. Hart, *New Directions in American Religious History*(Oxford: Oxford University Press, 1997), pp. 462~486; Mark Mazower, *Salonica*(London: Harper Collins, 2004).

8 Hans Kippenberg, *Discovering Religious History in the Modern Age*(Princeton: Princeton University Press, 2002).

9 이것은 출판되지 않았지만 2004년 5월 20일 말리노브스키 강연회에서 Fenella Cannell이 강연한 '인류학의 기독교(The Christianity of Anthropology)'에서 인용한 것이다.

제8장

중부 유럽: 독점의 완화, 종교적 연대

나는 헝가리를 예로 들면서 논의를 시작하려고 한다. 그것은 이 강연이 헝가리 국회의사당에서 행해지고 있기 때문만이 아니라, 헝가리는 이 장의 주요 주제 대부분을 설명하는 유럽의 중심에 있는 나라이며, 유럽 종교에 관한 최근의 통계조사에 따르면 매우 중간적인 위치에 있기 때문이다. 나의 가장 중요한 주제는 가톨릭과 개신교의 조직적인 윤리적 공동체와 비교되는 현대 영성(spirituality)의 개인주의화(individualization)다. 가톨릭과 개신교는 국가와 제도적인 관계를 유지하고 있거나 적어도 공공연하게 그 존재가 인식되고 있지만 현대 영성은 그렇지 않다. 그 대신에 현대 영성은 자본주의, 국가, 혹은 그 밖의 무엇에 대해서도 반대하는 경향을 가진 광범위한 도덕적 열정을 만들어낸다. 그것은 하나의 견해를 발전시키려는 어떤 영구적인 입장이나 집단적인 윤리적 양육을 하지 않으며, 자기훈련에 대해서도 별 관심이 없다. 그것은 흔히 규칙과 권위에 대하여 반율법주의적(antinomian) 혐오감과 혼합되어 있는 개신교 영성의 극단적인 형태다.

만일 헝가리가 지리적으로뿐 아니라 종교적으로도 중간적 위치에 있다면, 세속적인 프랑스와 네덜란드는 한쪽 극단에 있으며 폴란드, 루마니아, 세르비아의 종족종교는 다른 쪽 극단에 있다. 헝가리인의 뿌리는 신앙, 군주, 국가의 결합에 근거하고 있고, 알프스 북쪽에 있는 유럽의 여러 나라처럼 헝가리도 종교개혁 때 나뉘어졌다. 부다페스트의 서쪽에는 에스테르곰이 있는데, 이 도시는 옛날의 단일성을 나타내는 헝가리의 로마[혹은 또 다른 라임즈(Rheims)]이다. 그리고 동쪽에는 헝가리의 제네바(Geneva)라고 할 수 있는 데브레첸이 있다. 헝가리가 경험한 계몽주의는 북부 유럽과 앵글로 아메리카에서 발견되는 신앙과 진보의 부분적인 동맹과 달랐으며, 또한 라틴유럽(프랑스·이탈리아·스페인·포르투갈·루마니아 등의 라틴계 말을 하는 민족 혹은 로마 가톨릭을 믿는 나라를 지칭함, 옮긴이)의 특징을 지닌 원칙과의 충돌과도 달랐다. 그 대신 그것은 여러 민족으로 구성된 제국에서 발견할 수 있는 종류의 관용을 가지고 있는 계몽된 절대주의 형태로 나타났다. 그 역사는 부다페스트의 건축물에 반영되어 있다. 부다(Buda)의 언덕은 거의 전적으로 가톨릭 지역이지만, 페스트(Pest) 지역은 보다 다원주의적이다. 이 역사적인 다원주의는 개인적인 것이 아니라 공동적인 것이다. 페스트에서 여러분은 유대교, 칼뱅주의, 루터교 공동체의 거룩한 건물이 나란히 놓여 있는 것을 볼 수 있다. 나아가서 다른 나라들은 2차 세계대전 이후에 더욱 다중 문화적(multicultural)이 되었지만, 헝가리는 디아스포라의 운명을, 그리고 독일과 유대 공동체의 운명을 닮아 폴란드와 리투아니아처럼 다중 문화화가 덜 되었다. 그 차이는 독점의 완화와 완화된 종교적 연대를 암시한다.

유럽의 많은 지역처럼 헝가리도 반(半)파시스트 단계, 공산주의 단계(혹은 합병), 그리고 부분적으로는 미국화를 겪어왔다. 그 결과는 양면적이다. 예를 들어 공휴일 혹은 국가가 기념해야 하는 거룩한 날에 대한 논쟁은 그치지 않고 있다. 부다페스트에 있는 한 경찰 건물은 나치의 희생자와 공산주의 희생자를 따로 추모한다. 그리고 공산주의 독재에 항거하는 과정에서 겪은 가톨릭교회의 순교자 또한 추모한다. 그러나 헝가리에서 교회와 국가 사이의 갈등은 폴란드에서의 갈등과 매우 다르다. 방금 언급한 내적인 구분은 교회와 사람들의 일체감을 약화시켰으나 폴란드에서는 그렇지 않았다. 같은 이유에서 헝가리교회는 국가와의 충돌을 통해 민족의 도덕적 후견 책임을 재개하려는 폴란드교회의 격렬했지만 잘못된 노력을 실제로 할 수 없었다. 폴란드에서도 정체성은 복종으로 이해될 수 없으며, 연대감은 양극화와 압제가 끝나면서 무너져버렸다.

내가 이렇게 잘 알려진 역사를 요약하고 있는 것은 부분적으로 그것이 일반적인 유럽의 경험에 대한 예를 제공하고 동쪽의 종족종교[ethno-religion, 이 용어는 내가 아틸라 몰나르(Attila Molnar)에게서 빌린 것이다]에서 프랑스 민중에까지 나타나고 있는 다양한 결과를 설명하기 때문이다. 이 차이는 최근에 기독교와 유럽 헌법에 대한 토론 가운데서 생겨났다.

공산주의에 의해 생겨난 양극화의 종식으로 종족종교가 약화되고 있으며 개인적 영성을 위한 공간이 열리고 있다. 여기서 미국과의 비교가 유용하다. 미국은 개인주의와 다원주의, 계몽주의와 종교의 결합으로 세워졌기 때문에 교회와 국가의 분리를 쉽고도 필요한 것으로 만들었다. 헝가리에서는 이러한 요인이 서로 조화를 이루지 못하고 반대 방향으로 나아갔고, 국가의 교회 말살 기도는 외부적 힘의 행위였다. 아마도 부다페스트의 신앙교회(the Faith Church)는 자발적인 결속, 개인주의, 전문적인 활동주의가 결합되어 있다는 점에서 미국 상황에 근접했을 것이다. 일반적인 미국의 영향처럼 그것은 매력을 주기도 하고 불쾌하게 하기도 한다.

이제 나는 개인주의화된 영성의 문제와 그것이 종교적 연대감을 민족적 연대감과 분리시키고 종교적 과거의 기억에서 민족적 과거의 기억을 분리시키는 방식에 대하여 논의하려고 한다. 유럽 헌법에 대한 국제적인 논쟁에서 기독교적 근거를 참조하지 않기를 원했던 사람들은 분명히 종교적 과거에서 민족적 과거를 해방시키기를 간절히 원했고, 세속적 혹은 다중 문화적(혹은 둘 다의) 영향이 강력했던 나라를 대표했다. 대조적으로 종족종교가 강하고 다중 문화주의가 약했던 나라 사람들은 이것에 대하여 기뻐하지 않았다. 헝가리인은 1526년의 모학(Mohacs) 전투나 1686년 부다페스트로에서의 투르크 족 추방을 잊지 않고 있으며, 아일랜드인(가톨릭 교인이든 개신교인이든)은 1690년 보인(Boyne) 전투를 잊지 않고 있고, 그리스인은 1453년 콘스탄티노플을 잃어버리고 1920년대 터키에서 추방된 것을 아직도 애통해하고 있다. 이것들은 수 세기 동안 민족적·종교적 정체성을 결합시킨 역사적 흔적이며 비극적 사건이다. 이것들은 또한 너무 많은 기억은 너무 적은 기억만큼 문제가 있다는 것을 보여준다.

비록 프랑스와 스페인 사이의 전쟁은 개신교 국가와 가톨릭 국가 사이에 있었던 것이지만 영국은 종교적 정체성과 민족적 정체성의 분리에 대한 좋은 예를 보여주고 있다. 패배와 점령의 비극은 없었고, 넬슨(Nelson) 제독과 웰링턴 공작(Duke of Wellington)은 종교적 영웅으로 그려지지 않지만 그것은 그들의 삶의 방식에서 나타나고 있다. 엘시드(El Cid)와 잔 다르크(Joan of Arc)가 있기는 했지만, 많은 서부 유럽의 경우도 마찬가지다. 실제로 서부 유럽에는 심각한 기억의 상실이 있는데, 그것은 다중 문화주의의 현실과 선전, 활발한 기독교인이 감소하여 소수민이 된 것뿐 아니라, 부분적으로 교사, 도시 지성인, 세속적인 매체 사이의 동맹에 의해 만들어졌기 때문이다. 남아 있는 것은 영국에서 다이애나 황태자비의 죽음이나 스웨덴의 에스토니아(Estonia)를 빼앗겨버린 것과 같은 국가적 슬픔의 시간에 가장 큰 역사적 교회가 마련하는 공유된 의례들이다. 신앙의 말이 친숙하지 않게 되었을 때조차도 의례의 몸짓은 자연스러운 것처럼 보이며, 그 가운데 많은 것이 유사 가톨릭적인 반향을 일으키고 있다. 초와 꽃을 늘어놓은 의식도 포스트모던 형태 혹은 개신교의 말씀과 대조적인 혼합주의적 가톨릭 상징주의로의 회귀로 보일 수 있다.

 서부 유럽의 또 다른 변화는 교회가 민족성과 더 이상 겹치지 않는, 혹은 세속적 엘리트 및 국가 권력과 통합된 나라를 다루는 새로운 방식에 관심을 가지고 있다는 것이다. 전통적으로 교회는 자신을 국가와 민족을 다룰 수 있는, 나라의 도덕적 수호자로 보았다. 기독교적 윤리는 사람들이 실제로는 선택적으로 무시했던 공인된 준거를 제공했다. 가톨릭교회는 법과 실제 수행의 차이를 잘 이해했다. 그리고 이 이해는 아직도 북부 개신교 유럽과 라틴유럽 사이의 부패에 대한 서로 다른 태도를 규정하고 있다. 가톨릭교회는 교회의 규칙이 따라지지는 않더라도 인정받기를 원했지만, 반면에 개신교교회는 비현실적으로 이론과 수행을 함께 연결시켰다. 그리하여 개신교교회는 도덕적 수호자의 역할이 일단 분명히 형식적인 것이 되자 그것을 포기할 태세를 더욱 갖추게 되었다. 어쨌든 그들은 축복받은 동정녀를

국가의 수호자로 제안하거나, 주요 도시를 내려다보는 상과 십자가를 세울 수 없었다. 성 겔러트(St Gellert)가 부다페스트를, 혹은 그리스도가 리우데자네이루를, 혹은 세 십자가가 빌니어스를 내려다보는 것처럼 성 조지(St George)가 런던을 내려다보지는 않는다. 개신교는 그것의 수호를 객체화하기 위한 가시적이고 고명한 명칭(추기경을 포함하여)을 가지고 있지 않다. 만일 여러분이 위계질서가 아니라 마음 안에 있는 보이지 않는 교회를 품으려고 한다면 그것은 여러분이 어려움을 겪는 불이익이 될 것이다. 보이지 않는 것은 매체가 사진을 찍기 원할 때 도움이 되지 않는다.

그러나 마음 가운데 있는 보이지 않는 교회는 이제 개신교의 역사적 경계 훨씬 너머에 근거하여 현대적 영성에 의해 개선된 순수성으로 변해왔다. 국가를 다루는 견해를 활용함으로써 서구 유럽에서 교회의 목소리는 자발적인 압력 집단의 목소리가 되었다. 그것은 인간에 대하여, 인간 가치에 대하여 말하고 있으며, 도구적·공리적인 것보다는 본질적인 것을 강조한다. 결국 인간 얼굴의 체현이 교회의 존재 이유가 되어 더 이상 국가 정당성과 도덕적 동조를 보증하지 않고 있다. 국가는 압력의 주체, 추상적 힘, **현실정치**의 논리이기 때문에 이제 교회와 대조되고 있다. 교회와 국가의 사회적 성격은 결정적으로 달라지게 되었다. 비록 그 차이는 많은 동유럽보다 서유럽에서 더 크지만 말이다. 그리고 물론 바티칸 자체는 국제적, 국가적 정치의 역동성을 충분히 의식하고 있는 중요한 지정학적 주체이다. 제도적인 생존의 정치에 대해서는 가톨릭교회와 다른 교회들도 무관심할 수 없다. 그것은 마치 자발적인 압력 집단인 교회가 가치의 관점과 이익(그들의 영적 과제를 나타내는 물질적 이익을 포함하여)의 관점에서 대중에게 말하는 것과 같다. 교육, 복지, 번영에 대한 그러한 물질적 이익이 인류애적인 제도라는 그들의 역할, 그리고 자신을 재생산하고 다음 세대를 사회화할 수 있는 그들의 능력을 나타내는 것이라고 생각한다.

여기서 나는 구조적 분화에 따라 교회와 국가가 점점 더 구분되는 사회적 성격과, 단순한 무관심은 말할 것도 없고 개인주의화된 영성의 사회적 혹은 반사회적 성격 사이의 세 가지 측면에 대한 관계성을 강조하고자 한다. 1960년 이래로 사회적·도덕적 의식의 영역에서 하나의 단층선(fault line)이 문화적 영역에서의 정치적 해방과 경제적 영역의 자유주의 사이에서 공생 관계를 기초로 하여 발생했다. 그 둘은 서로 다르고 반대되는 것처럼 보일 수 있다. 그러나 그것은 또한, 특히 상업적 매체에 있어서, 협동적이다. 행복에 대한 모든 자동적인 권리 위에 개인적인 권리가 점차 공동적, 근린적, 국가적 의무보다 우선권을 가지고 있다. 사람들은, 특히 법에 관해서는, 존경하기보다 오히려 존경을 요구하고 있다. 도덕적 규칙은 의무, 희생, 장기적인 신뢰에 덜 기초하고 있으며, 대가가 무엇이든 단기적인 쾌락적 계산에 기초하고 있다. 이것은 종교적·정치적·민족적 동원에 똑같이 영향을 미치며, 사제들이 종교적 의무에 대한 무관심을 염려하는 것처럼 정치가들은 민주적인 의무에 대한 무관심에 대하여 염려하고 있다. 이것은 사람들이 자신을 환경으로부터 더 많이 돌봐줘야 한다고 요구하고, 분명하지 않은 동기로 희생하도록 동원되는 것이나, 여성에게 가족적·사회적 응집의 모든 책임을 부과하는 것에 대하여 주저하고 있다는 점에서 좋은 측면이 있다. 그러나 존경과 의무가 피해, 불평, 소송의 문화에 밀리는 한 국가와 교회 모두에 문제가 생긴다. 상황은 역설적이다. 현대적인 내면성이란 부분적으로 외면적인 행동과 공적 의례의 대가로 이루어지는 직접적인 경험, 신실성, 진정성에 대한 기독교적(무엇보다 개신교적) 강조의 변화이기 때문이다. 또한 규칙에 대한 반율법주의적 태도는 원래 개신교가 행위보다는 신앙에 의존한다는 것과 관계되어 있었다. 죄 많은 피조물은 창조자의 요구를 충족시킬 것이라는 희망을 가질 수 없었기 때문이다. 그리하여 여러분은 개신교적 동기를 돕기 위해서 규칙을 향한 현대적인 개인주의와 반율법주의적 태도를 기대할지도 모른다. 그러나 그렇지 않다. 실제로 개신교는 종교적인 일과 사회적인 일, 제자직과 훈련, 노력과 보상 사이의 연계를 급격히 강화했기 때문이다. 모든 개신교적 덕은 이제 악습으로 정죄되고 있다. 어떤 규칙을 성취하려고 노력하는 것은 비진정성(inauthenticity)의 확증인 반면에, 반대자와 희생자는 항상 옳은 것으로 여겨지기 때문이다. 그것은 본질적으로 기독교의 또 다른 변화다.

희생자와 반대자는 도덕적 타락에 대하여 염려하는 한편, 좋은 동기에 대해서는 열정으로 차 있다. 그러나 이러한 주제는 자신의 책임이 아니라 **다른 이들**(others)의 책임과 관계가 있다. 게다가 대안에 대한 대가는 적절하게 제시되지 않고 있다. 번영은 그 대가로 관념을 빼앗아버렸기 때문이다. 이 발전은 과학 앞에서의 신앙의 합리화 혹은 퇴거라는 고전적인 용어로 해석되면 안 된다. 진보로 이해되든 섭리로 이해되든, 그것은 오히려 환경이나 유전자에 대한 책임에서 벗어나 있는 고대 숙명주의로서의 주술적 생각, 즉 마술을 선호하고, 자연의 순환, 반복, 추진력을 인정하여 자연법을 포기하여 종교적 **목적**(telos)과 역사적 목적을 상실한 것으로 이해되고 있다. 낭만주의 시인들이 무슨 말을 한다 하더라도 공동적 혹은 개인적 의무에 대한 관념은 자연에 대한 묵상에서 생겨날 수 없다는 점에서 윤리적 공동체인 국가와 교회는 모두 자신이 어려움에 처해 있는 것을 발견하고 있다. 실제로 우리의 최근 상황은 단순히 초기 엘리트의 낭만주의인데 소비의 혁명, 가르치고 복지활동을 하는 전문직과 도시 인텔리겐치아의 동맹을 통하여 많은 사람들이 그것을 신봉하고 있다. 그것은 다렌도르프(Dahrendorf)가 말하는 '지식 계급(knowledge class)'의 이데올로기다.

이런 식으로 설명해보자. 이런 저런 멤버로서의 의무에 대한 생각, 그리고 종교적 이해를 위해 수행하는 희생과 자기훈련은 서유럽에서 예절에 대한 기능적 요구를 위협할 정도로 느슨해졌다. 결과적으로 국가는 사회적 자본이 위협받는 근원으로 간주된 신앙 공동체를 돕도록 추구하든가, 시민교육을 통하여 존경, 의무, 책임감을 사람들에게 다시 사회화하려고 시도한다. 국가는 지성적이고 사회적인 자본의 근원인 종교 학교를 향해 더욱 친근한 눈길을 던지기까지 했다.

개신교인뿐 아니라 가톨릭 교인도 죄와 구원의 보상 사이에 연결고리가 부분적으로 풀린 것의 영향을 받고 있다. 그것은 고백의 수행을 흔들리게 하고, 은총에 대한 교회의 입장을 평가절하하고 있다. 권위에 대한 의미는 교회와 국가 모두에 매우 분명한 것이다. 권위란 모든 활기 있는 조직에 기능적으로 필요한 것이지만 설득력 있는 정당성은 부족하기 때문이다. 교황이 권위로서 행동할 수 있으나 실제로 그는 하나의 토템(totem)이다. 영화와 문학이 무수한 유사물을 가지고 있기 때문에 죄, 보상, 구속의 동기가 사라진 것이 아니다. 그것은 원래 역사적, 제도적 통로를 통해 자유롭게 퍼져 있는 것이다.

나는 제각각 자연적 신화에 대해 경쟁적인 주장을 가지고 있는 헝가리의 두 역사적 신앙인 가톨릭과 개신교의 상황을 논의하고 있으며, 또한 민족과 국가에서, 사람들과 권위에서 부분적으로 분리되고 있는 신앙이라는 관점에서 그것들을 비교하고 있다. 이것은 가톨릭교회가 자유롭게 민족국가를 넘어 중앙집권화되고 눈에 띠는 국제주의의 선구자가 되게 한다. 그것은 또한 개신교가 자유롭게 국가의 수준 아래서 분권화되고 눈에 보이지 않게 하면서 자원주의(voluntarism)의 암묵적 힘을 인식하게 한다. 불가피하게 그것은 종교적 독점(혹은 이중 독점)을 완화시키며, 종교적 연대는 내가 방금 설명한 단편화된 영성 혹은 무관심에 의해 더욱 약화되고 있다.

자원주의와 개신교의 관계가 나의 마지막 주제다. 그것은 네덜란드와 영국에서 시작되었고 북아메리카에서 실현된 자원주의가 교회와 국가 사이, 신과 카이사르 사이의 구분과 관계되어 있는 방식이다. 역사적으로 이 구분은 국가보다 우위에 있다는 가톨릭의 주장을 뒷받침해왔지만, 더 심오한 의미는 개인의 양심, 개인과 국가 사이의 자원적인 제도를 위한 자율적인 공간의 창조와 관계가 있다. 바로 여기서 우리는 그 둘을 미국과 현대 이슬람교와 대조하여 '옛 기독교계(old Christendom)'와 '옛 유럽' 안에서 세속화의 특별한, 아마도 독특한 성격에 대해 어느 정도의 통찰력을 얻고 있다.

미국의 경우 그 나라의 연방적이고 분권화된 성격, 민족과 신앙의 다양성, 개신교적인 근거(자발적인 형태의 개신교 반대자를 포함한), 교회와 국가의 분리는 종교적 사회화가 교육 체계에서 매우 동떨어진 사회화의 중심적인 요소가 되어왔다는 것을 의미했다. 미국은 집중화된 종교적, 사회적 힘에 대한 위협을 제공하기보다는 오히려 그것의 존재 이유가 되는 하위문화에 기초를 두고 있다. 종교는 계몽된 진보와 섭리적인 신앙의 공동 보호 아래에서 그것의 다양한 구성요소에 적응하고 미국 자체라는 전체적인 종교를 수용하고 있다.

미국 종교성의 이러한 기초를 명시함으로써 나는 종교적 독점과 필연적으로 결합하여 집중화된 사회적, 종교적 힘의 체계를 가져왔던 유럽에는 무엇이 없는지를 밝히고자 한다. 영성의 단편화, 그리고 종교를 계급, 위계서열, 압도적인 힘과 관계되어 있는 것으로 볼 수 있는 하위문화의 출현과 함께 옛 체계는 서서히 무너지고 있다. 아일랜드와 폴란드처럼 외부적인 압제가 신앙과 민족의 결합을 조장했던 곳에서는 예외가 발견될 수 있지만 그 나라들에서조차 힘과 도덕적 동조에 대한 교회의 관계가 유발하고 있는 긴장은 분명하다.

교회가 인정받는 영적, 도덕적 후견인으로서 민족에게 선언할 수 있는 지위를 차지하고 있는 상황에서, 어떤 단일한 영적 혹은 도덕적 준거점도 없으면서 교회가 다수의 자발적인 압력 집단 가운데 하나의 목소리에 불과하게 되는 상황으로 옮겨가는 데에는 시간이 걸린다. 실제로 비록 매체가 교회의 목소리를 말하기 위하여 가시적인 위계질서를 이용한다 하더라도, 사실상 거기에는 많은 다른 기독교 목소리가 있다. 논쟁적인 도덕적 문제에 대한 교회의 목소리는 결국 개신교의 논리를 예시하는 것이다. 거기에는 각각 다른 방식으로 신앙과 이성이 전하는 많은 소리가 있기 때문이다. 그것은 사회에서든 혹은 교회 자체 안에서든 실제로 종교적 독점의 목적이다.

옛 기독교의 상황은 또한 이슬람교와 비교하면 매우 분명해진다. 특히 무슬림의 유럽 이주로 이슬람교가 위상이 높아진 현상을 고려해볼 때, 그 종교는 미국과 상극 관계이다. 비록 이슬람교가 많은 하위집단으로 나뉘어 있지만 그것은 원래 유기적이어서 교육, 법, 종교가 서로 뗄 수 없는 단일성으로 발전했다. 유럽과 북아메리카의 무슬림은 반대자의 형태를 드러내기 위하여 다중 문화주의 논리를 사용하려고 한다. 우리는 그들이 법과 교육의 자율성, 그리고 여성과 동성애자의 권리를 존중하면서 동시에 하위문화의 자율성을 존중하려고 시도해야 하는 단계까지 자유주의자의 한계가 넓혀질 것이라고 생각할 수 있다. 자유주의는 모든 다른 주장이 번역되어야 하는 보편적인 언어이기를 주장한다. 그리고 세계교회는 그 주장을 크게 보장해왔기 때문에 상당히 잘 통했다. 그러나 이슬람교의 도전은 정확하게 이러한 번역의 가능성과 논쟁의 용어에 대한 것이다. 그리고 만일 그것이 중앙집권화된 교권을 가지고 있다면, 우리는 곧 또 다른 과오를 고백하는 교서요목(Syllabus of Errors)을 예상할 수 있을 것이다.

이슬람권 일반은 물론 유럽의 현대 이슬람도 찰스 테일러가 신뒤르켐적 종교성(neo-Durkheimian religiosity)이라고 부르는 것의 가장 호전적인 형태를 나타내고 있다.¹ 이것은 천 년 전 헝가리에서 보인 것처럼 군주, 백성, 신앙의 결합을 나타내는 원시 뒤르켐적 종교성(palaeo-Durkheimian religiosity)과 대조를 이루고 있다. 그리스는 스스로 교회와 민족이 공존한다고 규정한다는 점에서 신뒤르켐적 나라의 예가 된다. 그리스의 다음 세대에 대한 사회화는 독립 이래로 건국 신화의 탁월한 수호자로 간주되는 정교회의 민족적이고 종교적인 유산으로 도입하는 것을 포함하고 있다. 군대가 그리스 안에서의 교회처럼 행동하고 있는 터키에도 비슷한 상황이 존재하고 있다는 것이 중요하다. 이 나라는 1차 세계대전에서의 패전 이후 근대화의 혁명적 프로그램 가운데 터키 대통령 아타튀르크(Ataturk)가 확립한 평민에 대한 건국 신화를 군대가 지키고 있다.

그것은 신뒤르켐적 방식의 연대감이 종교적일 필요는 없으며, 프랑스, 터키, 체코공화국과 같은 나라에서는 민족 신화의 수호자가 민중들이며 세속적이라는 것을 상기시켜준다. 다양한 형태의 미국 종교와 구분되는 것으로 미국의 공유된 종교에 함축되어 있는 진보와 섭리의 지배적인 신화는 개인주의와 영적 단편화가 다른 방법으로 크게 발전하고 있는 개신교적 맥락에서 뒤르켐의 현대적 형태의 예를 보여주고 있다.

그것은 영성의 단편화가 그리스, 루마니아, 세르비아, 폴란드에서 발견되는 민족과 신화의 결합 유형에서 벨기에, 프랑스, 터키, 체코공화국에서 발견되는 민중에 대한 헌신에 이르는 다양한 상황이 현대 유럽에 함께 진행되고 있음을 의미한다. 또한 스칸디나비아와 같은 중간적인 경우도 있다. 여기서는 교회와 사회 민주주의가 함께 하나의 단일한 거룩한 덮개(sacred canopy)를 형성하고 있다. 아마도 가톨릭교회가 거룩한 덮개의 가장 큰 단일한 부분이라고 주장하고 있지만 헝가리에는 민족 신화에 대한 경쟁적인 주장이 있다.

분명히 교회와 국가 사이에는 선택의 자유를 요구하는 제한적이고 자유적인 전제 안에서 다양한 상황과 역사에 상응하는 다양한 구조상의 관계가 있을 것이다. 아마 여기서 주요 예외는 그리스일 것이다. 교회와 국가는 자유주의 압력에 저항하는 유사동질성(quasi-homogeneity)에 대해 경쟁하거나 결탁하고 있기 때문이다.

비록 특히 그리스처럼 교회가 정치적 힘을 휘두를 때는 시민의 평등, 사회적 응집과 같은 문제에 관하여 교육이 항상 경쟁 영역인 것 같기는 하지만, 어떤 경우든 현대성과 관계된 사회 분화는 교회의 사회적 영향력을 감소시킨다. 어디서나 교회는 인간적 관심의 특정 부분을 다룬다. 교회는 자신이 제공하는 영적인 것에 매력을 느끼는 사람을 위한 적절한 시장을 발전시킨다. 그리고 노골적인 정치적 소속 없이 하나의 자발적인 압력 집단으로 공론화에 기여하고 있다.

때때로 나는 기독교가 몰락하고 있다기보다는 변화하고 있다고 지적해왔다. 나의 마지막 예는 신뢰의 수준을 높이려는 시도에 근거한 기독교의 변화가 어떻게 보통의 감각을 가진 남성의 세속화를 초래할 수 있는지 보여줄 것이다. 보통의 감각을 가진 여성의 세속화는 오히려 다르다. 그것은 이익 균형의 변화를 통해 생겨나기 때문이다. 최근까지 여성은 안전과 안정을 위하여 가부장제라는 대가를 지불했다.

종교의 시대가 끝나고 그것의 해체가 진행되면서 기독교인들은 기독교인이라는 것이 무엇을 의미하는지에 대하여 논쟁하기 시작했고, 그리하여 그 종교가 위축되는 것을 막으려고 했다. 가톨릭교회조차도 보통 사람의 성취와 베버가 말하는 종교전문가(virtuoso)의 수행 사이의 거리를 좁혔고, 세속적 조건에 대해 무관심한 중간자를 감소시켰다. 최근에 성장하고 있는 복음주의자는 순수한 경험과 삶의 변화를 강조하면서 세속성을 증가시키는 반면에, 가톨릭 신자는 특히 제2차 바티칸 공의회 이후 성례전에 대한 헌신과 믿음을 강조하고 있다. 따라서 더욱 경건한 기독교를 가질수록 사회를 재기독교화(re-Christianization)하려는 어떤 시도도 어려워질 것이다. 기독교는 자기이해 가운데서 원래 되고자 열망했던 것으로 돌아가고 있다. 그것은 반죽 가운데 있는 누룩이며 맛을 잃지 않는 소금이다.

제8장 주(註)

1 Charles Taylor, *Varieties of Religion Today, William James Revisited* (Cambridge, MA: Harvard University Press, 2002).

제3부 서사와 거대서사

제9장 세속화: 지배서사 혹은 몇 가지 이야기?
제10장 성령강림운동: 모더니티의 주요 서사

제9장

세속화: 지배서사
혹은 몇 가지 이야기?

세속화의 '표준모델'로 알려진 것에 대해 몇 가지 언급할 필요가 있다. 이는 40년간의 비판적 압박에 시달렸음에도 여전히 이 표준모델이 이 분야를 지배하고 있으며, 동시에 이것이 사실이 아니라고 간단히 말할 수도 없기 때문이다. 어쨌든 종교사회학자들이 받아들이는 복잡한 조건이 무엇이든 간에 대체로 세속화는 다소 소박한 모습을 가지고 당연한 것으로 받아들여지고 있다. 그렇지만 일단 '표준모델'이 간단하게 다루어져 왔기에 나는 나의 일상적인 전략, 즉 당연하게 여기는 것을 향해 '의심의 해석학'을 던지는 전략으로 회귀하고자 한다. 나는 세속화에 대해 이야기할 수 있는 것이 얼마나 되는가를 지적하고 이데올로기적, 철학적, 신학적 영향력 침투에 대해 암시하며 세속적 발전의 궤적을 편향되게 하거나 희미하게 하는 역설과 모호성을 유추해내고자 한다.

세속화 담론은 다양하기 때문에 이들이 교차하거나 중복되는 경우라 하더라도 나는 매우 중요한 것, 즉 많은 사람들, 특히 호세 카사노바가 세속화

이론의 가장 실행 가능한 형태로 간주하는 것을 선택하고자 한다. 그것은 다름 아닌 사회 분화로 인한 다양한 인간 활동 분야의 자율성 증가를 의미한다.[1] (말하자면) 복지와 교육이 과거에는 교회의 후원하에 있었고 사상의 지배양식이 신학적이었다면 오늘날에는 복지와 교육이 독립적인 영역이 되었고 신학은 하나의 제한적인 사고영역이 되었다. 이것은 내가 『세속화 일반이론』[2]에서 수용한 접근방식이었다. 이는 탈코트 파슨스(Talcott Parsons)로 거슬러 올라가는 것이며 나는 이제 이것을 자연, 국가, 복음주의 형식이라는 종교 자체의 영역까지 확대하고자 한다.

그렇지만 내가 '일반이론'을 설정하고 신앙과 실천에 있어서의 경험적 경향을 사회 분화와 연관된 증가하는 자율성과 통합하려고 시도했을 때, 세속화에 대한 접근방식을 사상사에 바탕을 두고 흡수하는 것이 매우 어렵다는 것을 알게 되었다. 영미적이든 라틴적이든 아니면 그 무엇이든 간에 나는 어떻게 세속화의 각기 다른 역사적 유형들이 종교와 관련하여 국가 인텔리겐치아들에게 아주 상이한 역할을 부여하고 있는가 하는 사실을 지적하는 것 외에는 거의 할 일이 없었다.

동시에 사상사는 중요하며 아주 폭넓게는 아방가르드적인 생각에 바탕을 두었기 때문에 지식인 엘리트가 오늘 제안하는 것은 내일이 되어야 대중이 수용할 것이다. 이것은 사상사가 윌리엄 오캄(William of Ockham)이나 파두아의 마르실리우스(Marsilius of Padua)에 의한 분리된 시민정부영역에 대한 옹호, 청교도주의의 세속적 결과, 19세기 중엽에 있었던 종교와 과학의 협조적 관계가 증오의 국면으로 무너져버렸던 순간처럼 역사의 지적 전선에서 성공적이고 결정적인 발전을 수집하도록 조직해왔다는 것을 의미한다.

단순한 세속화 이야기를 교육받은 사람들의 마음속에 새겨지는 것은 아마도 이러한 종류의 역사일 것이며 자연, 국가, 복음주의에 대해 내가 다루고자 하는 것은 문제를 더 모호하고 복잡하게 만드는 일을 추구하는 것이다. 나의 연결 맥락은 여전히 영역들의 자율성 증가에 놓여 있고, 그 결과로 사회 조직과 사상에서 통합된 것이 반(半)독립적인 영역으로 해체되어왔다. 절정이 막을 내리고 있다.

표준모델

그렇다면 표준모델은 어떻게 되는 것인가? 당신은 최대한 단순화로 종교를 다루며 아마도 대부분 소수 인종에 치우쳐 있는 사회학 교과서를 발견하게 될 것이다. 신앙과 실천에서의 경험적인 경향에 초점이 있다. 그리고 이러한 경향은 한때 내가 편리한 역사적 삼각대라고 불렀던 것인데, 한 각은 절정의 빅토리아 시대이고 다른 한 각은 절정의 중세 시대로 세속화의 진보를 측정할 수 있다. 지배적인 틀은 중세 사회와 오늘날과의 대조에 기초하거나 아니면 절정의 빅토리아 시대 이후부터 내려오는 경향에 기초한 근대화이다. 바로 이 점에서 나는 잠시 멈추어 18세기에 이루어진 진출 이후에 재기독교화의 절정으로 여겨질 수 있는 1870년도의 영국과 프랑스를 기억한다. 그것이 어찌되었든 1880년과 1960년 사이에 다양하게 결정된 어떤 시점이나 다른 시점에서, 비록 특별한 기준들로 보면 일시적 안정이나 약간의 상승이 있기는 하지만, 결정적으로 시대 경향들은 하향하기 시작한다.[3] 사회적 인가의 지지를 받는 거대한 실천이었던 것, 심지어 어떤 지역에서는 준일치적인 것조차도 감소하는 소수의 순수한 선택적 레저 활동이 된다. 서구 유럽은 지구상에서 가장 세속적인 장소가 된다.

필연적으로 이런 경향이 의미하는 바와 여기에 관련된 다른 경향들과의 관계가 의미하는 바에 대한 논쟁이 잘 알려진 학자들인 그레이스 데이비, 스티브 브루스, 로드니 스타크, 로버트 우드노(Robert Wuthnow), 피터 버거, 칼럼 브라운(Callum Brown), 휴 맥레오드(Hugh McLeod), 웨이드 클라크 루프(Wade Clark Roof), 로빈 길(Robin Gill)에 의해 논의되고 있다. 로드니 스타크는 특별히 독점이 아니라 경쟁이 존재하는 곳에서의 지속적인 종교 활동의 부흥을 주장했으며, 스티브 브루스는 종교 활동의 되돌릴 수 없는 안정적 감소를 주장했다.[4] 그레이스 데이비는 종교적 감소가 자원단체의 하향적 경향의 일부라고 제안했으며, 스티브 브루스는 구체적으로 호소력의 결핍이 종교에 영향을 미친다고 주장한다.[5]

여기에는 두 개의 확장된 이슈가 있다. 첫 번째는 '유럽 예외주의(European exceptionalism)'로 확인된 것이다. 유럽의 세속화는 다른 곳에서 존재하지 않는 요소들 때문인가? 라는 점이다. 두 번째는 기독교의 빅토리아식 교화와 여성화로 인한 영향과 특히 20세기 중반 이후 여성의 역할 변화와 관련된다. 피터 버거, 데이비드 마틴, 그레이스 데이비는 『유럽: 예외적 경우(Europe: The Exceptional Case)』(2002)에서 유럽의 세속화는 필수적으로 다른 곳에서는 없는 요소들 때문에 생긴 세속화로 예외적인 것이라고 주장했다. 예를 들어 스티브 브루스는 미국의 문제는 '미국식 예외주의(American Exceptionalism)'라고 포함시킨 것이다.[6] 그레이스 데이비와 린다 우드헤드는 여성 참여의 문제를 연구했으며, 그 결과는 오랜 기간 동안의 남성 참여보다 상당히 크게 나왔다. 칼럼 브라운은 『기독교 영국의 사망(The Death of Christian Britain)』에서

여성의 역할 변화가 1960년대 이후 교회의 총체적 쇠퇴와 관련해서 의미가 있음을 극화했다.[7]

유럽이 예외적이라고 믿는 사람들과 유럽이 세속적 미래를 위한 실험실이라고 믿는 사람들은 미국을 조심스럽게 바라보고 있다. 19세기 이후부터 20세기 중반에 이르기까지 미국에서는 종교참여가 증가했으며, 젊은 세대들에게서 수평이나 쇠퇴를 볼 수 있었지만 유럽보다는 더 크다고 할 수 있다. 종교의 쇠퇴와 더 일반적인 사회 자본의 쇠퇴 사이의 관계에 대한 로버트 풋넘(Robert Putnam)의 논제에 대해서는 중요한 토론이 있다. 낸시 애머만(Nancy Ammerman)의 논문에서는 미국 종교 그룹의 지속적 효력을 중요한 이정표로 이야기하며, 미국 종교의 내적 세속화에 관련된 토머스 루크만과 윌 헐버그(Will Herberg)의 논제들에 대한 지속적인 토론도 이루어지고 있다.[8] 해럴드 블룸은 그의 독특한 저작인 『미국종교』에서 우리는 이제 후기 기독교와 영지주의 영성을 다루고 있다고 말한다.[9] 미국의 대중 종교는 어디서나 항상 '변종'의 특성을 가지고 있다는 것에 대해 대부분 동의한다. 결국 현대 이탈리아와 브라질도 역시 '변종'의 특성을 나타내고 있다.

이것은 단지 몇 가지의 주제이다. 나는 근대화와 관련된 근본적인 과정과 중요한 이동에 기초한 명시적인 사회학 이론 사이의 차이를 기술하려고 하며, 내가 제안하는 함축적 가정은 문화적 역사를 뒷받침한다. 나는 문화적 역사의 접근을 이끌어내기 위해 스칸디나비아를 선택했다. 스칸디나비아는 철저한 세속화 사례에 있어서 다소 오랫동안 중요한 중거물(프랑스와 함께)이었으며, 스칸디나비아에 대한 닐 켄트(Neil Kent)의 최근 책인 『북극의 영혼(The Soul of the North)』[10]은 자연, 국가, 복음주의(혹은 경건주의)에 관한 나의 세 가지 세속화 이야기와 다소 관계가 있기 때문이다.

일반적으로 북유럽, 심지어 북동 유럽은 (기원 후) 천년이 지난 후에나 기독교화되었다는 사실은 잘 알려지지 않고 있다. 일단 교회는 주로 전쟁이나 군주의 결정으로 확립되었지만 로마 가톨릭교회는 이데올로기적, 경제적, 정치적 권력의 중심이 되었다. 결과적으로 종교개혁은 영적 저항에 의해서만 동기부여된 것이 아니라(적어도 스웨덴의 경우는 그렇다) 교회의 자산을 빼앗으려는 귀족과 군주의 욕망에 의해서도 이루어졌다. 루터교가 가톨릭의 자리를 대신하게 되자, 더욱 개인주의적이고 경험주의적이며 (어느 정도) 자원적 경건이 일어나기 전까지 교회는 독점과 강요적 특성을 유지했다. 감정에 기초한 복음주의적 경건주의는 자연을 존중하는 낭만주의의 태동과 함께 일어났으며, 민족주의와 국가 심벌, 언어 및 준신화적 역사와 함께 일어났다. 예를 들면, 덴마크에서는 그룬트비(Grundvig)가 장려한 종교 형태와 꽤 독립적인 국가의 컬트가 있었다. 비록 종교가 여전히 국가와 자연을 포함하고 있을지라도 국가는 자연과 같이 독립적인 예배의 대상이 되었다.

닐 켄트는 중세와 오늘날 사이의 밑바탕에 깔려 있는 결정적인 대조를 이끌어낸다. 한때 교회는 현저한 우위에 있었으며 정당성의 주요 근원이었으나 오늘날 루터교회와 같이 교회는 냉담한 다수의 수동적 지지자를 보유하면서 이제는 구제하며 진보적인 성향을 가진 사람들에게 호소하는 자원기관이 되었다. 심지어 19세기 부흥주의조차도 20세기에는 쇠약해지기 시작했다. 더 나아가 혹자는 스칸디나비아가 공동체적이고 구속적 신앙에서 개인주의적이며 선택적 영성으로 이동했다고 말할 것이다.

어떻게 이것이 근본적 과정과 결정적 변화에 기초한 사회학적 접근과 비교될 수 있는가? 포괄적 의미는 근대화의 과정이며 그 안에 유사한 용어로 합리주의, 관료주의, 비마법화, 도시화와 산업화, 개인주의화, 사사화, 자유주의화 등이 있다. 이 모든 과정적 용어들은 세속화의 부가물들이며 신앙과 실천의 경험적 경향들의 분석 틀을 구성한다.

위대한 변화(혹은 변화들)를 구체화하며 우리 근대인들을 과거로부터 단절하는 근본적인 변화에 대한 대규모의 드라마도 있다. 이런 불연속의 드라마는 어니스트 겔너(Ernest Gellner)의 『사상과 변화(*Thought and Change*)』[11]에서와 같이 한 단계에 기초할 수 있으며, 혹은 존 그레이의 최근 책 『짚으로 만든 개』[12]처럼 두 단계에 기초될 수 있다. 어니스트 겔너는 이전의 모든 형태와 근대적 형태(민족주의를 포함하여) 사이에 큰 틈을 주었을 뿐만 아니라 다른 요소들을 구체화했다. 프랑스의 18세기 물질주의에 대한 논의에서 그는 계몽주의로 인한 다양한 변화를 지적했는데, 그것은 '초자연적'인 것에 대한 거부 또는 물질의 구조와 활동에 따른 현상에 대한 영적 설명들, 결정주의와 상대주의, 인식론에서의 경험주의, 쾌락주의와 심리학에서의 이기주의, 존재의 중재자로서의 이성에 대한 믿음, 윤리학에서의 공리주의, 정치에서의 공리주의나 민주주의, 진리이론에서의 실용주의, 인간의 조건을 향상시키기 위한 교육의 능력에 대한 믿음 등이다.[13]

나는 『짚으로 만든 개』를 쓴 존 그레이를 인용하는데 그것은 그가 두 단계의 변화를 제공하기 때문이며, 비록 그의 입장과 겔너의 요구가 대조적이지 않다 하더라도 무언가 다른 요소를 포함하기 때문이다. 첫째 단계는 여전히 지식층에 의해 널리 표현된 세속적 인본주의로 표현되지만, 그레이의 관점에서 그것은 단지 위장한 많은 신학일 따름이다. 인간의 독특한 지위가 신의 형상(Imago Dei)의 설명인 반면, 진보 중에 있는 신념은 변화된 새 천년에 대한 기대이다. 어느 곳에도 가려 하지 않는 동물과 같은 우리의 진정한 실재에 직면하면서, 이제 마침내 이러한 신학적 잔여물을 버리고 현실주의의 단계에 들어가야 할 때이다. 내게 그것은 모든 거대담론이 점차 소멸하는 것에 대한 탈근대주의적 이해를 의미하는 것처럼 보인다. 덧붙여 설명하면, 찰스 테일러는 그의 감화력 있는 『자아의 근원들(The Sources of the Self)』14라는 책에서 인정받지 못하는 기독교적 존재론에 대한 인본주의적 의존이라는 매우 다른 언급을 제공한다.

요점은 거대담론들이 점차 소멸되어야 한다는 것이며, 단지 철학적 언급들이 얼마나 자주 기술적 요소뿐 아니라 규정적 요소를 포함하는지에 주목하는 것은 가치 있는 일이라는 것이다. 그것은 실질적으로 규정이 기술을 무시하는 세속 신학들의 경우에 특히 명백하다. 돈 큐피트에게는 현대적 표현들에 대한 언어학적 분석이 세속적 실재 속으로 흘러든 기독교적 관념을 드러내는 것을 의미하는 반면, 하비 콕스에게는 기독교가 세속도시의 출현에 대한 긴 서막을 제공한다. 그 자체로 그러한 극화된 거대은유들(master metaphors) 가운데 하나인 '신앙의 바다(sea of faith)'는 썰물상태라기보다는 오히려 소생하는 상태이며, 우리가 일상의 경험을 말하는 것에 대해 반향을 일으키는 방법으로 다시금 '밀물상태'가 된다. '희미한 것 같은' 다른 세상을 본 조지 허버트와는 달리 우리는 단 하나의 실재를 위한 단 하나의 눈을 가지고 있다.

그래서 우리는 모든 계획들을 종식시키기 위한 탈근대적 계획을 포함하여 거대 계획들, 사실상, 다수의 그런 계획을 갖고 있다. 철학과 기대를 결합하기 쉬운 다양한 시나리오가 있을 뿐 아니라, 본래부터 종교이론 및 '본질적인' 것과 관계된 시나리오도 있다. 그런 연결이 원래의 주장을 훼손시킨다는 것이 아니라 우리가 확실히 관찰에서 추론할 수 있는 것을 넘어서 도약하는 경우처럼 그 연결들이 조직 틀을 다루고 있다는 것이다.

쇠퇴하는 바다 같은 신앙에 대한 거대은유들 중에 가장 널리 퍼진 것은 그것의 성숙성에 있어서 세속적 실재를 갖는 인간의 어린 시절 신앙과 대조된다.

점점 더 증가하는 현대적 중요성이 있는 두 개의 조직틀은 진화론적 심리학(혹은 인지과학)과 '합리적 선택' 이론이다. 내가 선택한 설명은 파스칼 보이어(Pascal Boyer)가 쓴 『종교를 설명하기(Explaining Religion)』[15]와 로드니 스타크와 그의 동료들이 쓴 『신앙의 행위들(Acts of Faith)』[16]이다. 첫 번째를 위한 모델은 진화심리학(evolutionary psychology)이고, 두 번째를 위한 모델은 경제학이며, 둘 모두 얼마나 더 초기의 종교이론을 다루는가 하는 것은 흥미진진한 일이다. 물론 진화론적 사회학이 환원주의로 잘 알려져 있으며 특히 다른 주제들을 그 자신의 이해 수준으로 감소시키는 것으로 잘 알려져 있다.

로드니 스타크는 로저 핑크(Roger Finke)와 함께 쓴 『신앙의 행위들』에서 종교가 인간조건에 대해 무수하고 본질적인 것에 관하여 완벽하게 이성적 숙고(지식의 단계를 허용하면서)를 하면서부터 발생한다고 주장한다. 그러므로 비록 종교적 생명력이 확립된 독점이 있는 곳보다는 경쟁적 다원주의가 있는 곳보다 더욱 자기 스스로를 잘 증명할 것 같다 하더라도 세속화에 대한 붙박은 제한이 있다. 이와 대조적으로, 파스칼 보이어는 종교적 관념을 촉진시키는 개념들이 오래전에 생존과 선별의 긴박성하에 놓여 있었던 정신적 기초로부터 전달되기 때문에 '이성적 선택'의 증거가 없다고 본다. 그런 개념에 대한 예는 영적 실재들에 대한 중개의 속성인 듯하다. 지적 엘리트 구성원들만이 그것의 힘을 피하도록 기대할 수 있으며, 그래서 다시금 세속화에 대한 하나의 제한이 된다. 분명히 두 경우에 세속화이론은 종교이론을 보완한다. 환원주의는 세속적 미래에 관해 자신감 있는 예언과 필요한 연결점을 가지지 못한다.

그래서 요약하면 우리는 여기서 내가 지금까지 제안해왔던 것에 대한 강력한 두 개의 예를 갖고 있다. 세속화에 대한 우리의 이해를 지배하는 틀은 종교에 대한 우리의 이해를 지배하는 틀이다. 그 틀은 인간 본성에 대한 개념을 포함하여 현대적 세계관을 반영한다. 단지 두 경우에서만 세계관이 경쟁적 시장과 우리의 동물적 본성의 무의식적 구조 위에서의 선택이라고 인용했다. 그 둘이 서로를 배제하며, 그 모든 것이 동등하게 자신감 있고 포괄적인 이전의 이론화에 대한 매우 광범위한 상처 감싸기라는 점에서 두 개의 틀은 모두 단순한 관찰을 넘어서며 포괄적이다. 그래서 의심의 해석을 위한 충분한 상황적 증거가 있다는 것을 겸손함과 단순함을 갖고 말하기 위해 타당성에 대한 질문을 잠시 동안 괄호로 묶어놓자.

분화: 자율적 자연

국가의 자율성, 원칙적으로 자연과 국가에 대해 증가하는 자율성을 나타내는 종류의 종교로서 복음주의를 관찰하기 전에, 나는 여기서 자연의 증가하는 자율성에 대한 증가하는 분화에 기초한 접근을 확장한다. 각각의 경우에 예를 들겠지만 세속화와 성화의 변증법이 있다. 그래서 자연의 성화, 혹은 국가의 성화, 혹은 복음주의 형태의 종교의 성화는 그것이 필요성의 문제라기보다 선택의 문제가 되지만 정서적 능력에서 증가한다. 이 세 가지는 재결합될 수 있고 매우 흔히 그럴 수 있지만 깨짐(a break)은 이루어지지 않을 수 없는 것이 되었다. 그래서 국가의 예를 들자면 교회와 국가의 분리, 세속 정부의 과정으로부터 신앙 공동체들의 분리는 역전될 것 같지 않다. 그 정도로 세속화이론은 숭배된다.

역사적으로 자연에 대한 태도는 세계에 대한 상상력 있는 비전에 근거를 두었다. 그 주장은 메리 미드젤리(Mary Midgeley)의 『과학과 시(Science and Poetry)』[17]에 웅변적으로 표현되고 예증되지만, 근대 과학의 형이상학적 기초들에 대한 버트(Burtt)의 탐구나 자연에 대한 조사를 촉진하는 데에 금욕적 개신교주의와 쾌락주의의 역할에 관한 로버트 머턴(Robert Merton)과 루이스 포이어(Lewis Feuer)의 매우 대조적인 견해와 같이 자연에 대한 많은 초기 전망이 있다. 메리 헤세(Mary Hesse)는 자연(그리고 사회) 이론들에서 은유의 역할을 강조했다. 그리고 과학의 수정주의 문헌은 충돌의 상들이 세속적 이데올로기주의자에 대해서 각색되고 때때로 잘못 표현되었을 뿐 아니라, 과학이 종교의 누적되는 치환 관념에 대해 도전한 것과 종교와 과학 사이의 협동의 기간을 상세히 기록했다. 19세기 후반에 널리 알려진 노력은 진리뿐 아니라 전문적 파워에 대한 것이었으며, 사회적·종교적·국가적 맥락에 따라 그 기간과 활기에서 매우 다양했다.

출현하는 자연의 자율성은 마술적 힘의 작동을 거부하고 탈마법화와 이성적 무신론으로 보완되는 이성적 종교성을 둘 다 포함한다. 혹자는 여기에서 잠시 멈춰서서 새뮤얼 페피스(Samuel Pepys)나 윌리엄 페티(William Petty)로부터 이성적 종교성과 실제적 종교성을 구별해야 할 것이다. 지금은 이성적 종교성이 선택되었으며, 로이 포터(Roy Porter)가 사용한 용어를 차용한다면 그것은 질서, 연합 그리고 뒤얽힌 메커니즘에 대한 존경을 바탕으로 사용되었다.[18] 아마도 이런 공간적 표현은 도시와 정원의 기하학적 구성에서 볼 수 있을 것이다. 신 자신은 신성한 건축가이며 위대한 수학자이며 뉴턴(Newton)과 프리스틀리로에서 제임스 진스(James Jeans)와 폴 데이비스(Paul Davies)에 이르기까지 자연에 나타난 신의 정신에 대한 존경은 이성적 종교의 끊임없는 계보를 구성했다. 이것이 내용에서 제거된다면 얼마나 위험한 것인가 하는 문제는 뉴턴이 유사한 입장에서 성경을 이해하고 조직화했던 시도에서 분명하게 나타난다. 그런 종교는 제도적 중재나 사제적 중재를 필요로 하지 않으며 기적을 법칙과의 임의적 간섭으로 바라볼 것이다. 그러나 이것은 세속화이론이 그런 가정을 하도록 인도할지는 모르지만 단순히 무신론을 향한 전이적 단계는 아니다. 일종의 근본적인 믿음은 그 자체로 존재하며 중간단계로 존재하지 않는다. 더욱이 복음주의 기독교 자체는 자연 신학보다는 ― 말하자면 와츠(Watts)나 쿠퍼(Cowper)보다는 웨슬리가 ― 구속에 대해 강조한다 하더라도 자주 용어의 철학적 의미를 상식적 관점에서 전파했다. 그것은 창조의 이성적 선함을 존경했고 히브리 성경과 지혜전통에서 강화되었다. 위대하며 비극적 인물인 필립 고스(Philip Gosse) 같은 인물을 포함하여, 복음주의 과학자들은 자연의 중심부에서 다시 신의 속성으로 자취를 추적해갔다.

드홀바흐(D'Holbach)에 의해 엄격하게 명료해진 대안적 계보에서는 신성한 기원자나 보존자의 가설이 필요하지 않다. 특히 만일 자연의 질서가 핵으로 축소되며 원소들의 닫힌 배열이 된다면 가설로서의 신은 한가한 분이다. 또 다시 과학적 무신론의 사회적 분배가 민족적, 문화적, 종교적 정황과 '실재'의 지배적 정의에 대한 문화적 갈등과 관련이 있다고 강조해야 한다. 그래서 프랑스보다는 영국의 반응이 덜 철저했다고 할 수 있다.

기계화되고 탈마법화된 세계에 대한 반대는 윌리엄 블레이크(William Blake)와 스웨덴보그(Swedenborg)와 같은 다양한 기원으로부터 왔지만, 무엇보다도 '측정과 선(line)'보다는 존경, 경외 그리고 참여를 강조하는 낭만주의가 추구한 자연에 대한 총체적 재마법화를 통해서 이루어졌다. 이성적 종교성의 경우에는 낭만주의적 종교성과 마찬가지로 유신론적 또는 무신론적 반응을 선택할 수 있으며 기독교와 교회와 종교는 함께 존재하는 것으로조차 남겨지지 않았다. 내가 의미하는 것은 존 키츠(John Keats)에게는 자연에 대한 강렬한 반응이 영국국교회의 낙심한 교회 상황과 비교해서 날카롭게 대조를 이루고 있었다. 워즈워스와 같은 시인들은 만유재신론적 철학을 채택하거나 셸리(Shelley)처럼 신플라톤주의로 돌아설 수 있지만 리처드 제프리스(Richard Jefferies)는 순수한 자연주의자의 황홀함을 축하할 수 있다. 다양하고 개인적인 영적 지식이 어떻게 기독교 목록을 다룰 수 있는가를 보기 위해서는 단지 괴테(Goethe)와 블레이크, 스웨덴보그를 비교하기만 하면 된다.

키츠가 바다에 대해서 '땅의 인간 해변에서의 제사장 같은 순수한 세정의 의무'라고 한 것이나, 워즈워스가 트로사(Trossach)에 있는 산길을 '신앙고백하기 쉬운 곳'으로 쓸 때, 어떻게 비유가 교회의 의식으로부터 밖으로 나왔는가 하는 것을 보게 되며 어떻게 가톨릭의 의식과 형상이 개신교의 급진적으로 축소된 의식과 이미지보다 더 풍요로운 자원을 제공하는지를 알게 된다. 이것은 마치 가톨릭주의가 제도와 신조의 틀 밖에서 개인적인 종교 이해를 돕고 공급하기 위해 변화의 과정을 겪은 것과 같다.

워즈워스는 특히 흥미로운데 왜냐하면 그는 개인 신앙의 양식을 창조하여 (결국에는) 자연, 국가 그리고 심지어 교회까지 오늘날에도 상당히 영향력이 있는 방식으로 재통합했다. 그는 자연적 신비주의가 '봄기운이 도는 나무'로부터 도덕적 충동을 찬양하는 것과 높고 거룩한 곳에서의 성서적 개념의 존경을 연합시켰으며 특히 영국의 전경에 성스러운 건축을 재현하기도 했다. 같은 재현이 컨스터블(Constable)에게도 존재했다. 반면 후에 게인즈버러(Gainsborough)에게서는 가난한 자들을 포함하는 장소에 대해 복음주의와 낭만주의의 '감성' 사이의 깊은 연결을 볼 수 있다. 게인즈버러 자신은 감리교도였으나 우리가 여기서 발아하는 것으로 보는 것은 신조와 제도의 감금 밖에서 자연의 자율적 탄원을 포함한 개인적 경건의 발산과 교차이다.[19] 이런 강력한 교차와 주요 발산 등은 매우 영향력이 크며 인터뷰 스케줄과 질의에 철저하게 명료하지 않은 우리의 종교 목록의 일부이다.

문화적 맥락의 영향은 다른 요소들이 다른 민족적 맥락에서 어떻게 연합하고 분산되는지를 비교해보면 얻을 수 있다. 독일에서 캐스퍼 데이비드 프리드리히(Caspar David Friedrich)와 같은 신실한 기독교인은 높고 고독한 곳이나 감정을 불러일으키는 배경에 성스런 고딕 건물이 서 있는 열정적인 낭만주의자의 모습과의 풍요로운 연결을 보여준다. 여기서 우리는 전원과 산 그리고 신비주의의 총체적 장르의 중요한 자원을 보게 된다. 독일, 스칸디나비아, 영국에서는 자연, 교외(가장 넓은 의미로), 성스러운 건물의 재현은 감화력이 있으며 여전히 그런 감화력이 남아 있을 것이다. 미국의 '아메리칸 서브라임(The American Sublime)'의 그림들은 이런 강력한 종교적 암시에서 흥미로운 변형을 제안한다. 예를 들어서 프레드릭교회(Frederic Church)에서는 교회보다는 성경과 창조에 도취된다.

'종교의 역사' 운동은 최근에 한스 키펜베르그에 의해 탐구되었는데 이것은 종교 목록의 주제들이 어떻게 영국, 독일, 프랑스에서 변화되었는지를 보여준다.[20] 그러나 전체 운동에서 중요한 것은 키펜베르그의 관점에서 보면 "아름다운 세상, 너는 어디에 있느냐?"에 표현된 잃어버린 이교도 세계에 대한 불만으로부터 신화의 의식을 회복하는 데에 이르기까지의 과도하게 지성화되고 만성적으로 도덕적인 기독교와 함께 하나의 종교적 좌절이다. 개신교보다는 가톨릭 분위기에 이러한 좌절이 놓여 있다는 것은 더욱 명백하며 상징주의자의 그림을 재작업하는 것은 이것을 분명하게 해준다.

기독교 목록에서의 이런 재작업 요소들은 크래브(Crabbe)와 멜빌(Melville)의 바다 경치와 풍경에서 눈을 돌리는 외부인과 피해자를 포함해서 보편적인 유형으로 다시 나타날 수 있다. 고대 이원론의 유사물들이 적대적이며 사납고 반항적인 자연 환경의 특성이 다시 나타날 수 있다. 오늘날 우리는 여전히 이런 목록과 기록의 변화 모두의 상속자이다. 예를 들면, 우리는 우리 스스로에게 자연 환경에 대해 '강간'이라는 언어가 얼마나 깊이가 있는가 또는 순수한 발리(Bali)의 낙원으로 악이 침입하는 것이 얼마나 터무니없는 비유이며 혹은 기독교 목록의 거대한 메아리인가에 대해 질문해보아야 한다.

분화: 자율적 아이콘으로서의 국가

어떤 사람들, 예를 들면 어니스트 겔너[21] 같은 이들이 인식하는 민족주의(nationalism)가, 특히 앤서니 스미스(Anthony Smith)[22]의 관점에서 국가의 진정한 정신을 일깨우는 아방가르드로 자신을 나타내는 지식인들의 열망과 관련된 근대화 프로젝트의 일부이다. 여기에서 혹자는 진정한 국가의 정신을 보여주는 거룩한 교회의 재구성이 어떻게 문명의 기원 또는 진보의 선구자로서 기독교 재구성과 함께 하는지를 보게 된다. 국가적 구속사는 정당성을 제공하기 위해 고안된 동행하는 계보와 함께 특히 고대의 탄원을 통해서 만들어지며, 여기서 역사와 민족의 세속화와 성화가 동시에 일어나는 것을 발견하게 된다. 성경이 아담이나 아브라함에 이르는 계보를 세운 것과 같이, 군주들이 성경이나 고전적·지역적 고대의 인물에 이르는 계보를 만들어내듯이 국가 또한 그것의 승계자로서 신화적 자기표현을 고안해낸다. 모르몬교의 특성 중 하나는 미국인을 위한 제3의 언약을 제공하고 소외된 사람들에게 새로운 나라를 만들어주는 것이다. 스코틀랜드 왕들이 이것을 만들어냈다면 모르몬교인은 왜 안 되는가?

자연과 관련해서는 메커니즘에 대한 존중에서 총체적 참여로의 변화가 있으며, 민족과 관련해서는 계약적 회원 관념부터 성스럽고 총체적인 결합의 개념으로의 변화가 있다. 이단에 대한 가톨릭의 정의는 배신의 국가적 정의가 되며 모든 것을 포괄하는 자동적 세례에 대한 유산이 국가의 성령과 성스러운 깃발 등 모든 것을 포괄하는 유산이 된다. 교회가 이런 정신을 창조하고 유지하는 역할 자체를 하든지, 개신교와 가톨릭의 더욱 일반적인 탄원이 있든지, 게르만 민족의 '이교도'의 과거나 고전적 아메리칸 원주민들의 신화에서든지 이것은 민족적 궤적의 문제이다. 폴란드는 가톨릭 국가로서 고난 받는 메시아로 떠오른 반면 프랑스는 혁명적 국가로 교회의 맏딸에서 자유, 평등, 형제애의 첫 국가로 바뀌었다. 영국과 미국은 '다른 에덴'이나 새 이스라엘, 새 예루살렘과 같은 성서적 개념을 효율적으로 사용했다.

새로운 첫 국가이자 유일하게 도전받지 않는 초강대국인 미국은 자신들의 계보를 로마 공화국의 계승자뿐 아니라 광야를 젖과 꿀이 흐르는 약속의 땅으로 변화시킨 박해받는 무죄한 사람들의 거처로 아이콘을 그려나갔다. 이런 이상화된 자기표현의 과정에서 신은 전쟁에서 승리를 확신하는 약속을 주었고 평화의 번영과 일시적인 불후의 명성을 모든 시민에게 주었다. 바로 이런 새 이스라엘이나 신세계질서(Novos Ordo Seclorum)의 가정이 9·11사건에 뒤따르는 깨지고 침해된 순결의 언어를 설명해준다. 그러한 공격이 악하다는 것은 분명하지만 영국과 유럽에서 도시 중심이 폭파되는 것은 일상적인 경험이다. 더 일반적으로 (그리고 9·11의 맥락이 아니라) 그것은 마치 심판과 약속에 대한 성서적 모델이 결정적으로 신 자신의 나라에서 (신의) 약속으로 이동한 듯하다.

평화는 성서의 위대한 비전 중 하나이다. 그리고 미국과 영국은 예루살렘에게 약속된 평화와 번영이 부분적으로 또는 전체적으로 각각 보호된 대륙과 보호된 섬에서 자신들에게 확장되었다고 믿는다. 그러나 유럽에서는 침해, 파괴, 침입 등이 20세기 중반까지 만연하게 일어나 정치적 의무의 진정한 현실이 그대로 수용되었으며 불행한 결과의 가능성은 완전히 받아들이게 되었다. 무죄와 덕은 대륙인보다는 앵글로 아메리칸에 의해서 주장된다. 그러나 미국의 힘에 의해 보호받게 되면서 유럽은 스스로를 임마누엘 칸트(Immanuel Kant)의 '불후의 평화'의 거처로서, 그리고 미국을 피할 수 없는 전쟁의 홉스주의 상황으로 보기 시작했다. 유럽에서 고질적인 전쟁의 느린 침체와 함께 만족해하는 무죄를 향해서 다가오는 무언가가 나타나기 시작했다. 물론 프랑스의 현실정책(realpolitik)은 결코 동요하지 않았다.

민족주의에 대한 문헌들은 흔히 보편적 시민 권리에 바탕을 둔 시민적 다양성과 백성들의 신화적 정신(또는 심지어 그들의 생물학적 구성까지도)에 대한 더욱 유기적인 다양성 사이를 구별한다. 유기적 민족주의는 민족성과 종교를 결합한다(그러한 결합이 이제 맹렬하게 논쟁이 되는 그리스 혹은 대부분의 동유럽 국가와 중동처럼). 시민 민족주의(civic nationalism)는 정의상 다민족, 다문화적 혼합에 보다 더 열려 있지만, 심지어 이런 시민 민족주의를 보이는 나라에서조차 민족적, 문화적, 종교적 지표들을 남겨놓고 있다. 이것은 대중 이동의 압력 아래에서 표출되며, 특히 이주민들이 '고향' 사람들과 상당한 문화적 거리에 있을 때 더욱 그렇다. 지중해의 북쪽에 머물려고 시도하는 북아프리카의 이슬람 이민자들이나 미국에서 멕시코로 넘어가려는 라틴아메리카계 이민자들이 그 예이다.

시민 민족주의에서 유기적 민족주의로 나아가는 다양한 스펙트럼이 있는데, 적어도 최근까지 영국은 시민 민족주의의 좋은 예이고 스페인과 아일랜드는 유기적 민족주의의 좋은 예이다. 역사적으로 영국은 영국국교회와 동떨어져 자신을 개신교와 진보적인 국가로 인식해온 반면, 제국 스페인과 억압받은 아일랜드는 자신들의 정체성을 민족성과 로마 가톨릭에 두었다. 물론 유기적 민족주의가 종교에서 분리된 시민, 법, 교육의 관념으로 이동한 반면 시민 민족주의는 여전히 진정한 국가의 정신을 불러낸다.

시민 민족주의가 실제로 종족-종교 결합에 의한 부수적 공동체의 민족적 토템이나 정신에 얼마만큼 융합하는가에 대해서는 강조할 만하다. 현재 영국과 미국에서는 공식적 다문화의 교리가 다양한 형태의 종족-종교 연대와 다수 대중에 의한 대중적 저항의 도전을 받을 때 유지되기 매우 어렵다는 것이 증명되고 있다. 현재의 긴장은 이슬람에 대한 분명한 이유에 초점을 맞추지만, 특히 앞선 시기의 흥미로운 예는 유대 공동체가 제공한다. 유대인들이 게토에 구금되었을 때 그들은 대중의 민족적 종교성의 적대적 압력으로부터 자신들의 종족-종교 정체성을 유지했다. 그러나 후기 혁명 프랑스와 같은 계몽된 국가에서 그들은 보편적 시민의 기준을 받아들이는 조건으로 게토에서 나오도록 초대받았다. 몇 가지 결과가 뒤따랐다. 하나는 많은 유대인들이 인간성을 기초로 한 계몽된 보편주의를 받아들이는 것이었으며 이것은 기독교 보편주의를 앞지르는 것이었다. 유대인들, 특히 유대인 지성인들은 세속화의 진보적 첨병의 일부가 되었으며 민족적 정체성이라는 시민적 정의의 깃발 아래에서 대중의 종족종교 이해에 도전했다. 전형적인 예가 19세기 후반 덴마크에서 일어난 것으로 독일계 동조자들이며 세계 시민의 기원이 된 세속적 유대인들인 브랜즈(Brandes)와 진정한 종교 정신의 관점에서 덴마크를 보았던 그룬트비를 따랐던 자들과의 충돌이다.

시민과 유기체의 다양한 첨가물이 있듯이 문명의 표명이라는 조건에서 틀을 갖춘 민족적 프로젝트와 진보의 첨병으로서 틀을 갖춘 민족적 프로젝트 사이에는 다양한 균형이 있다. 미국에서 종교는 진보라는 사상을 향해 나아가는 민족적 프로젝트와 밀접하게 연관되어 있으며 이것은 그 생명력과 관련이 있다. 반면 빅토리아 시대의 영국 종교는 문명과 진보의 혼합과 관련되어 있었으며, 이것은 1914년 이후에 기독교 교회와 국가가 문명화와 진보에 대한 확신을 잃어버리게 한 쇠퇴하는 생명력과 관련이 있을지도 모른다. 프랑스에서는 두 개의 국가가 떠오르게 되었는데, 하나는 가톨릭적인 것으로 프랑스의 역할을 문명의 중심으로 향하게 했고, 다른 하나는 세속적이며 공화주의적인 것으로 프랑스 문명을 진보를 향해 기울게 했다. 진보와 문명을 향한 주장들이 확신 가운데 있었다기보다는 방어적이었기 때문에 파리는 20세기 중반까지 세계적 예술도시가 되었다.

요약하자면, 종교의 상태를 고려하기 위해서는 민족 프로젝트와 얼마나 연관되어 있는지를 고려해보아야 하며 이 프로젝트의 중심에 국가가 얼마나 연합하고 있는지 또는 분리되어 있는지를 살펴보아야 한다. 혹자는

1870년 독일에 패배한 세속주의자들의 비난에 대한 프랑스 가톨릭의 결론이 무엇인지, 세속주의자가 1918~1919년 이슬람의 패배(혹은 칼리프의 지위나 서구화의 실패 등)에 대해서 물어보아야 할 것이다. 1989년 진보에 대한 공산주의의 해석 및 민족 프로젝트의 붕괴에 대해 러시아정교회에도 물어보아야 할 것이다. 많은 요소들이 관련되어 있고 성공과 실패가 민족적 열망을 다시 활기 있게 만들 가능성이 있기 때문에 이것은 직접적인 관련성을 제시할 수 있는 영역이 아니다. 이것은 억압받는 아일랜드, 크로아티아, 슬로바키아, 리투아니아, 폴란드와 종교적 생명력의 정도 사이를 분별하는 상대적으로 단순한 관계에 비해서 훨씬 복잡하다. 이러한 상대적으로 단순한 관계는 서구의 압력 아래에 있는 이슬람의 재동원이나 힌두교나 불교 민족주의에서도 발견할 수 있다. 일반적인 의견에 구애되지 않고 이슬람화가 될 것인가? 이런 맥락에서 명백한 질문은 종교 민족주의의 세계적 상승이 유럽의 순서를 따라 상승한 이후 쇠퇴할 것인가의 문제이다.

마지막으로 물어야 할 질문은 가톨릭이 국가 독립을 위한 적대적 압력의 운동을 느끼면서 현대의 느슨해진 민족 정체성으로부터, 물론 이것이 실제로 발생한다면, 이익을 얻지 못할지도 모른다는 것이다. 국제적 가톨릭(International Catholicism)은 근대 국제주의(modern internationalism)와 일치한다고 볼 수도 있다. 동시에 자신을 가장 큰 자원적 교파로서 재발견하고 복음주의─자원주의의 선구자인─와 함축적 동맹을 맺고 있다는 사실을 발견하게 될 것이다. 이것은 보수적 가톨릭과 복음주의에 대항해 진보적 가톨릭이 진보적 개신교와 연결될 수도 있다는 것이다.

시무스 히니(Seamus Heaney)는 가톨릭, 특히 이제는 검소한 공화국이 아니라 다른 국가와 같은 소비 국가가 된 아일랜드와 관련해서 가톨릭의 미래 역할에 대해 적절한 언급을 한다. 2002년 10월 31일자 ≪인디펜던트(The Independent)≫에서 그는 다음과 같이 말한다.

> 어떤 종류의 형이상학이 일상에서 사라졌다. 아일랜드인의 삶의 특성에 많은 것을 부여한 권위주의적 교회에서 나온 내적 윤리 — 청교도주의, 또한 예배와 선교를 향해 나아가기 위한 준비 등등……. 나는 우리가 종교적 가치에 의해 알려진 무의식 위를 달리고 있다고 생각한다. 그러나 나의 자녀들의 자녀들은 그것을 가지지 못할 것이다. 나는 바늘이 그 방향을 향해 움직이고 있다고 생각한다.

분화: 종교 자체의 자율성

복음주의의 역설(여기서는 논의를 위해 성령강림운동도 포함된다)은 세속화를 통합하면서 보다 철저하게 성화를 추구하는 방식으로 향한다. 복음주의는 현대 개신교에서 가장 포괄적인 요소이며, 이와 같은 개인 차원의 신앙에 더욱 깊이 귀속되는 것은 기독교 사회에서 헌신하지 않는 대다수의 기독교인을 제외시켜 그들이 기독교인이 아니라는 잘못에 이르게 할 것이다. 민주주의 국가가 대다수의 상대적 무관심을 반영한다고 할 때 복음주의는 근본적으로 그것을 포기하는데, 단 미국만은 예외이다. 미국에서는 군부 세속주의자에 상반되는 신화와 마찬가지로 기독교 헌법에 대한 신화를 만들어냈다. 이것은 '벌거벗은 대중'에 대한 약탈로 이어지며 낙담하고 타박상을 입은 채 물러나서 왜 '도덕적 다수'가 상대적으로 효과적인 영향을 거의 미치지 못하는가에 대한 의문을 가지게 한다. 부시의 임기가 변경될 것인지는 두고 볼 일이다.

복음주의에 대한 '이상적 모형'에서 종교는 법, 사업, 정치, 외교 정책 등의 자율적 분야에 대해 기준을 제공할 수 없으며 제공하려고도 하지 않는 자원단체가 되어야 한다. 이들 분야는 자신들의 규칙을 따르고 있다. 자율적 단체가 종교시장에서 생존해야 한다면 개인적 경건을 제외한 모든 것은 객관적 의식(ritual)과 신성한 것의 위치도 포함하여 무엇이 작동하느냐에 대해 도구적·실용적 기준에 따라야 할 것이다. 종교의 대중 포럼과 대중 얼굴은 내면광장(in foro interno) 안에 주관화되었다.

물론 복음주의는 19세기 후반 영국과 미국에서와 같이 사회를 기독교화하려고 한다. 그리고 도덕적 이익 집단으로서 자신의 의제를 따르도록 법과 대중 정책에 영향을 미치려고 한다. 어떤 경우에는 신정국가나 신칼뱅주의자의 사상인 문화에 대한 포괄적인 기독교 이해로 회귀하려는 양상을 보이기도 한다. 그러나 논리와 실천에 있어서는 공동체나 주민으로서의 상속권을 포기하고 자원적 종교 집단에서 다시 태어나려 하며 포괄적인 정치적 관심을 제한적인 도덕적 의제로 축소하려고 한다. 만약 정치가 다시 구제될 수 있는 것이라면 그것은 공중 생활에서 개인의 덕목에 의존하는 것이지 전체적인 사회적 비전에 의존하는 것이 아니다.

어떤 것도 나라 전체를 기독교화하려는 복음주의적 야심에 의해 무효화되지는 않는다. 사이먼 그린은 『퇴락하는 시대의 종교』[23]에서 1870~1920년의 북잉글랜드에 관한 연구에서 이것의 개요를 그린다. 사실 어떤 면에서 이런 야망과 관련된 과잉 확장은 쇠퇴의 한 요인이다. 선택과 이동에 기초한 하나의 신앙으로서 복음주의는 지역에서 누누이 이어져 내려오는 사람과 지역적 위치에 근거한 사회적으로 이해할 수 있는 믿음과 대치되며, 지역 교회가 지역 공동체의 중심이 되기를 그만두는 과정의 일부이다. 물론 지역 교회는 관련성을 유지하는데, 이는 자원단체들도 근접성에 기초하기 때문이며 가장 이동성이 많은 사회 영역에서도 지역 소속감의 요소들이 존재하기 때문이다. 9·11 이후에 트리니티 영국국교회 교회(Trinity Episcopal Church)와 세인트 페트릭 성당(St Patrick's Cathedral)의 집회와 런던의 세인트 폴 성당(St Paul's)에서의 집회처럼, 교회는 지역의 슬픔과 기쁨을 위한 장소가 되어야 한다. 그러므로 이동성과 두 번째 탄생, 정착과 세대 간 이동 원리 사이에 지속적인 변증법이 존재한다. 이동성과 세대 간 이동과의 관계성은 지역 학교들보다는 신앙 기초 공동체의 증가에 따른 것이다. 학교, 공동체, 학생 그룹이 배움, 훈련, 덕목 등을 지지하기보다는 파괴하는 현실에서 그 개선의 효과가 분명하다.

복음주의는 장기간에 걸친 개인주의화 과정과 기독교 자체와 유대교, 리고 어거스틴과 시토 수도회의 다양한 영성, 개혁주의, 경건주의에 뿌리를 둔 내재성으로 이해할 수 있다. 객관적 의식(ritual), 성물, 예전 언어, 신조, 성직 계급 제도에 관심을 두지 않는 것에는 부분적인 이론적 근거가 있다. 이 모든 요소는 교회와 사회 질서에 필수적인 구조의 일부로서 그 자리를 간직하면서 쉽게 그것과 함께 하는 형태에 대한 사역과 실용주의에 의해 과소평가된다. 이런 실용주의는 새로운 조건에 대한 끊임없는 조정을 위한 길을 열어주며 이것은 복음주의가 실제로 문화에 의해 갇혀 있고 움직이지 못하게 될 수 있다는 것을 의미하며, 처음에 문화가 변화의 요소로 작용한다는 것을 의미한다. 비록 복음주의 정신이 개인주의적 주제를 제한하지만 믿음의 결과로서 내향성과 좋은 감정에 대한 강조는 문화적 요구에 대한 끊임없는 조정으로 귀결된다. 갈보리 채플(Calvary Chapel)에서 볼 수 있는 것과 같은 '새로운 개혁', 즉 투명성, 세속적 시설, 최소한의 성직자의 중재 등이 좋은 예이다.[24] 복음주의에서 하나의 조정 가능성은 보다 넓은 치료 문화와 조화되는 종교의 치료적 관점이거나, 모호한 기독교적 환경과 용어를 가진 포스트모던적 취사선택을 제공하는 것에 기초한 소비주의이다. 이런 소비주의가 새로운 것인지 아니면 이전에 비해서 더 분명해진 것인지는 논의할 여지가 있다. 그러나 돈 큐피트와 같은 신학자에게 소비주의가 실제로 유효하다는 것은 흥미로운 일이다. 그러나 영국에서 이런 결과는 모호한 내면적 문화에 기초한 기독교 제도의 '소비'를 거부하는 것이었거나(특히 젊은 남성들 사이에) 아니면 이전 복음주의 교파들이 종교적 유흥을 위해 쇠퇴하는 집단으로 여겨지는 것이었다.

이런 유흥의 분위기에서 복음주의의 중요한 전략은, 적어도 처음에는 모든 기독교적 삶의 측면을 성스러운 정신의 감독 아래에 놓는 것이었다. 복음주의는 어떻게 모든 레저 분야를 살릴 수 있는가를 보여주는 YMCA의 레저 시설, 시먼즈 미션(Seaman's Mission), 템퍼런스(Temperance) 호텔, 스포츠 개최지 또는 정신(spirit), 기독교 텔레비전과 같은 레저시설을 제공한다. 그러나 소비자 시장에 들어가면 세속 경쟁자들과 경쟁하게 되어 결국에는 유사한 상품을 제공하게 된다. 복음주의가 널리 퍼져 있는 미국에서는 경쟁을 할 수 있는 자원(resource)이 있을지도 모른다. 적어도 상호 연대를 위한 맥락에서는 수용할 만한 서비스가 있다. 그러나 영국은 그렇지 못하다. (예를 들면) 원래 '세상'을 거룩하게 하기 위해 형성된 구세군은 내적으로 세속화되었고 충분한 종교적 독특성이 사라지게 되었다. 사회는 복음주의보다 더 개인적이며 이동성이 있고 경쟁적임을 보여준다. 영국과 개발도상국이 크게 대조적인데, 아프리카와 라틴아메리카 대륙, 아시아에서는 성령강림운동과 카리스마교회 기독교가 혼탁하고 세속적인 세계를 따르는 대안보다 포용적이며 포괄적인 환경을 제공할 수 있기 때문이다. 성령강림운동과 카리스마교회 종교는 현재의 우위이자 사회적, 지정학적 이동성의 선구자가 된다. 그것은 다른 곳에서 일어나는 것에 대한 반응이라기보다는 선두에 있다. 이제 피할 수 없는 질문은 얼마나 오랫동안 지속될 것인가 아니면 이것은 선진 사회를 향한 과정인가이다. 선진 사회는 미국 모델인가 유럽 모델인가?

따라서 복음주의의 역설은 이전에 세워진 국가 교회가 전체 공동체를 위한 종교적 보호의 공급이나 고리대금, 가족, 성에 관한 규정적 사회원리의 제안을 그만두는 것으로, 쇠퇴가 수반되는 개인적 삶의 전반에 대해서도 동시에 요구되는 것이다. 여기에서 복음주의는 급진적 개혁주의에서 나온 교회들과 날카롭게 대치되는데 이들에게 복음의 규정적 원리들은 사회 변혁에 중심을 두는 것이며 이들은 개인 영혼의 변화보다 이 땅에 신의 나라가 도래하기 위한 요구에 대해 순종할 것을 강조한다. 동시적으로 발생하는 세속화와 성화의 역설에 대한 나의 논의는 진정으로 극적인데, 그 이유는 세속 사회 전체에 대한 요구로 확장하면 반드시 실패할 것이고 그렇지 않다면 조심스럽게 경계를 이루며 고립될 것이기 때문이다. 게다가 이런 급진주의는 또한 신의 나라를 폭력을 통해서 세우는 것과 자신의 힘으로 신의 섭리를 취하는 것과 평화적 철회 사이를 오간다. 종교적 관점에서 장기적인 결과는 급진적 개혁을 더 넓은 사회로 영향을 미치게 하여 평화적이고 유토피아적인 공동체를 이루는 것이다. 그러나 아이젠슈타트(S.N. Eisenstadt)는 세속주의의 장기적 결과를 묵시적인 혁명적 정치의 전통과 순수한 자들에 의한 통치에서 찾을 수 있다고 하는데, 이것은 차례로 무정부상태의 혼란이나 순수한 자들이 사회를 질적으로 더욱 나은 세상을 향해 강압적으로 몰아가는 권위주의적 부패 등으로 나타난다.[25]

그러나 이것은 세속적 종교와 사상에 대한 거대한 질문을 일으켜 종교 형태를 내재적 구성으로 재생산하기 때문에 여기에서 다루기에는 너무나 큰 주제이다. 더욱 밀접한 관계에 있는 것은 복음주의의 성화에 대한 시도로 이것이 내재적 세속화로 변질될 수 있다는 주장에 대한 사회학적 해석의 문제이다. 복음주의는 그리스도를 위해 세상을 정복하는 동안 끊임없이 창의적이고 변화하며 또 새롭게 하고 있다. 예를 들어 종교를 가족단위의 가치나 가정생활로 축소하는 것이 동시에 함축되어 있어서 그 결과로 종교의 여성화가 발생하며 그에 대한 보상으로 기독교의 남성적 버전을 추구하는 것이다. 유사한 것이 회심을 위한 주요 매개인 복음주의 음악에 나타나 있다. 성화를 위한 충동이 성스러운 종교적 영역을 포기함으로써 사탄으로부터 가장 좋은 곡조를 빼앗으며 매력적이고 작동하는 것은 무엇이든지 끌어안으려 한다. 이것의 결과는 가장 고상한 미의식이 여전히 '거룩한 것'의 개념과 그에 적절한 형태를 유지하고 있는 오래된 교회의 중요한 자원으로 남아 있다는 것이다.[26]

해석학적이고 방법론적인 문제는 충분히 명백하다. 세속화의 거대담론으로부터 유래된 배경의 추정이 주어질 때, 새로운 발의를 창조적 재진술 또는 결과적으로 나쁜 시대와 악한 시대로 타락할 '세상'과의 타협에 기초한 세속화에 대한 반응으로 취급하는가? 타협을 기초로 한 해석이 수용될 때, 자세하게 구체화된 시간과 공간 없이 혹은 전통적 종교 자체의 내용을 구체화하지 않은 채 '전통적 종교' 관념은 흔히 역사적 기초를 제공하도록 요청받는다. 또한 유사하거나 동일한 '세상'과의 타협이 이전에도 여러 번 발생했는가에 대해서 질문하지 않는다. 만약 사회학자가 현대 미국 종교의 심각한 분열을 발견한다면, 1850년이나 1750년에 발생했던 유사한 상황이 얼마나 오래 전에 일어났는지에 대해 물어보지 않는다. 종교적 상황의 형태에서 부분적 순환에 대한 가능성은 적어도 세속화의 종착지를 위한 직선(때로는 끊기며 흔들림이 있는)으로써의 고려와 동일한 권리가 일치되어야 한다.

  기준이나 수세기에 걸친 '세속적 행위'의 지속성에 대한 동일한 의문은 더 넓게 확장될 수 있는데, 표준 역사 문헌 등은 근본적인 질문들을 생략하며 이 문제에 국한하여 주어진 그대로의 비유들을 조직화하기를 추구하기 때문이다. 전통적인 유물에서 발견되는 다원주의와 현대 다원주의 형태의 비교가 부족한 것이 하나의 예를 보여주지만 보다 덜 확장된 시간 기준에서 혹자는 네 명의 조지 왕(Georges)과 멜버른 경(Lord Melbourne), 찰스 제임스 폭스(Charles James Fox), 웰링턴 공작, 넬슨 경(Lord Nelson)과 보우 브루멜(Beau Brummel) 같은 인물들에 대해 법원이 제공한 이전의 기준에 반대되는 19세기 중반의 가톨릭과 복음주의의 개혁을 어떻게 평가하는지 물어볼 일이다. 심지어 에이먼 더피(Eamon Duffy)와 다른 이들이 제대로 표현한 즉각적인 전근대적 경건을 존경하면서, 어떻게 혹자는 조엘 로젠탈(Joel Rosenthal)이 파라다이스의 구입(The Purchase of Paradise)[27]이라고 불리는 것을 소비주의라는 관점에서 평가할 것인가? 마키아벨리가 '기독교' 유럽을 모욕한 후뿐만 아니라 이전에도 마치 현실정책(realpolitik)이 사회의 지속적인 특성인 것처럼 소비주의적 태도가 잘 알려진 성직 심미주의 형태들과 비교했을 때보다 더 지속적이지 않은가? 형태는 다르지만 욕망과 권력의 구조는 지속된다.

  혹자가 확신을 갖고 (세속화라는) 용어를 사용할 수 있다고 가정할 때 세속화의 거대담론에서 유래한 가장 나쁜 왜곡은 청교도주의와의 관련해서 발생한다. 베버의 작품을 따라가는 사회적인 문헌에서 우리는 '청교도주의'가 언제 존재했는가를 물어보지 않으며 얼마나 많은 사람들이 관련되어 있었는지 그리고 이것이 결국 어떻게 보수세력에서 급진세력으로 변화되었는지에 대해서 물어보지 않는다. 그 대신 우리는 과학, 민주주의, 개인주의 혹은 자본주의의 결과의 흔적을 세속화와 모더니티와 함께 연결해서 관심의 초점을 맞춘다. 청교도주의는 그 자체로는 거의 나타나지 않지만 거대하고 중요한 운동인 반개혁주의와 계몽화된 절대주의를 없애는 데에 효과적이다. 역사의 궤적은 모더니티의 문제와 그것의 잠재적 기대로 확인된 것에 의해 결정되고 왜곡된 궤도를 벗어난 방향으로 진행한다. 프랑스혁명과 미국혁명은 제시간에 일어나지만 프랑스를 제외한 다른 계몽주의들은 진짜 이야기에 대한 부수적 이야기로 생략된다. 따라서 우리는 테니슨(Tennyson)이 '울리는 변화의 자국'이라고 적절하게 말한 것에 관심을 잠시 집중할 수 있을 것이다. 역사는 교활한 골목길로 가득찼다기보다는 종점을 향해 가는 철로 위의 기차이고, 1642년, 1776년, 1789년은 미래를 향해 가는 정거장이며, 그 미래는 변덕스럽고 예측할 수 없는 쪽으로 향하는 경향이 있다. 우리가 이런 과도한 방식으로 역사를 정돈하는 이유는 우리가 여전히 그 당시에 이면의 세력을 승리로 이끌었던 준신화적 지평이 제공한 렌즈를 통해 생각하고 있기 때문이다. 그것들은 우리가 그것들을 바라보는 방식을 만들었다. 패트릭 콜린슨(Patrick Collinson)이 영국 혁명에 대해 말했던 것처럼 토니(R.H. Tawney)에서 크리스토퍼 힐(Christopher Hill)까지 이어지는 학자들이 논의한 발달 과정 등은 21세기에 호소할 수 있는 어떤 모더니티의 관념과도 상응하지 못할 것이다.[28]

나는 모더니티가 특이하다거나 사회 형태가 계몽주의와 산업혁명 이래로 그렇게 다르지 않다는 것을 의미하는 것이 아니다. 내가 말하는 바는 우리의 관찰이 결정적이고 성공적인 사회 그룹들과 연결된 준신화적 틀에 따라 변화되고 선별되며, 우리의 중요한 비유와 거대담론은 증거 자료뿐 아니라 충고도 포함하는 철학적 연결고리를 가지고 있다는 것이다.

프랑스혁명에서 유래된 궤적은 역사가 진행된다고 정해진 하나의 궤도로서 지식인들 사이에 매우 큰 영향력이 있었다. 동시에 그것은 앵글로 아메리칸의 실용주의 전통에 의해 보충되면서 복합적인 그림이 주로 혁명적이거나 진화론적 궤적을 향해 나아가는 첨병으로 구성된다. 초기 단계에서 종교는 이런 첨병에 참여할 수 있었지만 나중에는 뒤쳐질 뿐 아니라 떨어져나가게 되어 잇따라 후방에 배치되거나 지속적으로 변형의 고통을 당하게 된다. 이런 변형들 가운데 하나는 개인 신앙에서 신실성(즉, 신학적 덕으로부터 자연적 덕으로)으로의 이동이거나 혹은 선택된 경건한 자들의 순수한 본성에서 끊임없이 미국의 정치 지도자들이 호소하는 신 자신의 나라 안의 모든 선택된 백성들의 순수한 본성으로의 이동일 수 있다. 배턴(baton)은 다른 선수가 전달하지만 목표는 여전히 같다. 역사의 세속적 종말에 대한 세속적 의미는 '저 멀리 떨어져 있는 신성한 사건'이다. 그 대신 아마도 이것은 내가 기술했던 것과 같은 세속화와 성화의 단계들인지도 모른다.

제9장 주(註)

1 José Casanova, *Public Religions in the Modern World* (Chicago: Chicago University Press, 1994).
2 David Martin, *A General Theory of Secularization* (Oxford: Blackwell, 1978).
3 Robin Gill, *The Myth of the Empty Church* (London: SPCK, 1993).
4 Rodney Stark and Roger Finke, *Acts of Faith* (Berkeley: University of California Press, 2000); Steve Bruce, *Choice and Religion. A Critique of Rational Choice Theory* (Oxford: Oxford University Blackwell, 1978).
5 Grace Davie, Steve Bruce and Robin Gill: articles on "The Putnam Thesis," *Journal of Contemporary Religion,* Vol. 17, No. 3(October 2002).
6 Grace Davie, *Europe: The Exceptional Case* (London: Darton, Longman and Todd, 2002); "Europe — the Exception that Proves the Rule," in Peter Berger(ed.), *The Desecularization of the World* (Grand Rapids: Eerdmans, 1999), ch. 5; Peter Berger, *The Secularization of the World* (Grand Rapids: Eerdmans, 1999); David Martin, *Pentecostalism — The World Their Parish* (Oxford: Blackwell, 2002).
7 Grace Davie and Tony Walter, "Women's Religiosity," *International Encyclopedia of the Social and Behavioral Sciences* (Oxford: Elsevier, 2002), pp. 16532~16534; Callum Brown, *The Death of Christian Britain* (London: Routledge, 2001); Linda Woodhead, "Sex and Secularization," in Gerald Loughlin(ed.), *Christianity and Sexuality* (Cambridge: Cambridge University Press, 2003).
8 Will Herbert, *Protestant-Catholic-Jew,* rev. edn(New York: Doubleday, 1960); Nancy Ammerman, *Congregation and Community* (New Brunswick, NJ: Rutgers University Press, 1997); Thomas Luckmann, *The Invisible Religion* (New York: Macmillan, 1967); Robert Putnam, *Bowling Alone* (New York: Simon and Schuster, 2000).
9 Harold Bloom, *The American Religion* (New York: Simon and Schuster, 1992).
10 Neil Kent, *The Soul of the North* (London: Weidenfeld and Nicolson, 1964).

11 Ernest Gellner, *Thought and Change* (London: Weidenfeld and Nicolson, 1964).
12 John Gray, *Straw Dogs* (London: Granta, 2002).
13 Ernest Gellner, "French Eighteenth-Century Materialism," in D. O'Connor(ed.), *A Critical History of Western Philosophy* (London: Routledge, 1965), pp. 278~284.
14 Charles Taylor, *Sources of the Self. The Making of Modern Identity* (Cambridge: Cambridge University Press, 1989).
15 Pascal Boyer, *Explaining Religion* (London: Heinemann, 2001).
16 Stark and Finke, *Acts of Faith*.
17 Mary Midgley, *Science and Poetry* (London: Routledge, 2001).
18 Roy Porter, *Enlightenment: Britain and the Creation of the Modern World* (London: Penguin, 2000); Robert Wuthnow, *Communities of Discourse* (Cambridge: Harvard University Press, 1989).
19 William Vaughan, *Gainsborough* (London: Thames and Hudson, 2002).
20 Hans Kippenberg, *Discovering Religious History in the Modern Age* (Princeton: Princeton University Press, 2002).
21 Ernest Gellner, *Nations and Nationalism* (Oxford: Blackwell, 1983).
22 Anthony Smith, *The Ethnic Origins of Nations* (Oxford: Blackwell, 1986).
23 Simon Green, *Religion in the Age of Decline* (Cambridge: Cambridge University Press, 1996).
24 Donald Miller, *Reinventing American Protestantism* (Berkeley, CA: University of California Press, 1999).
25 Schmuel Eisenstadt, *Fundamentalism, Sectarianism and Revolution* (Cambridge: Cambridge University Press, 1999).
26 David Martin, *Christian Language and its Mutations* (Aldershot: Ashgate, 2002).
27 Eamon Duffy, *The Stripping of the Alters* (New Haven: Yale University Press, 1992); Joel Rosenthal, *The Purchase of Paradise* (London: Routledge, 1972).
28 Patrick Collinson, *English Puritanism* (London: Historical Association, 1983), p. 6.

제10장

성령강림운동: 모더니티의 주요 서사

1965년 세속화 개념에 대한 비평을 시작했을 때, 나는 그것이 폭로되어야 할 합리주의 및 역사주의 이데올로기에 뿌리를 두고 있다고 주장한 바 있다. 수사학적 미사여구를 그만두고 나는 심지어 '세속화'라는 단어가 사회학 사전에서 삭제되어야 할 것이라고 제안하기까지 했다.¹ 후에 사회 분화 현상을 고려하여 다양한 형태의 역사적 상황에서 세속화를 설명하려고 했던 1969~1978년의 기간 동안 나는 그 단어를 삭제하기보다는 더욱 넓은 의미로 다듬어서 세속화에 대하여 보다 절제 있게 표현하려고 했다.² 내가 보기에 우리가 모더니티라고 부르는 시기에 일어난 어떤 체제변화(예를 들어 그것이 네덜란드에서는 오래된 것이고 알바니아에서는 최근의 일이지만)는 추적할 수 있지만 합리화와 사사화와 같은 거대이론들로 그런 모든 변화를 설명하는 것에 대해서는 조심해야 했다.

비록 세속화에 대한 거대이론과 이에 수반된 거대서사들에 함축되어 있는 다양한 과정에 대한 권위 있는 설명으로는 호세 카사노바의 『현대 세계에서의 공적 종교』(1994)³를 보아야 하겠지만, 그것은 실제로 나의 접근방법이 함축하는 것이었다. 특히 그 저작은 현대 상황의 종교의 사사화에 대하여 회의를 가지고 있으며, 여러 나라들에서 종교의 활동적인 공적 역할에 대한 구체적인 증거를 제시했다.

『세속화 일반이론』을 저술했던 1978년 이래로 나의 관심은 그 저작에서 가볍게 다루었거나 혹은 생략했던 부분, 특히 20세기 중반 이후 라틴아메리카에서 분명히 나타난 라틴유럽(유럽에서 라틴어계의 언어를 쓰는 이탈리아·프랑스·스페인·포르투갈 등을 총칭하는 말로 주로 가톨릭 종교를 믿는 나라들임, 옮긴이) 형태의 변형을 밝혀내는 것이었다. 그 주제의 초점은 『불의 방언』(1990)에서 논한 것처럼 무엇보다 성령강림운동의 형태로 나타난 라틴아메리카의 경쟁적 다원주의의 출현에 대한 것이었지만, 『성령강림운동 — 세계가 그의 교구』(2001)에서 다룬 것처럼 성령강림운동을 세계적 현상으로 설명하는 것으로 그 범위가 점점 확대되었다. 이렇게 탐구의 영역이 넓어지는 과정에서 특히 성령강림운동이 개발도상국 전체에서 발견되는 모더니티의 전조인가 아니면 모더니티에 대한 '근본주의적 거부'의 일부인가 하는 기본적인 문제가 나타났다. 나는 전자의 입장을 취했다. 전체적으로 내 분석은 라틴아메리카를 경쟁적인 종교적 다원주의의 소개를 통해 북아메리카와 '라틴'아메리카 방식의 세속화를 결합시킨 하나의 혼합 지역으로 취급하고, 성령강림운동을 세계적 모더니티의 한 중요한 거대서사로 받아들이는 것이었다. 그것이 방금 언급했던 책들과 버니스 마틴(Bernice Martin)과 함께 써서 출판한 『높은 곳으로부터의 개선(*Betterment from the High*)』에 근거하여 그녀가 세 개의 주요 논문에서 예시했던 주장의 핵심적 관심이다.⁴

지금 제기한 분석은 전통적인 세속화 패러다임과 상반되는 것이다. 전통적인 패러다임은 근대화의 초기 단계를 용이하게 하는 것에서의 개신교의 역할을 제외하고는 종교가 모더니티를 방해하는 것으로 보는 경향이 있는 반면에, 여기서는 근대 세계로 가는 하나 이상의 대안적 통로를 제공하는 것이 종교라고 취급하기 때문이다. 분명히 하나의 활기찬 세계적 선택으로서의 성령강림운동에 기초한 모더니티의 거대서사가 개신교에서는 계속 문제가 되지만, 그것은 베버보다는 알레비(Halevy),[5] 칼뱅주의보다는 감리교와의 관계에서만 그렇다. 성령강림운동의 거대서사는 합리화와 관료주의가 아니라 오히려 이야기와 노래, 몸짓과 성령 받음, 이미지와 체현(體現), 열정적 발산과 체현에 기초한 것이다. 우리는 이 강력한 결합을 합리화로서의 모더니티를 발전시킨다는 의미에서 활기찬 것으로 보아야 한다. 발전의 중간 단계에서는 분명하지 않으나 '존재'의 다른 방식을 통해 이루어지는 합리화의 논리와 근대적이 되는 다른 논리가 있다. 그것은 세속화를 이해하는 방식은 존재의 다양한 방식의 지위와 힘에 대한 이해와 관계되어 있다는 것을 의미한다. 혹자는 종교를 일단의 경험적 과오, 부정적인 영향이며 동시에 과학적 (혹은 실존적) 자율성의 시대의 빛에서 볼 때 조만간 사라져버릴 운명을 가진 모더니티의 한 중간적 장애물로 이해하는 고전적 방식에 대한 하나의 대안을 제시한다.

성령강림운동에 기초한 거대서사를 하나의 지구적 선택으로 소개하기 위하여 먼저 종교가 사회와 문화와 관계되어 있는 방식의 한 모형을 제시할 필요가 있다. 만일 어떤 특정 종교를 막스 베버가 처음으로 시작한 용어인 '세계'에 대한 접근방법을 구성하는 주제와 동기의 연관된 목록으로 이해한다면, 근대화와 관계된 종교의 문제는 어떤 주제의 있고 없음이 특별한 발전적 가능성과 조화를 이루는 문제가 되어버린다. 나아가서 만일 다른 곳에는 있는 그 무엇이 심각하게 없거나 결여된 대가로 각 종교가 특정 주제를 강조한다면 이것이 어떻게 근대화를 시작하도록 작용하여 특별한 방식으로 그러한 시작을 형성하고 그 틀을 만드는지 말할 필요가 있다. 무엇이 없다는 것은 그것이 있는 것과 마찬가지로 중요하고 도움이 될 수 있다. 예를 들면 신약 시대의 기독교는 법, 전쟁, 정치적 행동 일반에 관해서 충분한 입장을 제시하지 못하고 있지만, 동시에 개인적 문제에 대해서는 상세히 제시하고 있다. 특정 주제가 없거나 있다는 것은 법의 개인주의와 세속화 과정과의 제휴에, 그리고 사회적 분화의 상황에 적용될 수 있다.

근대 이전 시대에 가장 특징적이라 할 수 있는 더 연대감이 있는 사회 유형에서는 기성 권력과 성스러움이 매우 가깝고 서로 후원하는 관계를 유지하는데, 이것은 심지어 기독교의 핵심 주제가 '성서에서' 수행된 투사로 환원되는 급진적인 동기에서도 그러하다. 그러나 그 관계는 성스러움에 참여하고 권위와 정당성을 갖고 있기 때문에 한번 읽고 쓰는 능력에 익숙해지면 올바른 역할이 주어지는 사회적 실천에서 실현될 수 있다. 그것은 이미 뚜렷하게 나타난 잠재적인 힘이며, 그것이 없는 것은 묘책의 여지를 남겨 놓는 것이고, 그것이 있는 것은 새로운 것에 대해 긍정적으로 개방하는 것이며 사회 변동 과정에 영향을 끼치는 것이다.

몇 가지 예가 도움이 될 수 있다. 성스러운 왕국과 신적 정당화의 주제가 보다 연대적이고 위계적인 종류의 사회의 미화를 위한 중요한 목록인 것처럼 개인성, 자원주의, 다원주의, 평신도 참여와 내적 '신앙'의 주제들은 초기의 사회 분화에 대한 적절한 촉진제로 이해되고 있다. 일(matters)이 얼마나 빨리 움직일 수 있는가 하는 것에 대한 예로 디아메이드 맥쿨로크(Diamaid MacCulloch)는 에드워드 6세(Edward VI)의 1547~1553년간의 짧은 통치 중에

빨리 진행되었던 변화의 종류를 『전투적인 튜더 교회(Tudor Church Militant)』 (1999)⁶에서 제시하고 있다. 물론 장벽, 안정화, 역전이 있지만, 돌이켜보면 17세기 중반의 영국 공화정이 16세기 중반에 새로 시작된 왕국에 이미 함축되어 있음을 알 수 있다. 혹은 존 펜리(John Penry)와 다른 이들이 1590년의 자원주의와 국가 종교의 종말을 생각했을 때 1788년의 첫 수정헌법이 이미 예견되었다.

이러한 혁명적인 변화들이 발생할 때 어떤 종교들은 저항의 형태가 아니라 잠깐 역행하여 신선한 형태로 부흥할 수 있는 잠재력과 함께 적절한 이미지를 가지고 예전의 공동체적이고 타율적이며 위계적인 방식을 계속 구현할 것이다. 하지만 변화는 다른 의미의 틀 안에서 새로운 형태로 공공연히 나타나는 변화와 함께 옛 형태 안에서 암암리에 생겨날 것이다. 때로는 너무 굳어져서 종교 자체가 변화에 대한 저항의 버팀목으로 인식되는 '반동 형태'의 방식으로 나타나기는 하지만, 안정화, 저항, 대화, 대안적 가능성들이 함께 가고 영향을 받을 것이다. 특히 프랑스에서 공격적인 계몽주의에 대해 가톨릭이 반응한 경우에 두드러지게 나타났고, 그 후에는 다중의 저항이 서로 밀접하게 연계되어 20세기 중반까지 깨지거나 개혁되지 않았다. 하나의 결과는 종교를 본질적으로 과거의 암흑과 현실에 대한 부적합한 인식에 연관시켰던, 바로 세속화와 근대화의 적대적인 거대서사였다.

종교가 어떻게 문화와 관계되는가에 대한 그러한 설명은, 비록 실제로는 공동체적인 것과 타율적인 것이 항상 현존하고 있기는 하지만 모더니티에 대한 가톨릭적·공동체적·유기체적·타율적인 관계와 자원주의·개인주의·자율성에 기초한 개신교 사이의 차이에 대한 표준적인 설명에 근거하고 있다. 그러나 가톨릭과 개신교 모두 민족주의와 민족국가의 형태로 나타나는 다른 형태의 유기적 공동체와 타율성에도 직면해야 했다. 가톨릭의 경우에는 그 만남이 멕시코, 브라질, 프랑스, 이탈리아에서처럼 흔히 적대적인 것이었지만, 개신교의 경우에는 그 관계가 영국, 네덜란드, 노르웨이, 미국처럼 대부분 긍정적인 것이었다. 민족주의에 대한 가톨릭의 적대감은 국가적인 것과 국제적인 것의 충돌, 성직자 엘리트와 세속적 엘리트 사이의 충돌을 야기한다.

그 갈등은 또한 어떻게 일시적으로 퇴행하는 종교가 미래의 가능성을 보존할 수 있을 것인가를 설명하고 있다. 쇠퇴의 시기에 민족국가와 지나치게 동일시되는 국가 개신교는 접어놓고라도 가톨릭의 초민족주의는 포스트모더니티의 후기 민족적 단계에서 새로운 적합성을 얻을 수 있기 때문이다. 개신교와 가톨릭은 기독교적 목록에서 서로 다른 요소들을 활용하며 그것들에 의해 규정되고 있다. 그리하여 개신교는 현대 북아메리카와 유럽에서 신자유주의적 동기와 조화를 이룰 수 있는 반면에 가톨릭은 초민족적이고 공동체적인 동기와 조화를 이룰 수 있다.[7] 그것은 마치 서로 다른 종교적 주제가 그것들에 깊이를 제공하고 또한 견제와 가시적인 대안을 마련하며 오래된 가능성을 유지함으로써 근대화 과정과 교대로 제휴하는 것과 같다.

그리하여 갈등은 뒤이어 생겨나는 것, 즉 루터교와 경건주의의 시작부터 영미 자원주의와 20세기 중반 이래로 세계로 넓게 퍼져나간 성령강림/카리스마 운동의 확산에서의 그 실현에 이르기까지 개인성과 내면적 신앙에 대하여 강조하는 거대서사의 필요한 배경이 된다. 머지않아 누군가가 경건주의에서 성령강림운동으로 이어지는 계보가 성(gender), 세속적 법, 초민족주의, 자원주의, 다원주의, 핵가족, 평화로움, 개인적 자유와 개인적 작업 훈련, 소비, 현대 의사소통, 사회적 및 지리적 이동 ― 중재, 권위, 참여에서의 변화 뿐 아니라 ― 의 영역에서 어떻게 모더니티와 긍정적으로 연계되어 있는지를 보여주어야 할 것이다.

경건주의로 거슬러 올라가는 성령강림운동을 추적하기 위해서 우리는 스펜서(Spencer)와 프랑케(Franke)와 같은 인물에 의해 독일에서 시작되고, 영국과 초기 미국으로 퍼져나간 역사적 연대기를 그려볼 필요가 있다. 서쪽으로 움직여가는 이 궤적은 동시에 국교화된 민족 교회 안에서의 참여적인 세포조직에서, 1750~1850년의 영국을 특징지었던 국교화에 대한 내적인 개혁과 자발적 교파들의 혼합 형태로, 그리고 다시 미국에서의 모든 국가적 연계가 없는 완전한 자원주의로 움직여가는 과정이다. 개발도상국 세계에서 생겨나서 빠르게 토착화한 것은 이러한 자원주의와 다원주의인데, 이것은 흑인과 백인부흥운동 모두로부터 생겨난 동기의 놀라운 결합을 부분적으로 설명해준다. 그리고 경건주의는 문화적으로 좁고 사회적으로 소극적인 것으로 이해되는 경향이 있기 때문에 그 뿌리가 내면적인 삶을 깊게 하는 데에 있을 뿐 아니라 학교, 고아원, 선교 단체를 세우는 데 있었다는 것을 또한 기억해야 한다.[8]

아마도 모더니티의 성령강림 거대서사는 기독교 밖에서 주요 현대적 부흥이라고 할 수 있는 이슬람과 대조함으로써 선명해질 수 있다. 이슬람과 성령강림운동은 그것과 그 주요 기독교 적수인 가톨릭의 차이보다 훨씬 더 크게 다르다. 그것은 이슬람이 가톨릭보다 훨씬 더 영토 안에 위치하고 종교적 정체성을 사회적 정체성과 결합시키는 유기체적 공동체의 실재를 구현하기 때문이다. 흥미롭게도 이슬람이 성령강림운동과 다른 점은 모더니티, 특히 다원주의, 자원주의, 개인주의, 내향성, 세속 법과 가부장제(이것은 보다 복잡한 것이지만)에 저항하는 것들이다.

이슬람이 성령강림운동과 닮은 곳에서는 특히 평등주의, 개인적인 작업 훈련, 초민족주의, 현대적 방식의 의사소통에 있어서의 모더니티와 양립하고 있다. 그것은 이슬람이 전체 인구를 동원해서 현대 세계로 들어가는 데 반하여 성령강림운동은 하위문화적, 개인적 자의식을 동원해서 들어간다는 것을 의미한다. 나아가서 유럽과 비교해볼 때 서구에 의한 식민지 경험은 이슬람세계의 세속적 민족주의가 종족종교보다 영향을 덜 미쳐왔다는 것을 확인시켜주었다. 성령강림운동은 주변에 있는 소수민에게 다가갈 때에만 종족종교와 중첩되는데, 그때에도 그들의 단일화된 동원보다는 붕괴에 더 공헌한다.

불교는 일본과 대만의 신불교적(Neo-Buddhistic) 신종교운동에서 발견되는 것처럼 민족적 자의식과 자원적 하위문화 모두를 만들어낼 수 있다. 불교의 영성은 또한 불교가 동양에서 뿐만 아니라 서양의 엘리트에게도 매력적일 수 있다. 불교는 현대 다원주의와 양립할 수 있을 뿐만 아니라 사사화의 중요한 사례도 틀림없이 제공하고 있다.

나아가서 가톨릭과 성령강림운동 사이를 비교해보면 그것들은 물론 전적으로 독립적인 실체는 아니다. 가톨릭은 가톨릭 카리스마운동에서 성령강림운동에 대한 자체의 '기능적 대행물(functional equivalent)'을 만들어냈던 반면에, 성령강림운동은 성유(聖油)와 성체(聖體)의 사용처럼 성례전적 특징을 보여주고 있다. 가톨릭이 지역적으로 확실한 현존의 대가로 중심으로부터 합리화되었던 반면에, 성령강림운동은 과테말라에서든 동아프리카에서든 빈 공간으로 움직여나갈 것이다.

만일 우리가 앞에서 열거했던 영역과의 관계에 있어서 모더니티의 주요 거대서사를 제공하는 것으로서의 성령강림운동으로 직접 눈을 돌려본다면 그 관계가 모호한 두 영역으로 시작하는 것이 유용할 수 있다. 그것은 권위와 성(혹은 가부장제)이다. 여기서는 많은 것이 여러분이 근대화되는 잠재성을 전면적으로 저항에 부딪치게 된다는 용어로 이해하는지 아니면 극적인 것은 아니라 하더라도 파괴와 지역적 전략을 돕는 모호성이란 용어로 이해하는지에 달려 있다. 자유주의 이데올로기는 그것이 어떻게 제한되고 모호한 실체인지, 혹은 어떻게 '권위적'이고 비참여적인 것이 영국 노동당과 대륙의 비슷한 정당과 같은 서구 제도의 가장 현저한 예가 되는지를 적절하게 인식하지 못한 채 정치적 공정성이라는 완전한 주제를 요구한다. '앞서 가는 사회들'에서는 실제와 이론이 분명하게 구분된다.

흔히 성령강림운동은 권위주의적이라고 비난받고 있지만, 비판적인 사전에서도 그것이 더 이상 경멸적인 수준은 아니다. 따라서 성령강림운동에서 권위의 역설적인 성격을 탐구해야 한다. 그것은 평신도적이며 참여적인 조직 가운데서 수행되고 있기 때문이다. 권위적인 성향을 지닌 제의의 한 좋은 예는 짐바브웨 신의 성회의 에스겔 구티(Ezekiel Guti)일 것이다.[9] 그곳의 성령강림운동은 자유에 대한 하나의 주요 역설을 보여주고 있는데, 그 자율성은 해체적이지 않으면서도 타율성에 의존하고 있는 반면, 참여는 경계와 규칙에 달려 있다. 성령강림운동 안에서는 보다 넓은 세계의 해로운 위계질서가 성직자에 의해 중재되는 신앙, 은총, 성령 받음의 단일한 위계질서에 의해 폐기되고 대체된다. 중재는 급격히 감소하며 카리스마적 지도력에 집중된다.

광대한 농촌 그물망에서 거대 도시와 핵가족으로 옮겨가는 커다란 격변의 여정을 통하여 집단이 모이는 곳에서는 분명하고 필요한 권위와 중재에서의 이 역설이 비단 성령강림운동에 국한되는 것은 아니다. 그것은 모더니티의 주요 전환에 적응하고 목적, 의미, 일시적인 안정을 마련해주도록 사람들을 돕는 다른 운동들에서도 발견된다. 타이완 불교의 주지 운동(Tzu Chi movement)과 일본의 신종교들도 권위와 참여에 대해 정확하게 똑같은 역설을 보여준다.[10] 권위는 동시에 감소되고 집중된다.

그러면 성의 문제, 그리고 버니스 마틴이 성령강림운동에서 '성의 역설(the gender paradox)'이라고 부르는 것은 어떤가?[11] 성령강림운동이 근본주의 및 가부장제와 손쉽게 관계되어 있다는 것을 과소평가하는 자료에 대한 연구와 해석의 많은 부분이 여성들, 특히 여성 인류학자들에 의해 이루어져왔다는 것은 흥미로운 일이다. 가장권을 남성에게 양보하는 공식적인 제도와 여성에게 효과적인 권한을 양도하고 복종이 아니라 상호성을 야기하는 비공식적 현실 사이의 차이를 이해하고 있는 것은 여성들이다.[12]

일반적으로 서구 여성운동가들의 주요 목적은 여성을 요리, 자녀 양육, 교회일이라는 서로 연계된 세 가지 일을 포함한 가정의 책임이라는 짐에서 해방시키는 것이었다. 반면에 오늘날 개발도상 세계에서는 그 주요 목적이 남자를 가정으로 돌아오게 하여 그의 책임을 감당하게 하는 것이다. 가족 유기, 폭력, 난잡한 성생활, 알코올 중독은 여성과 아이들의 생존에 반하여 나쁘게 작용하는 주요 요인들이다. 그러나 성령강림운동은 가정 안에서 다르고 보다 우호적인 관계를 목표로 하는 여성들의 노동조합과 매우 유사하다. 가정에서처럼 교회에서도 남자는 존경과 지위 상실의 위협을 받지 않고, 그것이 확보되는 한에서 지위의 인정과 조화를 이루고 있다. 남자들에게 떠돌아다니고 남자다운 파괴행위를 하는 것을 허용하면서 여자들은 거리의 파괴행위에 대항하여 가정을 지킨다는 이중적인 표준은 있을 수 없다.

아마도 이것은 더 큰 역설을 만들어내는 국면일 것인데 바로 직업 훈련과 종교적 소비자 운동이다. 신앙의 현대적 시장에는 많은 형태의 성령강림운동이 있다. 그리고 건강과 번영을 약속하는 복음의 소비자 운동을 가장 촉진하는 형태는 그것의 상대적인 확산이 주로 최근에 이루어지고 있기 때문에 실제적인 중요성을 인정받기보다는 학계의 주목을 끌고 있다.[13] 그럼에도 관찰되는 것은 부의 유혹에 대한 의심과 함께 하찮은 환경에서 작동하는 심한 직업윤리로부터 보다 광범위하고 세상을 긍정하는, 즉 육체적이고 물질적인 것들을 획득하는 것은 미덕이라고 열심히 광고하는 거대 교회에서의 신앙에 이르는 연속성이다. 오히려 유대교적 방식으로 신은 그의 백성이 의롭게 번영하기를 원하신다. 열심히 일하는 일꾼과 분별력 있는 소비자 모두를 필요로 하는 현대 자본주의 관점에서 볼 때 그 결합은 정말 좋은 것이다. 그러나 바로 그것이 비평가들이 세계 자본주의를 그렇게 문제적인 것이라고 보는 이유이다. 사회적 화합과 직업 훈련에 감리교가 공헌한 것에 대한 초기의 비판이 되살아났지만, 그것은 모더니티에 대한 공헌이라는 주제에 대한 심각한 태도를 가지고 있지 않다. 사실로 판명되었지만 오랜 기간 근대화라는 용어로 실패한 것을 지지했던 것은 마르크스적인 비평이다. 감리교 대 마르크스주의의 옛 논쟁이라는 관점에서 보면 실패한 모더니티를 나타내는 것은 후자이다.

성령강림운동의 도덕적 성격의 대부분은 베버가 연구한 칼뱅주의자들과 알레비가 연구한 감리교인들 사이의 차이를 수정하는 '개신교 윤리'의 특징을 재현하고 있다. 직업적 규율과 낭만적인 혁명적 폭력의 거부 이외에도 성령강림주의자들은 정직, 공정한 거래, 책임성, 신뢰와 같은 성향을 보여준다. 개발도상 세계에서 적절한 규모의 기업을 운영하고 믿을 만한 개인적, 국내적 서비스를 추구하는 성향은 신뢰에 의존하며, 신뢰성은 또한 광대한 비공식적 경제에서도 바람직한 것이다.

버니스 마틴은 「개신교 윤리의 새로운 변형(New Mutation of the Protestant Ethnic)」이라는 논문에서 이러한 도덕적 성향을 보여주면서 어떻게 교회에서 배양된 자기동기, 주도권, 훈련이, 유동성이 매우 요구되는 후기 산업 경제의 적소에 위치하면서 생존 혹은 향상과 개선을 돕는지를 보여주었다. 성령강림주의자들 가운데는 물질주의에 대한 회의와 함께 겸허한 축적에 대한 강조로부터 주(主)에 대한 신실한 믿음에 근거하여 자선을 행하는 일에 이르는, 번영을 향한 태도의 연속성이 있다.[14] 성령강림주의자들의 평화지향성은 그들이 상황을 부정하거나 저항할 수 없다는 것을 의미하는 것은 아님을 인식할 필요가 있다.[15] 그들은 자유주의자들이 자신을 단순히 피해자로 보는 방식을 받아들이지 않는다. 반대로 그들은 영적인 힘과 섭리에 의해 일이 이루어진다는 것을 입증한다.

그들이 고전적인 베버적 개신교의 모습에서 가장 벗어난 것은 그들이 반세기 이상 기다렸던 '표현적 혁명(Expressive Revolution)'의 종교적 형태를 수용하는 것이다. 그들은 또한 돈을 버는 것에 대한 통제를 수용하는 것처럼 봉사에 있어서도 적극적이다. 그들은 또한 치유에 대한 통전적 접근에 있어서도 옛 전통을 채택하고 유지할 뿐만 아니라 최근의 발전을 예견했다. 몸과 마음의 치유는 동시적인 것이며 그 공동체에서 조장된다.[16]

특별히 훈련뿐 아니라 표현과 발산을 위한 능력과 관련하여 성령강림주의자들과 카리스마주의자들은 감리교적 '열정'의 후예일 뿐만 아니라 현대적 정신에 남아 있는 표현적 방식에 특별히 적용되는 것으로 간주할 수 있었다. 그러나 종교적 영역 밖에 있는 그러한 표현들이 이 적대적인 별명에 매력을 느끼지 않을 때 그들을 비합리적이거나 심지어는 신경질적인 것으로, 그래서 원시적이고 흥분의 도가니와 같은 것으로 규정하는 것은 바로 이러한 적응성이다. 하나의 퇴보로 기록될 수 있는 연극적인 공모(theatre de complicite)는 발견되지 않는다. 과학 이전의 것으로 간단히 처리되는 대안적 의학도 아니다.

특징을 가지고 있는 결정적 집단은 농촌적인 과거와 거기에서 구체화되는 확대가족 관계와 공동체 책임과의 단절과 관련이 있다. 그들은 과거의 강제적인 힘의 지속적인 실재를 받아들이면서 동시에 그것을 악마로 만든다.[17] 문자적인 의미에서 그들은 새로운 방향으로의 전환을 의미하는 개혁 혹은 개종을 나타낸다. 그 새로운 방향이 지구적 모더니티이다.

농촌적인 것에서 도시적인 것으로, 옛 것에서 새로운 것으로 옮겨가는 것은 교회를 창고나 수납 장소로 가지고 있으면서 보호받는 일종의 큰 숙소를 마련하는 것과 같다. 그리하여 지구를 떠돌아다니는 서아프리카인은 암스테르담이나 런던뿐 고향에 대한 소식을 들을 수 있는 통로뿐 아니라 형제들을 위한 발판으로 삼고 있다.[18] 환대받는 숙소의 따뜻한 친교 가운데서 익명성과 아노미의 오싹한 위협을 피할 수 있다(앙드레 코르틴(Andre Corten)과 루스 마셜프라타니(Ruth Marshall-Pratani)가 최근 편집한 『바벨에서 성령강림까지(From Babel to Pentecost)』(2001)가 전적으로 성령강림운동의 초국가적 범위에 대하여 소개하고 있는 것이 흥미롭다).

가장 특징적인 것은 성령강림운동이 민족과 국가의 경계를 가로지르는 지역적 인식을 조장한다는 점이다. TV나 라디오는 교회가 단순히 지역적인 만남의 장소가 아니라 신앙 가운데 있는 가상의 형제자매들의 '가정된 공동체(imagined community)'라는 것을 확실하게 한다.[19] 심지어는 인종차별이 있는 남아프리카에서도 카리스마적 열정은 인종의 벽을 넘어서고 있으며, 내전으로 사회 구조가 무너진 후에도 브라자빌에서는 성령강림운동이 부족적, 인종적 불화라는 분열을 극복하는 데 성공했다.[20]

전통적으로 개신교 윤리는 개인주의와 관계되어 있다. 그러나 믿는 개인은 항상 공동체의 일부분이며, 훈련받은 사람들은 상호 도움과 생존을 위하여 교회가 제공하는 서비스를 이용한다. 특히 휴일이나 주말 파티의 유혹을 받는 젊은 남성에게 개인적인 훈련은 집단 훈련에 의존한다. 그래서 해리 잉글런드(Harry Englund)가 말라위에서 수집한 자료에 기초하여 주장했던 것처럼 개인주의화라는 주제가 지나치게 강조될 수 있다.[21] 회심의 지속적인 과정의 일부가 되는 것은 규범의 원자화(atomization)가 아니라 내면화(internalization)이다.

근대화에서 '주목할 것' 중 하나는 다원주의(pluralism)이다. 그리고 이 관점에서 성령강림주의자들은 개신교의 심한 핵분열적 잠재성을 나타낸다. 만일 지역 교회와 목회자가 그들에게 어울리지 않는다면 그들은 그들과 좀 더 닮은 다른 것을 찾는다. 무수한 교회 가운데 많은 것들이 서울이나 산티아고의 가난한 지역에 침투되어 있는, 정말로 작은 가족 모임들이다. 이것은 통제받지 않는 경쟁으로 굉장한 종교적 흥행주의의 자유로운 정신 가운데서 추구되고 있다. 그리고 그 교회에 참가하는 사람들은 적극적 참여를 기대하기 때문에 일종의 유사한 민주주의를 가지고 있다. 그것은 모든 성령강림주의자들이 실제로 민주주의자라고 말하는 것이 아니라, 어떻게 종교적 경쟁과 참여가 민주적인 조직과 정신과 선택적 친화력(elective affinity)을 가지고 있는지를 지적하는 것이다.

그것의 구체적인 실현을 반대하고, 보호되고 고립된 장소에서의 교육과

덕을 반대하는 데 가장 영향을 미치는 것은 소비자 관계와 부패에 근거한 환경의 신세습적(neo-patrimonial) 성격이다. 일단 정치적인 주장과 새로 발견한 목소리를 높이기 위하여 보호받는 고립된 장소를 떠난다면, 여러분은 여러분을 정치적 타락과 친족 편중의 문화로 되돌아가게 하는 중앙집권적인 사회적 힘을 만나게 된다.

그것은 거울처럼 문화적 환경에 도전하는 성령강림운동에 따라간다. 급히 토착화되고 문화변용적이 되는 것은 하나의 모호한 과정이다. 그리고 '하나님 왕국 세계교회(The Universal Church of the Kingdom of God)'의 경우처럼 우리는 어떤 면에서는 경제적 행운의 무작위적 기부를 반영하는 거룩한 활동가가 촉진하는 신학을 발견한다. 폴 기포드(Paul Gifford)는 어떻게 가나에서 번영을 약속하는 대중적인 거대 교회들이 전통적인 '명사(Big Man)'의 최근의 변형화로 베풀어진 주술적 힘에 의해 침투되고 있는지를 보여주었다. 그의 견해에서 교회의 명사가 정치적 명사와 결탁하는 것은 쉬운 일이다. 그리하여 회심의 민주적이고 대중적인 가능성이 다른 신세습주의에 흡수되고 다시 조립된다.[22] 실제로 히브리 성서를 읽는 것이 기독교 신정통치의 관념을 만들어낼 수도 있다. 변화가 부패와 정실의 악순환으로 악용될 수 있다. 그리하여 민주적 잠재성에는 항상 폴 프레스턴(Paul Freston)의 『아시아, 아프리카 그리고 라틴아메리카에서의 복음주의자와 정치(Evangelicals and Politics in Asia, Africa and Latin America)』에서 설득력 있게 진술된 것과 같은 한계가 있다.[23] 성령강림운동을 새로운 것의 도입이라기보다 옛 형태의 영적 활기의 재연으로 읽는 것이 가능하다.

비록 내 견해로는 이렇게 읽는 것이 세계의 고전적인 개신교 합리화를 요구하는 베버적 거대서사에 지나치게 의존하는 것이지만, 그것은 흑인과 백인 사이에서 문화적으로 경멸을 받는 사람들로부터의 동기를 결합하는 것처럼 어떻게 성령강림운동이 고대와 근대를 결합하는지를 강조하도록 돕는다. 그 결과는 우리가 유럽이나 라틴아메리카의 마야와 아이마라(Aymara)의 집시들에 대하여 생각하든, 아니면 중앙아프리카와 멀리 있는 네팔의 집단들에 대하여 생각하든, 주요 문명의 변방에 있는 주변적인 사람들 가운데서 열광적으로 지지를 받는 능력 중에서 극적으로 실현되는 강력한 모호성이다. 성령강림운동과 비슷한 운동들은 주변적인 사람이 뒷자리에 있는 자신의 위치를 바꾸고 전형적인 모습을 없애고 지구적 모더니티를 수용하도록 지역적인 민족적 환경을 뛰어넘을 수 있게 한다.

성령강림운동을 대중 종교성의 재구성으로 간주하는 사람들의 제한적 관점에도 불구하고 성령강림운동은 주류 교회 밖에서뿐만 아니라 안에서도 복음주의와 카리스마적 부분과 함께 모더니티의 지평에 반하여 움직이며, 현대적인 지구적 사회 앞에서 주요 선택 가운데 하나를 제공한다는 주장이 지속되고 있다는 폭넓은 증거가 있다.

아마도 2억 5,000만 명만이 직접적으로 영향을 받고 있다는 사실은 변화가 다수에 의해서는 거의 이루어지지 않는다는 주장과 부합한다고 생각한다. 변화의 운동에 신호를 보내는 것은 활동적인 소수이다. 다시금 성령강림운동을 하나의 막다른 골목으로 해석하는, 즉 비합리성과 병적 흥분에 빠져 구조적 변화를 위한 압력의 요구를 회피한다는[24] 주장은 제안된 구조적 변화들 가운데 많은 것이 수행에서 실패했다는 사실을 무시할 뿐만 아니라[25] 미래가 문화의 수준에서 예상되고 기대될 수 있는 방식을 무시하고 있다. 우리가 영국의 블레어를 생각하든 브라질의 카르도주(Cardoso)나 지금의 룰라(Lula)를 생각하든 실용적 해결책으로서의 전환은 충분히 분명하다. 그 문제에서 개발도상 세계에서 실패했던 것은 좌익의 제안뿐 아니라 신자유주의의 제안도 드 소토(De Soto)가 『자본의 신비(*The Mystery of Capital*)』에서 지적한 것처럼 하나의 깊은 저항에 직면하게 되었다.

성령강림운동의 확산은 미국적 형태의 경쟁적인 종교적 다원주의[26]와 세계적 언어인 영어[27]의 확산과 함께 가고 있다. 그것은 독점적 체제에서의 평신도적 혹은 성직자적 지배로 인한 갈등에 기초한 1789년의 궤적이 1649년과 1776년의 궤적을 따르는 것을 의미하며, 거기에는 아이티, 콩고, 베넹(Benin), 부르키나파소(Burkina Faso)와 같은 프랑스어권 나라들을 포함하고 있다.[28] 그것은 1789년의, 혹은 심지어 1917년의 거대서사에 참여해왔던 지식인들에게 현재의 사건 과정들이 경고적이고 해를 끼치거나 보이지 않는 (대개는 후자) 것이라는 의미를 가진다. 그 확산은 유럽 지식인들의 표준적인 거대서사와는 매우 대조적으로 영미 형태를 앞서서 종교로부터 정치로의 전환이 이루어진 1789년의 형태가 아니라, 그 반대의 형태, 즉 세 라틴 언어들인 프랑스어, 스페인어, 포르투갈어 권에서 성령강림운동이 폭넓게 토착화된 형태이다.

주류 교회들은 불가피하게 성령강림운동에 의해 경각심을 갖게 된다. 그들의 위치는 개발도상 세계의 젊은 세대들에게 평가절하되고 있고 있으며, 성령강림주의자들은 대개 에큐메니컬 진영 밖에 있기 때문이다. 결과적으로 성령강림주의자들은 세속적인 지식층이 보는 것과 다를 수 있지만, 실제로 그들의 참된 매력이 권능을 받고 방언을 할 수 있는 능력에 기인할 때 '근본주의자'로 치부된다.

성령강림운동을 통한 성령 받음은 또한 국교폐지론(liberationalism)을 호소해온 기독교 지식인들에게도 위협이 될 수 있다. 가난한 사람들은 성령강림운동에서 자신의 선택권을 분명히 주장했으며, (기초 공동체에 대한 도덕적 판단이 어떠하든) 로마 가톨릭의 영향권 밖에 있는 곳에서도 국교폐지론은 힘을 잃고 있다. 그 선두에 선 것은 성령강림운동과 카리스마적 가톨릭이며, 자유주의적인 기독교 거대서사는 1789년부터 생겨난 거대서사와 함께 뒤쳐져 있다.[29]

그러나 영미 세속화이론에 의해 발생하여 한층 더 나아간 하나의 거대서사가 있다. 비록 그 이면에 초개인주의와 원자화의 오랜 영향이 있지만 미국이 활발한 종교성에도 불구하고 여전히 세속화되고 있다는 사실이다. 개발도상 세계의 활발한 종교는 사회적, 역사적 특성에 기초한 여러 대안 가운데 하나가 아니라 훨씬 뒤에 처져 있는 사람들에 의해 수행되는 하나의 단계이다.[30] 개발된 세계에서의 복음주의의 부흥조차도 기울어지고 있고, 그 이전 시기의 복음주의는 산업 발전 단계에서 절정에 달했으니 현대의 개발도상 세계에서의 성령강림운동도 절정에 달한 후에 기울어질 것이라고 주장하고 있다.[31] 그리하여 20세기 초 한때 사람들로 차고 넘쳤던 웰쉬(Welsh)의 예배당이 텅 비게 된 것은 21세기가 끝날 무렵의 마닐라와 상파울루의 빈 예배당에 대한 조짐이다. 그러나 이 거대서사는 아직 밝혀지지 않은 이야기를 하고 있기 때문에 우리는 단지 기다리며 볼 뿐이다.

성령강림운동이 모더니티에 끼친 공헌에 대해서는 물음을 제기하면서 그것이 포스트모더니티에 미친 공헌에 대한 물음은 제기하지 않는 것은 흥미로운 일이다. 이것은 특히 신성령강림운동(neo-Pentecostalism)에 있어서 양자가 관계가 없기 때문이 아니다. 오히려 신성령강림운동은 포스트모더니티가 모더니티처럼 모든 것을 포괄하는, 특히 근대 의사소통을 통하여 문화적 변화를 다루어서 모더니티의 이전 성취에 초점을 맞추는 개념이 아니기 때문이다. 버니스 마틴이 주장했듯이 성령강림운동은 산업 이전 단계에서 후기 산업 단계로 곧바로 움직이는 사회에서 발생할 수 있는 반면, 모더니티에 기초하지 않은 포스트모더니티를 이해하는 것은 그것이 도입되는 곳에서조차 어려운 일이다.[32] 근대적인 것은 결코 대체되지 않는다. 단지 발전될 뿐이다.

『불의 방언』과 『성령강림운동 — 세계는 그들의 교구』에서 제시했고, 『세속화 일반이론』의 맥락에서 설명했던 것처럼 나는 이제 성령강림운동의 거대서사를 모더니티로 들어가는 하나의 주요 방식으로 요약할 수 있다. 그 '일반이론'은 세속화 개념의 이데올로기적 근거와 비일관성에 대한 비평에서 출발했는데, 그 개념은 특히 탈코트 파슨스에 의해 선구적으로 탐구된 것으로서[33] 사회 분화라는 용어로 세속적인 것과 근대적인 것에 대한 제한된 설명으로 고안된 것이었다. 그것은 세속적이라는 개념을 다양하게 이해할 수 있는 길을 열어주었다. 그리하여 립셋은 특히 1642년, 1776년, 1789년, 1917년에 있었던 어떤 결정적인 역사적 사건들을 세속화와 결부시켜 설명하고 있다.[34] 무엇보다 립셋은 1789년에 시작되어 라틴아메리카와 러시아혁명의 확대로 이어진 '라틴' 궤적과, 조나단 클라크가 주장한 방식처럼[35] 1642년과 1776년에 있었던 연속적이고 관련된 혁명에 기초한 영미 궤적 사이를 극적으로 구분했다. 전자의 궤적은 최근 아이젠슈타트가 분석했는데[36] 그는 기독교 종파주의에 뿌리를 둔 정치적 메시아주의(messianism)를 설명했다. 후자의 궤적 또한 메시아적 특징을 나타냈지만, 그것은 반(半)기독교적 계몽주의와 개신교적 경건의 사회적 기초에 근거하여 상대적으로 실용적이고 비이론적인 것이었다. 대륙적인 지성적 입장에서 보면 결정적인 궤적은 1789년부터 생겨난 것으로 가정되었다. 그러나 실제로, 그리고 오랜 기간에 걸쳐 발전한 결정적 궤적은 영미적인 것이며 그것은 영국과 미국의 연속적인 (그러나 서로 다른) 제국에 의해 퍼졌고, 영어를 세계적인 제2의 언어로 채택한 것과 관계가 있던 것이다.

이미 제시되었듯이 성령강림운동(여기서는 복음주의와 카리스마운동의 좀 더 넓은 세계를 포함하고 있는)은 비록 거슬러 올라가면 네덜란드 다원주의와 독일 경건주의, 그리고 그것들과 관계된 '절도 있는' 계몽주의에 뿌리를 두고 있지만, 그것은 특히 경쟁적인 다원주의와 '열정' 가운데 있는 영미 궤적의 경계 안에 있다.[37] 비록 성령강림운동의 기원은 세계적인 것이고 19세기 중반의 인도처럼 다중 중심적이지만, 그 운동은 할레에서 로스앤젤레스 방향, 즉 서쪽으로 향하고 있다.

열정의 흐름이 서쪽으로 옮겨가서 개방적인 다원적, 경쟁적 공간으로 움직여갔을 때 그것은 정치라기보다는 문화의 수준에서 하나의 운동이 되었다. 문화적으로 그것은 성령과 샤먼의 능력으로 흑인과 백인 부흥운동을 결합시켰다. 그리하여 그것이 먼저 라틴아메리카로, 다음에는 아프리카와 아시아 일부 지역으로 문화적 장벽을 넘어갈 수 있게 했다.[38] 성령강림운동은 수많은 환경에서 지금까지의 주류 교회와 전통적 의미의 선교사를 곤란하게 하는 방식으로 급속한 토착화를 이루어낼 수 있음을 입증했다. 비록 선교사들이 관계되었으나 의사소통의 주요 방식은 세계 전체의 개인적 네트워크를 통해 이루어졌다. 그리하여 문화적으로 경멸을 받은 자들 — 누구보다 개발도상 세계의 여자들 — 이 문화적으로 경멸을 받은 자들에 대하여 호소력을 가질 수 있었다.

중국 농촌과 안데스와 짐바브웨에 있는 수백만의 인구가 이동(특히 거대도시로)했는데, 이에 따라 다양한 정도로 그들의 오래된 관계와 전통적 지속성, 지역적 위계질서가 깨졌다.³⁹ 이들에게 성령강림운동은 내면적 지침과 간편한 정체성, 의식과 핵가족을 포함한 사회조직의 재편을 위해 보호된 환경을 제공해주었다. 그리고 이동하고 있는 사람들을 위해 중간 역(Station)을 제공했다. 그리고 원초적인 기독교적 내용, 무엇보다 성령의 능력을 받는 것을 충분히 재현함으로써 새로운 세계의 체제 안에서 영감 받는 세계의 옛 요소들을 받아들일 수 있었다. 동시에 그것은 주류 교회들 안에서, 흔히 문화적으로 경멸을 받은 사람들 가운데서, 카리스마운동을 함께 수반할 수 있었다. 그것은 사회적으로 활동적인 성령강림주의자, 초민족적 기업 멤버와 브라질에서 서아프리카로, 서울, 싱가포르와 중국의 흩어진 교회의 광범위한 새로운 중산층 가운데서의 학구적인 혹은 다른 집단을 위한 통로로 작용할 수 있었다.⁴⁰ 이 성령강림/카리스마적 충동이 더욱 강화된 것은 에콰도르에서 부르키나파소, 또는 자메이카나 아이티에서 네팔에 이르는 주변적 사람들 혹은 변방 민족의 근대적 자의식의 출현이다.⁴¹ 이것들은 옛 전형을 버렸고 초민족적 지평을 가진 정체성을 수용했다.

아프리카에서든 '라틴'아메리카에서든 성령강림운동은 미국에서 처음 시작되었고 영국과 북유럽에서 예상되었던 다원주의의 선구자이다. 그러나 이제 영국과 북유럽에서는 대중적 종교와 다원주의의 영향이 국교에 의해 제한되어 쇠퇴하고 있다. 그리하여 성령강림운동의 주요 선구자로서의 감리교는 미국과 대영제국의 전선에서 확장되었다.⁴² 미국에서 대중적 종교는 다양한 문화에 적응하기 위하여 경쟁과 종교적 기업가 정신을 통해 작용하고 있는데, 이제 그 활력과 유동성이 개발도상 세계에서도 입증되고 있다. 그리하여 스페인 문명과 프랑스 문명의 지배적 형태는 호전적인 종교적 독점과 호전적인 혁명적 세속주의와 결합하는 반면, 특히 1989년 혁명적인 세속적 계획이 붕괴된 후 다원주의의 여지를 제공하고 있다. 세속주의 엘리트의 수중에 있었던 의식의 변화와 함께 그렇게 널리 수출되었던 프랑스혁명의 궤적은 대중적 종교에 의해 촉진되고 그 권위의 강한 경계와 구조에 의해 보호받고 있는 실용주의, 참여 민주주의, 세계적 자본주의에 그 길을 내주고 있다.

이것은 기독교 안에서의 성령강림운동의 주요 경쟁자인 가톨릭의 사망을 예언하는 것이 결코 아니다. 그러나 가톨릭이 인종민족주의(ethno-nationalism)와 덜 관계될 것이고, 오히려 증가하는 다중문화적 구조 안에서 하나의 전형적인 초민족적 경쟁자로 나타날 것임을 설명하는 것이다. 만일 우리가 그 구조에서 중국을 매우 모호한 것으로 남겨놓는다면, 이 기독교 거대서사에 대한 주요 대안은 불교, 또는 자유적 세속성이나 이슬람교의 변형일 것이다. 이슬람교의 거대서사는 인종-종교적이고 단일 문화적이라는 점에서 성령강림운동의 거대서사와 정확하게 반대되는 것이다.

제10장 주(註)

1 David Martin, "Towards Eliminating the Concept of Secularization," in Julius Gould(ed.), *The Penguin Survey of the Social Sciences*(Harmondsworth: Penguin, 1965).

2 David Martin, *A General Theory of Secularization*(Oxford: Blackwell, 1978).

3 José Casanova, *Public Religions in the Modern World*(Chicago: Chicago University Press, 1994).

4 David Martin, *Tongues of Fire*(Oxford: Blackwell, 1990); *Pentecostalism — The World Their Parish*(Oxford: Blackwell, 1991); Bernice Martin and David Martin, *Betterment from on High*(Oxford: Oxford University Press). Bernice Martin과 함께 지은 책은 근간이다. 이 책에서의 주장은 나중에 개신교 윤리의 새로운 변형과 산업 이전의 시대에서 후기 산업의 시대로의 움직임, 성령강림운동의 성(性) 역설에 대해 언급한 버니스 마틴의 논문에서 볼 수 있다.

5 Elie Halévy, *History of the English People in 1815*, Book III, *Religion and Culture* (Harmondsworth: Penguin, 1938).

6 Diamaid MacCulloch, *Tudor Church Militant*(London: Allen Lane, 1999).

7 이러한 관계는 마틴의 *Pentecostalism*, 2에서 논의되고 있다.

8 Gary Sattler, *God's Glory, Neighbor's Good*(Chicago: Covenant Press, 1982).

9 David Maxwell, *Christians and Chiefs in Zimbabwe*(Edinburgh: Edinburgh University Press, 1999).

10 Yu-shuang Yao, "The Development and Appeal of the Tzu Chi Movement in Taiwan"(Ph. D., King's College, London University, 2001).

11 Bernice Martin, "The Pentecostal Gender Paradox," in Richard K. Fenn(ed.), *The Blackwell Companion to the Sociology of Religion*(Oxford: Blackwell, 2001), pp. 52~66.

12 탁월하고 앞선 두 저작은 Elizabeth Brusco, *The Reformation of Machismo*(Austin, TX: University of Texas Press, 1995)과 Diane Austin-Broos, *Jamaica Genesis*(Chicago: Chicago University Press, 1997)이다.

13 신성령강림운동에 초점을 맞춘 최근의 저작으로는 예를 들면 David Lehmann, *Struggle for the Spirit*(Cambridge: Polity Press, 1996)이 있다.

14 Bernice Martin, "New Mutations of the Protestant Ethic," *Religion,* Vol. 25 (1995), pp. 101~117.

15 John Burdick, *Looking for God in Brazil*(Berkeley: University of California Press, 1993).

16 Andrew Chesnut, *Born Again in Brazil*(New Brunswick, NJ: Rutgers University Press, 1997).
17 Birgit Meyer, *Translating the Devil*(Edinburgh: Edinburgh University Press, 1999).
18 Rijk van Dijk, "The Ghanaian Pentecostal Diaspora," in André Corten and Ruth Marshall-Fratani(eds), *From Babel to Pentecost*(London: Hurst, 2001), pp. 216~234.
19 David Maxwell, "Delivered from the Spirit of Poverty," *The Journal of Religion in Africa*, Vol. XXVIII, No. 3(1998), pp. 350~373; Rosalind Hackett, "Charismatic /Pentecostal Appropriation of Media Technologies in Nigeria and Ghana," in ibid., pp. 259~277.
20 Elizabeth Dorier-Apprill, "The New Pentecostal Networks in Brazzaville," in Corten and Marshall-Fratani, *From Babel to Pentecost*, pp. 293~308.
21 Harry Englund, "The Quest for Missionaries," in ibid., pp. 235~254.
22 Paul Gifford, *Ghana's New Christianity: Pentecostalism in a Globalising African Economy*(London: Hurst, 2002).
23 Paul Preston, *Evangelicals and Politics in Asia, Africa and Latin America* (Cambridge: Cambridge University Press, 2001).
24 Paul Gifford, *African Christianity: Its Public Role*(London: Hurst, 1998).
25 Edward Thompson, *The Making of the English Working Class*(Harmondsworth: Penguin, 1968). Thompson에 대한 비판으로는 David Hempton, *The Religion of the People. Methodism and Popular Religion c. 1750-1900*(London: Routledge, 1996)을 보라.
26 Martin, *Tongues of Fire*.
27 Martin, *Pentecostalism*; Alister McGrath, *The Future of Christianity*(Oxford: Blackwell, 2001).
28 Cédric Mayrargue의 "The Expansion of Pentecostalism in Benin"의 274~288쪽과 Corten과 Marshall-Fratani의 *From Babel to Pentecost* 등 여러 논문을 보라.
29 Andrew Chesnut, *Competitive Spirits: Latin America's New Religious Market Place*(New Brunswick, NJ: Rutgers University Press, 2001). 합리적 선택 이론

의 관점에서 본 국교폐지론에 대한 분석으로는 Anthony Gill, *Rendering Unto Caesar*(Chicago: Chicago University Press, 1998)을 보라.

30 Steve Bruce, *Choice and Religion*(Oxford: Oxford University Press, 1999).

31 Callum Brown, *The Death of Christian Britain*(London: Routledge, 2001). Simon Green, *Religion in the Age of Decline*(Cambridge: Cambridge University Press, 1996). 세속화의 역사에 대한 다양한 접근으로는 *Piety and Poverty. Working-Class Religion in London, Berlin and New York 1870-1914*(London/New York : Holmes and Meier, 1966)을 포함한 Hugh McLeod의 여러 저작과 Steve Bruce(ed.), *Religion and Modernization*(Oxford: Clarendon Press, 1992)를 보라. 나는 Steve Bruce의 논문인 "Evangelicalism-where the U.S. goes will Europe follow?"(Lausanne, October 2001)의 관점에 대하여 감사하고 있다.

32 Bernice Martin, "From pre- to post-modernity in Latin America: the case of Pentecostalism," in Paul Heelas(ed.), *Religion, Modernity and Postmodernity* (Oxford: Blackwell, 1998).

33 Talcott Parsons, "Christianity," in Davis Sills(ed.), *The International Encyclopedia of the Social Sciences*(New York: Macmillan, 1968).

34 Seymour Martin Lipset, *Revolution and Counterrevolution*(London: Heinemann, 1969).

35 Jonathan Clark, *The Language of Liberty*(Cambridge: Cambridge University Press, 1993).

36 Schmuel N. Eisenstadt, *Fundamentalism, Sectarianism and Revolution*(Cambridge: Cambridge University Press, 1999); Adam Seligman, *Modernity's Wager*(Princeton: Princeton University Press, 2000).

37 네덜란드에서의 계몽주의의 기원에 대한 설명으로는 Jonathan Israel, *Radical Enlightenment*(Oxford: Oxford University Press, 2001)를 보라.

38 Harold Bloom, *The American Religion*(New York: Simon and Schuster, 1992).

39 개인주의화 주제에 대한 비평으로는 Harri Englund and James Leach, "Ethnography and meta-narratives of modernity," *Current Anthropology*, Vol. 41, No. 2(2000), pp. 225~248을 보라.

40 브라질의 광범위한 중산층 계급에 관해서는 Brian Owersby, *Intimate Ironies. Modernity and the Making of Middle-Class Lives in Brazil*(Stanford: Stanford University Press, 1999)을 보라.

41 Diane Austin-Broos, *Jamaica Genesis: the Politics of Moral Order*(Chicago: Chicago University Press, 1997).

42 David Hempton, *The Religion of the People. Methodism and Popular Religion c. 1750-1900*(London: Routledge, 1966).

제4부 논평

제11장 신앙의 다원성과 선교
제12장 기독교 언어란?
제13장 기독교, 정치, 학문

제11장
신앙의 다원성과 선교

두 가지의 타당성 있는 종교적 다원주의가 있다. 둘 다 현대 세계에 큰 규모로 존재한다. 첫 번째는 역사적으로 선행하는 형태인 공동체적(communal) 다원주의다. 이것은 인접하는 신앙에 대해 다소 관용적이고, 보통 큰 사회적 단위 안에 존재하며, 중심적이고 우세한 하나의 공동체와 주변적이고 열세에 놓인 다른 공동체들로 구성되어 있다. 하지만 주변적 공동체의 사람들이 중심 공동체에 동화되는 것이 유리하다는 것을 깨닫지 않는 한, 두 공동체 사이에 제대로 된 경쟁은 거의 일어나기 힘들다. 두 번째 종류의 다원주의는 만약 우리가 로마제국이나 몇몇 전통적인 동양 사회에서의 신들에 대한 일종의 쇼핑과 같은 것을 계산에서 뺀다면 상대적으로 최근의 것이다. 이것은 생활세계와 생활스타일의 열린 경쟁 속에 존재한다. 그리고 신앙의 슈퍼마켓의 안에 있는 (다소 중앙에 위치한) 상품진열대 위에 존재한다. 이 둘은 현대 세계에서 축소되기도 하고 확장되기도 하기 때문에, 우리는 이 두 다원주의를 모두 보아야 한다.

인접 신앙에 관용적인 공동체적 신앙에 관하여 우리에게 가장 친숙한 역사적인 예를 들자면, 이슬람제국과 그들의 경전에 관한 두 종교의 수용, 제2계급 지위와 이슬람으로의 개종만 가능했던 것이다. 이것은 근대의 개신교적 개념으로 선교나 개종이 아니다. 왜냐하면 튀니지나 누비아, 알바니아에서 일어난 것처럼 우세한 사회적 정체성을 위해서 약자들이 전환한 것이기 때문이다. 비록 기독교로 개종한 많은 사람들의 개종 동기 중 일부에도 우세한 사회적 정체성을 획득하기 위한 것도 있지만 말이다.

하여튼 공동체적 신앙의 인접성은 종교의 선을 가로지르는 일상적인 마주침을 허용한다. 그리고 숭배의 대상자들의 겹침도 허용한다. 이것은 발칸이나 중동에서 아주 최근까지 존재했고, 에베소(Ephesus)와 파티마(Fatima)의 성모 성당이나 인도의 벨란카니(Velankani) 성모 성당에는 지금도 존재한다. 서로 경쟁하는 신앙들은 실천적 차원에서 영적인 힘의 다양한 출처를 인식한다. 그 예로 비록 반유대주의가 우세하기는 했지만 계몽군주 독재 하의 다인종 러시아와 오스트리아-헝가리제국을 들 수 있다. 트란실바니아(Transylvania; 러시아, 헝가리, 옛 유고와 접해 있는 루마니아 북부 지역으로, 오스만, 오스트리아-헝가리 제국 등에 의해 지배받았고, 슬라브인, 마자르인, 원주민 사이에 혼혈이 이뤄졌다. 종교 또한 동방정교와 이슬람 등이 혼재한다, 옮긴이)의 틈새 영역은 공동체적 복수성을 개척했다. 서유럽의 알자스라는 틈새에서도 유사한 상호 인정이 존재했다.

물론 상호 인정이라는 것은 항상 상대적이고 다양하며, 암묵적으로는 권력이나 지위의 당파와 관련되어 있다. 만일 제국의 주변부에 있는 사람들이 자치를 추구하면 그리스, 불가리아, 레바논, 아르메니아, 체첸에서 그랬던 것처럼 때때로 피비린내 나는 대량학살이나 인종청소라는 갈등의 소용

돌이가 시작된다. 불안정한 권력 구조와 다양한 인종의 결합이 존재하는 경계선상에 위치한 지역, 특히 소수 세력이 다른 라이벌 권력에 대하여 잠재적인 제5열[전시(戰時)에 후방에서의 교란이나 간첩으로 적국의 진격을 돕는 자, 옮긴이]로 비춰지는 곳이 혼란에 빠질 가능성이 크다(예를 들면, 불가리의 투르크인이나 메소포타미아에서의 기독교인들). 대신 소수 세력은 제국이나 민족의 심장부에 강력한 자신들만의 집단을 만들어낼 수 있다(미국의 정관계에 영향을 미치는 유대인의 예, 옮긴이). 그리고 스페인이나 잉글랜드에서 유대인에 대한 공격의 배후로 보이는 것과 같이 질시와 두려움에서 생긴 대중적인 폭력에 시달릴 수도 있다. 명확하게 이런 종류의 공동체주의는 자원적(voluntaristic) 다원주의(두 번째 형태의 다원주의, 옮긴이)와는 반대로 작용한다. 개종은 그 이웃과 대항하고 있는 집단의 단합을 약화시키기 때문이다.

어떤 경우든 집단들의 관용적인 공존은 민족과 민족주의, 공통의 언어나 귀속의 기초로서의 종교 등과 관련된 압력을 받을 수 있다. 그 초기 사례는 1492년 이후 스페인에서의 유대인과 무슬림의 추방이었고 이것은 21세기 북아프리카와 중동 전역에서의 유대인 공동체 추방으로 이어졌다. 확실히 지난 2세기 동안 동부 지중해 연안의 민족주의 발흥은 크레타부터 레바논과 코카서스에 이르기까지 한때 이슬람과 기독교 양측이 받아들였던 공동체들의 추방을 의미하는 것이었다.

동시에 서유럽과 라틴아메리카의 일부에서 민족주의는 스스로를 종교 자체나 이전의 국가종교에 대항하는 것으로 정의하면서 발흥했다. 이것은 제3공화국하의 프랑스와 그 영향을 받은 나라에서 나타났다. 하지만 이미 영국에서 헨리 8세의 종교개혁부터 왕정복고직전까지의 잉글랜드에서도 나타나기도 했다.[1] 처음에 잉글랜드에서 이교에 대한 규정과 반역에 대한 규정은 중첩되어 있었다. 하지만 의무적인 소속의 기준이 정통/이교에서 애국/반역으로 변했고, 여기에 자원적인 요소를 인정하는 것도 포함하게 되었다. 프랑스혁명과 함께 반역의 중요한 기준은 공화국과 그 이상(理想)에 대한 것이 되었다. 이것은 '애국'이라는 의무를 만드는 것뿐 아니라 '정치적인 올바름'이라는 의무도 만들기 위해서였다. 따라서 종교 그 자체가 공적인 소속의 기초가 되는 것이 어렵게 되었고, 유대인 정체성과 같은 소수자 정체성이 전(全)시민권을 인정받게 되었다. 또한 정체성은 종족종교 집단에 대한 원초적인 충성을 바치는 것에서 국가에 대한 개인적인 선택의 형태로 변화되었다. 이것은 내적인 응집의 약화를 의미하는 것이며 세속화와 동화의 위험이 증가하는 것을 의미한다. 이러한 (세속화와 동화의) 위험에 대한 인식은 유대주의(Judaism)에서 자발적인 신앙으로의 변절에 대한 강한 금지를 만들어낸다. 실제로 이러한 금지는 유대인이 주류인 이스라엘에서 오늘날 표명되고 있다. 국가에 대한 소속에 있어 인종적이고 종교적이고 애국주의적인 것이 혼합된 기준은 개종에 의해 침식당할 수 있기 때문이다.

전체적으로 서유럽에서 그러한 혼합(종교와 민족 사이의 혼합, 옮긴이)은 일반적인 것이었다. 그리고 역사적인 맥락에 따라서 종교적인 기준과 비교해 봤을 때 민족적인 것과 관련된 것은 다양하게 존재했다. 폴란드의 억압적 체제는 종교적인 것과 민족적인 것이 매우 동일하다는 것을 보증해주었다. 그래서 폴란드인이 된다는 것과 가톨릭이 된다는 것은 점차 동일한 것이 되었고, 이것은 유대인들에게 불행한 결과를 가져왔다. 폴란드에서는 한 세기 전부터 자원주의가 존재해왔지만, 사실상 그것은 상상할 수도 없었다. 덜 극단적인 경우 민족적 신화는 주류 신앙과 긍정적으로 결합할 수 있었다. 또 역사적 민족정체성의 회고적이고 지적인 구성은 신앙, 민족, 본토, 언어의 계보학과 맞물리면서 수행될 수 있다. 하지만 민족신화가 소수의 개신교 세력과 관련되는 체코나 헝가리처럼 부분적인 예외도 존재한다.

장기간의 동향은 종교로부터 언어, 공통의 문화, 정치적인 정직성(rectitude)에 기초한 기준으로 향한다. 중요한 예가 프랑스에서의 급진적인 자유주의적 민족주의의 발전에서 발견된다. 하지만 우루과이, 과테말라, 멕시코와 같은 라틴아메리카의 여러 나라에도 존재해왔다. 이것들은 부분적으로는 종교와 정치적 반대 세력의 연대, 종교와 전통적 권력 구조와의 연대에 대한 반작용으로서 형성된 것이다. 러시아나 중국, 에티오피아, 콩고, 북한에서 이것은 급진적인 사회주의적 민족주의와 관련된 거대한 폭력이나 이데올로기적 엄격성과 함께 나타났다. 급진적인 사회주의적 민족주의는 종교가 점유했던 헤게모니 공간을 점유한다. 동시에 자신들의 중심적 신앙을 주변부에 분산시킨다. 반면에 특히 미국과 같은 외부의 권력과 연대할 가능성도 있고, 잠재적으로 국가에 충성하지 않을 수도 있는 자발적인 신앙은 박해한다.

나치즘과 같이 앞의 동향과 대조되는 우파적인 것도 있다. 이것은 기독교를 밀어내거나 기독교를 인종적 이미지로 재구성한 사이비 과학에 기초한 인종주의 이데올로기를 선동하는 것이었다. 파시스트체제하에서 국가는 가톨릭교회의 보수적 권위주의와 결탁했고 소수 종교를 민족에 대한 이반(離反)으로 정의했다. 예를 들어 아르헨티나에서는 군부의 후원 아래 자유민주주의, 자본주의, 개인주의, 앵글로 아메리칸 개신교에 대항하는 가톨릭과 유사 전체주의 조직과의 연대가 존재했다. 일반적으로 20세기 중반 이후 라틴유럽과 라틴아메리카에 걸쳐 가톨릭은 공적 영역에서의 지위를 추구해왔으며, 법률상의 다원주의는 최근에 이뤄졌고, 실제적인 다원주의는 더 최근에야 이뤄졌다고 말할 수 있다. 그러나 1970년대와 1980년대의 라틴아메리카에서 눈에 띄는 반전(反轉)에 의해서 국가안보부서는 군부에게 정당화의 대안적인 자원으로 확장되는 복음주의 소수 세력에 호소하여 지속적인 가톨릭의 반대를 일으키는 정책을 추구했다. 그렇게 하는 동안 브라질, 칠레, 멕시코에서는 가톨릭의 특별한 지위에 대한 재협상이나 재인식이 끝났다.[2] 변한 것은 공공의 법에 가톨릭 규범을 혼합시키는 것에 대해 국가가 임하는 자세였다. 이탈리아에서조차 1975년의 국민투표 이후 이혼을 의뢰할 수 있게 되었다. 칠레와 폴란드에서 가톨릭교회는 종교적 개념을 세속적 법과 혼합시키기 위해 독재시절 동안 쌓았던 정치적 신뢰를 이용하려고 했지만 실패했다. 이런 점에서 다원주의는 명확하게 종교적인 것이 공적 규제의 대상이 아닌 개인적 선택의 문제가 될 때 얻어진다.[3]

민족주의의 조류가 썰물이 되는 곳에서는 네덜란드나 프랑코 이후의 스페인과 같은 몇몇의 서구 국가들이 그랬던 것처럼 다원주의가 증가한다. 많은 경우 이것은 한 국가 안의 정치적 불일치와 종교적인 불일치 사이의 관계, 일반적 정체성과 종교적 정체성 사이의 역사적 관계에 의존한다. 이러한 관계는 매우 다양할 수 있고 다른 요소의 영향을 받을 수 있다. 하지만 미국이나 영국의 예를 고려해본다면, 높은 수준의 국가적 자부심과 권력 사이의 긴밀한 연대는 넓은 범위의 종교적 정체성에 대한 호소와 관련 있다. '개신교의 덕성'이 그 예이다. 성장기에 있거나 외국의 압력에 저항하고 있는 국가가 신위적인 지원(support)을 기대하면서 그들의 종교적 기원과 전통을 바라보는 것은 납득이 가는 일이다. 비록 독일의 경우 이러한 신화적 요소가 종교적 인물을 문화적 영웅으로 바꿀 수 있고 또 기독교도만큼이나 비기독교도에게도 호소력이 있음을 보여주었지만 말이다. 민족의 신화적 구성의 정확한 본질이 무엇이든 간에, 그것은 눈에 띄는 타자들을 희생시키면서 사람들과 (그들에 대한) 계보학을 포함하기 쉽다. 하지만 전후 유럽에서 성장과 저항이 둘 다 그렇게 되지 않았고 오히려 협동이 고양되었다는 것을 생각해보면, 국가에 대한 애착이나 증오의 광기는 줄어들고 내부적인 다원주의는 증가한 것이다.

현대의 세계에서 미국은 모델을 제공하고 있다. 또 실제로 국제 사회에 광범위한 영향을 미치는 확산적인 다원주의의 상징을 제공하고 있다. 이것은 강력한 민족주의와 거의 무한하다고 할 수 있는 종교적 다양성이 공존하는 것을 가능하게 해주는 모델이다. 신에 대한 호소와 더불어 지속적으로 호소되어왔던 '미국'이라는 아이디어가 특정한 개신교 제도에서 오래전에 분리되었던 계몽주의적 낙관주의 등의 매우 다양한 가치들과 연계되었기 때문이다. 서로 다른 신앙과 다양한 문화는 서로 충돌하지 않고 있으며, '성스러운 장막' 아래에서 다소 행복하게 공존하고 있다. 종교적 변화들은 선호가 바뀌거나, 새로운 집단이 생겨나거나, 이주를 하거나 또는 그것이 인식되든 아니든 간에 기존 집단이 뉴에이지적인 동기와 결합하는 것처럼 존재하는 집단 속에서 새로운 동기가 생겨나거나 하는 것들에 의해서 보이지 않게 일어난다.[4] 미국은 이러한 분석 아래에 존재하는 근본적으로 서로 다른 통합의 양상과 정체성을 통합하는 문화적이고 지리적인 공간을 갖고 있다. 한편으로는 영토성과 유사성과 특수한 종교 체계에 기초한 원초적 양식(mode)이 있고, 다른 한편으로는 차이를 받아들이고 또 개발하기까지 하는 느슨한 양식이 있다. 미국에서 이 느슨한 양식은 인종과 시민권을 확고하게 분리시켰다.

동시에 결합된 광범위한 가치들은 '미국의 길' 속에서 사회화된 이들에게 대안을 상상하는 것을 어렵게 만들고, 근대 세계에서 사우디아라비아와 같은 태도를 가진 국가들을 용인하기 어렵게 만든다. 프랜시스 후쿠야마의 '역사의 종말'이라는 개념에 잘 반영된 것처럼, 미국의 다원주의는 그것의 성공적인 수출이 얼마나 문제적인 것인가에 대하여 인식하지 못하게 만든다.[5]

다원적이고 다문화적인 사회의 역설 중 하나는, 만약 그들이 일상의 생활세계 속에서 경험했다면 참을 수 없는 것으로 여기고 저항했을 만한 이질적인 결합의 양상에 대한 향수이다. 이런 방식으로 다문화주의가 만들어 낸 것들은 반대에 직면하는데, 그것은 영토성이나 유사성에 기초하여 거리가 먼 문화나 문명에 대한 호전적인 이동의 형태가 아니라 공동체적이고 공산주의적이어서 더 단순한 사회에 대한 그리움의 형태가 된다. 특히 아일랜드는 잠시라도 다른 곳에서는 지지된 적이 없는 종교에 의한 법이나 개인적 도덕에 의해 지배되는 곳임에도 불구하고, 빡빡한 일상에서 벗어나 있는 공간에 대한 그리움이 집중된 곳으로 존재해왔다. 미국과 영국에서 아일랜드적인 주제와 감성은 최근 광범위하게 이상화된 켈트주의 형태로 소비 아이템이 되었다. 이것은 켈트교회에 대한 이상화된 시각을 포함하고 있고, 나아가 펍(pub), 리버댄스(riverdance; 무리를 지어 추는 탭댄스, 주로 브로드웨이 뮤지컬의 형태로 많이 공연된다, 옮긴이), 켈트 록(celtic rock)으로 확장되었다. 다른 한편, 주변부의 사람들 사이에는 과거의 통합 양상들이 구체화되는 것을 압력으로 느끼고 거부하는 사람들과 과거의 상징과 기호와 언어가 위협받고 있는 정체성에 탄탄한 기초를 제공해줄 수 있다고 믿는 사람들 간에 갈등이 존재한다.

이와 같이 대도시 사람들 사이에 존재하는 공산주의적 형태와 지하의 신들(chthonic deities; 다원주의를 상징한다, 옮긴이)에 대한 역설적인 향수는 전 세계의 토착문화로 확장되는데, 토착인들 사이에서 다원주의가 증가하는 것은 그들의 고유성에 대한 주요한 침투로 간주된다. 이러한 관점에서 서구의 인텔리겐치아들은 다원주의에 대항하는 민족주의적 인텔리겐치아들을 불러일으킨다. 이러한 문화 속에 사는 사람들이 – 몇몇 경우 기독교를 적용하는 것에 의해서 – 근대 세계에 사는 것을 추구하고 또 그 선택권을 즐기게 되면서, 상대적으로 근대 세계와는 안전한 거리에 있는 사람들은 그들의 문화적 고유성을 소중히 여기고 방어한다. 하지만 대도시에서 전통적 가치가 장려되는 것은 그 이상의 역설에 의해서 받아들이기 힘들다. 특히 그것이 인종적이거나 문화적인 형태가 아니라 종교적인 형태를 취한다면 더욱 그렇다. 고유한 인종성이라는 것은 신봉되지만 그 종교적 관련성은 그렇지 않다. 특히 종교가 주류의 역사적 종교로 나타나는 경우에는 더욱 그렇다. 종교적 개념에서의 다원주의는 인종적, 문화적 다원주의와 같은 방식으로 보호되지 않는다. 그리고 무슬림 소수 세력들이 동화되고 환영받기 어렵게 만드는 것은 그들이 자신들의 도덕성과 종교성을 구분하는 것을 반대하기 때문이다.

다원화된 사회의 대도시적인 중심지들은 역사적 정당성이나 지속성, 이데올로기적인 엄밀성을 보존하고 있다. 여기서 문제가 되는 것은 상징으로서의 지위를 가진 건축물이나 깃발과 같이 정체성에 대한 중요한 상징을 중심에 위치시키고 또 보존하는 것이다. 웨스트민스터나 워싱턴 등과 같이 그 이미지가 세계에 전달되고 인식되는 거대한 도시들은 공간을 보존하고 건축적인 윤곽을 보호한다. 그리고 이러한 유사 - 성스러운 공간들 안에 이질적인 상징은 용납하지 않는다. 영국의 버밍햄이나 미국의 로스앤젤레스처럼 좀 덜 민감한 지역에서도 사원의 첨탑이 보이거나 기도하는 소리가 들릴 만큼 무슬림이 많이 존재하지는 않는다. 다원적 공간은 결코 무제한적이지 않다.

오늘날의 다원주의적인 서구를 정의하는 것은 (시민적) 계약의 암묵적인 규칙 안에서 갈등을 제한하는 것이다. 그래서 프랑스와 멕시코에서 종교적 민족주의와 세속 사이의 갈등은 좌파와 우파의 갈등과 마찬가지로 자제되고 있다. 동시에 폴란드나 아일랜드 같은 곳에서도 저항적 정체성을 수행하는 종교의 역할이 덜 두드러지고 있다. 세속과 종교 사이, 좌파와 우파 사이의 힘의 균형은 국가의 역사적 경험에 따라서 다양할 수 있고, 특히 근대화되어가는 영역에 대한 전통적 영역의 저항에 종교가 관련되어 있는 정도 또는 국가에 대한 저항이 아닌 국가편에서의 압제를 지원하는 정도에 따라 다양할 수 있다. 결과는 연속적인 성과로, 한 극단에는 종교적 상징이나 전례가 공적 영역에 침투하는 것을 금하는 우루과이 같은 형태가 있고 다른 한 극단에는 종교가 국가정체성의 차원에서 표명되고 부활절에는 축포를 쏘는 그리스 같은 형태가 있다.

서구에서 이전에 지배적이었던 교회는 일반적으로 다른 신앙 공동체들이나 자원협회(voluntary association)들과 나란히 열린 공간 안에 위치한다. 여기서 종교는 사회적 자본(social capital)을 만들고 비판의 가능성을 촉진한다. 특히 교황의 국제적인 영향력에 의해 이끌어지는 로마 가톨릭교회는 주요한 초국가적인 제도로 나타나, 민족주의가 쇠퇴하는 지역에서 기성의 국가교회에 대한 비판의 칼날을 제공한다. 비판의 가능성은 가톨릭교회가 국가적으로 또는 국제적으로 그 전통적인 지위와 가시성을 활용하는 것을 가능하게 만들어주는 힘에서 나오는 매우 제한적이지만 실제적인 거리와 활용 가능한 열린 공간 사이의 조합에서 나온다. 열린 비판과 비공식적 압력 사이의 움직임의 효율성은 한국, 필리핀, 엘살바도르, 브라질, 칠레, 프랑스어권 아프리카, 미국에서 드러났다.

비판적인 역할의 활용이 무엇이든 간에, 기성의 교회들과 로마 가톨릭교회는 조절된 쇠퇴(managed decline)를 이뤄내야 한다. 이것은 명백하다. 영국을 포함한 서유럽에서 모든 교회들은 신앙 공동체와 국민의 경계가 중첩되고 사회적 위계와 교회적 위계가 결합된 낡은 양식에서 나오는 모티프의 저장소 역할을 표상하고 있기 때문이다. 이러한 것들 뒤에는 교회와 사회적 환경의 사이에 대한 명백히 잘못된 담론의 배열이 이어진다. 이는 낡고, 공동체적이고, 유기적인 모티프들과 최근의 신자유주의적인 모티프들을 대조해보면 알 수 있다. 성직자들의 회의를 제외한다면 이 둘 사이의 대조는 미국에서 약화되었다. 미국의 다원주의는 사회적인 위계와 교회적인 위계를 나누고, 종교적 경계와 국가적 경계를 나누는 개신교 자원주의의 맥락에 기초를 두고 있다. 그러므로 미국에서는 공동체적인 모티프의 집합이 같은 방식으로 끌어내질 수 없다.

서유럽에서 과거부터 지금까지 남아 있는 것은 이전의 종교적 패턴의 긴 그림자이다. 오랜 시간 동안의 동면에도 불구하고, 이것들은 상징적 자극에 의해 촉발될 때면 그 생명력을 튀어 오르게 할 수 있다. 프랑스에서 라이시테(laicite; 프랑스 제3공화국 헌법에 의해 만들어진 공적인 영역에서 비종교성을 관철하는 세속주의, 옮긴이)가 종교 교육이나 학교에서 무슬림들이 차도르를 착용하는 문제로 인하여 촉발된 것에서 볼 수 있듯이 말이다. 국가에 의해 지원되는 프랑스의 라이시테는 신종교운동을 제한하기 위한 법을 공표하게 만들었다. 반면에 나치시대에 대한 독일의 기억은 사이언톨로지(Scientology)

에 대한 반응에 영향을 미쳤다.

서구에서 오늘날의 다원주의는 그 고유의 한계에 가까이 다가가야 한다. 이것들은 사회에 존재해야 하는 것이 무엇일까에 대한 정의를 통제하는 기준에 뿌리를 두고 있기 때문이다. 몇몇 범주와 중심 가치는 우선성(priority)과 권력의 위계와 관련이 있다. 자유주의의 수사(rhetoric)가 어떠하든지 간에 우리가 미국, 영국, 네덜란드, 오스트레일리아를 생각해보면 이들이 대량의 이민을 양립할 수 없는 문화 안에서 이뤄진 사회화와 서로 다른 (국가에 대한) 충성들과 함께 받아들일 것이라는 것은 명확하다. 서구는 이러한 수사와 관련된 것을 실행해야 한다는 압력 아래에 있다. 하지만 매우 대조적인 공동체적 원리를 따라서 사회화된 많은 인구를 포섭하기 위한 다원주의의 확장은 자유주의자들에 대한 반동적 반응을 초래할 것이고, 경계를 강화하게 될 것이다.

중심부의 종교적 정체성이 사회적 귀속과 긴밀하게 연결되어 있기 때문에 경계가 감시되고 국외자들을 추방하는 곳에서는 이러한 반작용의 반향이 조용히 커질 것이다. 심지어 이집트나 인도, 인도네시아, 나이지리아, 보스니아와 같이 종교들이 혼합되어 있고 공동체적인 다원주의가 존재하는 곳에서도 종교 간의 충돌은 점차 폭력적으로 되어 갔고, 정당한 권력의 주요한 상징은 논란거리가 되었다. 그리고 갈등이 발생했을 때 가장 먼저 파괴된 건물은 교회와 모스크와 사원이었다.

광범위한 논쟁거리에 관해서 본다면, 동유럽은 서구와 다른 문명권 사이의 샛길이다. 종족 - 종교 간 결합은 오스만제국의 지배하에서 촉발되었으며, 소련의 보호 아래에 있는 국가들이 지원하는 세속주의에 의해 더욱더 촉발되었다. 소련의 붕괴와 함께, 또한 세속주의가 촉발한 공산주의적 민족주의와 함께 종족 - 종교 결합은 이데올로기가 비어 있는 공간으로 이동했다. 특히 1989~1990년에 극적으로 그러했다. 그 이후로 (러시아 연방을 효율적으로 작동시킨) 공산주의적 민족주의의 일부 잔류파들은 종교적 다원주의를 제한하는 것을 시도하면서 종족-종교와 연계했는데, 특히 외부에서 새로운 신앙이 들어올 때 그러했다.

서구나 러시아에 의해 식민화된 비서구문명권에서 호전적인 영역의 동원은 낡은 통합양식을 강화하거나 종교적 호전성에 민족주의를 포섭하는 것으로 이어졌다. 그 현상은 미얀마의 불교와 인도의 민족주의 정당인 인도인민당(BJP; 강력한 민족주의에 기반을 둔 정당으로 힌두교를 믿는 하나의 민족으로서의 인도의 강대국화를 목표로 하고 있다. 1990년대 이슬람사원의 파괴를 선동하여 인도 내 힌두 — 이슬람 갈등의 불씨가 되기도 했다, 옮긴이)의 공동체적인 호전성에서, 또는 피지(Fiji) 기독교인들이 인도인의 대규모 이주에 대해 나타냈던 반작용에서도 나타날 수 있다. 하지만 이슬람의 경우가 가장 두드러진다. 그들의 사회적 침투 양식(mode)은 종교적이고 사회적인 소속만큼이나 종교적 법과 세속적 규제에 긴밀하게 연결되어 있기 때문이다. 어디서든 사회적 침투가 발생할 때면 사회적 동원은 소수 세력에 대한 관용을 축소시킨다. 이것은 무슬림과 기독교인들과 힌두교도들이 서로 접하고 있는 곳에서는 긴장이 존재한다는 것에서 드러난다. 경쟁적인 종교시장이 열릴 가능성은 줄어들고 죽음의 위협으로 배교가 강요된다.

비록 경쟁적인 (종교) 시장이 서구에서 매우 최근에 존재하게 되었을지 모르지만, 경쟁적 시장은 되돌릴 수 없는 것이 되었고 점점 확장되어 어디선가 이러한 호전적인 동원을 촉발하고 있을 것이다. 이러한 경쟁적 종교시장의 확장은 초강대국 미국의 경쟁적인 종교와 문화적 자신감과 경제적인 확산으로 구성되어 있는 '맥월드(맥도날드로 대표되는 미국식 문화와 상품의 확산, 옮긴이)' 사이에서 존재할지도 모르는 연대에 의해서 좀 더 문제가 된다. 피임을 금하는 것과 같이 서구에 남아 있는 가톨릭 공동체주의의 영향력은 이슬람과의 연대를 심각하게 고민하게 만들어 바티칸을 당황시킨다. 하지만 실제로 타종교와의 드라마틱한 마주침은 민족주의의 발흥과 종족 종교를 서구의 성공적인 수출품으로 인식하고 있는 비서구 지역에 존재한다. 서구에서 이전 단계에 절정을 이뤘다가 쇠퇴해가는 것들이 어디선가 다시 차용된다. 하지만 그 성격은 변한다. 이집트나 터키처럼 반종교적 이슬람 지역에서는 민족주의가 훨씬 더 약하기 때문이다.

근대적인 의사소통이 거의 모든 이들에게 통용되는 상황에서 사람들은 전 지구적 선택권의 경쟁을 인식하게 된다. 그리고 역사적으로 종교 안에 존재했던 토대에 대한 탐구를 한다. 이것이 새뮤얼 헌팅턴(Samuel Huntington)의 논쟁적인 책 『문명의 충돌(Clash of Civilization)』(1996)에 색을 더욱 입혀주었다. '타자'에 대한 우리의 해석으로 쓰인 대립적 성질은 확실하지 않은 채로 전 지구적 수준의 경쟁자를 식별한다. 구성된 것으로서의 옥시덴탈리즘은 구성된 것으로서의 오리엔탈리즘과 직면한다. 이것이 아브하즈공화국(Abkhaz; 1992년 그루지야로부터 독립을 선포했으나 인정받지 못한 그루지야 내의 자치공화국, 옮긴이)에서 암본(Ambon; 인도네시아 말루쿠 주의 주도, 1999년 이후 기독교도와 이슬람교도 사이에 분쟁이 지속되고 있다, 옮긴이), 또 남부 수단(다푸르라고 흔히 알려진 기독교와 이슬람교 사이의 분쟁 지역, 옮긴이)에서 민다나오(Mindanao; 필리핀제도 중 두 번째로 큰 남부의 섬, 이슬람과 기독교의 분쟁 지역, 옮긴이)에 이르기까지, 경계의 부정적인 측면에 위치한 모든 소수자들이 그들의 미래에 대하여 두려워하는 이유이다. 명백하게 이들 속에서 경쟁 상태에 있는 신앙을 소유한 자는 정치적인 침투의 전위로서 정체성을 부여받는다.

지금까지 공동체적·자원주의적이라는 두 가지 다원주의에 대해 강조했다. 하지만 정치적·공동체적인 차원에서 자원주의 공동체 내부의 개인에 이르기까지의 연속선상에 존재하는 주요한 선교의 차원을 볼 필요가 있다. 이에 따르면 선교는 주로 사람들을 더 넓은 제국 속으로 편입시키는 지배자들에 의하여 수행되거나 (공동체적) 아니면 개인적 회심이 자원주의적인 종교 공동체로 이어지는 것을 추구하는 감리교 선교사들 같은 사람들에 의하여 (자원적으로) 수행된다. 실제로는 두 종류가 중첩되고 둘 사이의 교역로를 따라 만들어진 중간 형태도 존재한다. 하지만 북부 유럽에서의 최초의 개종처럼 정치-공동체적 형태가 역사적으로 지배적이었다. 반면에 자원적인 형태는 지난 반세기 동안에 급속하게 퍼졌다. 게다가 그것은 탐구되어야 할 매우 특수한 역사적 결합의 결과이다.

그 결합은 매우 복잡하기 때문에 가공되지 않은 상태의 스케치에 의해서 표시될 수 있을 것 같다. 하지만 그것은 국가의 보호 아래에 있는 교회와 같은 정치-종교 간의 공모관계에서 사회적 영역이 분리되는 것과 같은 사회적 분화의 과정, 그리고 개신교적 개념에서의 '신앙'을 잠재적인 것으로 감추고 규범과 도덕 관념을 내면화하는 종교적 레퍼토리, 이 두 개가 함께 진행되는 것을 필요로 한다. 사회적 분화 과정과 종교적 레퍼토리라는 이 두 선행조건은 사실 서로 상대방의 출현을 돕는다. 그리고 그것은 17세기와 18세기 초에 이뤄졌던 로마와 지중해에서 네덜란드, 영국, 북서대서양 연안으로의 권력 이동에 의해 역사적인 계기를 갖게 되었고, 전 지구적인 반향을 불러일으키게 되었다.[6]

우리가 만약 종교적 레퍼토리의 기원을 찾는다면, 수도원 운동과 종교개혁으로 수행된 바울의 '마음의 할례' 속에 담긴 내용의 확대, 그리고 마음에 새겨진 내면적 법칙이라는 개념과 관련된 히브리 성서 속에 들어 있을 것이다. 종교적 레퍼토리는 전 세계로의 수출을 위해 영국이라는 섬나라에서 배양되었고, 나중에는 북미대륙에서 전 세계로 확장되었다. 이것의 장기적 결과는 미국에서의 '내면'과 '자원(voluntary)'의 승리였다.

이러한 승리가 문제적이지 않은 것이 아니라는 것은 지식인들의 비판에 의해서도 지적되어온 바이고, 전 지구적 차원에서 다른 문명권의 반응에 의해서도 나타난다. 자원주의의 감소를 논할 때 우리는 다원주의의 확장과 초강대국 미국 문화의 확산의 관계라는 맥락 속에서 다른 문명권의 반응을 토론하게 된다. 우리가 또한 지식인들의 반응에 대하여 생각해본다면, 고전적 개신교인들의 불편한 반응으로부터 유대인 공동체의 사상가들의 깊은 염려에 이르기까지, 또 가톨릭, 정교회, 무슬림, 기타 종교의 거부 반응에 이르기까지의 연속체가 존재할 것이다. 유대계 미국인의 비판은 아담 셀리그먼(Adam Seligman)의 『근대의 도박(Modernity's Wager)』을 가장 좋은 저술로 예를 들 수 있는데, 이 책은 자율성 속에 존재하는 타율성의 역할에 대해 강조하고 있다. 반면에 이와 반대되는 개신교적 비판은 제임스 커스(James Kurth)의 최근 논문 「개신교의 변형(The Protestant Deformation)」에서 잘 드러난다.[7]

하지만 이 글은 두 개의 일신론(기독교와 이슬람, 옮긴이)의 전 지구적 형태가 좌충우돌하면서 확장하는 것에 역사적으로 관련된 정치적인 '선교(제국적 확장과 동반되는 선교, 옮긴이)'로부터 전 세계적 커뮤니케이션과 개인적 네트워크를 통한 자원주의의 현대적 확장으로 변해가는 것에 초점을 두고 있다. 이는 앞 문단에서 언급한 역사적인 그림들과 마찬가지로 비교사회학적인 연구를 필요로 한다. 이런 종류의 연구에서 가장 두드러진 비교사회학자는 아이젠슈타트다. 그는 기독교 천년왕국설과 종파주의 전통 그리고 유럽의 정치적 자코뱅주의(Jacobinism) 사이의 관계에 대하여 강조했다. 하지만 내가 강조하고 싶은 것은 네덜란드 앵글로 아메리칸 문화의 경쟁적 자원주의에서 나타난 것과 내면화 사이의 관계이다.[8] 사실 나의 최근 작업은 상대적으로 외면적인 성격인 이슬람의 부흥과 대조되는 내면적 성격의 기독교 부흥의 특별한 형태를 다루고 있다. 내면적 성격의 기독교 부흥은 최근 복음주의, 성령강림운동, 카리스마 이 세 형태로 개발도상국의 일부를 휩쓸고 있다. 이 내면적 성격의 기독교 부흥은 대부분이 정치적 영역의 외부에서 진행된다. 따라서 비폭력적이다. 그리고 이것은 신의 음성을 듣는 것이나 방언을 추구한다. 또 독일 경건주의나 감리교운동에서 나온 내면적인 도덕과 규율의 근원과 20세기의 '표현적 혁명'이라고 부르는 것을 결합시킨다. 이것은 경쟁적 다원주의라는 점에서 원칙적으로 근대적인 것이고, 평화롭게 모든 종류의 미덕에 접근하며 정치적인 권력을 추구하기보다는 개인들에게 능력을 부여해주는 것을 추구한다.[9]

나는 정체성의 변화와 유동성을 통해 엄격한 개념의 '이동'을 성취하는 데서 나타나는 자원주의의 활기차고 팽창적인 성격과 그와 상반되는 가톨릭의 시공간 고정적이고 연속적인 문화적 성격, 이 둘 사이에 존재하는 긴장과 관련하여 기억나는 일을 여기에 추가하고자 한다. 전자(자원주의)는 가상의 형제자매 사이의 훈련된 우애에 의해서 지지되는 내면적으로 의지할 만한 집단을 찾고 있는 '뜨내기들(uprooted)'에게 호소력이 있을 것이다. 반면에 후자(가톨릭)는 (유아)세례라고 하는 이른 (종교로의) 귀의를 통해 전 사회를 포괄한다. 가톨릭에서 가상의 형제자매라는 것은 전 지구적으로 실행되고 있는 종교적 질서에 한정된다. 개인적으로 기억나는 일이라는 것은 미국에서 '(신과의 종교적인) 계약의 규칙'을 결정하기 위해 가톨릭과 복음주의자들이 모인 모임에서 자문 역할을 했던 것이었다. 여기서 가장 어려웠던 점은 가톨릭은 유아세례를 통해 모든 인구들을 선점하는 것을 주장하는 반면에, 복음주의자들과 성령강림운동파들은 모든 것이 예배 참여의 유효성이 아니라 내면적으로 고유한 개인적 회심에 달려 있다고 주장하는 것이었다.

따라서 변화라는 것은 정치적 조합과 경제적인 팽창의 결합에 의해 두 개의 주요한 일신론적 신앙이 확산된 시기에서 초국가적이고 전 지구적인 범위의 개인적 네트워크를 따라 진행되는 문화적 확산의 시기로 변화한 것을 일컫는다. 야스퍼스(Jaspers)가 '차축 시대(Axial period; 종교문명의 대전환에 대한 야스퍼스의 시기 구분 중 하나로 이 시기에 붓다, 공자, 소크라테스 등의 보편종교 형태가 처음 나타나 종교문명의 전환을 이루었다, 옮긴이)'라고 부른 B. C 1000년에서 B. C 600년경부터 출발하여 두 개 내지는 세 개의 시기가 구분되어야 한다. 종교의 통일과 응집성의 증가는 정치적 영역에서의 통일과 응집성의 증가에 비하면 매우 거칠게 진행되었다. 제국의 확장은 신앙의 확장과 연결되는데, 이는 성직자들과 종교의 대가들이 종교적 신조를 연구하고 통합했기 때문이었다. 기독교와 이슬람교의 경우 둘 다 주변부에서 출발하여 정치적 중심부를 접수했는데 때로는 매우 느리게 회심을 통해서, 또 때로는 매우 빠르게 강제를 통해서 확장해나갔다. 하지만 일단 중심부에 진입하게 되면 북유럽의 경우나 비잔틴(Byzantism)을 지지한 키예프(Kiev)의 경우나 강제적으로 아즈텍(Aztec)을 병합한 코테스(Cortez)의 경우에서 알 수 있듯이, 거의 강제에 의하거나 아니면 정치적 선택에 의해서라도 확장해나간다. 두 종교 모두에서 종교를 받아들이게 되는 또 다른 양식은 이슬람이 서아프리카나 인도네시아에 진출할 때 그랬던 것처럼 무역로를 경유하는 경우이다. 다른 말로, 종교적 개종의 주요한 양식(mode)은 도시에서의 접촉에 의한 것이거나 정치적이고 상업적인 세력 확장(mission creep)에 의한 것이었다. 그리고 그러한 것이 항상 존재할 것이라는 점은 어느 정도까지는 사실이다. 정치적인 개념으로써의 '권력'은 다른 모든 개념에서의 '권력'과 같기 때문이다. 그래서 어떤 이들은 신앙의 효험을 정치적인 성공을 통해서 시험한다. 비잔티움(Byzantium)의 많은 기독교인들이 성모마리아 상(像)이 그들의 도시를 구해주지 못하자 이슬람교로 개종했던 이유가 여기에 있다.

우리가 에스파냐와 이슬람 제국주의 시기 이후로 제국주의 양식의 중요한 점을 인식해야 한다는 것을 일단 제외시켜놓고 본다면 오늘날 미국의 정치적 권력은 강력한 문화적 확산을 포함하고 있다. 단명한 대영제국은 토착인 지배자를 통해서 지배했고, 병합보다는 통치권에 기반하고 있었다. 대부분의 개종은, 특히 아프리카에서, 사람들이 의학이나 지식, 과학과 같은 영국이 누리고 있는 다양한 힘을 자신의 손에 넣기 원할 때 이뤄졌다. 반면에 성서와 검과 무역가의 동맹은 부분적일 뿐이었다. 때때로 (식민지) 행정관과 상인과 선교사 사이에는 부분적으로 서로를 인정하기 싫어하는 일도 있었다. 이 시기는 이른바 '위대한 선교의 세기'였고, 자원주의가 주도하는 세기였기 때문에 대부분의 개종 역시 자발적이었지만 진보와 힘의 증대에 대한 욕망에서 나온 동기들도 많이 있었다.

현재의 초강대국인 동시에 대영제국의 계승자인 미국은 건국 당시부터 정치와 종교를 분리시켰다. 그래서 미국의 문화적 확산은 정치적인 힘과 외견상 독립적으로 작동하는 것 같다. 사실 많은 나라들의 정치 엘리트들과 인텔리겐치아들은 그러한 문화적 확산을 격렬하게 반대한다(반면에 자신들의 이익을 위해서 접근하기도 한다). 하지만 라틴아메리카, 사하라 사막 이남의 아프리카, 인도, 중국의 대중들은 그것에 매혹되어 있다. 미국은 그 자체가 하나의 상징이 되었다. 게다가 미국의 이상(ideals)은 그 스스로를 비판하는 데 사용될 수 있다. 가식적 민주주의로 비판받았던 대영제국과 마찬가지 경우이다. 라틴아메리카에서 에스파냐의 제국주의가 그들의 지배자에 대항하여 기독교의 상징에 호소하는 토착인과 맞서 싸웠던 것도 이 경우에 해당한다. 나는 모르지만, 오스만제국의 사람들이 종속관계로부터 벗어나기 위해 코란에 호소하거나 오스만제국의 원칙에 호소했었을 수도 있다. 하지만 역사적 발전의 과정에서 분명하게 일어나는 것은 우월한 정치적·문화적 힘에 의해 그들의 손에 쥐어진 무기들을 사용하여 제국이나 이전의 제국들을 되받아치는 능력이 증가하고 있다는 것이다. 멕시코어인 '세상의 빛(La Luz Del Mundo)'은 그 이름에 전 세계적으로 확장한다는 의미를 함축하고 있는데, 미국과 오스트레일리아를 선교하는 영적인 정복자들의 입장으로 표현한 것이다.

하지만 어떤 경우이든지 이제 '선교의 세기'는 지나갔다. 이것은 미국이 지금도 얼마나 많은 선교사를 보내고 있는가 하는 것과 상관이 없다. 사람들은 자신의 메시지를 가지고 다양한 곳으로 여행하고 있다. 따라서 비록 우리가 포르투갈이나 한때 포르투갈 식민지였던 아프리카에서 브라질의 하나님 왕국 세계교회(Brazilian Universal Church of the Kingdom of God)를 보거나 필리핀에서 한국인 선교사를 보더라도, 이제 선교의 주된 통로는 이동하고 있는 개인들의 네트워크를 통해서이다. 이러한 자원주의로의 변화는 신앙이 개인적인 접촉을 통해서 전달됨으로써 이뤄진다. 그리고 이러한 변화는 종교적 메시지의 본질의 초점이 무엇이든 상관없이 신앙의 급속한 토착화를 포함한다. 이것은 특히 성령강림운동의 경우에 그러하다. 성령강림운동은 북미의 자원주의 속에서 자라났지만 현재는 다원주의에 편승하여 현재 세계 어디서나 볼 수 있는데, 특히 라틴아메리카와 사하라 사막 남단의 아프리카에서 그렇다.[10] 앞에서도 말했듯이 성령강림운동은 다원주의의 조용한 선구자이고, 성령강림운동의 발전은 아프리카의 베냉에서 콩고, 코스타리카, 아이티에 이르기까지 다원주의가 기존의 공동체적 종교와 경쟁할 수 있는 기회를 갖고 있는 모습에 대한 전 지구적 차원의 지도(map)를 제공하고 있다. 당연히 이것은 라틴아메리카나 태평양 지역에 있는 일본 신종교나 카리브 해 지역에 있는 바하이교(Baha'ism)처럼 전 세계에 있는 비기독교계 종교의 선교사들이나 그들의 개인적인 네트워크에도 해당된다.[11]

아무리 다원주의가 법이나 다른 제제 수단에 의해 막힌다고 하더라도, 이러한 다원주의에 대한 저항이 얼마나 문화적인 것인가에 대해서는 강조할 필요가 있다. 예를 들면, 타이완은 최근까지 (종교에 대한) 법적인 제한이 있었다(기독교는 제외). 하지만 이러한 제한의 핵심은 외국의 문화가 확산되는 것에 대한 타이완 주류 토착세력들의 거부 반응에 있었다. 그 결과, 20세기 중반에 기독교의 확장은 멈추게 되었고 '박애구호재단(Compassion Relief Foundation)'으로 알려진, 방향이 수정되고 근대화된 불교에 의해 압도당하게 되었다. 그런데 박애구호재단의 특성은 눈에 띄게 성령강림운동과 비슷하다.[12] 성령강림운동과 마찬가지로 박애구호재단은 대도시로 이주하는 사람들에게 의미와 목적과 형식(form)을 제공해주었다. 반면에 조상과 확대가족을 강조하고, 또 피할 수 없는 인과응보의 윤회와 부와 빈곤에 관련된 행운을 강조한다는 점에서는 다르다. 도시로 이주해온 사람들은 유동적인 가상의 형제자매애와 관계를 갖고, 의상이나 외모로 경계를 만든다. 그들은 점차 명상을 하면서 감정적으로 해방감을 느끼게 되고, 이러한 분위기 속에서 자제심이 길러지고, 이타적이 되며, 활동적이고 의욕적이 된다. 남성들의 무책임함은 사라지게 되고 정치적 활동의 타락과 부패도 거부된다. 이러한 모든 현상은 종교적 의례를 대신한 평신도들의 운동에 의해서 진행된다. 이러한 운동이 안정적인 환경을 제공하고자 할 때는 그러한 운동에 필요한 특성인 엄격한 권위를 가진 카리스마적 여성 리더의 권위에 의해서 진행된다. 새로운 불교와 이에 대항하는 새로운 기독교 형태는 전통적인 스타일의 건물보다는 근대적인 스타일의 건물을 이용하고, 근대적인 미디어를 사용하며 그들만의 복지체계를 창조한다.

이렇게 박애구호재단과 같은 기독교의 '기능적 등가물'이 탄생한 것의 핵심은 역사적이고 문화적인 맥락 안에 존재한다. 그래서 타이완이나 일본에서 기독교에 부정적이었던 요소들이 한국에서는 긍정적인 요소가 되었다. 물론 문화적 저항이라는 것은 문화 내부에 내재해 있으며, 그 정도의 변이는 사회학적인 원리에 의해서 설명할 수 있다. 그것은 심지어 미국 내부에서도 다양하다. 이슬람 민족(the nation of Islam)은 특정한 흑인 지지층을 갖고 있는데, 이 지지층은 갱신되고 수정된 원초적인 사회적 통합을 제공하는 역할을 한다. '민족'이라는 말이 의미가 그러하듯이 말이다. 전체적으로 전 지구적인 다원주의의 확산에 있어서 중요한 요소는 영국과 북미의 문화적 확산이다. 하지만 나이지리아나 일본과 같은 타 지역에서 나온 원천도 존재한다. 수입된 기독교인가 아니면 일본 신종교인가 아니면 이슬람인가의 문제는 상황(context)의 문제이다.

문화적 다원주의의 가장 큰 장벽은 다원주의에 반대하여 행해지는 종족 종교 결합이며 공동체적인 통합이다. 특히 이슬람권, 인도, 몇몇의 불교 국가와 일본이 그렇고, 북한이나 중국처럼 급진적인 세속적 이데올로기가 독점을 지속하고 있는 나라도 그렇다. 하지만 중국의 경우 내부로부터 (이데올로기적인) 공백이 생겨나는 중이고 기독교와 비기독교 양 측면에서 활발한 다원주의가 지하에 존재하고 있다. 아마도 중국 전통의 오래된 혼합물이 공산주의 이데올로기에 의한 좌파적인 진공상태와 결합되면서 순수한(genuine) 다원주의를 만들어낼 것이다. 중국에는 그 효능에 따라 신들을 쇼핑하는 고유의 다원주의가 존재한다. 중국인의 이산(diaspora) 속에서의 종교적 변화는 어떻게 그것들이 변화될 것인지를 보여줄 것이다.

요약하자면, 다원주의의 발전은 전통적으로 기독교에 매우 불리한 것으로 비춰져왔다. 영국과 프랑스처럼 기성의 교회가 쇠퇴하고 있는 곳을 '선교지(pays de mission: land of mission)'로 만들기 때문이다. 또 쇠퇴 경향을 되돌리기가 어렵다는 심리적인 영향 때문에 모든 신앙에 대한 반감을 더 강화시킨다. 그리고 교회의 개념을 자조(self-service)적인 자원주의 속에 있는 공공 서비스 기관으로 바꾼다.[13] 하지만 이러한 상황은 미국에서는 이뤄지지 않는다. 오히려 미국에서는 기독교에 대한 침식이 자아를 더 많이 다루는 경향 속에서 자조 개념의 변형이 생성되는 가운데 발생하기 때문이다.

하지만 세계의 다른 곳에서는 자원주의적이고 우애적인(fraternal) 성격에 의해 만들어지는 기독교의 양식이 교회가 다원주의의 이익을 수령하고 그것의 선구자가 되게 한다. 원시 기독교의 보편주의와 자원주의의 조합 속에서 현실화된 신앙의 내면화는 민주주의나 다원주의와 직접적으로 연결되는 일은 거의 없다. 사실 오늘날 미국의 개인주의와 자원주의에 대항하는 비판적 지점으로, 특히 가톨릭을 비롯한 기독교 사상가들이 말하는 모든 인구의 공적인 신앙인 기독교의 긴 역사에 의해 강조되는 것은 결속력과 다소간의 공산주의적 성격이다. 그럼에도 기독교의 초기 문서들은 종족종교와 대조되는 것이었다. 종족과 종교가 결합하는 경우 세속적인 땅에 지역적인 신앙이 만들어지고, 세속적인 공간에 신성한 사원이 들어서며, 공적인 법과 기록되어 있는 도덕적인 행위에 대하여 의례적이고 외면적으로 준수하는 것을 요구한다. 바울은 공공연하게 로마의 법전문가로 묘사되어왔지만, 새롭게 태어난 아이의 의례적 할례보다는 심사숙고한 마음의 할례가 의례적인 외양을 오염시키는 것이 아닌 내면을 오염시키는 것을 피하는 것이 복음의 명령을 심도 있게 해준다고 본 사람이다. 또 산상수훈은 매우 광범위한 종류의 정치적인 함의를 갖고 있지만 실용적인 법이나 사회적 청사진과 같은 종류의 것은 아니었다.

그러므로 기독교에는 종족적인 기원보다는 종파적인 기원에서 연유하는 열린 공간이 존재한다. 이 열린 공간은 사회적 규제나 의례적 요구에 대한 기획이 존재하기 힘들다. 사실, 이 열린 공간은 위험하게도 고유의 생명력과 재생산 능력을 위협할 정도로 제한이 없다. 그럼에도 이 공간은 이동성이 높고 다원화되었으며 전 지구화된 사회에 잘 어울린다.

성스러운 법과 '왕국'의 질서를 위하는 것은 신이 선택한 기독교인 관리들의 행위로는 강제되기 어렵다. 비록 그것이 지난 천년 이상 동안 콘스탄티누스 이후의 기성교회들에 의해 지속적으로 시도되기는 했지만 말이다. 오히려 그것은 종말론적인 미래 속에 신의 힘을 보존하는 것에 의해서 실현될 수 있다. 그것을 넘어서서 우리는 교회일치운동의 이상이 무엇이든 간에 다원주의적 조건하에서의 기독교의 실천은 자유분방하고 분열적이라는 것을 인식할 필요가 있다. 오늘날의 기독교는 제도적 통일에 의해서 묶이기보다는 가족의 친근성에 의해서 묶인다. 자원주의적 형식을 통해서 문화적 차원에서 종교들이 작동하고 있는 다원주의적인 세계에 대하여 더 나은 처방을 하는 것은 상상하기 어렵다. 각각의 신앙은 다른 영역에도 신경을 쓰지만 인간 실존의 영역에 집중한다. 그리고 폭력, 갈등, 정치적 영역에 대한 이해와 관련된 기독교의 구제적 사랑(redemptive love)에 대한 집중과 그것의 실패에 대해서 지불해야 할 비용을 갖고 있다. 이러한 (이상과 실패 사이의) 간격은 다른 곳에서 메워져야 한다. 다원주의적 신앙은 개인적이고 우주적인 변화에 대한 이해와 비극에 대한 이해로 무장되어야 한다. 하지만 이슬람적인 태도로 대중의 정치적 행동과 법을 위한 처방을 제공할 수는 없다. 또 다원주의적 신앙은 통속적인 신앙이기에 고전적인 불교가 그랬던 것처럼 프시케의 경지에 이를 수 없다. 이렇게 보면 서구와 다른 곳의 엘리트들 사이에서 불교는 다원주의적 신앙의 진정한 라이벌이다.

제11장 주(註)

1 지역적이고 국가적인 수준에서 이것을 설명한 것들은 다음과 같은 것이 있다. Eamon Duffy, *The Stripping of the Alters*(New Haven: Yale University Press, 1992); *The Voices of Morebath*(New Haven: Yale University Press, 2001); Diarmaid MacCulloch, *Tudor church Militant*(Harmondsworth: Penguin, 1999); Brad S. Gregory, *Salvation at Stake*(Cambridge, MA: Harvard University Press, 2000).

2 나의 머릿속에 들어 있는 재협상은 1970년대 국가와 교회 간의 충돌 이후 브라질 교회와 군부의 대표가 비밀리에 모여서 회의를 한 것을 가리키는 것이었다. Kenneth Surbin, *Secret Dialogues*(Pittsburgh: University of Pittsburgh Press, 2000); Anthony Gill, *Rendering Unto Caesar*(Chicago: University of Chicago Press, 1998) 참조.

3 Michael Fleet and Brian Smith, *The Catholic Church and Democracy in Chile and Peru*(Notre Dame, IN: University of Notre Dame Press, 1997) 참조. Zdzislaw Mach and Katarzyna Gilarek in Tom Inglis, Zdzislaw mach and Rafal Mazanek(eds), *Religion and Politics*(Dublin: University College Dublin Press, 2000) 참조.

4 Linda Woodhead(ed.), *Reinventing Christianity*(Aldershot: Ashgate, 2001) 참조. 특히 Introduction(pp. 1~26)과 4장 (pp. 81~96)을 보라.

5 Francis Fukuyama, *The End of History and the Last Man*(New York: The Free Press, 1992).

6 Jonathan Scott, *England's Troubles: Seventeenth Century English Political Instability in European Context*(Cambridge: Cambridge University Press, 2000).

7 Adam Seligman, *Modernity's Wager*(Princeton: Princeton University Press, 2000); James Kurth, "The Protestant Deformation and American Foreign Policy", *Orbis*, Vol. 42, No. 2(Spring 1998), pp. 221~240.

8 Schmuel N. Eisenstadt, *Fundamentalism, Sectarianism and Revolution*(Cambridge: Cambridge University Press, 1999).

9 Paul Freston, *Evangelicals and Politics in Asia, Africa and Latin America* (Cambridge: Cambridge University Press, 2000); Paul Gifford, *Ghana's New Christianity: Pentecostals in a Globalising African Economy*(London: Hurst, 2000).

10 David Martin, *Pentecostalism—The World Their Parish*(Oxford: Blackwell, 2001). 중앙아메리카, 카리브 해, 아프리카에 대한 상세한 정보는 André Corten and Ruth Marshall-Fratani(eds), *Between Babel and Pentecost*(London: Hurst, 2001)를 참고.

11 Peter Clarke, "Japanese New Religious Movements in Brazil," in Bryan Wilson(ed.), *New Religious Movements: Challenge and Response*(London: Routledge, 1999).

12 다음 논문에서 대부분 인용했다. Yu-shuang Yao, "The Development and Appeal of the Tzu Chi Movement in Taiwan"(Ph. D., London University, 2001).

13 다원주의에 대한 대조적인 관점은 다음을 통해서 확인할 수 있다. Steve Bruce, *Choice and Religion* (Oxford: Oxford University Press, 1999); Rodney Stark and Robert Finke, *Acts of Faith* (Berkeley: University of California Press, 2000).

제12장
기독교 언어란?

프롤로그

나는 이 장에서 세속화이론의 배경과 대립하는 시각에서 종교 언어의 본질을 생각해보고자 한다. 만일 세속화가 모더니티의 진보와 밀접한 관계가 있고, 기독교가 전통 사회와 밀접한 관계에 있다면 기독교 언어는 폐기될 것이다. 그 이유는 접근을 제한하거나 국가의 억압과 고의적 방치와 같은 있을 법한 이유 때문이 아니라, 기독교 언어 자체가 역사적 잔존물 정도밖에 되지 않는다고 보기 때문이다. 그러한 상황에서 기독교 언어를 특성화하려는 나의 시도는 곧장 세속화의 쟁점을 압박하게 된다. 나는 종교 언어가 비현실적이고 부적합한 언어의 형태가 아니라 환원불가능하고 독자적인(*sui generis*)인 언어 양식이자 담화 방식이라는 것을 보여주려고 하기 때문이다.

정치학 및 학술적 토론과의 특별한 대조 작업은 이어지는 13장에서 다루기 위해 남겨두겠지만, 나는 기독교 언어가 지배적인 과학 체계 혹은 지배적 정치학이나 학술적 토론을 대체하는 논리에 기초한 양식이라고 생각한다. 종교는 그 자체의 문법을 전개해나가는 활동 양식이며 기독교 신학의 검증이나 하이데거나 후기 비트겐슈타인의 철학에서 취할 수 있는 것과 같은 철학적 토대에 호소하지 않아도 그 스스로 특성화되는 활동양식이다. 철학적 함의가 전적으로 무효화되지는 않더라도 최소한의 선에서만 유지될 수 있다.

여기에서 나는 계몽주의적 대체 신화(Enlightenment myth of supersession)를 거부하는 입장을 취한다. 어니스트 겔너의 말처럼 대체 신화는 이전 사람들의 담화방식과 현 시대 사람들의 담화방식 사이에 커다란 간극을 만들어낸다.[1] 필경 포스트모더니티가 비록 우리의 현존 상태와 이론적 접근 방식을 설명하는 데에는 불리하지만, 적어도 대체의 지배서사(master narratives of supersession)의 토대를 허무는 데에는 도움을 준다고 생각한다. 전통과 근대 사이의 심연을 가로지르는 데에는 더 이상 과거의 양식이 금지되지 않는다. 명백하게 이 입장은 대체의 지배서사에 기초한 세속화이론의 경성(硬性) 버전에 대한 함의를 가지고 있다. 그 버전은 아이젠슈타트가 '다원적 모더니티'로 불렀던 것과 연계되는 다원적 양식보다 단일한 귀결을 의미하는 지배적 담화 양식을 가정한다.

그렇다면 실제로 종교 언어가 어떻게 작동하고 있는가를 보여주기 이전에 이러한 시론적 탐구에 도움이 되는 종교 언어에 대한 일반적 이해란 과연 어떤 것인가? 우선 나는 이 연구를 기독교 언어에만 한정하고 있는데, 그 이유는 기독교 언어란 광범위한 종교의 범주 중에서 아주 독특하고 특징적인 언어의 변형이라고 믿기 때문이다. 또 한 가지 명백하게 해둘 것은 이 연구에 헤브라이 성서의 언어가 포함되어 있지만 단지 구약성서로서의 기독교 성경에 통합되고 검토된 언어로 포함된 것이다. 구약과 신약 사이의 친화성은 아주 광범위하기 때문에 양자 간에 왔다 갔다 하면서 작동한다. 그러나 조나단 색스(Jonathan Sacks)가 최근에 강조했듯이 분석 목적을 위해 구약과 신약을 공평하게 다루는 것만큼 구약과 신약 간의 차이점 역시 존중하고 인정해주어야 한다.

세계 종교 간의 차이점에 관한 한, 나는 막스 베버가 '세상에 대한 종교적 거부와 그 방향(Religious Rejections of the World and their Direction)'에서 강조한 점을 내 사고의 기본 토대로 받아들인다.[2] 베버에 의하면 세계의 여러 종교에 구체화된 입장은 세상, 즉 세속(Saeculum)에 대한 각 종교의 접근 방식에 기초한 엄밀히 제한된 스펙트럼이나 환경을 표상한다. 나는 차이의 스펙트럼을 통제하는 주요 기준으로 '세상'에 대한 가변적 태도를 채택하여 이미 세속화가 가진 역설을 암시하고 있는데, 이는 이러한 세속화의 역설이 다양한 세계 종교 속에서 꽤나 상이한 모습으로 발생할 것이기 때문이다. 예컨대 기독교 신앙이 기독교에서는 세속의 명령, 무엇보다도 세속의 영광, 주권과 권능에 부분적으로 복종한 대가를 치루고 로마제국을 정복했을 때 세속화의 주된 역설이 등장하게 된다. 나는 콘스탄티누스 체제 맥락에서의 영광, 주권과 권능이라는 종교적 언어를 사용해봄으로써, 율리우스 카이사르의 주권과 신의 주권 그리고 그리스도의 주권 사이의 원초적이고 중요한 기독교적 특성이 어떻게 급속하게 빈약한 (필연적인 것임에도) 경계 — 하나님의 도시와 인간의 도시 사이의 경계 — 로 환원되었는지를 설명하고 있다. 또한 나는 기독교의 기본 레퍼토리가 천한 왕의 왕권에 뿌리를 둔 방식과 '이 세상의 왕국이 신과 그리스도의 왕국이 될' 때를 종말론적으로 기대하는 것에 뿌리를 둔 방식에서 기독교의 특징적인 문제가 발생하고 있음을 예시하고 있다. 계시록의 그러한 특정 텍스트에서는 모든 주권의 속성이 골고다 언덕에서는 단지 가시 화관에 지나지 않았던 '신성한 왕관(sacred diadem)'으로 전이되었다. 이러한 역설은 왕국의 열쇠를 가진 역군(bearer)으로서 이 땅에 세워진 교회의 영광과 권능, 그리고 모독자와 범죄자로서 도시에서 추방당한 인간에게 속한 권능과 영광 사이에 내재되어 있는 동요를 초월하여 기독교 문명과 그에 대한 불만의 중앙에 자리하고 있다.

그러한 예는 우리에게 지배적 전통 내부와 지배적 전통과 부차적 전통 사이에서의 기독교 역사에서 이미지의 변천이 어떻게 작동하고 있는지를 목도하게 해준다. 나는 『이미지 파괴(The Breaking of the Image)』(1980)에서 원초적 신앙의 깊음(예컨대 그리스도의 왕 되심과 사제되심을 통해 모든 신앙인이 왕과 사제가 된다는 방식과 모든 왕은 만인의 공복이 되어야 한다는 방식) 속의 근본 요소가 하위 전통 속에서는 직접적으로 표출되는 반면, 지배적 전통 내에서는 신성과 인간 권위와의 결탁이 이들 둘 사이의 차이점에 상징적 병치의 형태로 놓인다고 주장한 바 있다.[3] 하부 전통에서 기독교의 기호 언어는 아마도 모든 독실한 신앙인이 형제들과 일용할 양식을 공평하게 나누거나 또는 회합에서 모두가 동등하게 말할 권리를 가지고 있었을 때처럼 세상적 의미로 세속화되었을 것이다. 지배적 전통에서의 기독교 기호 언어는 세상 권력의 위계에 순응할 수밖에 없게 됨으로써 세속화되는 경향을 나타낸다. 그럼에도 기독교 언어의 근본적 잠재력은 전과 마찬가지로 신앙 본연의 특성적 부분으로 도상적 영사면(iconographic screen)에 투사되어 나타난다. 제도화는 그 스스로의 전복을 선언하는 것이다. 제도 교회의 사제들 모두는 아직도 그 통속적 번역이 위험할 수 있는 '인간을 아버지로 부르지 말라(Call no man father)'라고 선언해야 한다. 제도화된 기독교의 도상에서조차 죽음이 만인을 평등하게 하며 마지막 심판이 만인을 정의의 심판대 앞에 세운다.

만일 같은 기독교 안에서도 지배적인 기독교 전통과 종속적인 기독교 전통에서 세속화가 갖는 강조점과 의미가 각기 다르다면 기독교와 이슬람교를 비교했을 때 세속화가 갖는 의미는 더욱 확연하게 구별된다. 기독교는 패배를 당하고 인간 세대의 연속적 순환을 벗어난 범주에서 태어나 다시 사시는 '신의 아들'이자 '사람의 아들'에 기원을 두고 있지만, 이슬람교는 정복자로서 성공하고 인간 혈통을 이어받은 예언자에 기원하고 있다. 따라서 권력과 혈통이라는 관점에서 이해되는 '세속(secular)'은 이슬람교에서 그리 문제가 되지 않는 개념이다. 그리고 이슬람교는 여러 가능성(possibilities)의 스펙트럼상에 아주 다른 위치를 차지하고 있기 때문에 급진적 평화 운동이나 수도원적 형제애나 자매애를 만들어내지 않는다. 그와는 아주 대조적으로 불교는 단연코 승려의 종교(religion of the monk)이다.

비록 보통 논리보다 분명히 논리성이 떨어지고 엄밀한 함의에 따르기보다는 유사성을 분산시키는 방식으로 표현되지만 이 모든 것이 종교적 논리가 작용하는 예이다. 따라서 '세계 종교들'은 구색이 맞춰진 경험적 오류를 아무렇게나 조립해놓은 것도 아니고 신화적 형태로 변장한 유용한 지혜도 아니다. 그것은 막스 베버가 묘사했던 것과 같이 엄밀하게 제한된 대안적 논리의 조합인 것이다. 이것이 바로 이 글에서 내가 기독교로 구체화된 대안적 논리에 전적인 관심을 기울이는 이유이다.

물론 다양하게 나타나는 세계 종교의 세상에 대한 태도에서 표준적인 편차는 종교 간, 특히 인접한 영토 간의 종교에서 그 경쟁자의 '그림자(shadow)'를 간헐적으로 반영할 수 있을 정도의 넓은 범위를 포함하게 된다. 그러나 '타자'

에 대한 이러한 반영은 지배적인 경향에 의해 특징적 방식으로 변형되어 나타날 것이다. 종교 간에 공유된 주제는 본래의 레퍼토리의 논리에 따라 조화를 이룬다. 예를 들어 중세 카발라식(Kabbalistic) 유대교의 '셰키나(Shekinah)'에서의 마리아 헌신(Marian Devotion)의 모습은 구약성서(Hebrew Scriptures)의 준거 레퍼토리에 의해서 통제될 것이다. 마찬가지로 순교의 기독교적 개념은 이슬람교 안에서는 이슬람적 계시의 준거 레퍼토리에 의해서 통제되고 변형되어 이루어진다. 그것은 처녀 생식(parthenogenesis)의 일반적인 범주의 또 다른 예인 기독교의 동정녀 탄생(Virgin Birth)과 다른 것이다. 살기 위해서 죽는다는 모순어법 같은 기독교만의 특수한 역설은 막스 베버가 서술한 바로 그 대체 논리에서 파생된 것이다.

아래에서 살펴보고자 하는 기독교 논리는 독자적인 것으로, 변화와 변형(transformation and deformation), 수용과 소외(acceptance and alienation), 현존과 부재(presence and absence), 파괴된 이미지와 회복된 이미지(an image broken and an image restored), 손상된 창조와 새롭게 재창조된 창조(a fractured creation and a creation re-crated and made new)에 기반을 둔다. 이 논리의 최우선 덕목은 믿음, 소망, 사랑이고, 보조적인 덕목은 인내, 검약, 지혜, 겸손, 성실, 정의, 자비, 형제애적 배려다.

기독교는 설명조가 아니라 감탄조의 종교이며, 세상을 인지되고 조작되어야 할 대상이 아니라 이해되어야 할 상징으로 간주하여 대응한다. 기독교는 기술적이 아니라 호격(呼格, vocative)적 종교이다. 그리고 그 패턴, 특히 무엇보다도 하강과 상승(descent and ascent)의 패턴은 인과 관계 속에서 주지되고 해부되고 연결되기보다는 동시다발적으로 인식되어 알 수 있게 된다. 지식 습득의 한 양식인 과학이 포괄 법칙의 준거 논리에 따라서 일반화와 추상화를 추구하는 반면, 칼 헴펠(Carl Hempel)이 체계화한 방침에 따르면 신앙은 예술적인 창조 양식에 가깝게 놓여 있다. 이는 신앙이 고밀도의 응축된 특수성 속에서 심층적인 잉여와 무한한 충만을 찾기 때문이다. 따라서 신앙에 대한 광범위하고 일반화된 번역이 가능하고 그것이 인간의 형제애와 신의 부성애 또는 단순히 인간적 존재의 연대감처럼 영속적인 것이라 하더라도, 신앙의 양식은 궁극적으로 세속성으로 변환되는 것을 거부한다. 그렇다면 세속화는 한계에 부딪힌다. 예컨대 우리 모두가 한 식탁에 둘러 앉아 식사를 한다고 말함으로써 부분적인 번역을 할 수 도 있을 것이다. 하지만 이는 성만찬 연회에서 신의 백성들의 육신 속에 그리스도가 구현(embodiment)되었다고 하는 것과 동격이 되지 못한다.

예술과의 유사성(analogy)과 이미지 창조에 쓰인 특수성과의 유사성은 신앙의 표상(representations)이 폭로하고 밝혀내는 데에 참여하는 방식을 통해 가장 잘 실현된다. 신앙의 표상은 환상이나 공상을 표현하기 위한 단순한 가공품도 아니고 주어진 논거(datum)에 일치되는 재생품(reproduction)도 아니다. 그보다 신앙의 표상은 경험의 변형이며, 순수한 선물로 받아들여지고 파편화되거나 환원되지 않은 채 흡수된 세계이다. 종교적 표상과 예술적 표상이 다르다는 점은 후자가 환상(fantasy)을 포함하고 있다는 데에서 가장 잘 드러난다. 더군다나 예술 작품은 신앙의 기호 언어를 관장하는 유사성이 아니라 형식적 요건과 문체적 관례에 의해서 통제된다.

영적 조망은 그보다 더 기초적인 요소로 용해되지 않기 때문에 다른 조망과 같은 방식으로 수용되어 이해되며 흡수된다. 앙상블 그 자체가 기본이다. 예컨대 음악 소리의 조망은 전체적으로 '적당하게 구성되고 결합된(fitly framed and joined together)' 것으로 받아들여지기 때문에 음악학에서 분석한 구조적 요소들에 대해서나 아니면 음향 생산의 과학적 및 물적 토대에 대해 알아야 할 필요가 없다. 따라서 필요한 것은 그저 어떤 종류의 음악이 연주되고 있는지를 사전에 어느 정도 알고 있기만 하면 된다. 신자의 끈기를 통해 '영혼을 육체로부터 불러낼 수' 있느냐 하는 것은 무의미한 문제이다. 경험으로 주어진 현상은 음악학적 분석이나 과학적 환원만큼이나 '사실적(real)'이기 때문이다.

아마도 이는 달리 언급될 수도 있을 것이다. 영성(spirit)의 철자가 소문자 's'이든 대문자 'S'이든 영성의 전환에 대한 경험은 믿음과 상관없이 의심의 여지가 없는 것이지만 또한 원초적으로 축적된 신앙의 지배적 레퍼토리에 의해 변형되고 구성된다. 통상적으로 인간의 반응은 바로 그러한 변형(inflection)의 영향을 받으며 그 변형 때문에 처음 대하는 타 문명을 이해하기가 어렵게 되는 것이다. 서구의 무신론자는 여전히 기독교형 무신론자이며 고난과 시련을 겪는 국외자(outsider)와 희생자 또는 고독한 증인 혹은 정치적 폭력의 위협에 시달리는 연약하고 무고한 아동에 대한 태도 등과 같은 '세속' 사회의 양식은 기독교적 테제의 변천을 잘 보여준다.

초기 레퍼토리에 의해서 변형된 중요한 기정사실(primal givens)은 명칭과 장소에 의해 위치가 정해진다. 때가 되어 필요한 안정을 획득하게 되면서 그 기정사실은 화석화될 수도 있다. 그 결과 철학적인 마인드가 있는 기독교인이 축적된 신앙의 축적물과 통합시키려고 애쓰고 있는 자연과 '자연적인 것(the natural)'에 대한 이해와 같이, 현대 과학 지식의 요소는 계시(revelation)에 맞춰져야 하기 때문에 적용범위와 정당화를 확장하는 경향이 있다. 물론 찰스 테일러가 보여준 바와 같이 종교적 개념이 과학 탐구가 태동할 수 있는 기반을 제공한다는 점에서 그 반대의 현상도 일어난다.[4]

기독교와 세속 과학의 지식 또는 기독교와 세속 철학의 이해 사이의 방향에 관한 어떤 관계가 이루어지든 신앙 지형의 근간이 되는 특별한 투사(projections)가 필요하다. 그것이 유일하게 가능한 투사는 아니지만 그렇다고 반드시 임의적이지도 않다. 투사가 꼭 필요한 이유는 그것이 신앙의 근간을 이루는 위치에서 유래하기 때문이며, 따라서 투사와 투사의 기호 언어가 부재한 상태에서는 사람들과 함께 하는 여정의 행로를 잡을 수가 없거나 아니면 다른 사람들이 이미 존재해왔던 것과 같은 방식으로 현재 자신이 있는 곳을 이해할 수 없기 때문이다. 여행의 도정에서 사람들이 십자가 표식과 함께 먹을 음식을 보거나 또는 바닷물을 가로질러 건너는 것을 보게 될 때 자신들이 어디에 있는지를 알게 되며 어떤 면에서는 자신들이 바로 '교회'에 있다고 이해하게 된다. 다시 말해 위치정하기(mapping)와 안정화(stabilization)는 연관된 기호체계를 통해 기본 정향을 제시하고 지속성과 교회의 '주석(notes)'을 이해하는 데에 필요하며, 행로가 없는 길을 찾아가기 위해 필요한 것이다.

정향이 잡혀지는 것, 곧 동쪽으로 방향을 잡는 것과 소망의 지평과 연관해 자신이 어디에 있는지를 알기 위해서 과학 데이터에 대해 어떤 특별한 태도를 취해야 할 필요는 없다. 신앙의 언어를 받아들이고 되돌려주기 위해서, 세상이 어떻게 창조되었는지를 알기 위해서나 아니면 심지어 인류학적 원리의 실효성을 평가하기 위해 종교적 입장에 기초해서 결정내릴 필요는 없다. 아마도 우리는 신에 대한 현실주의적 혹은 비현실주의적 입장을 둘러싼 철학적 논쟁에 대해 불가지론적인 태도를 취할 수 있겠다. 아니면 어찌되었든 영적 조망이 '신앙인(believers)'이든 비신앙인이든 우리 모두에게 의심의 여지없이 나타난다면 그 쟁점의 전체적인 표상(presentation)은 낯

설게 느껴질 수 있다. 괴테가 말한 것처럼 '인간은 알고 나서야 느낀다(we know it, we feel it)'.

성령은 우리의 영혼을 통해 입증된다. 따라서 율법을 그 자체로 받아들이는 대신에 개작하고 탈신화화할 수 있는 또 다른 조건은 있을 수 없다. 시나 과학의 관점에서 음악의 의미를 찾는 질문은 하지 않으며, 그런 질문이 어리석다는 것을 안다. 탈신화화(demythologization)는 종교 언어의 성격을 이해하지 못하거나 종교 언어가 늘 고대적이면서도 늘 새로울 수 있다는 것(tam antiqua, tam nova)을 이해하는 못하는 데서 비롯된 현대판 신화이다. 종교 언어의 회복은 문맥과 의미를 감싸고 있는 보호 조직에 민감하게 작용할 수 있지만 끊임없이 일어날 수 있다[데니스 나인햄(Dennis Nineham)이 주장한 바와 같이]. 신약성서는 먼 나라의 이야기가 아니라 당신이 신의 왕국 열쇠를 존중하며 사용하게 될 때 반복해서 다시 풀려지고 다시 펼쳐지고 다시 읽혀질 수 있는 문서나 두루마리인 것이다.

바로 그런 이유 때문에 '어린이'가 현자도 분명히 깨닫지 못하는 것을 밝혀낼 수 있는데, 이는 전 세계 선진국의 성령강림운동이 초기 복음(Gospel)의 지배적 표준들 안에서 성령을 '일체의 진리로(into all truth)' 인도하는 것과 같다. 여기서 나는 인습적이고 계몽주의적인 시각에서 아동 단계와 성인 단계를 구분하는 것과 같은 발달 도식을 말하고 있는 것이 아니다. 그보다는 계몽 학문의 파편화된 분석 목적과는 다른 새로운 자원 — 비록 그것이 아무리 문화적인 틀을 갖추고 있다 하더라도 — 을 찾아낼 수 있는 일종의 직접적인 비전을 제시하는 것이다.

초대 교회(Early Church)와 교부(the Fathers)가 실천한 유형학적이고 상징적인 고대 해석방법이 현대에 부활하는 경우도 마찬가지이다. 물론 이 방법은 맨 처음 성경을 기록한 사람의 방법이었을 뿐 아니라 근대 구조주의적 접근방법과도 일맥상통한다. 그 기호가 둘 다 복합적인 정교화의 핵심 레퍼토리와 분석(decodings)에 근간을 두고 현재 회복이 진행되고 있다. 그 예로 사라 벡위스(Sarah Beckwith)의 『그리스도의 육신(Christ's Body)』, 레오 스타인버그(Leo Steinberg)의 『르네상스 예술과 현대 망각에서의 그리스도의 섹슈얼리티(The Sexuality of Christ in Renaissance Art and Modern Oblivion)』, 리처드 테일러(Richard Taylor)의 『교회 읽는 법(How to Read a Church)』 등이 있다.[5] 테일러를 평론한 사람이 언급하고 있듯이 '서투르고 불가지론적인 방법으로 그러한 장소에 들어서게 되면 그러한 상징으로 둘러싸이게 되고' 이것이 오늘날의 상상력에 대한 기독교적 호소의 한 부분으로 회복될 수 있는 상실된 언어라는 것을 발견하게 된다. 내셔널 갤러리(National Gallery)에서 열린 '구세주의 목도(Seeing Salvation)' 전람회에 참석한 사람들은 일관되고 포괄적인 의미의 우주로서의 삶으로 나타난(소생된) 넓은 윤곽 속에 이미 어렴풋하게 친숙했던 것이 무엇인지를 깨달았다. 더 나아가 관람자들은 이를 통해 구체적 사실에서 보편적인 것을 추상화하기보다는 특수한 것 속에서 보편성을 이해할 수 있게 되었다.

신이 자연과 경전에 뿌려놓은 전형과 기호에 대한 유형학적이고 상징적인 해석은 성령강림주의가 그렇듯이 예배에서 나타난다. 따라서 이는 특수한 분석 목적을 위해 지성적으로 채택한 거리두기(객관적 또는 가치중립적 분석 방법을 말함, 옮긴이) 방식에서 나온 것이 아니라 종교적 본능에서 나온 것이다. 그 유형은 시드니 그리피스(Sidney Griffith)가 언급한 바와 같이 비밀스러운 것이 아니라 일상적인 것인데 그 이유는 그리스도와 복음이 성서 해석의 초점을 제공하기 때문이다.[6] 그 유형은 주변에서 핵심을 추상하려는 시도나 논평이 아니라 성례 중시적 성상학(sacramental iconology)이다. 종교적 언어는 신학이라기보다는 예전(禮典, liturgy)의 감탄이고, 대화이며, 인사말이자 시퀀스이다. (이를 통해) 우리는 왕과 신하, 우물, 바위와 황야, 사자와 어린양, 정원, 도시와 전원 도시, 포도나무와 포도즙 통 등에 관한 의미의 세상을 통치하는 틀 속으로 들어가게 되는 것이다. 이 기호는 단순히 유용한 은유가 아니라 그 자체에 의미가 가득 담겨 있는 운반체이자 용기이고 성상학적(iconographic) 도식으로 통합된 것들이다. 신하가 된 왕 그리고 부유하지만 우리를 위해서 가난하게 된 왕의 이미지는 그 논리가 반전(reversal), 육신화(incarnation), 이승을 하늘로, 인류를 신으로 들어 올리는 것이라는 주석을 넘어 더 단순화할 수는 없다. 여기에서도 기초적인 하강과 상승(descent and ascent)의 패턴, 곧 '하늘에서 내려온 그가 바로 하늘로 올라간 자(he that descended is also he that ascended)'라는 패턴이 나타난다. 반전(reversals)은 과거에 서사(narrative)로 규정되었지만 지금은 예전과 예배(worship)의 반(半)붕괴된 시간 틀(time-frames) 안에 동시 다발적으로 나타나는 병치(juxtapositions)로 이해된다.

대체(supersession)라는 계몽 신화가 그렇듯이 이 중의 어느 것도 옛 신화 ― 우리 현대인을 많이 가르칠 ― 와 전혀 관련이 없지만 특수한 서사 형태로 구현되어 확립된 변화의 비전과 많은 관련이 있다. 시와 마찬가지로 서사는 추상화되고 일반화된 이상향 안에서 이루어지는 것이 아니라 특수한 시간과 장소, 지금 여기에서 일어나고 있는 예전 안에서 이루어진다. 특수성(specificity)과 독특성(particularity)은 예술이 아닌 신앙에서는 스캔들이 아니다. 따라서 그것들은 하향 축소될 수 없듯이, 영원하고 절대적인 계시를 위해서 시간과 장소의 상관성(relativities)을 추출했다고 주장하는 존 힉(John Hick)과 같은 고차원적인 종합(synthesis)으로 상향 동질화될 수도 없다.

기독교적 신앙은 '표현 이미지'라고 할 수 있으며 그리스도 안의 신에 대한 사랑의 목적에 관한 이야기이다. 본문은 행동으로 꾸며졌으며, 말씀은 말들로 꾸며졌으며, 그 둘은 현재와 최초의 신앙 공동체의 생생한 경험에서 만들어진 창작적 환경에 존재한다. 이는 대부분의 혁명에도 해당된다. 코란의 서사에 기초한 사건과 관련해서 코란을 확대시킨 작품인 겨울 궁전(Winter Palace)의 격정은 과학적이면서 동시에 본래적 사건을 나타낸 것이라고 할 수 있다.[7] 우리가 보고 듣는 사건은 그러한 사건을 겪으면서 그것을 받아들여 이해하고자 하는 사람들의 지속적인 경험 속에서 굴절(반영)된 것을 보고 듣는 것이다. 이러한 예는 기본적으로 어떻게 혁명이 여기에서 저기로 이동하는 여정이나 진보인지를 역사적 및 전기적으로 보여준다. 그 사건들은 스스로의 재규정을 통해 계속 앞으로 나아간다. 즉, 깃발이 우리 앞에 펼쳐진다(*Vexilla regis prodeunt*).

지난 5세기 동안의 문제 중 하나와 그 당시 지배적이었던 문자(literalism)주의의 문제 중 하나는 일반적 상식을 가진 보통 사람들에게 명료하고 알기 쉽게 보이는 '개신교' 성경에서 기인된다. 실제로 개신교 성경은 이미지를 통해 중재되었다. 성경에 대한 상징적 해석은 찬송과 성시에 의해 마음 깊이 새겨지지만, 그에 관한 이론은 '과학적'이거나 상식적 또는 설명적 방법으로 보충된 투박한 문자해석주의를 위해 지속적인 압력을 수행하는 것이었다. 예컨대, 물이 와인으로 변한다거나 바다가 피로 변하는 것 등에 대한 문자주의적 압박이 그것이다.

불신앙에 대한 자극은 문자적 자구에 대한 장로교회파와 복음주의파의 주장이 계몽주의적 비판에 맞서 제대로 옹호될 수 없을 때 종종 발생한다.

달리 말해 종교개혁자(Reformers)와 르네상스 사상가에 의해 부흥되었던 것처럼 그러한 자극은 우상에 대한 성서적 금지에 의해 크게 강화되어왔다. 신성에 대한 모든 이미지는 인간과 살아 있는 신의 존재 사이에 인간이 잘못 끼어들어 중재된 창조물(invention)의 하나로 간주된다. 그러한 시각은 종교적 운문이나 서사의 현실적 이미지와는 동떨어진, 따라서 정신이나 마음의 안식처도 없는 채로 철학적 추상화에 쉽게 이어진다. 종교개혁 그 자체와 관련해서도 우상 타파적인 태도는 지난 수세기 동안 종교적 자극을 억압해왔고 현재는 종교 의식이나 언어를 미신적 숭배(mumbo-jumbo)쯤으로 격하시키고 있는 파괴와 몰수의 난장(orgy)을 부추겨왔다.[8] 스티븐 그린블랫(Stephen Greenblatt)은 자신의 책 『정죄의 햄릿(Hamlet in Purgatory)』에서 종교개혁이 최초 신앙의 축적에 의한 통제의 필요가 아니라 (종교적) 운문을 단지 우화와 같은 것으로 격하시키는 결과를 가져왔는지를 보여준 바 있다.[9]

일반적인 말로 종교는 상당할 정도로 일반적 의미의 성(聖, sacred)과 연관되어 있다. 사실 그리스도의 성스러움과 구원의 역사에 내포된 기독교적 성은 때때로 일반적 의미의 성, 예컨대 군주 혹은 성스러운 국가의 오로라든지 아니면 다른 시기에는 또 다른 의미의 성스러움으로 나타나게 될 것이다. 신의 '영광'이라는 것은 헥토르 베를리오즈(Hector Berlioz)의 테 데움(Te Deum)과 레퀴엠(Requiem)이나 찰스 페가이(Charles Péguy)의 시와 같이 비록 비슷한 것이기는 해도 신의 영광이 신성 프랑스 공화정(la gloire)과 혼돈되는 개념이 될 수는 없다. 잘 알려진 것과 같이 종교 언어의 특징은 신성 군주, 신성 국가, 신성 리더, 신성 정당 등과 관련해서는 잘 나타나지만, 신과 카이사르, 황제와 십자가에 못 박힌 왕의 차이에 대한 신앙 깊이 내재된 기준은 강력하고 지속적으로 그 스스로를 재정립한다. 수난의 십자가 장면은 왕권으로 대체되었고 왕권은 바로 그 왕권 스스로에 의해 대체되었다.

   종교적인 언어는 함축적이며 집약된 것으로 본문에 대한 변함 없는 모니터링과 정교한 분석에 기초한 것이다. 그것이 바로 산만한 문체와는 다른 점이며 베버가 학계와 매체를 지배하는 '새로운 관념의 낭만주의'라고 부른 것과 다른 것이다. 여기에 신앙이 요구하는 정밀한 분석 및 묵상과 다른 색다른 고안품과 소설을 잇는 중요한 언어적 연계가 있다. 신앙은 정독(close reading)에 기초하고 있다. 신앙은 일반적으로 소설이나 새로운 어떤 것이 지니는 중요성을 부정하지 않으면서 종교적인 양식을 끄집어낸다. 신앙은 지속적이고 집중적인 읽기를 필요로 하여 특정한 각 사건과 순간과 연관된 전체적인 자원을 재배치한다. 따라서 아가서(Song of Songs)의 호색적인 이미지는 에로스(eros)와 아가페(agape)가 융합된 그리스도의 사랑과 수난에 대한 묵상에 계속 나타나고 있다.

   마지막으로 종교적인 언어는 상반되는 것에 대한 창조적인 부정과 부합을 내포한다. 모든 진실에는 동일한 것과 반대되는 측면이 있기 마련이다. '어느 때라도 신을 본 사람은 없다'. 그러나 '인간의 아들(Son of Man)은 그 신을 보았고 알아 왔다'. 알지 못하는 것에 대해 우리는 말할 수 없다. 비록 더듬거리기는 하지만 말씀(Word)으로 인해 우리는 우리가 알고 있는 것을 말하게 된다. 상상 불가능한 것이 구체화되어 명료하게 드러나게 된다.

기독교의 언어는 어떻게 작동하나

                     신실하고 고무된 발언의 핵심에는 기호

의 충만함과 말의 충실함이 있다. 우리가 만들어내는 모든 기호와 우리가 사용하는 모든 말은 그 의미의 경계 부분에서 범람한다. 그러나 영혼이 깃들어 생기가 불어넣어진 것들은 특수한 비중과 함축성을 가지며, 따라서 자신이 표시하는 것에 관여한다. 기호와 말은 우리를 설득하여 어떤 제품을 소비하도록 이끄는 단일 아이디어가 반영된 광고의 스펙트럼[피터 셀라스(Peter Sellars)가 논평했듯이]의 반대편 끝 부분에 있다. 그 기호와 말의 의미는 무한하고 재생 가능한 에너지를 방사하기 때문이다.[10] 종교 기호는 방출을 기다리는 자물쇠가 채워진 원자력과 유사하거나 또는 한 점에서 뿜어 나오는 빛과 유사하다.

만연체의 평범한 산문에서는 물리적인 인과관계의 측면이나 행동을 낳는 환경과 동기의 측면에서 볼 때 한 가지에 뒤이어 다른 일이 따르게 마련이지만, 종교 언어에서는 모든 요소가 각기 다르게 나타난다. 구원은 이미 성육신으로 예시되어 있으며, 엄마 품에 안긴 아이는 이미 십자가에 못 박혀 곧 매장될 그리스도의 부서진 몸과 같은 것이다. 중세의 피에타(Pietà; 성모 마리아가 그리스도의 시체를 무릎에 안고 슬퍼하는 그림, 옮긴이)는 물론 복음 서사를 상상력을 가지고 확장한 것이기는 하지만 태어나고 죽는 것을 동시에 신앙적으로 표상하고 있다. 사실 모든 인간의 출생과 죽음은 모두 복음 서사에서 핵심 위치를 차지한다. 따라서 최근 존 애덤스의 「엘니뇨(El Niño)」와 해리슨 버트위슬(Harrison Birtwistle)의 「최후의 만찬(The Last Supper)」에서 묘사된 방식처럼 우리는 환희와 슬픔을 이야기 형식으로 읽어나가게 되는 것이다.

반복되는 호명 행위는 존재의 깊이와 높이를 예측하고 불러내는 것이다. 곧 그들에게 호소하고 환기하고 외치고 불러내는 것이다. 계속해서 이름을 부르는 것은 세속의 외관으로 덧입혀지고 감춰진 것을 알아내는 것이며 따라서 변함없는 은총과 지속적인 기부, 즉 거저 줌(donation)에 의지하기 위해 모든 주의를 기울이는 것이다. 단어의 반복으로 인해 '거룩하시다, 거룩하시다, 거룩하시도다, 만군의 주 하느님[Sanctus, Sanctus, Sanctus, Dominus Deus Sabaoth(상투스, 상투스, 상투스, 도미너스 듀스 사보스)]'와 같은 다양한 의미가 생겨난다. 바흐는 B단조 미사곡의 이러한 단어에 대한 그의 주석에서 끝에서 끝, 알파에서 오메가까지의 음계를 가로지르는 기초 저음(ground bass) 상의 삼중 선회곡 세트를 통해 여러 가지 다양한 표현을 나타내고 있다. 사실 고전 및 바로크 시대에서는 높음, 깊음 및 결말을 음악적으로 해석하는 데에 상승과 하강의 누적적 주제(motifs)와 계기(繼起, sequences)를 사용했는데, 이는 당시의 음악가들이 예전이 말하는 바가 무엇인지를 알고 있었다는 것을 말한다.

시편 104편의 '오 주여, 당신의 행하심은 어찌 그리 많으신지요'와 베네디서티(Benedicite) 감사 기도의 옴니아 오페라(omnia opera)에서 '오 모든 것이 주의 행하심이오, 주의 축복을 받는 것이네' 또는 성 프랜시스(St Francis)의 「태양 찬미가(Hymn to the Sun)」와 같이 호명은 사랑을 담고 있는 많은 단어 목록을 열거함으로써 보완된다. 반복적 호명과 사랑의 단어 목록은 둘 다 사랑의 언어와 닮아 있다. 엘리자베스 바렛 브라우닝(Elizabeth Barret Browning)은 그녀의 책 『포르투갈에서 온 소네트(Sonnets from the Portuguese)』에서 "내가 그대를 어떻게 사랑하느냐고요? 내가 그 방법을 세어볼게요"라고 표현하고 있다. 지속적인 감사기도와 축복을 통해 예배자는 '찬양받을 최상의 가치가 있는 것'에 대해 좋은 단어를 사용한다. '주여 내 영혼을 축복하시고, 내 모든 것을 축복하소서, 성스러운 당신의 이름을 찬미합니다'와 같이 예배자는 반복적으로 읽고 낭독한다. 그러한 찬양과 환호는 기능적이지도 않고 교육적이지도 않다. 우리는 우리가 사용하는 말을 이해하기보다는 그 말의 통제를 받는다. 달리 말해 우리는 말을 지배하고 있는 것이 아니라 오히려 그 말에 지배당하고 있다.

일반적으로 신앙심 있는 말은 음악의 상태와 근접하는데 이는 리드미컬한 발언이 전념 부동 상태로 이어지는 방식과 흡사하다. 우리는 '그대의 목소리를 힘주어 높여라', '노래하라, 노래하라, 주께 새로운 노래로 찬양하라(Singet, singet, singet dem Herrn ein neues Lied)'와 같이 '기도(incantation)의 미'에 압도당한다. 그 리듬과 운율은 예전 기도와 주문에 우발적 도움이 되지 않는다. 그것들은 단순히 음악을 장식하는 것 이상이다. 운율은 감정과 호흡의 규칙성 — 따라서 고취감 — 이고, 따라서 정착하여 확인하고 정립하는 것을 돕는 일종의 수학인 셈이다. 여기서 이 주제와 관련해 이전에 다룬바 있는 자료를 인용하고자 한다.

> 강력한 규칙성은 일종의 본능적 권위를 통해 그 스스로를 정립할 뿐 아니라, 그 안에서 우리를 바로 세워준다. 몸의 규칙성 전부와 사지와 피의 리듬은 단어와 소리의 박자(beat)로 구체화된다. 통상적 순환에서는 간선(arteries)과 별표(stars)를 잇는 춤이 있는데, 그 순환은 나갔다가 다시 돌아오고, 열려 있다가 그대로 머물고, 스스로 되돌아오고 다시 본래의 궤도로 가라앉는 오름세 커브 같은 것이다. 이렇게 운율로 표상하는 것은 표출과 응답의 바탕이 된다. 우리는 이러한 것을 받아들이는 것이 아니고 우리가 바로 그들이 되는 것이다. 이는 바로 T. S. 엘리엇(T. S. Eliot)이 '음악이 지속되는 한 우리는 바로 그 음악이다'라는 시구를 통해 말한 것이기도 하다.[11]

여기에 구체화와 참여라는 두 가지 중요한 요소가 있다. 우리는 구체적으로 표현되는 것에 참여한다. 구체화는 잉태 및 자기비움과 밀접하게 연관되며 아기 탄생과 도래(coming-to-be)와의 비교를 이끌어낸다. 예수와 바울은 똑같이 창조적인 고통으로서의 아기 탄생, 해산과 방출이라는 비유를 사용한다. 다시 말해 분만에 대한 종교 언어와 개념과 실체화에 대한 예술언어는 병행한다. 예술가와 예언가는 똑같이 형성되지 않은 상태의 사물이나 비정형화된 시간에 대한 예지력이 있다. 때문에 그 누구도 어느 날짜와 어느 시간에 분만이 이뤄질지에 대해 정확하게 말할 수 없다.

몸은 우리가 어둠과 파열뿐 아니라 인간의 영광과 흠 없음을 읽는 자료이다. 그리스도의 몸에서 기독교도는 부서짐과 연약함뿐 아니라 변용과 찬미를 읽는다. 인류의 상처는 그리스도의 몸을 통해 신에 귀의한다. 그리스도의 몸은 인류에게 주어진 거룩한 사랑의 선물을 표상하며, 그 선물에 대한 인류의 응답은 주어진 모든 것들, 곧 넓게 벌린 팔과 상처 입은 몸에 대해 아가서에 있는 연인의 모든 열정을 가지고 깊게 숙고하는 것이다.

'몸'은 여분의 의미를 전 방향으로 방사하며 신성한 말씀(Word)의 도래와 동일시되는 하나의 단어다. 신성한 말씀은 신의 모습을 취하기 전에 물질세계로 하강하기 시작한다. 관여와 택함이 있기 때문에 신은 우리 인간사에 관여하게 되며 인간을 자신에게로 그러모은다. 인간은 신성하게 실체화하고 신실한 인간의 몸인 그리스도의 몸에 참여한다. 합병과 상호 의존의 언어는 널리 퍼진다. 따라서 기독교인은 그리스도 '안에' 있게 되며, 아들(Son)은 아버지(Father) '안에' 있으며 그 아버지(Father)는 그 아들 '안에' 있게 된다. 짧은 낱말인 '안에(in)', '의한(by)', 그리고 '통해(through)'는 참여와 상호 연합의 의미를 전달한다. '우리는 그리스도의 몸 안에서 함께 나눈다'.

그리스도는 우리의 한 부분이며 우리는 다른 신앙인들과 함께 그의 몸을 나누기 때문이다. 종교 언어에서 사람은 분리된 개체가 아니라 합병되어 있어서 타자 안에서 자신을 찾을 수 있는 개체이거나 저주받은 백성(*massa damnata*) 안에서 길을 잃고 소외된 개체인 것이다.

이러한 합병은 수직적으로는 신과 관계하고 수평적으로는 '그리스도 안에서의 이웃'과 관련되며, 은총에 의한 변화를 포함한다. 변경과 변화는 서로 결합된다. 합병, 변경, 변화, 표현 및 표상과 같은 단어는 언어학적 어원의 연결망을 통해 신학 연구를 수행하게 하고, 우리에게 종교 언어가 언어 그 자체와 밀접하게 연관되어 있다는 것을 알게 해준다. 하지만 앞에서 제시한 것처럼 우리가 포섭, 상호 의존 및 변경이라고 규정하는 방법은 정보를 제공해주지 않는다. 정보적(informative)인 것은 수행적(performative)인 것으로 이어진다. 우리가 사용하는 문장은 외적 참고사항이 아닌 내적인 강화를 포함한다. 곧 '그 누구라도 그리스도 안에 있다면 그는 새로운 피조물인' 것이다.

내적 강화뿐 아니라 이미지와 기호는 각기 다른 수준에서 재생된다. 아버지(Father)는 아들(Son)과 성령(Spirit)을 보냈으며, 그 아들 안의 아버지와 성령 그리고 성령 안의 아버지와 아들은 모든 세상에 보내졌다. 상승과 하강의 연속은 체현(incarnation)과 찬미(glorification)의 가장 높은 수준에서 일어나는 것이지만, 높은 곳으로 오르기 위해 낮은 곳으로 내려가는 것 그리고 생명을 얻기 위해 자신의 생명을 잃는 것과도 반향된다. 그리스도, 인간 및 신성의 이중적 본질은 그리스도의 이름에 부합하는 모든 이름과 제목으로 재생된다. 예컨대 그는 영광의 왕(King of Glory)이자 고난의 종(Suffering Servant)이며, 주춧돌(Cornerstone)이자 걸림돌(Stumbling-block)이며, 목자(Shepherd)이자 희생양(Slaughtered Lamb)이고, 참 포도나무(True Vine)이자 포도 압축기에 으스러진 자인 것이다. 이러한 역설은 기독교가 '세상'에 대해 동시에 갖는 거부와 수용에서 나오는 것이다.[12]

이중성이 계속 반향을 일으키게 되면서 상승과 하강의 연속은 변천과 여기에서 저기로 오고 가는 것과 같은 여정으로 이해될 수 있다. 우리들 자신의 영적 여정에서 우리는 멸시당했지만 고귀한 존재가 된 그리스도가 겪은 연속성을 따르게 된다. 주인의 여정은 바로 제자의 여정이다. 영적 여정은 육적인 여정이며 오고 가는 것은 신·구약성서에 두루 걸쳐 나타난다. 아담과 이브는 에덴에서 추방당했으며, 아브라함은 어디로 가는지 모른 채 파송되었고, 모세는 자유와 약속의 땅을 찾아 이집트에서 자신의 백성을 인도해 황무지로 이끌어갔으며, 바빌론에서의 귀양살이가 결국 예루살렘으로 출발해 그 예루살렘을 새로 건립하도록 했고, 동방에서 온 현자는 별을 따라 베들레헴으로 향했으며, 예수는 예루살렘으로 올라가도록 자기의 얼굴이 맞추어졌으며, 제자들은 온 세상으로 파송되었으며, 모든 믿는자는 신이 세우고 만든 도시를 향해 여행했다. 역사는 인류의 긴 행진이며 그 전기(傳記)는 개개 영혼이 '공국(commonwealth)과 소외된' 신분에서 천국 도시(Celestial City)로의 이동을 모색하는 것이다. 타국에서 정신을 차려 은총과 수락을 구하며 집으로 돌아온 탕자(Prodigal Son)의 이야기와 동일한 여정의 축소판이다.

물론 전형적인 이야기는 출애굽기와 그리스도의 수난(Passion)으로서, 각각은 서로를 참조(cross-referenced)하고 있다. 이 둘은 성스러운 역사의 핵심 서사(central narrative)를 제공해주며 성스러운 양식의 압축된 드라마로 나타난다. 이것은 예속에서 자유, 시련에서 승리로 이어지는 여정이다. 서사를 암송하고 드라마를 재연하는 이들은 여성을 새롭게 시작하고 변화를 만들어낸다. 그들은 피의 기운을 느끼며 영적 및 육적으로 죽음의 천사가 건너 뛴다.

다시 말해 이러한 기본 패턴이나 연속성은 '심장이라는 세속 서판(fleshly tablets of heart)'에 새겨질 때까지 다양한 변화의 모습으로 반복되어 나타난다. 예컨대 세례 성사는 물을 통해 통과의 의미를 상기시킴으로써 연속성을 강화한다. 히브리인(Child of Israel)이 홍해(Red Sea)를 통과함으로써 예수는 죽음의 물을 통과하여 부활의 기슭 너머로 우리를 데려갔다. 모세와 여자 예언자 미리암이 승리의 노래를 부름으로써 기독교인은 승리의 찬송가를 다시 부른다. 다시 말하자면 부활절의 변경은 노아와 대홍수의 이야기에 덧붙여 있는데 이 두 개는 모두 재창조의 예시이다. 방주는 교회로서 모든 창조물이 홍수를 건너뛰어 안전하게 해준다. 히브리인과 같이 기독교인은 요단강을 건너가며, 요단강에서 세례를 받았던 예수와 같이 성령의 비둘기가 모든 이들의 머리 위로 내려 앉아 받아들임(acceptance)과 자녀됨(sonship)을 확증한다. 사람들은 성령의 세례로 크게 변화되는 경험을 한다.

이것은 차별적 재현(반복, recapitulation)의 주기이며, 앞으로 나아가는 반복, 곧 산상수훈(Mount of the Beatitudes)이 반복하고 시나이 산(Mount Sinai)에서 부여된 규율에서 더 앞으로(forward) 나아가는 것과 같은 반복인 것이다. 이를 통해 성경의 자기이해와 교회의 성경 이해가 더욱 풍요롭게 된다. 일단 새로운 형태의 재현과 누적적 교차 참조(cross-reference)의 원리가 이해되면, 기독교의 운문(poetry)은 그것이 에데사의 성 에브라임(St Ephraem of Edessa)이건 17세기 영국의 형이상학적 시인이든 또는 18세기 성가 작곡가이든 간에 모두에게 개방된 책이 된다.

그렇다면 성경에는 운문의 교차참조도 포함되어 있고 동시에 퇴행과 진보를 설명하는 서사에 덧붙여진 압축된 서사의 드라마도 포함되어 있는 것이다. 진보와 퇴행은 선과 악, 빛과 어둠, 질서와 혼란이라는 강력한 대립의 둘레를 돌고 있는 것이다. 극적인 대립에서 선과 악의 배역은 어떤 중간적 위치나 타협된 절충을 어렵게 하는데, 이는 그러한 노력이 본질적 차이점을 의심하기 때문이다. '선을 악으로 악을 선으로 부르는 이들에게 화 있을지라'. 죄 중의 큰 죄는 바로 '악은 나의 선이다'라고 선언하는 것이다. 이 점이 바로 왜 기독교가 정치적으로 위험한지를 보여준다. 도덕 영역은 빛과 어둠의 대립에 의해 아주 명료화되지 않으면 안 된다. 때문에 사람과 사람 사이, 사람과 신 사이를 조정하기보다는 상반된 이해관계를 조정하는 회색 지대와 협상 거래는 장려될 수 없다.

여기서 종교 언어와 정치 언어 간의 차이에 대해 좀 끼어들겠다. 명확한 것은 일단 선과 악의 싸움이 정치적 이해관계의 싸움에 덧입혀지게 되면 갈등은 확대되고 악화된다. 게다가 기독교인 스스로는 교회 내에서 일을 처리할 수 있는 언어가 부족하다. 때문에 그들은 처리해야 하지만 그렇게 하지도 못하고 말을 어떻게 해야 할지도 모른다. 여기서 바로 양 극단을 중재하기 위해 필요한 매개체로 지혜문학(Wisdom literature)이 나타나게 된다.[13]

그렇게 되면 선과 악의 대립은 한 편의 드라마로 지속적이고 불가피하게 단순화하여 나타나게 되며, 시간은 빠르게 흐르고 선택 사항이 완전히 드러나는 묵시록적 대망의 절정에 도달한다. 우리는 잠에서 깨어나 선택을 하게 된다. 다시 한 번 더 얘기하자. 이러한 위기감은 정신적인 것이며 역사적인 것이다. 개개인과 민족들이 초대되어 이제부터 누가 주의 절박한 날을 위해 봉사할 것인지를 결정하게 된다. 무엇보다도 사도 요한(John the

Divine)의 계시록에 반복되어 있는 것처럼 계시록(apocalyptic books)은 대단한 공포와 파괴의 이미지를 불러일으키고, 인류 역사를 혼란스럽게 하는 변형된 에너지를 생생하게 나타낸다. 그것이 주는 메시지는 그 무엇이든지 설사 공포, 죽음, 역병과 파괴의 권세인 것처럼 보일지라도 신의 권세는 궁극적으로 비난 받지 아니한다. 바빌론과 예루살렘의 두 도시에 대한 이야기에서 종국에 가서 지상으로 강림하는 것은 바로 천국의 평화이다. 파괴자는 파멸된다. 계시는 모든 연속적인 신앙 이야기(faith-fiction)의 표준인 것이다.

그 이야기는 역사적인 것일 뿐 아니라 조화로운 우주에 관한 것이기도 하다. 바울의 드라마에 대한 언급에서 우주는 그 자체가 해방에 대한 기대로 신음한다. 인간의 구원은 또한 자연의 구원이 되며 따라서 그리스도의 부활을 통한 사랑과 인류의 승리는 주님의 동산에 마련된 왕국에 사자와 양이 함께 누워 있을 때의 사랑과 평화의 승리를 미리 보여주는 것이다. 도덕계와 자연계에서의 빛과 어둠의 이미지는 동격의 관계를 갖는다. 그리스도 수난(Passion)의 서사에서 유다는 어둠 속으로 나아가고 제자들은 겟세마네 동산(Garden of Gethsemane)의 그늘 안으로 줄지어 들어가며 세상의 빛은 골고다 언덕의 초자연적 어둠 안으로 들어간다. 새벽이 되기 전 3일 째 되는 날 정의의 태양(Sun of Righteousness)인 그리스도는 스스로 회복되어 일어섰다. 이와 비슷하게 보다 작은 별빛은 어머니의 팔에 안긴 어린 아이의 좀 더 큰 빛 위에 안식하게 된다. 따라서 천국에 기록된 비인격적 운명은 신의 섭리에 지상권(至上權)을 양보하게 된다. 물위를 걷고 폭풍우를 잠잠하게 하는 그리스도는 그리스도라는 배(barque) 안의 기독교적 안녕이며 또한 말씀(Word)이 원초적 혼돈에서 질서를 가져온 것과 같은 방식의 재현(반복)이다.

따라서 두 번째 아담(Second Adam)과 새로운 언약(New Covenant)의 재창조는 본래의 창세(Genesis)를 재현하는 것이다. '나의 끝은 나의 시작이니라'.

요약 및 가정

그렇다면 기독교 언어에 대한 나의 검토가 기초한 요약과 가정은 무엇일까? 요약해본다면 나는 기독교 언어가 독특한 장르로서 엄격한 의미의 함축성이 아닌 유사성에 기반을 둔 일종의 대안적 논리 체계라고 보았다. 결정적인 점에서 볼 때, 기독교 언어는 지배적 전통 안에서 세속적 권력에의 부합이나 종속적 전통에서 세속적 해석의 경우와 같이 세속화라는 말을 역설적이게 만드는 세상에 대한 태도의 스펙트럼에 위치하고 있다. 기독교의 역설은 직접적으로 세상에 대한 태도에서 나온다(The paradoxes of Christianity derive directly from its attitude to the world). 우리는 세상을 거부하고 순응하며, 세상을 버리고 '신을 위해 산다'.

기독교 논리는 부서짐과 변형, 상승과 하강에 중심을 둔다. 부서짐은 기본적인 것이지만 화해의 지평과는 반하는 것이다. 이것은 '베풂(givenness)'과 관련된 기원이지 경험적 데이터와 관련된 조작적인 어떤 것은 아니다. 우리는 그것에 대한 해석을 제공할 수는 있지만 그것을 환원하려는 시도는 기껏해야 기독교 언어를 무엇인가로 바꿔치는 것일 뿐이다. 예술과 같이 기독교적 언어는 독특하고 특수한 언어이다. 게다가 그것은 매 측면에서 모든 것이 함축된 앙상블이다. 예전적(禮典的) 연속성은 서사적 진행을 보완한다.

기독교 기호는 그것이 표시하는 바를 전달하고 그 안에 참여한다. 그리고 그 기호는 어둠에서 빛으로 향하는 역사적 및 전기적 여정에 요구되는 방향성을 제공해주는 영적 조망 안에 배치된다. 그들은 우주에서 정신(심리)에 이르는 과정에서 노정되는 각각의 수준에서 반향하고 있으며, 유월절(Passover)과 성체(Eucharist)처럼 차이점을 수반한 채로 서로를 지속적으로 재현한다. 우리는 신성을 명료하게 드러내기 위한 다양성을 인용하고 열거한다. 우리는 신성한 말씀(Word)을 해부하지는 않지만 그것을 다루고 받아들이고 구체화시킨다. 시와 음악과 마찬가지로, 말씀에는 신성함이 계속해서 넘쳐난다. 그것은 어디에 담을 수도 없으며 붙잡을 수도 없다. 그러한 시도는 모두 압도되며 그 모든 방식마다 합일화에 저항하는 요소에 맞닥뜨리게 된다.

기독교적 언어는 수행적인데, 그 언어가 성스러운 이미지의 파괴를 적극적으로 짜맞추어 현재 이곳에 선행하기 때문이다. 이는 기다림의 상태에 있지만 항상 '아직 더 기다려야'하는 화해인 것이다.

당연히 기독교 언어의 특성을 묘사하려는 것은 본질적으로 하나의 해석, 곧 신학을 의미한다. 그 과정에는 함축적이고 당연하다고 여겨지는 요소를 도출하려는 시도가 포함되기 때문이다. 그것은 또한 기호와 서사의 특수성과 근접한 해석으로서, 이 해석을 통해 기독교 언어의 탁월성을 확언하여 그 언어를 인간적인 존엄이나 연대 또는 인생의 존엄 등과 같은 추상적이고 보편적인 어떤 것으로 환원하지 않도록 한다.

나는 해체가 아닌 재통합을 추구한다. 나의 특성화 시도는 하르낙(Harnack) 방식의 핵심에 대한 모색도 아니고 불트만(Bultmann)의 경우와 같은 실존론적 토대에 대한 모색도 아니다. 오히려 그 핵심은 게슈탈트(Gestalt)이다. 보편적인 것은 특수한 것으로 드러나게 되며 시련과 심판을 통한 예속에서 자유로의 구체적인 여정, 내세에 대한 선언을 통해 죽음과 부활의 권력에 대항하는 구체적인 여정, 율법의 필요조건에서 은총의 선물에 이르기까지의 구체적인 여정에서 발견된다. 이러한 것은 일반화된 사회적 경험의 집적체로서 서사적 틀, 곧 기호로 이뤄진 조망의 형태이며 극화되어 집중된 예전의 시간 구조를 갖는 형태로 나타난다. 더불어 경험할 수 있는 이러한 사회적 경험은 일종의 원초 신학(proto-theology)처럼 언어 그 자체의 구조, 그 무엇보다도 표상, 통합, 대안행동, 참여 등과 같은 말로 만들어진다. 우리는 과거를 현재로 가져오기 위해 재현하고, 결합하고 변화하고 참여하면서 그와 동시에 집단과 동료 간의 분열을 표상하고, 통합과 화해를 예측하고 예표한다.

제12장 주(註)

1 Ernest Gellner, *Thought and Change* (London: Weidenfeld and Nicolson, 1964).
2 Max Weber, "Religious Rejections of the World and their Direction," in Hans Gerth and C. Wright Mills(eds), *From Maw Weber* (London: Routledge, 1948).
3 David Martin, *The Breaking of the Image* (Oxford: Blackwell, 1980).
4 Charles Taylor, *Sources of the Self* (Cambridge: Cambridge University Press, 1989).
5 Sarah Beckwith, *Christ's Body* (London: Routledge, 1993); *Signifying God* (London and Chicago: University of Chicago Press, 2001); Leo Steinberg, *The Sexuality of Christ in Renaissance Art and in Modern Oblivion* (Chicago: University of Chicago

Press, 1993); Richard Taylor, *How to Read in Church: A Guide to Images, Symbols and Meanings in Churches and Cathedrals*(London: Rider, 2003).
6 Sidney Griffith, "The Eucharist as 'Living Medicine'," in Sarah Beckwith(ed.), *Catholicism and Catholicity*(Oxford: Blackwell, 1999), pp. 115~116.
7 W. Bruce Lincoln, *Sunlight at the Midnight*(Oxford: Perseus Press, 2001), ch. 8.
8 Carter Lindberg, *The European Reformations*(Oxford: Blackwell, 1996), pp. 375~377.
9 Stephen Greenblatt, *Hamlet in Purgatory*(Princeton and Oxford: Princeton University Press, 2001).
10 Peter Sellar, "Introductory comments to John Adams's *El Niño* at the Barbican,"(25 June, 2003).
11 David Martin, "The Beautiful, the Holy and our God-forsaken liturgies," *Epworth Review*, Vol. 10, No. 3(1983), p. 52.
12 Neil MacGregor, *The Image of Christ*(London: National Gallery, 2000).
13 Stephen C. Barton(ed.), *Where Shall Wisdom be Found?* (Edinburgh: T&T Clark, 1999).

제 13 장
기독교, 정치, 학문

만일 우리가 논의를 위해 사회학 내부의 문화나 문화 분석으로 돌아가본다면, 우리는 다시 한 번 막스 베버가 기독교 문명이라는 거대한 이슈에 관해 만들어놓은 고전적인 논의로 돌아가게 된다. 여기서 내가 제기하고 싶은 문제는 근본적인 문제는 아니다. 세속화의 맥락 속에서 권력과 정치와 폭력에 대한 기독교의 언어를 말하고 싶다. 나의 논의의 기초가 되는 텍스트 중 하나는 막스 베버의 「직업으로서의 정치(Politics as a Vocation)」이다. 베버는 이 훌륭한 저작을 통해 종교나 학문의 역할과는 대비되는 정치의 특징과 그 구속력을 분석하고 있기 때문이다.[1] 종교적 형태와 정치적 형태와 학문적 형태의 삼각형이 내가 수행하고자 하는 탐구의 주제이다.

정치는 많은 것을 포괄한다. 경쟁하고 있는 세력들 사이의 협상 같은 것도 정치에 포함된다. 하지만 여기서는 권력과 잠재적인 폭력의 문제로 최소화시키려 한다. 관리, 중재인, 양심적인 의회의원과 독재자 등 정치인이라는 범주에도 많은 종류가 들어간다. 하지만 책임 있는 권력자의 필요성은 정치가 직업이 될 수 있게 했다. 직업으로서의 정치는 자신들만의 기준으로 도덕적인 영웅주의를 만들어낼 수 있다. 우리는 직업으로서의 정치라는 개념과 그 자신들만의 영웅주의에 대해 반대한다. 계몽주의적 보편주의와 기독교적 보편주의의 효과가 결합된 도덕적 환경 속에서 우리가 살고 있기 때문이다. 이러한 보편주의를 통해 나는 우리가 이성과 사랑이라는 계몽주의와 기독교의 정언명령이 같은 방식으로 우리에게 놓여 있다고 가정한다는 것을 말하고자 한다. 또한 우리들은 모두가 정치를 포함한 삶에서 서로 다른 궤적을 갖는 것이 아니라 보편적인 형태의 도덕적 공간을 걸어가고 있다는 것을 말하고자 한다. 결과적으로 우리는 정치라는 직업이나 그 궤적을 종교적이거나 학문적인 직업이나 그 궤적과 분리하는 데 실패한다. 이 세 가지의 직업들은 서로 다른 자신들만의 방식으로 정의된다. 하지만 정치적 실천은 가장 제한되어 있다. 정치는 종교와 학문에서 비롯된 이성과 사랑의 보편주의가 만든 도덕적인 공기(atmosphere) 속에서 작동해야만 하기 때문이다. 어떤 다른 직업이나 다른 종류의 영웅주의를 다루는 문화 분석도 도덕 분석과 관련되어 있다. 문화사회학은 도덕사회학일 수밖에 없다.

나의 정치와 종교와 학문이라는 삼각형은 베버의 기독교와 정치와 학문이라는 세 가지 전형(type)에 준거하고 있다. 여기서 학문은 미디어까지 포괄한다. 정치는 그 강제적인 성격으로 인하여 삼각형의 빗변에 위치한다. 학문은 삼각형의 아랫변에 위치한다. 학문은 공통적인 도덕의 공간 안에서 통합성과 진실성을 이상적으로 보호하면서 '우리는 모두가 자율적인 행위자'라는 개념을 제공하기 때문이다. 내가 가장 많이 다룰 형태인 기독교는 정치처럼 강제적이지도 않고, 학문처럼 자율적이지도 않기 때문에 이 둘 사이에 위치한다. 나는 정치에 대한 기독교의 입장에 집중하고 학문은 잠깐 제쳐놓을 것이다. 또 학문을 막스 베버가 '새로운 사고의 무책임한 낭만주의'라 부른 것에 의해 묘사되는 그 어떤 것으로 분류할 것이다. 여기에 더하여 9·11사건 이후의 미국과 유럽에서의 일련의 사건들이 도처에 은밀하게 존재하는 것이라는 것을 덧붙여야 할 것이다.

기독교 언어

세속화의 맥락에 들어가기 전에 기독교의 언어에 대한 간단한 설명부터 시작해야 한다. 불교를 제외한 모든 세계의 종교 중에서 기독교는 권력과 통제의 문제에 대해서 가장 양면적이다. 기독교는 가시적으로 폭력에 반대한다. 그리고 서로 상충하는 이해세력 간의 단순한 협상을 넘어선 화해를 주장한다. 또 권력의 약함 속에서 완성된 강함이라는 의미로 이해되는 천국을 주장한다. 경계나 영역, 가족, 혈통, 권위, 폭력, 소유와 같은 모든 기본적인 사회적 제도들과 장치들은 의문에 부쳐지게 된다.

이러한 기독교와 그 언어의 특징을 기술하는 것이 내가 두 번째 기본적인 교과서로 여기는 막스 베버의 훌륭한 저작「종교적 현세거부와 그 방향(Religious Rejections of the World and Their Direction)」에 부분적으로 준거하고 있다.[2] 세계에 대한 동시적인 순응과 거부, 창조의 미덕, 대안적인 왕국을 요구하는 현재, 이런 것에서 기독교의 특징적인 긴장이 유래한다. 이것은 기독교의 역설의 근원이 된다. 특히 살기 위해 죽는다든지, 구원을 위한 십자가의 힘과 같은 말들이 그런 모순을 잘 드러낸다.

하지만 정치는 권력에 의해서 정의되고, 그것이 만약 사회적으로 영향력을 갖게 되고 기성화되면 대안적인 왕국에 대한 신앙은 이 세계와 결탁, 다시 말해 세속화되는 것으로 결론이 날 가능성이 높다. 십자가의 능력은 십자군의 폭력으로 변한다. 이런 일들이 일어난다면 평화나 박애적인 이상에 대해 증언하는 것이 종속적이고 이교도적인 집단이나 개인에 의해서 수행될 수밖에 없게 될 것이다. 게다가 기독교가 일단 세계에 종속되면 원래의 복음과 점차 충돌하게 되고 따라서 기독교의 문명은 내외의 비판적인 모순에 노출된다. 지난 몇 세기 동안은 주로 보편적 이성에 의해서 비판되었다. 만일 사랑을 열성적으로 지지하는 자들에 의한 비판의 예를 찾아보고자 한다면 레오 톨스토이와 그의 "신의 나라"에 대한 저작 속에서 발견할 수 있을 것이다.

계몽된 신화

아마도 제대로 주목되지 않은 것은 계몽의 작동방식일 텐데, 이것은 기독교만큼이나 지속적인 권력의 필요성에 종속된다. 그래서 이성은 국가이성(raison d'état)이 된다. 계몽의 증거들은 주목을 덜 받는다. 그것은 교회처럼 연속성이 있고 확인가능한 제도적 존재로 구체화되지 않았기 때문이다. 그것은 설명되어야 하는 존재이며 심지어 최근까지도 변명되어야 하는 존재였다. 스탈린과 그의 안보국은 진짜로 계몽되지 않았으므로 설명에서 제외될 수 있다. 마찬가지로 토르케마다[Torquemada (1420~1498); 최초의 스페인 종교재판소장으로 임명되어 스페인에서 유대인과 무어인을 추방하는 데 앞

장서서 일했다, 옮긴이)도 원래 기독교가 아니다. 따라서 권력과의 결탁은 두 경우가 아주 동일하다.³

사회과학에 대한 계몽적인 헌신에도 불구하고 이성에 의해 추진되는 화해는 사랑에 의해 추진되는 화해만큼이나 신화적이고 몽상적이다. 하지만 계몽주의의 후계자들이 자신들의 역사적 책임을 회피하듯이 계몽주의는 자신이 지배하는 개념들의 신화적인 지위에 대해서도 외면한다. 심지어 계몽주의의 사제라 불리는 볼테르(Voltaire)도 자신의 저작 『캉디드(Candide)』에서 이상과 현실사이의 만성적인 괴리에 대해 풍자한 바 있다. 인간의 계몽 프로젝트에 기입된 황폐함과 분열에 대한 의식 없이는 이러한 만성적인 괴리는 설명되지 않는다. 그리고 실천으로써의 계몽주의 속에서 경험적인 현실은 보이지 않는 손과 조화, 목적으로서의 진보를 통해 신화적 요구에 맞게 변형된다. 이성의 요구에 맞지 않는 것들은 너무 '감성적'이어서 언급될 수 없다는 명목으로 검열된다. 이것이 최근의 '감성(sensitivity)'의 의미이다.

신화의 영향을 받는 압력의 예는 지난 50년 이상 미국의 힘 아래서 조용히 살아온 유럽에서 발견될 수 있다. 사람들은 칸트의 '영구평화'의 전망을 유럽 사람들이 누릴 것을 제안한다. 지식인들, 그리고 심지어 기독교인들까지도 마치 영구평화가 실제로 시작된 것인 양 새로운 시대를 축하한다. 하지만 현실 속에서는 '괴로운 세계'가 홉스적으로(만인에 의한 만인의 투쟁의 모습으로, 옮긴이) 완강하게 버티고 있다. 영구평화는 기어들어가는 소리로만 이야기될 뿐이며 기독교적인 평화와 사랑의 개념인 **코이노니아**(koinonia)는 말할 것도 없다.

세속화, 세속적 언어, 영구적 세속성

세속화는 어떻게 되었는가? 나는 십자가가 무기로 변하는 것을 세속화 과정과 세상에의 타협으로 간주함으로써 이미 이 문제를 끌어들였다. 비록 이 용법이 모순적이기는 하지만, 이러한 세속화는 기독교의 세계 순응과 거부 유형에서 직접적으로 유래된다. 세계를 극복함으로써 기독교는 세계에 굴복한다. 그리고 초대교회 신앙의 본질적 언어들은 전례의 원나 성상(聖像)으로 격하된다. 사회적으로 세속화는 수도원이나 다른 은밀하고 종속적인 전통에 의해 조용하게 진행된다. 확실히 세속화는 신앙과 실천이 쇠퇴한다거나 변화하는 것보다는 좀 더 깊은 의미를 갖고 있다.

하지만 이러한 모순과는 별도로 세속화의 표준적 용법이 있다. 그것은 (특히) 사회적 분화를 의미한다. 또는 성직자적 시각이나 종교적 개념에서 사회적 삶과 사상의 일련의 영역이 자유로워지는 것을 의미한다. 사회적 분화는 기독교 언어와 정치나 과학과 같은 세속적 언어 사이의 관계를 파괴시키고 한때 교회에 의하여 제공되었던 포괄적인 제도적 범위를 파괴한다. 신학적 양식이 지배적인 틀을 제공했던 것은 중지된다.

하지만 심지어 종교가 지배적인 이해(understanding)양식을 제공할 때도 사회적 실천은 언제나 세속적이다. 하나의 예로 이제는 대중소비나 광범위한 만족의 기제들 속에 이전된 쾌락과 생존의 지속적인 추구이다. 하지만 현재적인 목적에 가장 적합한 것은 지속적인 권력의 동학과 긴급성이다. 기독교의 지배자는 다른 지배자들과 마찬가지로 행동한다. 비록 여러 세기 동안 악마의 침입으로 여겨져 오기는 했지만, 마키아벨리가 『군주론(*The*

Prince)』에서 말한 권력의 세속화는 단순한 이해(understanding)에서의 변화이지 행위에서의 변화는 아니었다. 르네상스 시기의 공국 중 어떤 군주도 자신의 행위방식을 나쁜 쪽으로 바꾸지 않았다. 마키아벨리는 그의 실천이론을 분명히 했기 때문이다. 그래서 권력이 기독교적 용어보다는 세속적인 용어로 정당화되었을 때에도 변화된 것은 별로 없었다.

윌리엄 오캄에서 시작하여 마르실리우스(Marsilius)와 마키아벨리, 홉스(Hobes)와 리슐리외 추기경(Cardinal Richelieu)로 이어지는, 또 루소에서 클라우제비츠(Clausewitz)와 니체로 이어지는 세속화의 계보가 존재한다. 명시적인 이론과 실천 속에서 이 세속화 과정은 기독교적 가치와 시민적 가치 사이에, 또 기독교 순교자와 공화국의 영웅 사이에 긴장을 유발한다. 이것은 기성화된 기독교가 항상 다른 자원의 지원을 필요로 하는 이유를 말해주는데, 이 자원들에는 유아성애(paedophilia)처럼 성적 행위에 관한 문제 또는 생명윤리에 대한 참조 지점이 되는 자연에 대한 개념이나 금욕주의와 같은 것들이 있다. 이러한 것들은 다소 유연하고 선택가능하다. 정당한 가격과 우리의 특별한 맥락 속에서는 정당한 전쟁이 기독교의 정치적 사유를 위한 기준점을 제공한다. 비록 가격이 실천과정에서 유연하게 적용되고 전쟁은 생존의 문제에 대해 신중하게 고려하긴 하지만 말이다. 예를 들어 1936년에 발생한 상황(이때 히틀러는 800만 명의 실업자 문제를 해결하는 동시에 1차 세계대전 후 국제연맹 점령하에 있다가 비무장지대가 된 라인란트 지방을 3월에 점령했다, 옮긴이) 속에서 나쁜 결과보다 넘치는 좋은 결과를 요구하는 기준은 선제공습을 도덕적 명령이 되게끔 만들었다. 그 대안은 500만 명이 죽게 된 전쟁에서 승리할 수 있는 좋은 기회를 히틀러가 얻을 때까지 기다리는 정책이었던 것으로 드러났다.

세속화 : 기독교 언어를 선명하게 하기

정치는 항상 험악한 거래였다. 비록 마키아벨리나 다윈이 그랬던 것처럼 기독교에 외상을 입히기는 했지만 말이다. 이러한 성공적인 세속화로부터 얻은 것은 부분적으로는 예배 연극이나 시적 심상에 들어 있는 기독교 언어의 본질적인 특성을 두드러지게 만드는 방식과 관련된 것이었다. 이런 점에서 종교개혁은 얻은 것만큼이나 상실한 것이 많다. 그것은 조각이나 시(詩)에 있는 상징성을 축자적 명확성으로 대체하여 일반의 사람들에게 강조했기 때문이다. 이후 얼마 되지 않아 이러한 신앙의 확실성 상실은 성서에 나온 구절에 대한 계몽주의적인 파편화 때문에 가톨릭보다 개신교 복음주의에 더 큰 상처를 입혔다.

나는 이것이 논란거리라는 것을 안다. 하지만 내가 여기서 말하고자 하는 것은 '과학적'인 역사적 접근이나 또는 다른 비판적인 접근을 포함하는 성공적인 세속화라는 것이 기독교 언어의 회복을 만들어낼 수 있다는 것이다. 기독교 언어는 과학적이고 철학적인 개념이 혼합된 것의 방해를 받거나 역사나 과학을 다루고 있는 것으로 성서를 취급하는 것의 방해를 받지 않는 대안적 논리이자 준별적인 언설의 양식으로 존재할 수 있다.

이것은 좀 더 많은 함의를 갖고 있다. 첫 번째로 이것은 분야와 논리와 종류의 차이를 불문하는 지식의 통합에 대한 위험성을 암시한다. 물론 나는 아서 피코크(Arthur Peacocke)이나 존 폴킹혼(John Polkinghorne)과 같이 기독교와 과학 사이에 다리를 놓은(이 둘은 빅뱅이론 받아들여 창조론을 수정해야 한다고 본다, 옮긴이) 기독교인 학자들의 작업에서 깊은 영감을 받고 있다. 하지만 기본적으로 나는 종합(synthesis)에 대해 불편하게 생각한다. 아마 앞서 언급했던 이들이 작업했던 물리학이나 생물과학은 사회과학과 다를 것이다. 하지만 우리는 종교적 자유주의가 기독교를 마키아벨리의 『군주론』이나 허버트 스펜서(Herbert Spencer)의 『사회학의 원리(Principles of Sociology)』와 결합시키려고 노력하는 것과 같은 기괴한 결과가 생길 수 있다는 것을 생각해야 할 필요가 있다. 실제로 예를 들어 팔레이(Paley)의 『기독교의 증거 (Evidence of Christianity)』나 마르크스와 결합한 해방신학과 같은 일들이 다소 빈번하게 발생한다.

두 번째 함의는 기독교 언어는 모더니티의 엄격함에 대하여 꾀병을 부리면서 포스트모더니티의 좀 더 친절하고 온화한 분위기로 넘어가게끔 하는 것이 아니며, 역사적인 신화나 경험적인 실수를 짜맞춘 것들로 뒤범벅된 것도 아니라는 점이다. 오히려 그것은 예술과 유사한 변형과 변용에 기반하고 있으며, 예술과 마찬가지로 환원주의를 거부하는 이해의 양식이다. 종교를 환원하는 것은 그것의 본성을 빼앗는 것이 된다. 그리고 이것은 세속화의 한계를 함축한다. 이것은 로드니 스타크가 인간 조건의 영속적 불안과 관련하여 말한 한계나, 토머스 루크만이 자기초월에 관련하여 제안한 한계, 파스칼 보이어의 사회적으로 유용한 망상(delusion)들을 만들어내기 위한 유전학적 프로그램과 유사하다.[4]

따라서 기독교와 정치와 학문의 변증법적 삼각형을 이해하기 위해, 특히 기독교의 정치적인 비평이나 행동의 본성을 이해하기 위해서 우리는 기독교 언어에 포함된 것이 무엇인지에 대하여 충분히 다시 말해봐야만 한다. 나는 이미 막스 베버가 서술한 세계 거부와 세계 순응이 조합된 유형의 직접적인 결과로, 기독교가 다가올 신의 나라의 이름으로 모든 기성화된 제도에 의문부호를 단다고 말한 바가 있다. 이는 다시 기독교 사회에 소란의 잠재력을 계속 만들어낸다. 이 소란은 적시의 사회적 상황에서 발생하며 공식 기관의 세련된 음모 안에서 배양된 씨앗만큼 교회 변두리에서 날아온 씨앗에 의해서도 번식될 수 있다. 내가 말하고 있는 것은 기독교 사회의 토대에 있는 분열하기 쉬운 요소들이 일반적인 기독교 문명을 불가능하게 한다는 것이 아니다. 반대로 그러한 요소들은 기독교인과 비기독교인 사이에서 기독교에 대하여 지속적인 의문을 불러일으키게 하고, 복음과 기독교 실천 사이에 존재하는 차이에서 나오는 여러 모순을 만든다는 것이다. 아담 셀리그먼이 『근대의 도박』에서 말했듯이, 예레미야(Jeremiah)로부터 예수까지, 바울에서부터 아우구스티누스(Augustine)와 안셀무스(Anselm)와 루터에 이르기까지 토대가 되는 텍스트들에는 숨겨진 주관성과 잠재적인 내면성이 존재한다.[5] 이것은 기독교 사회의 유기적인 틀을 깨부수기 쉽다. 내면의 법정(in foro interno)에 대한 우리의 자의식은 공화국(res publica)이라는 외부의 법정을 교란시킨다.

기독교 언어는 설명적이지 않고 감탄적이며, 산만하지 않고 강렬하며, 특히 추상적이지 않다. 또 기독교 언어의 세계에 대한 반응 논리는 세계를 대상으로 취급하지 않고 상징으로 본다. 그리고 역사적인 인과성이라는 연쇄보다는 불의와 죄, 심판이라는 서사적 연쇄를 갖고 있으며 엄격한 연관성의 논리보다는 상징적인 유사성의 논리를 갖고 있다. 이 논리는 정치적 추론이나 도덕적 변론에 대한 유연성의 중요한 자원이 된다. 근본적으로 기독교 언어의 언설 양식은 개인적이고 직접적이지, 분석적이지 않다.

특히 예전(禮典, liturgy)에 깃들어 있는 기독교 언어는 모든 존재가 그리스도 안에서 하나이며 동시에 모든 존재가 그리스도의 몸을 가졌다는 화합의 개념에서 연유한 긴밀하게 조직된 종류의 인간관계를 진척시킨다. 이러한 화합의 개념은 인간과 신의 더욱 완벽한 일치를 열망함으로써 현재와 미래에 유기적인 관계를 불러일으킨다. 기독교는 영성체(성찬식)를 통해 기억하고, 기대하고, 회상하고, 예상함으로써 서로 다른 것들의 조화를 추구한다. 이러한 모든 것은 기독교의 정치적인 권고를 위한 함의를 갖고 있다. 그것이 비록 현재의 기독교와 유대교에서 완전히 현실화된 것은 아니지만 '내가 네 안에, 네가 내 안에'로 표현되는 화합과 개인주의 또는 내면성 사이에는 강한 긴장이 존재하기 때문이다. 거룩한 공동체의 이상을 상징적으로 연기(enactment)하는 영성체와 성령강림운동적 기도의 열광적 대화는 가격이나 교환가치나 협상된 타협 같은 것들과는 관계가 적다. 이것들의 기초는 화해와 속죄, 새로운 피조물에 있다. 예전(liturgy)의 중심은 환경의 요구에 대한 끝없는 협상과 재협상이 아니다. 중심은 천국의 비전에 대한 순종이고 지속적인 헌신이다. "우리를 하나로 만드신 주는 우리의 평화입니다"와 같은 중요한 텍스트들은 실제적 사회 모델은 아니다. 하지만 이것은 기호와 의사표시를 통한 존재의 현실화이자 희망의 연기(enactment)이다. 이것은 동일성과 차이를 동시에 불러일으킨다.

그렇다면 기독교는 종교와 정치에 모두 중심적 개념인 동일성과 차이를 어떻게 해석하는 것일까? 기독교는 모든 존재가 그리스도 안에서 하나라는 정체성을 공유하고 있다. 그들은 그리스도 안에서 그들이 닮아야 할 본보기를 발견하기 때문이다. "그리스도 안에 있는 것을 여러분들 마음 안에 가지시오"라는 텍스트가 이를 말해준다. 하지만 기독교는 차이를 드러내기도 한다. 이것은 독특한 주관적 의식 때문일 뿐 아니라 각각의 개인들이 준별적인 사회적인 특성과 역할 속에서 살고 있기 때문이기도 하다. 의식에 기초한 것과 역할의 특성에 기초한 것, 이 두 차이에 대한 개념은 더 나아가 긴장의 근원이 된다. 특히 내면성과 공통성이 존재하는 근대적 상황에서 도덕적 공간은 종교적인 것이나 학문적인 것과는 다른 정치적인 것의 역할과 목적과 같은 특수한 역할에 대한 평가를 방해한다.

그리스도 자신의 형상이라는 것은 차이를 설명해준다. 그리스도는 기독교인들이 그리스도를 닮는 것에 대한 공통적이고 보편적인 경향을 제공하지만 동시에 마찬가지로 그리스도는 기독교인에 의하여 제공되고, 기독교인들에 대하여 제공되고, 기독교인들을 위하여 제공되는 신의 어린양이라고 하는 독특한 특성을 주었기 때문이다. 우리가 기독교인들의 정치적 비평과 행동에서 근본적인 차이를 추론하게 되는 지점은 여기에 있다. '증인'의 역할을 하게 된 사람들은 대안적인 평화적 왕국을 연 모범으로서의 그리스도의 역할과 기름 부음을 받은 자이자 화해를 위한 희생을 통해 폭력의 방식을 거부하고 평화로 나아가는 길을 보여준 구원자로서의 그리스도의 역할, 이 둘을 조합한다. 실제로 그러한 증인은 일반적인 정치를 끝내고 종말론을 현재화하는 것을 표현한다. 이렇게 되면 남는 것은 작은 집단이나 천국을 발견한 소수의 사람들에 의해 실천되는 의사표시, 플래카드, 행진의 정치 밖에 없다. 그들은 항상 소수여야 하기 때문에 종종 모순적으로 증인이 된다는 것이 그 자체로 분화되어버린 도덕 공간 안에서 다른 영역을 보충하는 특수한 역할을 맡는다는 것을 인식한다. 물론 이러한 가치를 비난하는 것은 아니다. 도덕의 확장은 부분적으로는 서로 다른 도덕의 역할에 기초하고 있기 때문이다.

기독교와 전형적인 정치

하지만 일반적인 정치를 받아들이고 조지 폭스(George Fox)가 말했던 '혼합(the mixture)' 속에 머물러 있는 사람이라면, 그리스도를 모범으로 따르는 것의 문제점을 인식할 것이고 정치의 세계 속에서 예수의 수난을 재현한다는 것이 불가능하다는 것도 인식할 것이다. 오히려 정치 세계에서의 이익을 은혜로 표상하고 전유한다. 시민인 우리들과 구원자인 그리스도 사이에는 줄일 수 없는 간극이 존재한다. '증인'과 '혼합'을 비교하는 것은 재세례파와 루터교의 차이점을 다시 말해주는 것이기도 하다. 일단 루터가 '증인'을 표현했던 수도원주의를 수도원 밖으로 끌어내려고 노력하기 시작하자마자 그는 하늘의 도시와 사람의 도시의 본래적 특징의 언어 사이에 존재하는 파열과 간극에 의해 전체적인 기획이 손상되었다는 것을 발견했다. 이것은 새로운 발견이 아니다. 이러한 한계는 모든 세대에서 반복해서 나타났다. 아우구스티누스나 그레고리 대제(Gregory the Great)는 훨씬 전부터 복음과 예전 속에서의 기억과 기대가 살아 있는 박애로 변하도록 하기 위해 노력했다. 악한 기생충은 지속적으로 생겨난다.

비록 구원자인 예수가 완전히 현실화될 수 없다고 하지만 그럼에도 그의 역할의 상(像)과 종교적인 의식의 파편은 현대 세계 속에서 자유롭게 퍼지고 있다. 그것은 타인을 위한 희생, 자기희생, 체계 속에 존재하는 악을 격리시키는 개념, 사회적 죄의식 속에서의 집합적 연대의 개념의 형태로 자유롭게 된다. 자율성이나 독특한 잠재성과 같은 개념을 갖고 있는 학자들은 이러한 종교적 의식의 파편을 붙잡는다. 그리고 때로는 기쁜 마음으로 그들만의 주관적 의식을 집단과 혁명적인 비전을 위하여 제단 위에 희생시킨다. 이렇게 벽을 넘어서 들어온 기독교의 씨앗은 아이젠슈타트가 말한 것처럼 이성에 의한 조화라는 유토피아에 의해 보완된 사랑의 유토피아와 자코뱅주의를 발동한다. 여기서 간과되고 있는 것은 에레혼(Erewhon)과 마찬가지로 유토피아의 의미는 '어디에도 없다(Nowhere)'라는 것이다. 대중가요 가사의 단조로운 감수성 속에 잠재적으로 존재하는 이러한 유토피아적 감성은 종교적이고 정치적인 역할의 특수성을 불투명하게 만드는 공통의 도덕적 공간의 관념과 결합된다. 우리는 모두가 브래들리(Bradley)가 "너의 직분과 의무를 수행하라"라고 말했던 것을 충족시키기보다는 모든 대가를 지불하고서라도 우리들 자신만의 진실성을 추구하려는 경향이 있다. 하지만 초서(Chaucer)의 [캔터베리이야기(The Canterbury Tales)에 나오는, 옮긴이] 기사와 사제, 카스틸리오네(Castiliogne)의 궁정인(Coutier), 존 얼(John Earle)이 그의 책 『소우주론(Microcosmographie)』에서 말했던 캐릭터들처럼 이런 르네상스 작품들 속에서 특수한 역할이 부여된 인물에 대한 아이디어는 교육을 통한 상상력의 도약을 요구한다. 현대에 와서 정치인을 표현하는 용어로 변형된 군주의 경우, 그의 역할은 사랑과 이성을 포괄하는 보편성을 공격하게 되어 있다.

그 결과는 정치에 대한 냉소주의이며, 사회학자 잉글하트(Inglehart)가 잘 표현했듯이 정의(righteousness)에 대해 불평하고 모욕하는 문화이다. 권력에 있는 사람들은 항상 자신의 약속을 깬다는 주장이 있다. 이것은 사실인데, 공중(public)이 열망하는 것은 정치인들이 완수하지 못할 수밖에 없는 그런 약속들이기 때문이다. 인민들은 실망하게 되어 있다. 권력의 등장은 권력의 몰락과 연결되어 있고, 원래의 비전에 대한 불복종과 연결되어 있으며, 신뢰에 대한 배신, 정통 교리의 이단이 되는 것과 연결되어 있다.

좀 더 확장시켜서 내면성에 대한 강조와 도덕적 공간의 균질성에 대한 가정을 고려해본다면 우리는 과거에 특별한 역할들에 수반되었던 의무 뒤에 모여 있는 공적인 부담을 파악하는 것에 어려움을 갖는다. 이전에 존재했던 것들과 유사한 것이 현대인의 삶에 얼마나 많이 남아 있는지 알아채지 못한 채로 말이다. 성경의 이야기 속에서 입다(Jephtha)는 이스라엘의 지도자로서 이스라엘 사람들의 승리를 위하여 그가 전쟁에서 돌아올 때 그에게 첫 번째로 인사하는 것을 제물로 바치겠다고 엄숙하게 맹세했다. 그의 딸이 인사하기 위해 첫 번째로 왔을 때 신에 대한 입다의 맹세와 그의 어깨에 걸쳐 있는 공적인 무게감은 그로 하여금 약속을 지키게 했다. 우리는 이러한 특별한 이야기를 야만적이라고 여기고 무시한다. 하지만 누군가가 사람들을 위해서 죽어야 될 것 같다고 하는 순간이 오면 입다 이야기의 구조의 변형은 현재적이 된다. 일례로 토니 블레어 총리가 군인들을 이라크로 보내 죽이고 죽게 하는 것에 대해 결정을 내리는 일을 가지고 창조주와 대면할 것이라고 말한 것은 정치적 책임에 대한 각별한 진지함의 일종을 보여준 것이었다. 우리는 매일 사람들이 자신의 역할에 대한 책임 때문에 원하지 않는 일을 해야만 한다고 말하는 것을 듣는다. 『안티고네(Antigone)』이후 이어져온 서구의 극 전통은 이러한 것을 이해하도록 만들어준다. 그런 것이 아니고서는 우리는 비극이 무엇을 의미하는지 알 수 없다. 『피터 그라임즈(Peter Grimes)』(영국의 E. B. 브리튼이 작곡하여 1945년 초연한 현대 오페라이다. 1830년대 영국 어촌을 배경으로 한 늙은 어부가 자신의 소중한 꿈을 이루기 위해 소년을 고용하여 노동착취를 할 수 밖에 없었던 딜레마와 비극적 결말을 다루고 있다, 옮긴이)나 『빌리 버드(Billy Budd)』(허먼 멜빌의 동명소설을 브리튼이 오페라로 만들었다. 순박한 선원 빌리가 조직의 논리에 의하여 갈등에 휩싸이고, 그 결과로 희생양이 되는 과정을 그리고 있다, 옮긴이)와 같은 현대의 위대한 오페라들도 순수한 인물 또는 타자에게 닥친 공적인 무게와 책임의 의무가 축이 되고 있다. 『빌리버드』의 순수한 소년은 내키지는 않았지만 그럴 수밖에 없었던 그의 선장에 의해 해군 군법에 따라서 교수형에 처해졌다. 『피터 그라임즈』에서 아웃사이더의 운명은 잠재적이고 우회적으로 그리스도의 수난을 보여주고 있는 반면 『빌리버드』는 더욱 명시적이고 직설적으로 보여준다.

매우 개인적이고 매우 일반적인 기독교

지금까지 나는 어떻게 기독교 언어가 변혁적 전망이라는 이름으로 세계를 거부하고 모든 기성화된 제도에 대하여 물음표를 던져왔는지에 대한 문제에 집중해왔다. 하지만 기독교와 정치의 차이점을 명백히 보여주는 또 다른 특성들이 있다. 기독교인은 그들이 목마른 자에게 한 잔의 물을 대접하고 문 밖에 나앉은 거지에게 동정심을 가졌을 때 신의 뜻을 따랐고 이름 없이 오신 신을 보았다고 말한다. 이것은 매우 보편적인 것인 동시에 매우 개인적인 것이다. 이것은 노숙자에 대한 공적인 정책과 거리가 멀지 않고, 자기파괴적인 습관을 갖고 있는 사람에게 먹을거리를 제공하기 위하여 돈을 줄 것인가의 문제에 대해 생각하게 한다. 도덕적인 격언과 우화는 적용할 때 상당히 신중해야 한다. 마가렛 대처(Margaret Thatcher)가 스코틀랜드 교회의 주교회의에서 "만일 당신이 선한 사마리아인이 되고자 한다면 당신은 우선 여관 주인에게 요금을 지불할 수 있을 만큼의 부를 창출해야만 한다"라고 한 지적처럼 도덕적 격언이나 우화는 적용할 때 많은 신중해야 하고 정치에 적용되는 논리의 연쇄가 길고 느슨하다.

종교적 시간 척도는 정치적 시간 척도와 매우 다르다. 종교는 오늘과 영원을 위한 것이지만, 정치는 다가올 몇 주와 다가올 5년을 위한 것이다. 당신이 내일 어떠한 계획도 없다고 해서 보험이나 연금과 관련된 정치적인 시간 척도에 개입할 수 없다. 마찬가지로 몇몇 사람들이 자신의 영혼을 팔아서 세상을 얻은 사실을 근거로 해서 부의 창조에 찬물을 끼얹을 수 없다. 당신은 우리 모두가 불행한 죄인이라는 것을 근거로 해서 당신의 정치적인 반대파 사람들의 타락에 핑계를 대줌으로서 그들을 공개적으로 용서할 수는 없다. 가장 경건한 정치가라도 정치적인 토론에서 왼쪽 뺨을 돌려서 대주지 않는다. 오히려 그들은 싸움에서 이기려 한다. 거의 모든 영역에서 정치는 기독교와 반대된다. 기독교는 선의 궁극적인 우월성을 확인하는 최후의 심판의 힘에서 분리된 권력과 폭력의 범주를 인정하지 않기 때문이다.

그렇다면 기독교는 우리가 가졌던 것처럼 보이는 많은 시간 동안 어떻게 신앙의 명령에 반응해왔는가? 기독교는 자원이 적지 않다. 불평등과 반인류애적 행위가 자라나는 곳에서 구약성서와 결합된 기독교는 지배자와 권력에 대항하는 많은 개념과 상징에 호소했다. 해방신학과 민중신학이 그러했듯이 기독교는 우리의 공통의 근원에서 공유된 인류애에 호소하고, 가난한 사람들의 조건을 변화시킬 것을 호소하고, 대안적인 신의 나라에서의 죄인들을 해방시키는 것에 호소하고, 이집트에서의 노예생활로부터 탈출한 것에 호소하고, 바빌론으로 추방되었던 일이 끝난 것에 호소하고, 땅 부자가 되면서 고아와 과부를 압제하는 것에 대한 선지자적인 비판에 호소한다. 기독교는 성찬공동체의 나눔과 돌봄을 강조할 수 있고, 모든 신자의 사제 됨과 왕 됨을 강조할 수 있다. 기독교는 선한 자는 교수대에 있고 악한 자가 권좌에 앉았을지라도 아직 모든 것을 잃어버린 것은 아니라고 생각되는 지점에서 악에 대항하여 싸우는 선(善)이라는 극적인 시나리오를 만들어 낼 수 있다. 위기의 때에 기독교는 회색빛 타협이 아니라 근본적인 선택을 요구할 수 있을 것이다. 그리고 모든 사람이 자신의 포도나무와 무화과나무 아래에서 살 수 있는 평화로운 왕국을 기대할 수 있을 것이다.

인간 역사에는 불평등과 반인류애가 득세하는 것이 충분히 일반적이라 할 수 있을 만큼 존재해왔다. 이때는 앞서 보았듯이 이에 대항하는 기독교 신앙이 끊임없이 샘솟을 수 있다. 하지만 신앙의 자원들은 이 싸움의 장점이 아니라 약점이 될 수도 있다. 모든 개념은 상황이 변하면 잘못 사용될 가능성이 있다. 당신은 평화가 없는 곳에서 '평화, 평화'라고 외칠 수 있고, 반대로 세계를 선과 악으로 이분하여 당신의 나라는 악의 제국과 대항하는 선(善)의 편에 완전히 소속되어 있다고 말할 수도 있다. 당신은 역사적인 책임이나 해방보다는 역사적인 특권과 지배를 정당화하기 위해 신의 이스라엘이나 신의 메시아 같은 선택받은 지위에 대한 개념을 전유할 수 있다. "신이 우리와 함께 하신다"라는 말은 평화의 왕의 존재를 의미할 수도 있지만, "주는 전쟁의 주인이다"라는 의미로 변화되기도 쉽다. '평화', '빈곤', '이방인', 이런 범주들은 매우 일반적이고 감정에 호소하기 쉽다. 이러한 가정들은 조합주의나 사회주의가 그러하듯이 좌우파가 고 있는 유기적 사회에 대한 향수가 되기 쉽다. 하지만 그러한 사회를 이루는 대가는 제대로 고려되지 않고, 진실로 열망되지도 않는다. 이러한 개인적인 언설 양식(mode of address)에 내재한 분석의 결여라는 한계는 사회과학의 도움을 요청한다. 특히 사회과학이 피할 수는 없더라도 알 수는 있는 예기치 못한 결과의 위험에 대해서도 그렇다. 낮은 자들의 공동체나 해방신학의 역사가 말해주듯이 신앙의 급진적 자원들이 분산될 때 위기는 찾아온다. 하지만 우리가 '전형적인' 정치라고 불러야만 하는 것으로 되돌아가고자 할 때, 교회는 정치적 행동의 원초적인 매개가 되는 것을 중지한다. 그리고 신앙을 현재적인 장치로 사용해왔던 사람들은 좀 더 세속적인 정치적 행동 모델과 행동 양식으로 전환하게 된다.

기독교의 정치적 선택들

정치와 맞닥뜨리는 기독교는 여러 가지 선택을 할 수 있다. 나는 이미 앞에서 그 중 두 가지를 제시했다. 첫 번째는 신의 나라가 현실화되는 것을 수용하는 재세례파이고, 두 번째는 땅의 지배세력을 인정하고 신의 나라와 땅을 신중하게 분리하는 루터교이다. 지금까지는 주로 재세례파에 대해서 이야기했다. 이것은 스탠리 하우어워스(Stanley Hauerwas)나 존 요더(John Yoder) 같은 최근의 특출한 학자들에 의하여 대표되어왔다. 이들에게 기독교는 권력이나 지배의 문화에서 벗어나는 것을 선택하고 철저하게 전쟁을 거부하는 소수의 구원받은 사람들이나 작은 집단에 의해 만들어지는 태도일 수밖에 없다.

하지만 또 다른 선택이 가능하다. 이것은 주로 자유주의적인 주류에 적용된 것으로 사회진화론적 관점에 바탕을 두고 있으며 원칙적으로 사회가 평화로워지는 방향으로 기울게 된다고 말한다. 이것은 선제공격을 거부하지만 상황이 못 봐줄 정도가 되면 현실주의적 입장을 취한다. 앞에서 지적했듯이 이것은 잠재적인 적들이 그들에게 주어진 기회를 활용할 수 있게 만든다는 약점이 있고, 전쟁이 일어나면 양측의 모든 생명체가 다 죽을 가능성을 높인다. 주어진 기회는 모든 것은 그냥 놔두면 최선의 결과를 도출한 것이라는 낙관적인 계산에서 나온다. 반면에 비관적으로 정치세계의 작동방식에 대하여 애통해 하는 것은 명백하게 제국주의적인 탐욕이나 권력에의 의지로 이어진다. 하지만 만약 그것이 진정으로 민주주의적인 행동을 특징짓는다면, 최악에 대한 대비가 아니라 좋은 결과에 대해 낙관적으로 돈을 거는 것이 승산이 있는가? 당신은 정말로 최선을 기대하기에 최악의 시나리오를 무시할 수 있는가?

재세례파의 '증거적' 삶과 평화주의적인 낙관주의적 삶에 더하여 또 다른 선택지가 있다. 이것은 기독교인이 사람들을 해방하는 것과 같은 특수한 동기를 갖고 자신의 정체성을 형성할 때, 또 소수의 단호한 정치적인 결정이 해방이라는 목표를 성취하기 위해 내려져야 할 때 생겨난다. 기독교 지도자들에게 정치적인 프로젝트의 수명은 한계가 있다. 또 그렇기 때문에 정치적인 계획은 '위기의 정치'와 정치의 임시성의 또 다른 예가 된다. 목표의 성취는 오래 걸리지만 언젠가 그 기획은 끝을 본다. 전형적 모델은 모세(Moses)이다. 그리고 현대에는 로메로 대주교(Archbishop Romero; 엘살바도르 군부독재에 대한 저항을 이끌었다, 옮긴이), 마틴 루터 킹, 넬슨 만델라, 투투 대주교(Archbishop Tutu; 남아프리카공화국 흑인운동을 주도했다, 옮긴이), 루웜 대주교(Archbishop Luwum; 우간다에서 이디 아민 정권에 대한 반대운동을 이끌었다, 옮긴이), 아웅산 수치(Aung San Suu Kyi) 같은 사람들이 그 예이다. 이것은 순교의 정치와 의사표시, 플래카드, 행진의 정치가 있는 곳에 존재한다. 그리고 거리와 야외에서의 예배는 그들의 힘을 드러내준다. 그들의 비폭력적 의사표시 뒤에는 위협이 잠재적으로 존재한다. 그리고 생명과 자유에 대한 미래적인 탈출의 약속은 기호적 언어로 변한다. 우리가 앞서 보았듯이 기독교와 유대교는 그러한 기호들로 가득하다.

1989년 이후 동독에서의 사건들은 해방의 정치에 예배가 사용된 모범적인 사례이다. 기독교의 기호 언어는 광범위하게 창조와 평화의 문제를 다루고 있기 때문에 자연의 오염과 미성년자의 군인화에 대한 정치적인 표현을 찾아낼 수 있었다. 오염 문제에 대해서 공산당 정부는 그것이 오염 사례에 해당하지 않는다고 교회에게 비평하도록 한 서구 세계와 관련이 있는 것이라고 말했다. 미성년자의 군인 징집에 대해서 러시아 사람들은 국제연합(UN)의 칼이 보습으로 변화되기를 기원하는 조각상을 만들었다. 그리고 국제연합에 저항하는 기독교인들과 다른 이들에게 이 조각을 배지로 만들어 자신의 소매에 붙이도록 했다. 공식적으로 배지가 금지되었을 때 사람들은 배지를 떼어내고 배지가 있던 자리에 구멍을 뚫은 채 일하러 돌아다녔다.

따라서 상처나 흔적이 있는 몸은 하나의 기호이며 정치적인 의사소통이다. 심지어는 죽임을 당한 몸도 여전히 의사소통한다. 그것은 주장의 정당성이 육화(肉化)된 것이고, 해방과 자유를 위한 대가로 여겨지기 때문이다. 행진의 대열을 이끄는 사람과 대열 속을 걷고 있는 사람들의 몸이 무장되지 않았다는 것은 모든 말이 결국 실패로 돌아갈 때 남는 최후의 언어가 된다. 미얀마의 아웅산 수치라는 약해보이는 여성은 스스로가 자기주장의 걸어 다니는 플래카드가 된다. 그의 몸은 위험에 빠지기도 쉽지만, 동시에 공격하기도 어렵다. 바울은 그리스도를 우리를 위한 '플래카드'로 묘사했다. 그리고 기독교는 비무장 행진의 대열이 도시를 향하고 이에 놀란 권력자가 어떤 조치를 취할 때 생겨나는 어떤 것에서 탄생하는 것처럼 보인다. 따라서 기독교는 세계가 앞에서 말했던 것처럼 되어갈 때와 같은 특수한 종류의 위기 속에서만 활용가능하다. 하지만 이것은 드러난 진실과 이를 감추려는 권력 사이의 모든 대결에 대한 모범이 된다.

갈릴리(Galilee)의 평온한 사람들이 마사다(Masada; 1세기 갈릴리 지방의 유대인들이 로마 병사들에게 끝까지 저항하면서 싸웠던 요새, 옮긴이)의 **열성당원**(Zealot) **민족주의자들이 되는 것과 같은 뚜렷한 변화**는, 교회의 지도자들이 억압받는 민족의 혼과 자신을 동일시할 때 존재하게 된다. 크로아티아의 스테피낙(Archbishop Stepinac; 2차 세계대전 당시 크로아티아의 주교로 많은 전쟁 난민을 지원했으나, 나치에 협조하고 유대인과 세르비아인 학살에 동조했다는 혐의 또한 받고 있다, 옮긴이)나 키프로스의 마카리오스 대주교(Archbishop Makarios; 1950년 주교가 된 뒤 키프로스 독립운동을 이끌었고 1960년 키프로스 초대 대통령이 되었다. 하지만 그리스계 키프로스인을 우대하고 터키계 키프로스인을 차별하는 정책을 폈다, 옮긴이)나 **파시스트 성직자였던 티소 신부**(Father Tiso; 2차 세계대전 당시 슬로바키아의 통치자로, 권위주의적 통치와 7만 명에 달하는 유대인을 추방하여 홀로코스트의 희생자가 되게 한 것으로 비판받고 있다. 하지만 전쟁 중에도 경제적 상황을 호전시킨 것으로 평가받고 있기도 하다, 옮긴이)가 보여주듯이, 다양한 수준에서 이러한 동일시는 심각한 도덕적 모호성을 만들 수 있다. 이러한 기독교 지도자들의 종교적 인격과 개인적 도덕성에 대한 호소력은 너무 쉽게 인종의 정치와 결합한다. 이 인종의 정치는 진실의 억압, 무차별적인 폭력에 대한 공모를 통한 은폐, 슬로건에 의한 주장, 적의 유죄를 자동으로 가정함으로써 얻어지는 자신들의 자동적 결백함, 그리고 적들은 절대로 변하지 않는다는 원리에 기초한 상호 간 증오의 주고받음 등을 의미한다. 따라서 용서나 자비, 치료나 화해와 같은 단어들은 이야기되지 않는다.

도덕적 딜레마는 압제자에 대한 협력에서 명백한 테러리즘에 대한 협력에 이르기까지 다양하게 존재한다. 루마니아의 목사였다가 나중에 주교가 된 라슬로 토크스(Laslo Tokes)는 루마니아의 헝가리계 소수자들을 대변했었다. 하지만 그는 1989년 12월에 일어난 루마니아 혁명을 저지하려 했다. 비신스키 추기경(Cardinal Wyszinski)은 오랫동안 공산주의 치하에서 폴란드 민족주의의 기수가 되었다. 이것은 나중에 칼 보이티아(Karol Wojtyla, 요한 바오로 2세)와 폴란드 자유노조(레흐 바웬사가 만든 노동조합, 옮긴이)의 평신도 지도자였던 레흐 바웬사(Lech Walesa)가 계승했다. 이러한 모든 사례에서 딜레마는 도덕적으로 모호하든지 아니든지 간에 민족적 상징이나 지도자의 종교적 역할은 일시적으로만 유지되는 경향이 있다. 일단 목표가 성취되면 행진의 대열과 플래카드들은 흩어지고 연대는 파괴된다. 매우 시급하게 요청되었던 의미들은 기념의례 속으로 들어간다.

비판적 연대와 그 압력

교회의 존재가 인정되는 민주주의 국가에서 채택될 수 있는 여러 가지 다른 역할들 중에는 비판적 연대도 포함된다. 교회는 정치에 우선하는 다른 질서와 다른 관심의 영역을 대표하고 지지한다. 교회의 지도자들과 논평자들은 전략적인 대결이나 투철한 선전이나 자기선동보다는 대화를 추구한다. 기독교 논평자들은 '당신이 가진 모든 것을 가난한 이들에게 나누어주라'고 말하면서 신의 나라에 대한 이상을 호소하지 않는다. 하지만 이들은 정의와 평화에 대한 예언자적인 전통의 관점을 주장할 수 있다. 때로는 세속의 지식인들과 연대하기도 한다.

비판적인 연대의 역할에서 발생하는 한 가지 제한은 예언자적 목소리의 권위가 취약한 정치적인 판단과 타협할 위험성이나 빈번하게 뒤늦게 비판하기 좋아하는 정치가들처럼 보일 위험성에서 발생한다. 따라서 기독교의 정치 개입은 임시적일 필요가 있다. 그리고 얼마나 그들이 특수적이 될 수 있고, 얼마나 기술적(technical)이 될 수 있고, 얼마나 당파적이 될 수 있는지를 통제하는 합의된 룰이 있다. 예를 들어 바티칸의 선언은 "꼼꼼한 읽기"를 요구하는 보편적인 원칙 위에서 공표된다. 그리고 다양한 방향으로 지적된 내용을 담고 있다. 관례적으로 기독교 논평자들은 범위가 넓은 도덕적 견해를 채택할 것이라고 예상된다. 그리고 특정한 제안의 유용성에 대한 신중한 정치적 판단에 완전히 연루되지 않는다. 기독교 논평자가 교회 내외부의 영역을 혼동하여 국가의 총리처럼 말한다면 받고 있는 신뢰성에 금이 갈 수 있다. 정치와 종교라는 두 가지 종류의 말을 하기 때문에 그들의 위치는 위험하게 된다. 원래 토템은 많은 말을 하지 않게 되어 있다. 그리고 종교적 의례의 지도자는 그 역할의 규칙에 의해 행동의 범위가 정해져 있다. 만일 의례의 지도자가 이 역할을 깨고 다른 사람들처럼 의견을 말하고 다닌다면 의례가 허약해진다. 지도한다는 것 자체가 바로 강제되는 것이다.

하지만 의례의 지도자에 대한 압력은, 권력과 존경을 유지하고 외국과의 계약을 추구하며 국가 이익의 정체를 밝히고 당과 유권자에 반응하는 정치인들과 관계가 있는 것은 아니다. 기독교 논평자들이 추구하는 것은 정치가 제한적인 도덕의 공간이라는 것을 승인하는 것이다. 물론 부분적으로는 우선순위의 질서를 종교적인 것으로 바꾸고 도덕적인 선택의 범위를 확장하려고 노력한다. 도덕적 선택지라는 것은 **현실정치**나 정치적 현실에 의하여 배제되는 것은 아니다. 다른 목소리도 수용될 수 있고, 주변적인 것이 중대한 것이 될 수 없다는 법도 없다. 어떤 경우든 내가 보기에 현실과의 긴장이라는 기독교 특유의 성격이 갖는 풍부함은 역설적이게도 신앙적 상상을 사실 같지 않은 것에 돌리게 한다.

교회 내부의 정치에 관해서는 기독교 논평자들은 스스로 실천가가 된다. 그리고 그들이 정치에 대해 지적하고 유감을 표명했던 권력의 압력에 의해 강제당한다. 비록 이러한 것들은 삶과 죽음에 대한 문제나 직접적인 선거에 대한 책임을 포함하는 것은 아니지만 수많은 정치적인 딜레마와 유사한 것들이 존재한다. 상대편의 로비도 계산해야 하고, 조직의 단일성도 유지해야 하며, 종교 간 협력적 관계의 증진은 물론 생존을 위한 경제에도 주의를 기울여야 한다. 신앙은 진리에 대해 주장할 때 힘을 얻는 것이기에 종교 간 협력적 정치가 수행되면 자유의 정도는 감소하게 된다. 또 교회가 비판하는 것보다 실제상 나을 것이 조금밖에 없다고 여겨지면 위신이 쉽게 추락할 수 있다.

현실 속에서 교회의 관리는 매우 관료적이다. 어떠한 감언이설을 하든 교회에서 사용된 기준과 시행되었던 심리적 시험은 성인(聖人)의 다수를 배제해왔기 때문이다. 사람들은 성서나 예배 텍스트의 가장 느슨한 논리로 설득된다. 반면에 사랑과 희생은 가장 명확하게 효율적인 설득논리이다. 특히 돈이나 시간에 대해서 그렇다. 청지기의 수사법은 어떤 일의 진행 방식에 신중하게 적용될 종교적 이성이 풍부해지도록 만들어준다. 그리고 의심할 바 없이 종교적 이성이 필요한 것임을 말해준다. 항상 그렇지만 결국은 필요가 수단을 지배한다.

권력으로부터의 서로 다른 거리들

지금까지 우리는 통일, 박애, 기독교적 자유, 겸손, 사랑과 같은 단어로 묘사된 신의 나라가 얼마 남지 않았다는 의식을 불러일으키는 언어들의 결과를 탐구해보았다. 한편으로 이러한 언어는 가족에서부터 법과 권력에 이르기까지 모든 주요한 제도에 영향을 미치는 장기적인 요소였고, 다른 한편으로 세속 도시의 권력의 동학과 조화되지 않았다. 이 언어들은 또한 기독교 정체성이 정착되는 것처럼 다른 신앙들이 세부적인 의례와 도덕에 관한 규칙을 제공할 수 있도록 열린 공간을 마련해주었다. 물론 세부적인 규칙이라는 것은 기독교 역사의 진행 과정 속에서 나오는 것이다. 하지만 사람이 안식일보다 먼저 존재하게 하고, 외적인 복종에 앞서서 먼저 내적인 조건을 만드는 원리적인 것들은 결정적인 요소로써 항상 현재적으로 존재한다. 특히 나는 내면과 외면에 대한 예수의 변증법 방식은 바울의 은혜와 법의 변증법으로 이어졌다고 본다. 기독교 문명에 중요한 것은 이러한 법보다 내적인 자유를 우선시하는 것이다. 이것은 오랫동안 기독교 정체성의 공식적인 형성과 재생산의 능력을 갉아먹어왔다. 완전한 내적인 것에 대한 강조는 외부적인 것을 갉아먹는다. 이것이 가톨릭이 개신교에 비해서 더 잘 살아남는 이유이다.

이러한 점에서 이슬람은 매우 다르다. 이슬람은 외적인 순응으로부터 내적인 조건에 이르는 반대방향으로 작용하기 때문이다. 또 이슬람은 의례적 법칙과 그 구획으로 보증되는 정체성과 사회적 정체성의 형성 과정을 강제한다. 다시 말해 사회에서의 종교의 공간에 대한 관점이 최대화되어 있다는 것이다. 반면에 기독교에서 내면과 외면, 카이사르와 신 사이의 차이의 잠재적 효과는 개신교와 계몽주의, 세속화의 압력하에서 종교의 위치에 대한 제한된 관점을 이끈다. 동시에 이러한 제도적 영역의 축소 경향은 놀랍게도 자아의 구조에 대한 기독교의 영향력을 증가시킨다. 그리고 찰스 테일러가 우리에게 가르쳐주었듯이 '세속적 영혼에 새겨진 인식되지 않은, 그리고 인식되기 어려운 기독교의 흔적'이라고 하는 세속화의 주요한 역설을 만든다.

지금까지 우리가 정치에 대해서 집중해본 결과, 이슬람에서 종교의 최대의 역할은 권력의 동학과 조화되기 쉬운 이슬람교의 성격을 보완해준다. 칼라일(Carlyle)은 **영웅론**(On Heroes)에 관한 강의에서 예언자를 군사지도자이면서도 가정적인 남자로, 그리고 행동하는 사람으로 그렸다. 예언자는 종교와 정치적 행동이 긴밀하게 연관된 상황 속에서 그가 정치적으로 해야 할 일이 있으면 하는 사람이었다. 기독교와 공유하고 있는 것으로 보이는 '순교'와 같은 개념들은 이슬람교에서 매우 다르게 변형된다. 이슬람은 세계 거부보다는 세계가 작동하는 방식을 받아들일 준비를 훨씬 더 많이 하고 있기 때문이다. 이런 모든 점에서 '문명의 충돌'은 존재한다. 이것은 조나단 색스가 차이의 존엄이라고 부른 것처럼 우리에게 타자를 인정하고 존중할 것을 요구한다. 이슬람은 전 세계적인 성공을 계획하고 있기 때문에 권력과 관련된 기독교의 문제가 살짝 도드라지도록 만든다.

학문적 논평과 미디어 논평의 특별한 권한

지금까지 우리는 기독교적 논평이 정치가는 접근할 수 없는 수준의 자유를 활용할 수 있는 그 범위를 탐구해왔다.

하지만 학문이나 미디어에 의해 재현되는 논평의 공동체는 어떠할까? 학자들이나 미디어 논평에 종사하는 사람들은 자신의 행동이나 의견이 지속되고 있는 제도를 대표하는 일이 몸에 벤 책임 있는 자리에 있는 사람들은 아니기 때문에 단체에 대한 역사적 책임을 갖는다거나 그들의 온전한 입장이 무엇인지를 밝힐 필요가 없다. 미디어 논평자들이나 학자들은 확실히 총체적 자유에 대한 압력을 받는다. 하지만 그들은 질문에 대답할 필요가 없는 상황에서 질문을 던질 수 있다. 사과할 필요는 없지만 사과를 요구할 수 있는 것과 마찬가지이다.

다른 분야의 사람들은 자신이 어디에 서 있는지 투명하게 비치지만 학계와 미디어계의 사람들은 숨어서 비평의 총을 쏠 수 있다. 그들은 기호(taste)나 전략에 따라서 정의의 사도가 되거나 도덕 폐기론자가 될 수 있다. 또 자신들의 특정한 역할을 제한당하는 것을 제외하고는 공중(public) 앞에서 지속적으로 유지해야 할 기준도 갖고 있지 않다. 그들은 비록 정치인이나 공복(public servant) 집단에게 빚을 지고 있지만, 그들이 이전에 했던 논평이나 그들의 약속 또는 실패를 인용할 수 있다. 그러면서도 자신들에 대한 인용은 거부할 수 있고, 의견의 지속성에 대한 요구에서도 자유로울 수 있다. 그들은 법률가들을 기소하고 재판할 수도 있다. 그들의 스타일은 사법적이라서 무언가를 강력히 주장하고 상대를 비난한다. 특히 학자들은 지속적으로 자신들이 누리고 있는 수준의 자유를 모든 역할에 부여된 것으로 일반화하는 경향이 있다. 하지만 사실 그들은 매우 다른 위치에 있다. 그들은 생각을 제안하지만 그것이 지속성을 갖거나, 비용을 고려한다거나, 비판에 책임진다거나 하지 않은 채 그 생각을 내버려둔다. 일단 그들의 생각이 손상을 입게 되면 그들은 그 손상이 더 이상 그들의 책임이 아니라고 말하면서 결별을 고할 수 있다.

이것은 막스 베버가 '새로운 사고의 무책임한 낭만주의'라며 조롱한 것에 해당되고, 칼 만하임이 '매어 있지 않은 인텔리겐치아'라고 양가적으로 평했던 것에 해당하는 것이다.[6] 그들 스스로가 자부하고 있듯이 지식인들은 스스로가 항상 진실하고, 두려움이 없고, 타락하지 않은 타락의 고발자라고 생각한다. 또한 그들은 예술가와 달리 자신들이 진정한 도덕적 영웅이라고 생각한다. 자신을 완전한 내면적 자유와 완전한 내면적 통합성에 따라 말한다고 여기기 때문이다. 만일 그러한 자유가 모든 도덕성의 상대화 내지는 모든 도덕성에 대한 무분별적인 존중을 포함하고 있다면 그들의 도덕적 영웅주의는 완전한 것이고 비난받아서는 안 된다. 학자들과 미디어 논평가들의 특권은 책임성이 없는 '순수한 판단'이다. 이것은 항상 매어 있지 않은 지성의 특권이었으며, 자유부동함이 열광주의와 결합하게 되는 이유이기도 하다. 이것은 또한 적절한 차이의 분화를 상실해버린 도덕 공간의 균질화에 가장 가까이 접근할 수 있는 것이기도 하다. 물론 어떤 사람은 이것들이 민주적인 토론 속에서 절대적으로 필요한 요소라고 말해야 한다.

교회나 국가 속에서 책임이 있는 역할을 맡고 있는 사람들은 이러한 지식인들의 도덕적 영웅주의가 별 노력 없이도 그들의 목적을 이루는 것에 대응하여 무엇을 말할 수 있는가? 책임 있는 사람들의 불리함은 명백히 여러 가지이고, 권력의 위로나 달콤함과는 별개로 정치인들은 자신들을 '힘든 선택', '힘든 사랑', '기회비용', '비판을 위한 비판' 등의 말로 방어할 수 있을 뿐이다. 하지만 막스 베버가 '직업으로서의 정치'라고 말한 역할이 자체의 도덕적 영웅주의를 가지고 있는 것은 아닌가 하는 의문은 여전히 남는다. 이 영웅주의는 비관용적인 정직함의 힘으로부터의 배제는 아닐지라도 정의로운 분노를 끌어들이지 않고 쉽게 공표되지도 않고 드러나지도 않는 이유에 의해 자극을 받거나 비밀스럽게 향유되는 것 같다. 아마도 도덕적 영웅주의와 같은 어떤 가치들이 존재하게 될 것인지, 어떤 상황이 도래할 것인지를 예측하는 것은 사회학적 상상력의 일부가 될 것이다.

제13장 주(註)

1 Max Weber, "Politics as a Vocation," in H. Gerth and C. Wright Mills(eds), *From Max Weber*(London: Routledge, 1948), pp. 77~128.

2 Max Weber, "Religious Rejections of the World and Their Direction," in H. Gerth and C. Wright Mills(eds), *From Max Weber*(London: Routledge, 1948), pp. 323~362.

3 J. F. Talmon, *Political Messianism: the Romantic Phase*(London: Secker and Warburg, 1960).

4 Pascal Boyer, *Religion Explained*(London: Heinemann, 2001).

5 Adam Seligman, *Modernity's Wager*(Princeton: Princeton University Press, 2000).

6 Karl C. Mannheim, *Essays on the Sociology of Knowledge*(London: Routledge, 1952).

역자 후기

이 책은 영국의 종교사회학자 데이비드 마틴(David Martin)의 최근 저작인 『*On Secularization: Towards a Revised General Theory*』(2005)의 완역이다. 사회학 영역에서 종교는 사회현상을 이해하는 데에서 빼놓을 수 없는 중요한 부분이기 때문에 베버나 뒤르켐과 같은 초기 사회학의 대가로부터 오늘날의 많은 사회학자에 이르기까지 사회학적으로 활발하게 연구되었다. 다른 제도나 운동과 마찬가지로 종교 역시 사회변동에 따라 변화되어왔는데, 이러한 현상을 세속화라고 부른다. 종교의 세속화가 종교의 쇠퇴를 의미하든 종교의 변형을 의미하든 사회학자들은 20세기 후반부에 접어들어 급격히 변화하는 종교 현상에 깊은 관심을 가졌다. 그리하여 1960~1970년대 종교사회학계의 최대 화두는 '종교의 세속화' 문제였고, 이 논의를 주도했던 대표적인 사회학자 가운데 하나가 마틴이었다. 그래서 그는 1978년 『세속화 일반이론』이라는 책을 저술하여 세속화이론의 다양한 모델을 폭넓게 제시했다.

한동안 당연하게 생각되었던 종교의 세속화라는 주제가 종교사회학계에서 비판받고 도전받기 시작한 것은 1970년대에 접어들어서였다. 그리하여 종교사회학자들은 신세속화이론, 후기세속화이론, 탈세속화이론 등 다양한 이름으로 종교 세속화 문제에 대하여 새로운 논쟁거리를 제공하기 시작했다. 이런 와중에 마틴은 다시 한 번 21세기 종교 상황을 점검하면서 종교의 세속화이론에 대한 광범위한 진단과 평가 작업을 하게 되었고 그 결실을 맺은 것이 이 책이다. 이 책은 그가 전에 발표했던 저술에서 제시했던 다양한 세속화이론을 수정·보완한 종교 세속화이론의 속편 혹은 완결편이라고 할 수 있다. 종교 현상을 사회학적으로 연구하는 것에서 마틴의 탁월함은 그가 종교에 대한 사회이론에 해박한 지식을 가지고 있다는 것과 그가 활용하고 있는 자료가 매우 풍부하다는 것에서 드러난다.

 여기서 마틴의 공헌은 그가 세계화, 다원화, 합리화, 포스트모던이라는 21세기의 거대한 변동 상황 가운데서 종교가 어떤 양상을 보이고 있는가를 체계적으로 이론화하는 작업을 했다는 점이다. 이 책이 비록 단행본이 아니라 그가 최근에 수행했던 강연이나 연구 논문의 모음이긴 하지만, 그 주제를 꿰뚫고 있는 관심의 초점은 포스트모던 시대의 종교 현실에 관한 것이다. 또한 이 책에서 논의되는 종교 현상은 주로 유럽과 북아메리카의 기독교에 그 초점이 맞춰져 있기는 하지만, 남미는 물론 아시아와 아프리카까지 확대된 기독교 세계 영역 모두를 다루고 있다. 따라서 세속화이론의 전문가로서 그가 연구하여 펴낸 이 책을 통해 우리는 최근 사회가 변동하는 상황 가운데에서 종교의 실상을 사회학적으로 이해할 수 있을 것이다.

이 책은 7명의 종교사회학자가 공동으로 번역했다. 모두 한국종교사회학회 회원이다. 2005년 이 분야에 관심이 있는 이들이 뜻을 모아 결성한 한국종교사회학회는 매년 4회의 학술연구발표회를 가지고 한국 사회학대회에 논문을 꾸준히 발표하면서 종교사회학 분야를 한국에 소개하고, 종교에 대한 사회학적 연구를 통해 종교 이해의 폭을 넓히는 작업을 해왔다. 지난해 한국종교사회학회는 마틴의 이 책을 공동으로 번역하기로 하고 그 일을 분담했다. 머리말, 서론, 12장은 송재룡 교수, 1·2장과 색인 작업은 정태식 교수, 3·4장은 박승길 교수, 5·6장은 장형철 박사, 7·8장은 이원규 교수, 9·10장은 김승호 교수, 11·13장은 박해남 선생이 각각 번역을 했다.

번역에 동참한 모든 분께, 특히 색인 작업을 포함한 책 전체의 편집에 책임을 맡았던 정태식 교수에게 감사드린다. 이 책의 출판을 허락해주신 도서출판 한울의 사장님과 기획을 맡아 수고해주신 윤순현 님, 출판 실무를 맡아 수고해주신 염정원 님께 고마운 마음을 전한다. 이 책이 종교 문제에 관심을 가지고 있는 모든 이들, 특히 종교사회학을 연구하는 사회과학도들이 현대 사회의 종교를 이해하는 데 조금이라도 도움이 될 수 있기를 기대한다.

2008년 9월 30일
번역한 이들을 대표해서   이 원 규

찾아보기

ㄱ

가나(Ghana) 84, 86, 280
가정교회운동(house church movement) 83
가톨릭(Catholicism) 19~20, 26, 44, 48~50, 55, 60, 63, 69, 71~73, 98, 104~108, 113, 119, 121, 123, 127~128, 131, 140~149, 154, 158~160, 162~163, 165~168, 171~174, 176, 181~187, 190~191, 199~200, 208, 219~224, 227~228, 232, 240, 247, 249~250, 253~254, 261, 270~273, 287, 298, 299~300, 305, 308, 310~312, 317, 357, 375
감리교(Methodism) 184, 187, 192, 194, 268, 276~277, 286, 309, 311
개신교(Protestantism) 20~21, 23, 26, 79~80, 104, 112~113, 116, 129~130, 143, 146, 159, 162~169, 190, 195, 219, 220, 222~231, 268, 270~271, 279, 375

개종(conversions) 19
거대도시(mega-city) 148
건축 양식(architectural styles) 123
게인즈버러, 토머스(Thomas Gainsborough) 248
겔너, 어니스트(Ernest Gellner) 241, 249, 323
경건주의(Pietism) 22, 67, 85, 211, 214~215, 239~240, 257, 271~272, 285, 311
계급 문화(class culture) 61
계몽주의(Enlightenment) 24, 27, 33, 48, 53~54, 60, 98, 102, 108, 111, 113, 122~123, 130, 153, 159, 179, 201~202, 205, 207, 210~215, 220~221, 241, 262~263, 270
고스, 필립(Philip Gosse) 246
공산주의(communism) 103~104
과테말라(Guatemala) 146~147
괴테, J.W. von (J.W. von Goethe) 247, 331
교육(education) 224, 229, 231
교황 레오 10세(Pope Leo X) 205

교황 요한 바오로 2세(Pope John Paul II)
  175, 372
교황 율리우스 2세(Pope Julius II) 205
구레츠키, 헨리크(Henryk M. Górecki) 110
9·11사건 251, 257, 352
구세주의 목도(Seeing Salvation) 전람회 332
구티, 에스겔(Ezekiel Guti) 274
권위주의(authoritarianism) 274
그레고리 대제(Gregory the Great) 362
그레이, 존(John Gray) 151, 241
그리스(Greece) 124~127, 164, 230~231,
  251, 296, 304
그리피스, 시드니(Sidney Griffith) 332
그린블랫, 스티븐(Stephen Greenblatt) 335
그릴리, 앤드루(Andrew Greely) 46, 179
근본악(radical evil) 33
글럭, 찰스(Charles Glock) 44
금욕주의(stoicism) 356
『금지된 혁명(Forbidden Revolution)』 14
기독교 논리(logic of Christianity) 327, 346

『기독교, 전쟁의 원인?(Does Christianity Cause
  War?)』 17
기독교 학생운동(Student Christian Movement)
  23
기어링, 로이드(Lloyd Geering) 17
기포드, 폴(Paul Gifford) 280
길, 로빈(Robin Gill) 238

ㄴ

낭트칙령(Edict of Nantes) 160
넬슨, 허레이쇼(Horatio Nelson) 222
노동당(Labor Party) 55, 274
노발리스(Novalis) 25
노스코트, 마이클(Michael Northcott) 79
뉴턴, 아이작(Isaac Newton) 246
니버, 라인홀드(Reinhold Niebuhr) 34
니버, 리처드(Richard Niebuhr) 34
니체, 프리드리히(Friedrich Nietzsche) 23,
  27

ㄷ

다렌도르프, R.(R. Dahrendorf) 227
다윈, 찰스(Charles Darwin) 23, 27~28, 131, 357
다이애나 황태자비(Diana, Princess of Wales) 177, 223
대영제국(British Empire) 59~60, 102, 143~144, 313
대처, 마가렛(Margaret Thatcher) 365
더글러스, 메리(Mary Douglas) 45
더피, 에이먼(Eamon Duffy) 261
데이비, 그레이스(Grace Davie) 14, 179, 238
데이비, 도널드(Donald Davie) 35
데이비스, 폴(Paul Davies) 246
덴마크(Denmark) 240, 253
도교(Taoism) 70, 79
도블레어, 카렐(Karel Dobblelaere) 42, 52
독일(Germany) 55, 136~138, 140, 214~ 215, 300, 311, 370
뒤르켐, 에밀(Emile Durkheim) 43, 142 231
드루이드교(Druidism) 145
디아스포라(diaspora) 164

ㄹ

라모스, 피델(Fidel Ramos) 147
라슬레트, 피터(Peter Laslett) 28
라틴아메리카 50, 61, 67, 69, 75~76, 119, 129, 143~144, 146~149, 252
러셀, 버트랜드(Bertrand Russell) 27
러스킨, 존(John Ruskin) 29
러크먼, 토머스(Thomas Luckmann) 42, 47, 239, 358
레흐너, 프랑크(Frank Lechner) 42
로메로 대주교(Archbishop Romero) 369
로젠탈, 조엘(Joel Rosenthal) 261
루소, 장 자크(Jean-Jacques Rousseau) 197, 356

루윔 대주교(Archbishop Luwum) 369
루이 14세(Louis XIV) 64
루크만, 토머스
루터, 마르틴(Martin Luther)　203, 216, 359, 362
루터교(Lutheranism)　21, 55, 108, 112, 125, 155, 157, 160, 163, 220, 240, 271, 362, 368
루프, 웨이드 클라크(Wade Clark Roof) 238
리슐리외 추기경(Cardinal Richelieu) 356
립셋, 마틴(Martin Lipset) 44, 284

ㅁ

마르크스주의(Marxism)　27, 45~46, 55, 146, 155, 276, 358
마셜프라타니, 루스(Ruth Marshall-Pratani) 83, 278
마이어, 비르기트(Birgit Meyer) 84
마카리오스 대주교(Markarios Archbishop) 167
마키아벨리, 니콜로(Niccolo Machiavelli) 27, 261, 355~358
마틴, 버니스(Bernice Martin) 267
만델라, 넬슨(Nelson Mandela) 369
마르크스주의
맥레오드, 휴(Hugh McLeod) 238
맥스웰, 데이비드(David Maxwell) 85~88
맥쿨로크, 다이메이드(Diamaid MacCulloch) 269
머턴, 로버트(Robert Merton) 245
메요-하팅, 헨리(Henry Mayr-Harting) 17
멜버른 경(Lord Melbourne) 261
멜빌, 허먼(Herman Melville) 249
모네, 장(Jean Monnet) 162
모어, 헨리(Henry More) 25
몰나르, 아틸라(Attila Molnar) 221
몽고메리, 버나드(Bernard Montgomery) 208
무디, 드와이트 L.(Dwight L. Moody) 203

무신론(atheism) 245~247
미국 독립선언문(American Declaration of Independence) 215
미국 원주민(Native Americans) 190
미국 흑인(Afro-Americans) 65
미드젤리, 메리(Mary Midgeley) 245
미디어 논평(media commentary) 376~378
민속전통(folk tradition) 70
민속종교(folk religion) 164
밀로셰비치, 슬로보단(Slobodan Milošević) 126
밀뱅크, 존(John Milbank) 32~33, 35, 41
밀턴, 존(John Milton) 31

ㅂ

바그너 숭배 신화(Wagnerian mythology) 145
바웬사, 레흐(Lech Walesa) 372
바흐, J.S.(J.S. Bach) 216, 338

버거, 피터(Peter Berger) 42, 44, 47, 53, 90, 238
버니언, 존(John Bunyan) 203
버트위슬, 해리슨(Harrison Birtwistle) 337
버틀러, 존(Jon Butler) 44
번스타인, 바실(Basil Bernstein) 116
베를리오즈, 헥토르(Hector Berlioz) 335
베를린(Berlin) 162
베버, 막스(Max Weber) 43~44, 102, 262, 268, 324, 326~327 336, 350~352, 358, 378
베이어, 피터(Peter Beyer) 56
베이컨, 로저(Roger Bacon) 27
베이컨, 프랜시스(Francis Bacon) 27
베인브리지, 윌리엄(William Bainbridge) 51
베일리, 수잔(Susan Bayley) 82
베크만, 막스(Max Beckmann) 215
벡위스, 사라(Sarah Beckwith) 332
벨기에(Belgium) 52
벨라, 로버트(Robert Bellah) 44, 196

보스턴(Boston)   113, 122, 135, 141, 144, 159, 160, 202, 209, 216
보이어, 파스칼 (Pascal Boyer) 243, 358
복음주의(evangelicalism)   14, 16, 19, 22~23, 26, 32, 50, 54, 59, 61, 63, 65~69, 71~73, 75~77, 80, 82~83, 85~86, 88~90, 105, 132, 138~139, 144, 146~147, 161, 186~188, 192~194, 208, 211, 213~214, 216~217, 232, 236~237, 239, 244, 246, 248, 254~261, 281, 283, 300~312, 334, 357
본회퍼, 디트리히(Dietrich Bonhoeffer) 213
볼리비아(Bolivia) 59, 77
볼테르(Voltaire) 354
뵈겔린, 에릭(Eric Voegelin) 31
부다페스트(Budapest) 102~103, 220~224
부시, 조지 W.(Bush, George W.) 208, 210, 256
북스테후데, 디데릭(Diderik Buxtehude) 216
불가리아(Bulgaria) 49, 98, 111, 128, 163

불교(Buddhism) 64, 79, 273, 287, 307, 315~316, 319, 326, 352
브라운, 칼럼(Callum Brown) 238
브라질(Brazil) 146
브루멜, 보우(Beau Brummel) 261
브루스, 스티브(Steve Bruce) 42, 52, 129, 238
브룩, 루퍼트(Rupert Brooke) 215
브리튼, 벤자민(Benjamin Britten) 215
블레어, 토니(Tony Blair) 208, 281, 364
블레이크, 윌리엄(William Blake) 246
블룸, 해럴드(Harold Bloom) 196, 202, 239
비신스키 추기경(Cardinal Wyszinski) 372
비트겐슈타인, 루드비히(Ludwig Wittgenstein) 323
빌니우스(Vilnius) 211
『빌리 버드(*Billy Budd*)』 364

ㅅ

사도 요한(John the Divine) 344
사르트르, 장-폴(Jean-Paul Satre) 27
사사화(privatization) 42, 47, 54~55, 97, 120, 130, 189, 241, 266~267
사회 분화(social differentiation) 42, 47, 48, 97, 101, 120, 231, 236, 266, 269, 284
상키, 아이라 D.(Ira D. Sankey) 203
색스, 조나단(Jonathan Sacks) 324, 376
샤를마뉴(Charlemagne) 162
샤리아 법(Sharia law) 129
선택(election) 20~21, 216
성 바울(St Paul) 178, 198, 310, 318, 340, 345, 359, 370, 375
성 아우구스티누스(St Augustine) 359, 362
성 안셀무스(St Anselm) 359
성(gender) 275
성령 받음(empowerment) 282
성육신(Incarnation) 34

세계화(globalization) 59, 64, 148
세례(baptism) 19, 250, 343
세상의 빛(La Luz Del Mundo) 76
『세속화 일반이론(*A General Theory of Secularization*)』 13, 180, 236, 267, 284
셀라스, 피터(Peter Sellars) 337
셀리그먼, 아담(Adam Seligman) 310
셸리, P.B. (P.B. Shelley) 247
소비주의(consumerism) 258
소수자 집단(minority group) 65, 182, 190, 297, 307
쇼펜하우어, 아더(Arthur Schopenhauer) 27
수도승(friars) 20
순복음성회(Full Gospel Assemblies) 80
쉴스, 에드워드(Edward Shils) 51
슈만, 로버트(Robert Schuman) 162
스미스, 앤서니(Anthony Smith) 249
스타인버그, 레오(Leo Steinberg) 332
스타크, 로드니(Rodney Stark) 42, 51, 238, 243, 358

스테피낙 대주교(Stepinac Archbishop) 167
스펜서, 스탠리(Stanley Spencer) 215
스펜서, 허버트(Herbert Spencer) 358
시민사회(civic society) 55
시민의식 158
시오니즘(Zionism) 210
신앙(faith) 328
신앙 운동(faith movement) 112
신이교(neo-paganism) 145, 200

ㅇ

아가서(Song of Songs) 336, 340
아데나워, 콘라드(Konrad Adenauer) 162
아드베니아트(Adveniat) 63
아롱, 레몽(Raymond Aron) 102
아르헨티나(Argentina) 61, 299
아웅산 수치(Aung San Suu Kyi) 369~370
아이어, A.J.(A.J. Ayer) 27
아이젠슈타트, S.N.(S.N. Eisenstadt) 259, 284, 311, 363
아일랜드(Ireland) 123~124, 126, 128, 150, 155, 229, 302
아크로이, 피터(Peter Akroyd) 101
아타튀르크, 케말(Kemal Ataturk) 230
알레비, 엘리에(Elie Halevy) 268, 276
알토, 알바(Alvar Alto) 108
암스테르담(Amsterdam) 105, 113, 141
애덤스, 존(John Adams) 110, 337
애머만, 낸시(Nancy Ammerman) 239
앵그르, 장(Jean Ingres) 201
얼스터(Ulster) 206~208
에데사의 성 에프라임(St Ephraem of Edessa) 343
에드워드 6세(Edward VI) 269
에든버러(Edinburgh) 207
에번스프리처드, E. (E. Evans-Pritchard) 45
에스토니아(Estonia) 49
에스토니아호 침몰 177, 223
에큐메니즘(ecumenism) 63, 67, 89

엘시드(El Cid) 223
여성운동가(feminist) 275
영국(Britain) 71, 137~139, 252~253
영국국교회(Anglicanism) 141, 161, 184, 186~187
예레미야(Jeremiah) 359
예수 그리스도(Jesus Christ) 32, 340~345, 359~362, 365, 370, 375
오브라이언, 코노 크루즈(Conor Cruise O'Brien) 203
오스만제국(Ottoman Empire) 124, 132, 306, 314
오스트레일리아(Australia) 186~193
오언, 윌프레드(Wilfred Owen) 215
오툴, 로저(Roger O'Toole) 191
와츠, 아이작(Issac Watts) 246
요더, 존(John Yoder) 368
우드노, 로버트(Robert Wuthnow) 238
워싱턴(Washington DC) 98~100, 102, 123, 160, 188, 199~200, 202, 205, 211, 303

워즈워스, 윌리엄(William Wordsworth) 25
웨슬리, 존(John Wesley) 217
웨슬리, 찰스(Charles Wesley) 198, 203, 214, 246
웰링턴 공작(Duke of Wellington) 222, 261
윌러, 마이클(Michael Wheeler) 29
윌리엄 오캄(William of Ockham) 236, 356
윌슨, 브라이언(Bryan Wilson) 42
유교(Confucianism) 78
유니테리언주의(Unitarianism) 60, 113, 136
유대교(Judaism) 123, 129, 203, 220, 257
유럽 예외주의(European exceptionalism) 238~239
유럽 통합(European integration) 150, 172~173
유럽 헌법(European Constitution) 221
윤리문제(ethical issue) 174
이교(paganism) 24~25
이뉴잇 족(Inuit peoples) 190
이라크전쟁(Iraq War) 131, 364

『이미지 파괴(*The Breaking of the Image*)』 325

이스라엘(Israel) 212, 298

이슬람교(Islam) 64~65, 78~79, 83, 90~91, 119, 124, 127~130, 164, 170, 176, 206, 212, 229~230, 252, 254, 272~ 273, 287, 307~308, 312~313, 316, 319, 326~327, 375~376

이탈리아(Italy) 71

인도(India) 82

인종민족주의(ethno-nationalism) 287

인종청소(Ethic Cleansing) 64, 127, 164, 296

1차 세계대전(First World War) 138, 230

일본(Japan) 89, 273, 275

잉글런드, 해리(Harry Englund) 279

ㅈ

자바(Java) 65

자본주의(capitalism) 276, 287

자원주의(voluntarism) 60, 65~66, 228, 254, 269~272, 298, 309~311, 313~315, 317~318

잔 다르크(Joan of Arc) 223

장로교(Presbyterianism) 186, 192, 334

재침례파(Anabaptists) 20, 362, 368

전통 종교(traditional religion) 260

절대주의(absolutism) 220

제2차 바티칸 공의회(Second Vatican Council) 107, 183, 232

제프리스, 리처드(Richard Jefferies) 247

젠킨스, 토머스(Thomas Jenkins) 195

종교의 자율성(autonomy of religion) 255

종족종교(ethno-religion) 71, 155, 164, 166, 173, 221

주지 운동(Tzu Chi movement) 275

중국(China) 82, 317

지혜문학(Wisdom literature) 344

진스, 제임스(James Jeans) 246

ㅊ

차우셰스쿠, 니콜라이(Nicolae Ceausescu) 105
창가학회(Soka Gakkai) 63
천년왕국 소망(millennial anticipation) 79
체코 공화국(Czech Republic) 72, 155, 163, 230~231
초서, 제프리(Geoffrey Chaucer) 363
칠레(Chile) 300, 305

ㅋ

카네사, 앤드루(Andrew Canessa) 77
카리스마 운동(charismatic movement) 67, 74~76, 78~80, 82, 84, 156, 271, 273~274, 277, 279, 281, 283, 285~286, 311
카리타스(Caritas) 63
카보베르데(Cape Verde) 88
카사노바, 호세(José Casanova) 42, 54~55, 235, 266
카스틸리오네, 발다사르(Baldassarre Castiglione) 363
카탈루냐(Catalonia) 165
칸트, 임마누엘(Immanuel Kant) 198, 251, 354
칼라일, 토머스(Thomas Carlyle) 376
칼뱅주의(Calvinism) 21, 72, 112~113, 141, 216, 220, 268
캐나다(Canada) 138~139, 180~181, 183~193
커스, 제임스(James Kurth) 310
컨스터블, 존(John Constable) 248
켄달(Kendal) 115, 169, 179
켄트, 닐(Neil Kent) 239~240
켈트주의(Celticism) 167
코르틴, 앙드레(Andre Corten) 278
코린스, 루이스(Lovis Corinth) 215
코소보(Kosobo) 124, 126
코테스, 에르난도(Hernando Cortez) 312
콕스, 하비(Harvey Cox) 33, 42, 242

콜라지, 사무엘 테일러(Samuel Taylor Coleridge) 25
콜린슨, 패트릭(Patrick Collinson) 262
콩트, 오귀스트(Auguste Comte) 100, 142
쿠퍼, 윌리엄(William Cowper) 246
큐피트, 돈(Don Cupitt) 32, 242, 258
크래브, 조지(George Crabbe) 249
클라우제비츠, 카를(Karl Clausewitz) 356
클라크, 조나단(Jonathan Clark) 208, 210, 284
클린턴, 빌(Bill Clinton) 204
키츠, 존(John Keats) 247
키펜베르그, 한스(Hans Kippenberg) 214, 248
킹, 마틴 루터(Martin Luther King) 369

ㅌ

타락(corruption) 280, 316
태너, 클라우스(Klaus Tanner) 17
태버너, 존(John Tavener) 110
터너, 빅터(Victor Turner) 45
테니슨, 알프레드(Alfred Tennyson) 262
테일러, 리처드(Richard Taylor) 332
테일러, 찰스(Charles Taylor) 15~16, 23, 28, 230, 242, 329, 376
토니, R.H.(R.H. Tawney) 262
토르케마다, 토마스 드(Tomas de Torquemada) 353
토착화된 종교(embedded religion) 165
토크스, 라슬로(Laslo Tokes) 372
투투 대주교(Archbishop Tutu) 369
트러헌, 토머스(Thomas Traherne) 25
티소 신부(Father Tiso) 167
티치아노(Titian) 201
티토, 마셜(Marshal Tito) 163
티페트, 마이클(Michael Tippett) 216

ㅍ

파슨스, 탈코트(Talcott Parsons) 236, 284
페가이, 찰스(Charles Péguy) 335
페트라르카(Petrarch) 27
페티, 윌리엄(William Petty) 245
페프스너, 니콜라이(Nikolaus Pevsner) 101
페피스, 새뮤얼(Samuel Pepys) 245
펜, 리처드(Richard Fenn) 42
펜리, 존(John Penry) 270
포드, 데이비드(David Ford) 14
포스트모더니티(post-modernity) 54, 271, 283~284, 323, 358
포이어, 루이스(Lewis Feuer) 245
포터, 로이(Roy Porter) 245
포퍼, 칼(Karl Popper) 46
폭스, 조지(George Fox) 362
폭스, 찰스 제임스(Charles James Fox) 261
폴란드 자유노조(Solidarity) 55, 372
폴킹혼, 존(John Polkinghorne) 357

푸틴, 블라디미르(Vladimir Putin) 212
풀먼, 필립(Philip Pullman) 31
풋넘, 로버트(Robert Putnam) 239
프라이스, 리처드(Richard Price) 21
프랑스(France) 136~137, 230~231, 250~254, 305
프랑스혁명(Franch Revolution) 262~263, 298
프랑크푸르트(Frankfurt) 162
프레드릭교회(Frederic Church) 248
프레스턴, 폴(Paul Freston) 280
프로디, 로마노(Romano Prodi) 15
프로이트, 지그문트(Sigmund Freud) 27
프리드리히, 캐스퍼 데이비드(Caspar David Friedrich) 248
프리스틀리, 조지프(Joseph Priestly) 21
피오레의 요하킴(Joachim of Fiore) 112
피코크, 아서(Arthur Peacocke) 357
『피터 그라임즈(*Peter Grimes*)』 364
핀란드(Finland) 105, 108, 110~111, 123~

126
핑크, 로저(Roger Finke)　243

ㅎ

하나님 왕국 세계교회(Universal Church of the Kingdom of God)　71, 77, 280, 314
하나님의 성회(Assemblies of God)　84, 274
하디, 대니얼 (Daniel Hardie)　14
하우어워스, 스탠리(Stanley Hauerwas)　368
하이데거, 마틴(Martin Heidegger)　323
한국(Korea)　50, 61, 69~70, 79~81, 83, 89, 305, 314, 316
'합리적 선택' 이론('rational choice' theory)　243
합리주의(rationalism)　27
헌팅턴, 새뮤얼(Samuel Huntington)　308
헐버그, 윌(Will Herberg)　239
험프리, 존(John Humphrys)　17

헝가리(Hungary)　72, 219~222, 227, 230~231, 299
헤세, 메리(Mary Hesse)　245
헨델, G.F.(G.F. Handel)　216
헨리 8세(Henry VIII)　297
헬싱키(Helsinki)　105~106, 108~109, 112, 125~126, 158
헴펠, 칼(Carl Hempel)　328
홉스, 토머스(Thomas Hobbes)　198, 251, 354, 356
환생(Renascer)　74
후스, 얀(Jan Hus)　104
후쿠야마, 프랜시스(Fukuyama Francis)　302
흐루시초프, 니키타(Nikita Khrushchev)　104
히니, 시무스(Seamus Heaney)　254
힉, 존(John Hick)　333
히틀러, 아돌프(Adolf Hitler)　356
힐, 마이클(Michael Hill)　78
힐, 크리스토퍼(Christopher Hill)　262
힐러스, 폴(Paul Heelas)　115

지은이 **데이비드 마틴**(David Martin)

종교사회학 분야에서 널리 알려진 영국의 대표적 학자이다. 런던정치경제대학교(LSE) 사회학과 교수를 역임했고 현재 동 대학의 명예교수이며, 영국 랭커스터대학교 종교학과의 초빙교수이다. 주요 저서로는 『성령강림운동 - 세계는 그들의 교구(*Pentecostalism - The World Their Parish*)』(2002), 『기독교, 전쟁의 원인?(*Does Christianity Cause War?*)』(1997), 『불의 방언(*Tongues of Fire*)』(1990), 『세속화 일반이론(*A General Theory of Secularization*)』(1978) 등이 있다.

옮긴이
김승호
영국 University of Kent, 기독교윤리학 Ph. D.
현재 영남신학대학교 신학과 교수
주요 저서 및 논문: 『10년 후 한국교회』(2005), 『한국교회희망보고서』(2007), "Rapid Modernization and the Future of Korean Christianity"(2002), 「영국 신학자들의 안락사 논의, 소극적 안락사 무엇이 문제인가?」(2007)

박승길
경북대학교 대학원 사회학과(문학박사)
현재 대구가톨릭대학교 사회학과 교수
주요 저서 및 논문: 『현대신종교운동의 이해』(공저, 1996), 『한국사회사연구』(공저, 2003), 「한국사회에서 타자로서의 일본종교와 타자 멘탈리티의 변화」(2005), 「창가학회의 차별화와 사제불이 이념의 사상사」(2007)

박해남
서울대학교 사회학과 석사과정 졸업(06)
현재 서울대학교 사회학과 박사과정 재학 중
주요 논문: 「대한제국기 개신교 윤리의 형성과 성격에 관한 연구」(미간행 석사학위 논문)

송재룡

영국 University of Bristol, 사회학 Ph.D.
현재 경희대학교 사회과학부 교수
주요 저서 및 논문:『포스트모던 시대와 공동체주의』(2001),『세속화냐 탈세속화냐』(2002),「문화·언어적 종교 이해의 종교사회학적 함의」(2007),「포스트모던 조건과 '윤리적 전환' 테제의 가능성」(2006)

이원규

미국 Emory University, Ph.D.
현재 감리교신학대학교 교수
한국인문사회과학회 회장, 한국종교사회학회 회장
주요 저서:『종교의 세속화: 사회학적 관점』(1987),『종교사회학: 이론과 실제』(1991),『종교사회학의 이해』(1997),『인간과 종교』(2006)

장형철

영국 University of Manchester, Ph. D.
현재 감리교신학대학교, 루터대학교, 협성대학교 출강
주요 논문:「세계화 시대의 지역문화 정체성을 이해하기 위한 한 시도」(2008),「세계화 시대의 지역문화 정체성을 이해하기 위한 한 시도」(2008), "Religious Cultural Hybridity in Chudosik(Ancestor Memorial Service/Ceremony) in Korean Protestantism"(2007),「세계화와 한국 개신교의 혼성성 연구」(2006)

정태식

미국 New School for Social Research, 정치종교사회학 Ph. D.
현재 경북대학교 지역개발연구소 연구초빙교수
주요 저서 및 논문:『카이로스와 텔로스: 정치·종교·사회의 사상사적 의미체계』(2007),「현대사회에서의 종교의 사회적 위치와 공공성」(2008),「마테오리치의 예수회적 유교 해석에 대한 일고찰:『천주실의』를 중심으로」(2005),「성리학에 대한 베버적 일고찰」(2002)

한울아카데미 1066
현대세속화이론
ⓒ 김승호·박승길·박해남 외, 2008

지은이 | 데이비드 마틴
옮긴이 | 김승호·박승길·박해남·송재룡·이원규·장형철·정태식
펴낸이 | 김종수
펴낸곳 | 도서출판 한울

편집책임 | 이교혜
편집 | 염정원

초판 1쇄 인쇄 | 2008년 9월 22일
초판 1쇄 발행 | 2008년 9월 30일

주소 | 413-832 파주시 교하읍 문발리 507-2(본사)
       121-801 서울시 마포구 공덕동 105-90 서울빌딩 3층(서울 사무소)
전화 | 영업 02-326-0095, 편집 02-336-6183
팩스 | 02-333-7543
홈페이지 | www.hanulbooks.co.kr
등록 | 1980년 3월 13일, 제406-2003-051호

Printed in Korea.
ISBN 양장   978-89-460-5066-2   93330
     학생판 978-89-460-3961-2   93330

* 가격은 겉표지에 있습니다.
* 이 도서는 강의를 위한 학생판 교재를 따로 준비하였습니다.
  강의 교재로 사용하실 때에는 본사로 연락해주십시오.